Katzenglück

Katzenglück

25 bezaubernde
Katzengeschichten

Herausgegeben
von Lia Franken

Scherz

Inhalt

Doreen Tovey

Erste Begegnungen

Praktisch seit dem Tag, an dem wir unsere ersten Siamkatzen bekamen, waren immer eine blaue Katze und ein braungezeichneter Kater im Haus gewesen. Unsere erste Siamkatze war ein blaues Weibchen namens Sugieh gewesen, und unter ihrem ersten Wurf war ein dunkles Katerchen mit großen Pfoten und gefleckten Schnurrhaaren gewesen, das wir als Gefährten für sie zu behalten beschlossen und Salomon nannten. Sugieh selbst starb tragischerweise, als ihre Kätzchen gerade erst drei Monate alt waren, und da stand für uns fest, daß wir auch Sheba behalten würden, ihre blaue Tochter, damit Salomon Gesellschaft hätte. Na ja, und so hatte die Tradition sich fortgesetzt.

Fast all diese Jahre hatten wir auch eine Eselin namens Annabel gehabt, die aus der Luke ihrer Stalltür heraus nach Pfefferminzplätzchen schrie oder am Hang hinter dem Haus herumstromerte, ohne uns aus den Augen zu lassen – ein kleines, eigensinniges Geschöpf, das keinen besseren Spaß wußte, als uns unvermittelt aus dem Hinterhalt Kopfstöße zu verpassen; die uns aber dennoch so herzlich liebte wie wir sie. Sie war drei Monate nach meinem Mann Charles gestorben, den sie vergöttert hatte, und Shebalu, Shebas Nachfolgerin, war ihr innerhalb eines Jahres gefolgt. Haus und Garten, jetzt nur noch von mir und Saska, dem derzeitigen braungezeichneten Kater bewohnt, schienen mir so leer, daß ich alle Anstrengungen unternahm, um wenigstens den Katzenbestand wieder aufzustocken. Da ich aber auf die Schnelle kein blaues Kätzchen fand, nahm ich mir statt dessen ein zartlila getöntes ins Haus.

So groß, sagte ich mir, sei der Unterschied zwischen einer blauen und einer lila Katze ja nicht. Häufig kamen sie im selben Wurf vor.

Hauptsache, es sprang wieder ein zickiges kleines isabellfarbenes Katzenmädchen durchs Haus. Ich fuhr also nach Devon, um die Kleine zu holen, und als ich das zwölf Wochen alte Kätzchen das erstemal erblickte, fragte ich mich etwas erschrocken, worauf ich mich da eingelassen hatte. Noch nie hatte ich etwas so Zerbrechliches gesehen.

Alle Siamkatzen sind bei der Geburt weiß. Sie sind länger als normale junge Kätzchen, an beiden Enden abgerundet und sehen aus wie diese weißen Würste, die man in Frankreich bekommt, die *boudins blancs.* Wenn sich dann ihre Farbmerkmale entwickeln, bleiben ihre Körper zwar weiß, doch dieses Weiß zeigt feinste Schattierungen. Das Fell von braungezeichneten Kätzchen nimmt einen cremefarbenen Ton an; bei blauen hat es einen mehr milchigen Schimmer; die beiden zartlila Kätzchen, die ich vor mir hatte, hatten ein Fell von reinstem Schneeweiß, nur auf Ohren und Pfoten lag ein leiser dunkler Hauch wie Schatten auf einem Schneefeld, und die Näschen – ich konnte meinen Blick nicht von ihnen wenden – waren ganz eigenartig gefärbt, in einem ausgeprägten rosigen Mauveton, wie rotgefroren.

Tatsächlich lagen die beiden Kätzchen dicht aneinandergeschmiegt auf einem Sessel vor dem Kaminfeuer in einer riesigen, alten ländlichen Wohnstube mit niedriger Balkendecke und Teppichen auf dem polierten Eichenboden, in der es von ausgewachsenen Siamkatzen wimmelte – sie räkelten sich auf Sesseln, hockten auf Bücherregalen, eine lag, alle viere in die Luft gestreckt, vor dem großen Holzkorb in der Kaminecke, eine stakte gerade aus der Küche herein, während eine andere durch die offene Tür in den Flur hinausflitzte…

Vielleicht lag es an der Anwesenheit so vieler großer Katzen in voller Farbenpracht, daß die Kätzchen so zart wirkten. Das heißt, bei näherem Hinsehen war es eigentlich nur das eine. Das andere, das mich mit vergißmeinnichtblauen Unschuldsaugen betrachtete, war größer, sah kräftiger und selbstsicherer aus. Diese Kleine hätte ich sofort genommen, aber sie war schon vergeben. Sie war für das folgende Wochenende zu einer Ausstellung angemeldet, und wenn sie eine Auszeichnung gewinnen sollte, würde ein Züchter sie bekommen. Zum Verkauf stand nur noch ihre Schwester – die im Vergleich wie eine weiße Maus aussah und entsprechend ängstlich zu sein schien. Kaum merkte sie, daß ich sie musterte, da verschwand sie auch schon, flach auf den Bauch gedrückt, unter der Kommode, schien sich vor mir unsichtbar machen zu wollen wie vor der bösen Hexe.

Sie war gesund, das wußte ich. Meine Freundin Pauline Furber, selbst Züchterin, hatte sie für mich ausfindig gemacht. Wenn Pauline sagte, sie sei in Ordnung, dann konnte man sich darauf verlassen. Aber sie sah eben so zart aus – als wollte man versuchen, ein Blumenelflein großzuziehen. Ich dachte an Saska, und mir wurde mulmig. Im Vergleich zu der Kleinen war mein Kater ein Mini-Elefant, ein tolpatschiger Wildfang. Wenn er sie nun niedertrampelte und zerquetschte? Und sie wirkte so ernsthaft. Ich wollte ein putzmunteres Kätzchen haben, das ein bißchen Leben in die Bude brachte, nicht eines, das allem Anschein nach anstrebte, in den Kreis der Heiligen aufgenommen zu werden.

Als hätte die Züchterin meine Gedanken gelesen, sagte sie: «Sie ist ziemlich zurückhaltend. Wir haben sie bis heute nicht schnurren gehört – aber vielleicht ist sie ganz anders, wenn sie nicht mit so vielen anderen Katzen zusammen ist.» Vielleicht, ja. Diese Versammlung ausgewachsener Katzen, die da mit hochmütigen Mienen wie die Herren im Oberhaus herumhockten, konnte einen wirklich einschüchtern.

«Sie hat einen wunderschönen Kopf», bemerkte Pauline, die mich begleitete. Das war richtig. Sie war eine kleine Nofretete in Katzengestalt, auch wenn ihre Schwester mir lieber gewesen wäre...

In der Hoffnung, das Richtige zu tun, sagte ich, ich würde sie nehmen. Es war der erste Mai, ein Sonntag. Ich erklärte ihr, sie sei meine kleine Maienkönigin. Allerdings hatte ich selten zuvor einen so miserablen ersten Mai erlebt – nichts als Regen und Kälte, daher das Feuer im Kamin der Züchterin. Auf der Rückfahrt nach Somerset gerieten wir in ein Riesengewitter, und die Maienkönigin bekam Durchfall. In ihrem Korb. Falls sie nicht schon vorher einen

9

nervösen Magen gehabt hatte, so hatte sie ihn eindeutig von diesem Moment an, was eigentlich kein Wunder war: Blitz und Donner, die erste Autofahrt und dann die erste Begegnung mit Saska.

Ich hatte den Korb mit der kleinen Shantung – so sollte sie heißen – ins Haus getragen und dort erst einmal zu Boden gestellt, um Saska Gelegenheit zu geben, ihn zu beschnuppern. So hatten wir neue Kätzchen immer mit den älteren Katzen bekannt gemacht. Normalerweise schob sich die alteingesessene Katze auf dem Bauch an den Korb heran, beäugte mit Entsetzen den Neuankömmling durch das Drahttürchen vorn im Korb, drohte ihm mit Mord und Totschlag, falls er sich nicht schleunigst verziehen würde, und entfernte sich dann etwas, um aus dem Off mit angelegten Ohren die Wirkung ihrer Drohungen zu beobachten. Ein oder zwei Tage lang pflegte der Ältere das Kleine dann aus versteckten Winkeln zu belauern und anzufauchen, sobald es zu nahe kam. Danach erfolgte normalerweise die Kapitulation. Das Kleine wurde von oben bis unten gründlich geputzt und ihm so der Muttergeruch genommen, den es mitgebracht hatte, und, schwupps, wenig später lagen die beiden friedlich nebeneinander zusammengerollt auf einem Sessel oder dem Kaminvorleger, der Senior meist mit etwas betretener Miene ob seiner eigenen Nachgiebigkeit. Und von da an lautete die Parole: Einigkeit macht stark.

Worauf es ankam, war, daß der Neuankömmling von vorn durch das Türchen des Korbs inspiziert wurde. Dann konnte er seinerseits nämlich sehen, daß der beängstigende Fremdling auch eine Katze war. Warum Saska unbedingt anders sein und durch ein Loch hinten im Korbgeflecht spähen mußte, weiß der Himmel. Wie dem auch sei, Shantung hatte nie zuvor eine dunkle Katze gesehen – in ihrer Welt hatte es nur blaue und lilagetönte gegeben –, und als sie das schwarze dreieckige Gesicht erblickte, das sich da an das kleine Guckloch preßte, glaubte sie wohl, es handle sich um einen Katzenteufel. Sie war sehr tapfer. Machte keinen Mucks. Bekam nur wieder Durchfall.

Ich tat mein Bestes. Wechselte ihre Decke. Zog das Sofa vor das Feuer, stellte den Korb darauf, schob eine Untertasse mit Hühnchenfleisch hinein und ließ das Türchen halb offen. Es dauerte nicht lange, da war aus den Tiefen des Korbs genießerisches Schmatzen zu vernehmen. Aber heraus kam Shantung nicht. Sie blieb in ihrem Versteck, Saska hockte sich auf meinen Schoß, um fernzusehen, und ich machte mir die größten Sorgen. So verbrachten wir den Abend.

In dieser Nacht nahm ich sie zu mir ans Bett, weil ich fürchtete, sie könnte in einen verspäteten Schockzustand verfallen. Ich hatte keine Ahnung, was ich tun sollte, wenn der Fall tatsächlich eintreten würde. Mund-zu-Mund-Beatmung bei einem solchen Winzling? Wohl kaum. Jedenfalls stellte ich den Reisekorb, aus dem sie sich bisher nicht herausgewagt hatte, mit einer Decke und einer Wärmflasche versehen auf die Truhe am Fußende des Bettes und machte das Licht aus. Und da hörte ich zum erstenmal ihre Stimme. Zuerst schlummerte sie ein paar Minuten, dann wachte sie auf und begann in der Dunkelheit wie ein kleiner Jochgeier nach ihrer Mama zu schreien. Ich knipste die Lampe an und holte sie zu mir ins Bett. Sie krabbelte davon, versteckte sich im Korb und kreischte wieder nach ihrer Mama. Um halb zwei ging ich völlig zermürbt in die Küche hinunter, um ihr etwas Hühnchen zu holen, und weckte Sass, als ich an seinem Bett vor dem Feuer vorbeiging.

Er folgte mir in die Küche und erklärte schrill, daß er auch was von dem Huhn haben wolle. Man hätte ihn am anderen Ende des Tals hören können – und hörte ihn wahrscheinlich auch. Unten schimpfte er, oben jammerte sie, es war halb zwei Uhr morgens, und im ganzen Haus brannten die Lichter – es war wie in alten Zeiten, auch wenn mir kurz der Gedanke durch den Kopf schoß, daß ich mich vielleicht mal auf meinen Geisteszustand untersuchen lassen sollte.

Ich gab ihm einen Happen und ging dann mit einer Untertasse voll zu ihr hinauf. Wenn es ums Essen ging, war sie überhaupt nicht schüchtern, das war immerhin etwas. Im Nu war der Teller leer. Sie begann zu schnurren, was sie nach Aussage der Züchterin noch nie getan hatte. So laut, daß das ganze Schlafzimmer vibrierte. Ich konnte es kaum glauben. Sie rieb ihren Kopf an meiner Hand. Sie versuchte ganz einfach, das Beste aus der Situation zu machen, wie das alle jungen Katzen und Hunde tun. Es ist das Überlebensgesetz, das ihnen eingeschrieben ist – wenn Mama fort ist, dann häng dich an den, der am ehesten bereit scheint, für dich zu sorgen; mit anderen Worten, an den, der dich füttert.

Dennoch, der Mut dieser kleinen Geschöpfe ist erstaunlich. Niemals würde ein Mensch so philosophisch reagieren. Ich stieg wieder ins Bett, und diesmal kam sie die Steppdecke herauf und kroch in meine Arme wie eine kleine weiße Schneeflocke. Entzückt streichelte ich ihre Ohren; hoch aufgerichtete lavendelgetönte Dreiecke, die mich an zwei Pyramiden erinnerten, das Größte überhaupt an ihr. Sie mochte mich. Morgen würden wir einen neuen Anfang machen. Sie würde sich im Nu an Sass gewöhnen.

Von wegen! Vorsichtshalber trug ich am nächsten Morgen gleich den leeren Korb hinunter und stellte ihn aufs Sofa, für den Fall, daß sie eine Zuflucht brauchen würde, was ich allerdings nicht glaubte. Dann ging ich in den Flur und rief sie. Ich hatte vergessen, wie steil die Treppe für ein junges Kätzchen war. Sie kam in Hechtsprüngen herunter, die Vorderpfoten voraus, platsch!, das Hinterteil in die Höhe gereckt. Ein Kinderspiel, verkündete sie, unten angekommen. Wenn's weiter nichts ist. Wie sieht's aus, gibt's zum Frühstück wieder Hühnchen?

Unglücklicherweise lauerte hinter der Wohnzimmertür Saska und fauchte sie giftig an, als sie vorüberkam. Pfeilschnell schoß sie zum Sofa und verschwand in ihrem Korb, um dort den Rest des Tages zu verbringen. Nur wenn Saska aus dem Zimmer ging, kam sie heraus und verkroch sich sofort wieder, wenn er zurückkam. Solange er sich im Zimmer befand, mußten ihr die Mahlzeiten und der Katzenkasten in den Korb gereicht werden. Sie war nicht bereit, ein Risiko einzugehen.

Der Abend verging wie der vorhergehende: Saska hockte auf meinem Schoß und tat so, als existierten kleine Katzen nicht – war ja weit und breit keine zu sehen, oder? –, während er sich voll auf den Western in der Glotze konzentrierte; Shantung kauerte in den Tiefen ihres Korbs und tat keinen Muckser; und ich quälte mich mit der bedrückenden Vorstellung, daß sie womöglich auf ewig dort auf dem Sofa hausen würde, und sagte mir, das sei doch auf die Dauer kein Leben für uns drei.

Am Dienstag war es nicht viel anders, außer daß an diesem Tag Dora und Nita vorbeikamen, zwei Lehrerinnen, mit denen ich befreundet war, um sich Shantung anzusehen. Sie fotografierten sie mit einer Polaroid, und während wir zusahen, wie das Bild langsam herauskam, sagten sie, das sei ja merkwürdig, Shantung scheine gar nicht darauf zu sein. Sie war natürlich darauf, aber man brauchte ein Vergrößerungsglas, um sie zu sehen. Ich hatte für diese besondere Gelegenheit das sogenannte *Snoozabed* der Katzen herausgeholt, das uns vor Jahren ein amerikanischer Leser als Geschenk für Salomon und Sheba geschickt hatte. Es bestand aus einem riesigen, zehn Zentimeter dicken Schaumgummipolster mit einer ovalen Mulde, in der mehrere Katzen Platz hatten, und war mit blaßblauem Webpelz bezogen. «Waschbar, hygienisch, warm – das ideale Bett für Ihre Lieblinge» stand auf dem überdimensionalen Karton, in dem es geliefert worden war, und der Postbote war so fasziniert, daß er nach der Lieferung täglich fragte: «Und wie gefällt Ihnen das neue Bett?» Entnervt bat ich ihn schließlich herein, damit er sich selbst ein Bild machen konnte. Das Prachtstück nahm fast den ganzen Kaminvorleger ein, und zwei Katzen räkelten sich darin wie türkische Paschas. «So was kann auch nur den Amis einfallen», sagte er und zog wieder ab, um, wie mir aus zuverlässiger Quelle berichtet wurde, allen, die es hören wollten, zu erzählen, ich hätte drüben in den Staaten Freunde, die genauso übergeschnappt seien wie ich.

Generationen von Siamkatzen hatten es sich in diesem Luxuslager gutgehen lassen; seit Shebalus Tod schlief Saska nachts allein darin. Jetzt, da er draußen in seinem Gartengehege war, legte ich es mit einer blaßrosa Decke aus, schließlich war sie ein Mädchen, und setzte Shantung für die Fotosession hinein.

Da sie sich jedoch prompt in den Falten der Decke verkroch, überzeugt, die beiden Fremden seien gekommen, um sie zu entführen, und da auf Fotos die Farben nicht immer naturgetreu herauskommen, hatte man bei der fertigen Aufnahme den Eindruck, es handle sich um die Abbildung einer blaßrosa Dünenlandschaft, in der, wenn man genau hinsah, zwei bleiche Pyramiden undeutlich auszumachen waren. «Shantungs Ohren», sagte ich, mit dem Finger auf sie tippend. Nita erzählte mir später, das sei der Moment gewesen, als für sie festgestanden habe, daß ich die Kleine niemals großziehen würde, aber sie habe es mir nicht sagen wollen.

Am Mittwoch morgen dann tat Mrs. Binney mir ihre Meinung kund, und mein Nachbar, Vater Adams, der sie hörte, als er den Weg heraufkam, rief mir zu, ich solle nicht auf sie achten, diese Frau könne selbst den Erzengel Gabriel fertigmachen, wenn der dumm genug wäre, auf sie zu hören. Worauf Mrs. B. entgegnete, er sei ein alter Depp, und aufgebracht davonwackelte. Ich dachte dennoch den ganzen Mittwoch darüber nach, daß Mrs. Binney wahrscheinlich recht hatte – jedenfalls was Shantung anging. Aber am Mittwoch abend entwickelten sich die Dinge ein wenig weiter.

Ich saß im Sessel und nähte. Saska lag zusammengerollt auf dem Sessel gegenüber, den schwarzen Schweif über der Nase. Zwischen uns auf dem Sofa stand der Katzenkorb – aus dem sich nach einer Weile vorsichtig die kleine weiße Gestalt der Maienkönigin hervorschob. Sie hielt inne, um einen Moment das zusammengerollte Bündel auf dem Nachbarsessel zu beobachten. Ganz klar, der große Kater schlief. Ein Pfötchen vor das andere setzend, kroch sie das Sofa entlang, sprang auf den Sessel und kauerte dort nieder, um den donnernd schnarchenden Saska einer neuerlichen Musterung zu unterziehen. Der schreckte plötzlich aus dem Schlaf auf, sah sich praktisch Nase an Nase mit ihr und sprang in die Höhe wie von der Tarantel gestochen. Blitzschnell war er unter dem Bücherregal verschwunden, während die Maienkönigin in ihren Korb floh.

Am nächsten Tag wagte sie sich, offenbar ermutigt von der Tatsache, daß er sie nicht gefressen hatte, in das Snoozebed, während er im Gartenhaus war, und blieb auch dort, als ich ihn hereinholte. Er machte keinen Versuch, sie in die Flucht zu schlagen, sondern nahm mit Leidensmiene auf einem Sessel Platz. Am Abend war die Situation so weit gediehen, daß die beiden quer durchs Zimmer aneinander vorbeimarschierten – offensichtlich ganz bewußt und beiderseits entschlossen, einander zu ignorieren. Und am Freitag abend, als ich nach dem Essen abspülte, bei offener Tür, um der Kleinen wenn nötig jederzeit zu Hilfe kommen zu können, da noch immer keine Anzeichen aufkeimender Freundschaft zwischen den beiden zu sehen waren, wäre mir vor Verblüffung beinahe ein Teller aus der Hand gefallen, als plötzlich etwas Großes, Dunkles an der offenen Tür vorbeischoß, dem unmittelbar darauf etwas Kleines, Weißes wie eine Minirakete folgte.

Ehe ich mich von der Stelle rühren konnte, rasten sie schon in entgegengesetzter Richtung wieder zurück, diesmal Shantung mit windschlüpfrig angelegten Ohren voraus und Saska mit Riesensprüngen hinterher. Verstohlen spähte ich um die Ecke ins Wohnzimmer. Shantung hatte haltgemacht und saß zu ihrer vollen Größe von ungefähr fünfzehn Zentimetern aufgerichtet in der Mitte des Zimmers, eine Pfote erhoben, um Saska, der bäuchlings über den Teppich auf sie zu robbte, zu warnen – einen Schritt näher, und du bekommst eins über die Rübe! –, und Saska, der über der Erkenntnis, daß er endlich wieder eine Spielgefährtin hatte, alles andere vergessen zu haben schien, sah so glücklich aus wie schon seit Wochen nicht mehr.

Ein kleines Problem allerdings stellte sich der Vollkommenheit des herzlichen Einverständnisses noch entgegen. Als Saska es sich etwas später auf seinem Lieblingssessel bequem gemacht hatte und Shantung zum Zeichen, daß sie jetzt zur Familie gehörte, einer gründlichen Waschung unterzog, verirrte sich seine Zunge versehentlich in eines ihrer Ohren. Der Rest ihres Körpers hatte, da sie ja nun bald eine Woche bei uns war, offensichtlich den Hausgeruch angenommen; in ihren Gehörgängen hatten sich jedoch, geschützt von den überdimensionalen Pyramidenohren, die Gerüche anderer Katzen und Örtlichkeiten gehalten. Blitzschnell rollte Saska seine Zunge wieder ein, zog nach Katzenart angeekelt die Lefzen hoch, um zu zeigen, daß er soeben etwas unsäglich Scheußliches gewittert hatte, und fauchte. Das hätte für die sich gerade entwickelnde Beziehung ein arger Rückschlag sein können, wäre Shantung nicht völlig unbeeindruckt geblieben. Vielleicht sagte sie sich, er sei wohl ein wenig verschroben und müsse ab und zu mal den starken Mann markieren; vielleicht glaubte sie auch, sein Unmut richte sich gegen mich. Ganz gleich, da sie auf seine Drohgebärde nicht reagierte, gönnte er sich einen Moment der Besinnung, wappnete sich innerlich, kniff die Augen zu und wusch ihr beide Ohren aus, bis sie den richtigen Geschmack hatten. Irgendwann mußte das ja doch getan werden, sagte er, und danach rollten sie sich in schöner Gemeinsamkeit zum Schlaf zusammen. Alles schien nun in bester Ordnung zu sein ...

Saska war erst acht Jahre alt, als er an einem unerkannten Magentumor starb. Mein damaliger Tierarzt, der nicht feststellen konnte, was ihm fehlte, hatte mich an die tierärztliche Fakultät der Universität Bristol in Langford, nicht weit von meinem Wohnort, überwiesen. Es gab dort eine spezielle Forschungsabteilung für Katzenkrankheiten, und man diagnostizierte eine bakterielle Infektion des Dickdarms. Doch diese Diagnose erwies sich als falsch. Als sich schließlich die wahre Ursache seiner Krankheit zeigte, konnte man nichts mehr tun, und er mußte eingeschläfert werden.

Nie hätte ich geglaubt, daß mich nach Charles' Tod noch einmal etwas so tief erschüttern könnte. Ich war so verzweifelt, daß ich schließlich völlig fertig zu meiner Ärztin ging. Sie kannte mich gut. Nach kurzem Gespräch klappte sie ihren Rezeptblock zu und sagte: «Was Sie jetzt brauchen, ist eine neue kleine Siamkatze. Und zwar so bald wie möglich.» Also rief ich, sobald ich wieder zu Hause war, Pauline Furber an.

Wieder hatte Pauline selbst keine jungen Katzen da, aber sie wußte von einer Züchterin in Yeovil, deren Mutterkatze von Paulines Bardy, Saskas Halbbruder, gedeckt worden war. Die Kätzchen waren mittlerweile alt genug, um verkauft zu werden, und ich fuhr mit Pauline zusammen hin, um sie mir anzusehen.

Als wir das Wohnzimmer in Yeovil betraten, trafen wir dort, wie man das mit der Zeit in Häusern von Katzenzüchtern erwarten lernt, ein wahres Gewimmel junger Kätzchen an. Sie hingen wie

Klammeraffen in den Vorhängen, kletterten auf Sesseln herum, fielen wie reife Pflaumen durch die oberen Öffnungen der Schirme von Tischlampen, flitzten in wilder Jagd um Stühle und Tische. Eine elegante blaue Mutterkatze stolzierte mitten im Getümmel umher, augenscheinlich ihre Sprößlinge zur Ordnung rufend. Ich hatte allerdings dank meiner Erfahrungen den Verdacht, daß sie sie eher noch aufstachelte.

An einer Wand stand ein großer, mit Maschendraht ausgekleideter und auch oben mit Maschendraht abgedeckter Laufstall, und in einem Käfig auf einem Brett, das quer über einem Ende des Stalldachs lag, hockte ein afrikanischer Graupapagei, den seitlich geneigten Kopf dicht an den Gitterstangen, und krächzte: «Nun macht schon! Nun macht schon! Los! Los!»

Er habe bei der Aufzucht der Kätzchen geholfen, erklärte die Züchterin und ließ sich zu einer näheren Erklärung herbei, als sie meinen Blick bemerkte – ich hatte weiß Gott schon die tollsten Geschichten über Siamkatzen gehört und die verrücktesten Züchter kennengelernt, aber das war wirklich die Krönung. Sie habe eine Teilzeitbeschäftigung, sagte sie, und wenn sie außer Haus sei, verfrachte sie die Kätzchen und ihre Mutter in den Laufstall, damit sie keine Dummheiten machen könnten. Sie sei nie sehr lange weg, und der Papagei sorge für Abwechslung. Er spreche mit ihnen, und die Kleinen plapperten gern mit ihm. «Besonders der da», bemerkte sie und zeigte auf einen kräftigen jungen Beigebraunen, der wie ein Wilder im Zimmer herumjagte und nach dem Hinterteil einer seiner blauen Schwestern schlug, als treibe er einen Reifen vor sich her. Er säße, berichtete sie, auch wenn er nicht im Stall eingesperrt sei, oft lange oben auf dem Rand und unterhalte sich mit Sindbad.

«Sindbad?» echote ich.

«Das ist der Papagei», sagte sie, und ich nickte, als wäre damit alles erklärt, was es vermutlich auch war.

Einmal hörte das Katerchen kurze Zeit auf, sein Schwesterchen durchs Zimmer zu treiben, flitzte zu mir herüber, setzte sich und musterte mich mit Augen von einem so lebhaften Blau, wie ich es selbst bei einer Siamkatze noch nie gesehen hatte. Lauthals angetrieben von Sindbad mit: «Nun macht schon! Los! Los!» (dem Lieblingsruf des Papageis, wie die Züchterin mir erklärte), kletterte das Kätzchen dann an meinem Bein hinauf, setzte sich auf meinen Schoß und blickte mir aufmerksam ins Gesicht. Da wußte ich, daß er zu mir gehörte.

Ich nahm ihn mit nach Hause und machte ihn mit Tani bekannt, die ihn aus Prinzip erst einmal anfauchte, an ihm vorbeimarschierte, als wäre er völlig bedeutungslos, und ihn von da an ignorierte. Er ignorierte sie ebenfalls. Im Gegensatz zu ihr, die sich anfangs vor Saska verkrochen hatte, versteckte er sich nicht vor ihr. Katzen, die von einem Papagei namens Sindbad aufgezogen worden waren, kannten offenbar keine Furcht. Er stolzierte im Haus herum wie ein kleiner Pirat mit unsichtbarem Entermesser. Er bestätigte den Vergleich ein oder zwei Tage später, als er sein erstes Zusammentreffen mit einem der Dorfbriefträger hatte.

Der Briefträger war ein athletischer junger Mann mit schwarzem Vollbart, einem goldenen Ring im Ohr und üppigen schwarzen Locken, auf denen er niemals die Mütze trug, die zu seiner Uniform gehörte. Er war insgesamt eine ziemlich furchteinflößende Erscheinung und nicht sehr gesellig – meistens reichte er einem nur wortlos die Briefe und basta. An diesem besonderen Morgen fuhr sein roter Lieferwagen vor, als ich gerade mit dem Katerchen im oberen Garten war, und als ich am Haus vorbei hinunterlief, um die Post in Empfang zu nehmen, sauste der Kleine – ich hatte beschlossen, ihn Saphra zu nennen, da er der Sohn von Sapphire war, doch er hatte sich bereits den weit passenderen Spitznamen Schlingel erworben – mir voraus und, husch, um die Ecke in den Vorgarten. Im ersten Moment fürchtete ich nur, der Briefträger könnte ihn erschrecken. Im nächsten dachte ich, ein Zusammentreffen mit dem schwarzen Ritter würde ihn vielleicht lehren, in Zukunft nicht jeden Fremden unbesehen willkommen zu heißen. Ich preschte im Galopp um die Ecke und konnte kaum glauben, was ich sah. Der Briefträger kniete auf dem Boden, meine Briefe flogen irgendwo auf den Pflastersteinen herum, und der Schlingel stand hocherhoben auf den Hinterbeinen, die Vorderpfoten auf der Brust des

Briefträgers. Voller Bewunderung sahen die beiden einander tief in die Augen. «Möchtest du mit zu mir nach Hause kommen?» fragte der Briefträger. Dagegen hätte er nichts einzuwenden, antwortete Saph. Ob er denn dann im Lieferwagen mitfahren dürfe. Zu erhöhter Vorsicht gegenüber Fremden trug diese Episode gewiß nicht bei. Am folgenden Sonntag kam Louisa, um Saphra zu begutachten. Da meine Cousine Dee, die sie im allgemeinen herumkutschierte, im Urlaub war, fuhr ich selbst mit dem Wagen nach Bristol, um Louisa abzuholen. Daheim angekommen, gingen wir durch die Hintertür ins Haus und durch die Küche direkt ins Wohnzimmer, dessen Tür ich geschlossen hatte, damit die Katzen dort kein Unheil anrichten konnten.

Das Katerchen und Tani waren mittlerweile die dicksten Freunde geworden. Sie hatte Saska vermißt; und er war von Natur aus ein kontaktfreudiger kleiner Geselle. Die beiden akzeptierten einander schneller, als ich das je bei Katzen erlebt hatte. Darum hatte ich sie während meiner Abwesenheit nicht getrennt, sondern ihnen das Schlafzimmer offengelassen, damit sie außer im Flur und im Treppenhaus auch dort miteinander spielen konnten. Als ich jetzt die Wohnzimmertür weit öffnete und sagte: «Bitte sehr, darf ich dir den Schlingel vorstellen?», erschien er sofort. Aber er flitzte nicht etwa herein wie ein Kätzchen, das Spiel und Spaß im Sinn hat, er stolzierte herein wie der Haushaltsvorstand in Person, das kleine Schwänzchen hoch erhoben wie seine persönliche Standarte, voll weltmännischer Gelassenheit im Angesicht des unbekannten Gasts.

Tani war nirgends zu sehen, aber ich wußte, wo sie war. Oben, hinter dem Bett, unter dem Volant des Überwurfs versteckt, für den Fall, daß nun doch die Kidnapper gekommen waren, um sie zu entführen. Er jedoch schritt wie ein König auf rotem Teppich durch das Zimmer, direkt auf Louisa zu, die völlig hingerissen auf die Knie fiel, um ihn in die Arme zu schließen. «Ach, du entzückender kleiner Liebling», hauchte sie.

Viele, die ihm zum erstenmal begegneten, fielen vor ihm auf die Knie und nannten ihn Liebling. Sie wußten nicht, wie es hinter der

Fassade aussah. Gleich an seinem ersten Tag bei uns im Haus hatte er die Kommode erklommen, indem er sich mit seinen Krallen an ihrem Schnitzwerk hochhangelte, hatte eine hölzerne Pferdestatuette hinuntergeworfen, die daraufhin ein Bein verlor, und die Porzellanfigur einer bretonischen Spinnerin umgestoßen, die daraufhin ihren Kopf verlor (wobei allerdings gesagt werden muß, daß der vor Jahren, nach einer Attacke von Sugiehs Kinderchen, schon einmal gekittet worden war). An seinem zweiten Tag kletterte er auf den Rücken eines hohen geschnitzten Lehnstuhls hinauf, der angeblich aus dem achtzehnten Jahrhundert stammte und sehr wertvoll war, richtete sich, oben angekommen, auf die Hinterbeine auf, um ein Bild zu erreichen, das er ebenfalls erklimmen wollte, und platschte mitsamt dem Bild zu Boden. Und am dritten Tag fiel er in den Fischteich, ein Zeichen dafür, daß er jetzt dazugehörte. Seit dem Tag, als Salomon den Weiher, kaum daß er angelegt war, bei der Jagd auf einen Hasen eingeweiht hatte, waren alle unsere Siamkater in ihrer Jugend einmal hineingefallen. Charles hatte ihn mitten im Hof zwischen der Hintertür und dem Seitentor angelegt. Ich hatte damals prophezeit, daß garantiert der Briefträger oder der Milchmann hineinstolpern würden, aber bisher waren immer nur die Katzen hineingeplumpst. Meistens wenn sie irgend etwas jagten, und es passierte ihnen stets nur einmal. Danach mieden sie den Teich.

Saphra jedoch brachte das Kunststück zweimal fertig. Das erstemal versehentlich, als er mit Tani draußen war. Ich sage versehentlich. Sie konnte ihn doch nicht angestiftet haben, es absichtlich zu tun? Tatsache war, daß sie nach ihrem Morgenspaziergang unter meinem wachsamen Auge zusammen den Gartenweg heruntergekommen und über den Hof hinter den Geräteschuppen marschiert waren, wo ein kleiner Steinbau stand, in dem das Holz gelagert wurde und den man regelmäßig inspizieren mußte, um festzustellen, wer sich in der Nacht dort drinnen herumgetrieben hatte. Oft waren es Dachse, das wußte ich. Immer wieder hatte ich ihre Pfotenabdrücke auf dem Boden des Holzhauses gefunden.

Jedenfalls, da ich wußte, wo sie waren, lief ich schnell in die

Küche, um die Hitze unter dem Kanincheneintopf für die Katzen kleiner zu stellen, und als ich wieder hinauskam, stand Saphra im Hof wie ein begossener Pudel. Ich ahnte gleich, wo er gewesen war, und fand, wie vermutet, einen großen Wasserfleck neben dem Weiher, in dem das Wasser noch in Bewegung war. Ich sah mich nach Tani um und entdeckte sie, in tiefes Nachdenken versunken, im Holzhaus. Sie, sagte ihre Miene, habe mit dieser Geschichte absolut nichts zu tun.

«Na, das wirst du sicher nicht wieder tun, hm?» sagte ich zu Saphra, als ich ihn in die Küche trug, um ihn abzutrocknen. Aber er tat es wieder, gleich am folgenden Tag, und diesmal beobachtete ich ihn dabei, wie er auf das Holzhaus zusteuerte und die Abkürzung durch den Weiher nahm, um es schneller zu erreichen. Ursprünglich geriet er wahrscheinlich, ohne es zu wollen, in den Teich, aber er paddelte wie ein Spaniel zur anderen Seite. Möglich, daß Tani ihn dazu angestiftet hatte, aber als ich nach ihr suchte, fand ich sie wieder mit Unschuldsmiene und in Nachdenken versunken im Holzhaus. Wo um alles in der Welt er denn gewesen sei, fragte sie, als sie ihn sah. Man könne ihn ja wirklich nicht eine Sekunde allein lassen. Ich aber kramte für den Fall, daß Piratenkatzen tatsächlich schwimmen konnten und er die Durchquerung des Teichs absichtlich unternommen hatte, das Netz heraus, mit dem wir früher den Weiher zugedeckt hatten, um die Fische vor dem Zugriff von Reihern zu schützen, und setzte es wieder ein. Als der Schlingel feststellte, daß dieses Abenteuer ihm nun verwehrt war, wandte er sich höheren Dingen zu.

Er begann, an allem hochzuklettern, was er draußen finden konnte. An Bäumen, an Pfosten und einmal sogar an Mrs. Binney. Sie kam immer noch ab und zu vorbei, um die Entwicklung der Dinge im Auge zu behalten, aber längst nicht mehr so häufig wie vor der Zeit, als dank göttlicher Fügung Mr. Tooting in ihr Leben getreten war. Sie erlebte Saphra an diesem Tag zum erstenmal. Ich trug ihn zum Tor und hielt ihn hoch, um ihn mit ihr bekannt zu machen, und prompt sprang er, den Blick starr auf ihr bemerkenswertes Haar gerichtet, aus meinen Armen auf ihre Schulter und von da auf ihren Kopf, wo er verharrte und seine Pfote in ihre violetten Locken grub. «Ein frecher kleiner Kerl, was?» sagte Mrs. Binney durchaus liebenswürdig für ihre Verhältnisse, und als ich ihn aus ihrem Haar herausgeklaubt hatte, streichelte sie ihn.

Auch das Maschendrahtgitter rund um das Gartenhaus der Katzen war vor ihm nicht sicher. Es war fast zwei Meter hoch, und er hangelte sich außen in Windeseile hinauf und flitzte oben wie ein wildgewordener Seiltänzer herum. Alles nur halb so schlimm – ich war ja immer zur Stelle, um ihn vom schrägen Dach des Katzenhauses herunterzuholen, wenn er genug hatte. Aber dann kam der Tag, an dem er und Tani ein Mauseloch in der Steinmauer am oberen Ende des Rasens belauerten. Ich war rasch ins Haus gelaufen, um etwas aus dem Backofen zu nehmen (ich mußte solche Dinge immer erledigen, wenn ich hoffen konnte, daß die Katzen einen Moment ruhig beschäftigt waren), und als ich wieder herauskam, waren die beiden verschwunden.

Ich rief sie. Keine Reaktion. Ich blies auf Charles' alter Pfadfinderpfeife, die ich für solche Notfälle immer in der Tasche hatte – ich hatte vor langem schon die Erfahrung gemacht, daß Tani, die immer die Kidnapper erwartete, beim kleinsten Pfiff wie der Blitz auftauchte und ins Haus flüchtete. Aber diesmal kam sie nicht. Der Rasen blieb still und leer, und es begann schon dunkel zu werden. Ich griff zu dem einzigen Mittel, das mir einfiel – ich rannte ins Haus, holte die Dose mit den Katzenbiskuits, die für beide der himmlischste Genuß waren, und lief mit scheppernder Dose durch den Garten. Wie auf ein Zauberwort erschien Tani aus irgendeiner Ecke hinter dem Haus und sauste hinein, und auch Saphra schoß plötzlich quer durch mein Gesichtsfeld. Allerdings nicht zu ebener Erde; er flog über die Abdeckung des Katzengeheges, sprang, um ja vor Tani bei den Biskuits zu sein, in hohem Bogen über den Weg und landete im Rasen auf der anderen Seite.

Es war ein Sprung aus mehr als zwei Meter Höhe. Wieder begann ich zu laufen, voll Sorge, er könnte sich verletzt haben, aber er war schon wieder auf den Beinen und flitzte mir putzmunter entgegen. Für Piratenkatzen sei solche Akrobatik nichts Besonderes, teilte er mir ungeduldig mit. Das sei sein Entersprung gewesen. Sindbad habe ihm den beigebracht. Wie es denn jetzt mit den Biskuits aussähe?

Ein paar Tage später trieb er es noch weit schlimmer. Es war ein Sonntagabend, und ich war wie üblich mit beiden Katzen draußen im Garten gewesen. Nachdem ich Tani hineingetragen hatte, weil es Zeit zum Abendessen war, ging ich wieder hinaus, um den Schlingel zu holen, der, als ich ihn zuletzt gesehen hatte, in die Betrachtung eines Käfers vertieft in der Rabatte gesessen hatte. Immer für ein Spielchen zu haben, legte er die Ohren an, rannte über den Rasen und kletterte auf den hohen Pflaumenbaum neben der Garagenmauer. Bis in die höchste Spitze des Baums schoß er hinauf, sprang von dort auf die breite, glänzend lackierte Umrandung des schrägen Garagendachs und geriet sofort ins Rutschen.

Die Garage war ursprünglich eine zweihundertfünfzig Jahre alte Scheune, so alt wie das Haus selbst. An der höchsten Stelle hat der Bau eine Höhe von ungefähr sechs Metern, und die Dachschräge ist steil. Saphra fand auf dem lackierten Holz keinen Halt, kam aber auch nicht auf die Idee, zu den griffigeren Schindeln hinaufzuspringen, und begann daher langsam, aber sicher dem Abgrund entgegenzurutschen.

«Nein – bitte nicht!» hauchte ich, nicht in der Lage, ihm irgendwie zu helfen. Ich konnte nur hoffen, es würde mir gelingen, ihn aufzufangen, wenn er fiel. Dann verhakten sich seine Krallen in einem gesplitterten Stück Holz, und da hing er nun, mit einer Pfote verankert, wie ein nasser Sack. Ich schrie, er solle sich ja nicht rühren, und rannte zum Schuppen, um eine Leiter zu holen. Er konnte nicht verstanden haben, was ich sagte – er hing dort, weil er sich nicht bewegen konnte –, aber das Resultat war das gleiche. Ich raste mit der Leiter zurück – sie war zum Glück aus leichtem Aluminium und ließ sich ohne Mühe ausschieben –, knallte sie ans Dach und hastete hinauf. Er ließ sich nicht von mir losmachen, krallte sich vielmehr mit aller Kraft an der Holzleiste fest. Erst als ich mich dicht an die Leiter lehnte und meine Schulter unter seine Hinterbeine schob, so daß er Halt fand, ließ er sich vorsichtig an meinem Körper hinunter und schlug mir dabei seine Krallen wie Kletterhaken ins Fleisch. Wie er weitermachen wollte, wenn er mein unteres Ende erreicht hatte, wagte ich mir nicht vorzustellen. Doch da hatte er zum Glück die schwindelerregenden Höhen schon ein ganzes Stück über sich gelassen und befand sich auf einer Höhe mit dem Wipfel des Apfelbaums auf der anderen Seite des Wegs. Mit einem Satz überwand er die Kluft und landete bäuchlings auf einem rettenden Ast.

Eilig stieg ich die Leiter hinunter und schnappte ihn mir, ehe er zur nächsten Kletterübung ansetzen konnte. Ich hatte mich, während all dies sich abspielte, allein und unbeobachtet geglaubt. Ich hätte es natürlich besser wissen müssen. Kaum ging ich los, Saphra, den ich mit einer Hand am Schlafittchen und mit der anderen an den Füßen hielt, fest an mich gedrückt, weil er mir, auch wenn er mir jeden Tag neue Aufregungen bescherte, längst ans Herz gewachsen war…

Eva Demski

Das Märchen vom Kater
mit der goldenen Pfote

Eines Tages spazierte eine gestreifte Katze in den Garten des Tierheims am Rand der Stadt. Zwar gab es genau zweiundvierzig gestreifte Katzen in diesem Tierheim, aber diese neue, dreiundvierzigste Katze fiel der Tierheimdame sofort auf. Sie schwankte unter der Last ihres Bauches wie ein Maulesel unter seinen Körben, und sie war längs gestreift. Längs gestreift wie eine Melone oder ein junges Wildschwein, und kurz vor der Niederkunft. Die Tierheimdame setzte sich auf den großen Brekkiesack, schlug die Hände vors Gesicht und sagte zu einem alten Kater, der sich in respektvollem Abstand von der Neuen (man weiß ja, wie launenhaft Schwangere sind) neben die Tierheimdame gesetzt hatte: «Das werden mindestens sieben Stück.» «Gra-hau!» sagte die längsgestreifte Katze und setzte sich auf den Sandweg, um sich die Pfoten zu lecken, die etwas aufgeschürft waren, weil man sie aus einem langsam fahrenden Auto direkt vor das Tierheimtor gestoßen hatte. Das Auto war längst davon, und wir wollen keinen Gedanken mehr daran verschwenden, denn auch die Tierheimdame hatte gelernt, die Dinge zu nehmen, wie sie kamen, und zerbrach sich schon lange nicht mehr den Kopf über die Ratschlüsse der Menschen. Es wird nun in unserer Geschichte Zeit, allen mitspielenden Seelen auch einen Namen zu geben, oder besser: ihre Namen zu verraten, denn sie hatten ja alle schon einen, bevor wir durch die Tür dieser Geschichte mitten ins Tierheim gekommen sind. Die längsgestreifte Katze hatte sich, als sie in einem Kosmetikkoffer von der Insel Malta in die Stadt unserer Geschichte reiste, an den Namen «Souvenir» gewöhnt. Damals war sie winzig, niedlich und ganz und gar nicht schwanger gewesen. Souvenir wurde erst geliebt, dann geduldet, dann lästig – es ist eine alte Geschichte, und nicht nur die dreiundvierzig Gestreiften, sondern auch die sechsundsiebzig Andersfarbigen, die Hunde, einäugigen Gänse und Zwergkaninchen hatten sie erlebt.

Die Tierheimdame hieß Lisa Katz. «Und ich kenne jeden dummen Witz über meinen Namen, den es gibt. Sie brauchen sich gar nicht anzustrengen!» pflegte sie zu sagen, wenn sie sich vorstellte. Sie stellte sich allerdings selten vor, denn Menschen waren es ihr meistens nicht wert, und bei den Viechern tat es nicht not.

Der alte Kater hieß Kunzelmann und war eine Hinterlassenschaft aus einer sogenannten WG, deren Mitglieder entweder in die Jahre, in Beamtenstellen oder in den Knast gekommen waren. Kunzelmanns Namensgeber saß im Knast und schrieb seinem Kater von dort Karten, die Lisa Katz ihm vorlas. Vielleicht war Kunzelmann deshalb so ausgeglichenen Gemüts. Zu ihnen gesellte sich jetzt noch ein hübscher Dackel, den seine Züchter wegen der Fehlfarbe (wie sie es nannten) hatten einschläfern lassen wollen. «Dies ist ein Hund», soll Lisa Katz damals geäußert haben, «und keine Zigarre.» Die Fehlfarbe des Dackels Zigarre wuchs sich zu einem ungewöhnlich schönen rötlichen Grau aus, eigentlich war er rosa, in einem bestimmten abendlichen Licht.

Zigarre und Kunzelmann waren Lisas eigene Tiere, für die sie keinen anderen Platz haben wollte als eben das Tierheim. Noch immer saß also die neue, schwer schwangere Katze auf dem Weg, leckte sich die Pfoten und verbarg, daß auch sie einen Namen hatte. Lisa stand auf und holte einen Korb. Hinter dem Rücken versteckte sie, als sie wiederkam, ein Fläschchen Chloroform. Kunzelmann kannte dieses Fläschchen und wußte, wieviel kleine, unverwechselbare und völlig einmalige Katzenseelen mit seiner düsteren, aber sanften Kraft wieder dahin zurückbefördert worden waren, wo sie herkamen und wo, nach Kunzelmanns Meinung, die Verantwortlichen für das Übermaß an kleinen Kätzchen saßen. Der Kater haßte das Fläschchen und erinnerte sich dunkel daran, daß er vor langer Zeit (vor irgendeiner ihm unbegreiflichen Veränderung) das gleiche Problem damit zu lösen pflegte, indem er seine Brut einfach auffraß.

Auch das erschien ihm aus der Weisheit seines Alters (und wegen der Veränderung) jetzt etwas barbarisch, aber immer noch besser als das verdammte Fläschchen. Auch Lisa liebte das Fläschchen keineswegs. Es war nur oft die einzige Lösung, und wie ein Spruch, der sich nicht entscheiden kann, ob er ein Segen sein will oder ein Fluch, murmelte sie, wenn sie das stinkende Zeug auf den Wattebausch träufelte und die energisch zappelnden, blinden Fellbündelchen in die vorbereitete Schachtel setzte: «Es bleibt euch viel erspart!» Aber wer kann das wissen? Und wer ist so anmaßend, diesen Satz laut zu sagen angesichts eines Wurfs lebenssüchtig quiekender Kätzchen? Lisa Katz war nicht glücklich. Indessen entschloß sich die längsgestreifte Katze Souvenir niederzukommen, mied sorgfältig den dafür bereitgestellten Korb und gebar im Wäscheschrank, dessen Tür sie in geduldiger Arbeit aufgehebelt hatte, auf einem Stapel gebügelter Kopfkissen genau sieben Junge. Zigarre hätte Lisa sagen können, wo die Neue sich versteckt hatte, aber zwei Tage tat er, als sei seine Nase verstopft. Keiner brauchte was aus dem Wäscheschrank. Auch Kunzelmann hielt dicht, und die anderen Katzen blieben in ihren Gehegen, auf ihren Baumstümpfen und in ihren Häuschen und schauten aus halbgeschlossenen Augen den Weg entlang, ob nicht einer käme, der sie mitnähme. Als Souvenirs Wochenbett endlich entdeckt wurde, hatten die sieben schon Pelz, und Lisa sagte ihren ebenfalls oft gesprochenen Satz Nummer zwei für solche Fälle: «Jetzt kann ich es wirklich nicht mehr. Außerdem sind die so schön, die werden wir los, was, Zigarre?» Und der rosa Dackel Zigarre sah zustimmend drein, obwohl es für seinen Geschmack genug Katzen auf der Welt gab, eher wirklich ein paar zuviel. Aber einer jungen Mutter, das wußte er, kann man mit noch so klugen Gedanken über Geburtenkontrolle und Überbevölkerung keine Freude machen. Also behielt er sie für sich. Lisa pflückte entzückt ein Kätzchen nach dem anderen von den gebügelten Kopfkissen und setzte sie in den Korb, was Souvenir gnädig gestattete. Jedes ihrer Kinder hatte eine andere Farbe: längsgestreift, quergestreift, schwarz, rot, dreifarbig gescheckt (ein Mädchen) mausgrau (doch!) – und als letztes kam ein weißes zum

27

Vorschein, das eine goldene Vorderpfote hatte. Es war die linke, und ein erfahrener Kater wie Kunzelmann, der sich den Nachwuchs betrachtete, wußte: Mit einem solchen Kater hat der Katzengott Besonderes vor. «Wer hätte gedacht», sagte Kunzelmann zu Zigarre, «daß wir selber mal so einen zu sehen bekommen. In unserer Familie ist oft davon erzählt worden, mein Urururgroßvater kannte eine Kätzin, die mal einen Goldpfotigen gesehen haben soll – und jetzt haben wir einen im Nest!»

«Sind das immer Kater, die mit der goldenen Pfote?» fragte Zigarre, dem die Mythen fremder Völker nicht so vertraut waren. «Es wird so erzählt!» sagte Kunzelmann mit der Überheblichkeit aller Katzen, mit jener Überheblichkeit, die selbst der zerrupfteste Straßenkater dem feinsten Reicherleutshund entgegenbringt. Zigarre war das gewohnt, und da er ein gescheiter Hund war, amüsierte er sich und knurrte nicht. Er fragte auch nicht nach, was denn ein Kater mit einer goldenen Pfote Besonderes könne, denn die Frage hätte Kunzelmann in Verlegenheit gebracht.

Gerade jetzt sagte Lisa Katz, die das vielfarbige Gewusel im Korb liebevoll betrachtete, zu den Tieren: «Also, das weiße finde ich besonders hübsch. Schade, daß es diese gelbe Pfote hat!» Kunzelmanns Pupillen wurden schwarz und rund vor Verachtung, dann gähnte er und begann, sich die Pfoten zu waschen. «Menschen!» dachte er. «Du lieber Gott.» Und in der nächsten Zeit taten die Kätzchen, was Kätzchen eben tun, nuckeln, piepsen und um den besten Platz kämpfen, schlafen, aufwachen und sich waschen lassen. Souvenir wußte um die Besonderheit ihres Sohnes. Sie betrachtete ihn mit der melancholischen und wilden Liebe aller Katzenmütter, die genau wissen, daß schon nach ein paar Monaten ihre Kinder fremde Katzen sein würden. «Dieser nicht!» dachte sie und wusch ihm sorgfältig die goldene Pfote. Und so verhält es sich von alters her mit den Goldpfotigen: Sie können Käfige öffnen. Sie können aus welken Blättern Mäuse werden lassen. Milch fließt plötzlich in Regenpfützen, und der Mensch, dem ein Goldpfotiger einmal die Tatze aufs Knie gelegt hat, ist – mag er Katzen vorher gehaßt haben wie besessen – ihnen auf immer verfallen.

Wenn das so ist, werden die Eingeweihten jetzt sagen, haben alle Katzen eine goldene Vorderpfote!

Sehen wir weiter. Die Kätzchen wuchsen, aber der einzige, dem Lisa einen Namen gegeben hatte, war der Weiße. Sie nannte ihn Tatze, und so wollen wir ihn auch nennen. Die Geschichte seiner sechs Geschwister ist bald erzählt. Sie machten eine schöne Karriere beim Fernsehen in einem Pausenfilm. Der Aufnahmeleiter hatte nur sechs Darsteller haben wollen. Er liebte nämlich nur gerade Zahlen und sagte, Weiß käme nicht so gut, auch verderbe die komische gelbe Pfote den Eindruck.

Siebentausenddreihundertzweiundfünfzig Leute riefen beim Sender an, als der Pausenfilm zum erstenmal gelaufen war, alle wollten ein Kätzchen haben, oder auch zwei, Fernsehkätzchen, und in den Zeitungen wurde die mürrische Lisa gezwungen, die Geschichte dieses Wurfs zu erzählen. Im Tierheim war für kurze Zeit ein Betrieb wie im Kaufhaus, Lisa nahm die Kandidaten für ein Kätzchen so mißtrauisch unter die Lupe, als gelte es, Geheimdienstoffiziere auszuwählen. Zum Schluß wurden Souvenirs bunte Kinder (die ihr in den letzten Wochen schon ein bißchen lästig geworden waren) paarweise zu sehr vertrauenswürdigen Leuten gegeben und konnten sich fast allabendlich im Fernsehen bewundern.

Tatze aber blieb im Tierheim, von seiner Mutter zwanzigmal am Tag schneeweiß geputzt und von Kunzelmann respektvoll in den nötigsten Katerkünsten unterwiesen. Viel hatte der selbsternannte Lehrer nicht zu tun, weil Tatze eigentlich alles schon konnte.

Er war ein Kater von sanfter und verschmitzter Wesensart, und es wäre sicher leicht gewesen, auch für ihn einen bürgerlichen, angenehmen Platz zu finden. Aber Lisa Katz mochte sich nicht von ihm trennen und redete sich ein, sie behalte ihn unwillig und nur als Gespielen für den alten Kater Kunzelmann. Die gelbe Pfote störte sie jetzt nicht mehr. «Sie hat sicher einen Sinn!» sagte sie zu Kunzelmann. «Einfarbig weiße Katzen sind oft taub.»

«Menschen», dachte Kunzelmann, «ach du lieber Gott!» Er setzte sich hin und wusch sich die Pfoten. Tatze tat es ihm nach und sah aus dunkelgrünen Augen einem kleinen Mädchen zu, das zwei

ruppige, große Hunde aus dem Zwinger holte, um sie spazierenzu-
führen. Sie blieb vor Tatze stehen, während die Hunde leise wie
Welpen fiepten und ihre Schwänze starr nach unten hielten.
«Seht mal, ihr großen Trampel!» sagte das kleine Mädchen zu
den Hunden. «Der Kater hat eine goldene Pfote! Fürchtet ihr euch
deswegen vor ihm?» Sie lachte und zog die widerstrebenden
Hunde weiter.

«Das eine mußt du dir merken», sagte indessen Kunzelmann zu
Tatze, «mit den Menschen mag intellektuell nicht viel los sein – aber
ihre Jungen sollte man nicht unterschätzen! Es ist die einzige Spezies, die gescheit auf die Welt kommt und danach immer dümmer
wird. Ich habe früher wissenschaftlich darüber gearbeitet!» Tatze
nickte und lächelte.

Es war eine gewisse Aufregung an diesem Tag im Tierheim, weil
Lisa ihre alljährliche Reise vorbereitete. Lisa war schon seit ein paar
Jahren Anfang Vierzig, eine undefinierbar aussehende Person mit
irgendeiner Figur, die sie in graue Pullover und blaue Hosen mit
Gummistiefeln zu verpacken pflegte. Sie liebte die Tiere, die ihr an-
vertraut waren, und wurde mit den Jahren so misanthropisch, wie
man es halt in Tierheimen wird. Deshalb fuhr sie jedes Jahr zu den
Bayreuther Festspielen. Dort badete sie ihre Seele, trug jeden
Abend ein anderes Abendkleid und den gewaltigen Schmuck ihrer
Großmutter. Aus ihrem Mausedutt wurde unter den Händen des
Bayreuther Friseurs (jetzt hieß er Hairstylist, aber er besaß vier
etwas mottenzerfressene Perserkatzen, die alle schon über sechzehn waren, und liebte Lisa sehr) eine fuchsfarbene Wolke. Dann
schminkte sie sich zwei Stunden lang und nahm eine dunkle Brille
mit, wenn der *Tristan* auf dem Programm stand. Zudem hatte sie
eine etwas pathetische und sehr leidenschaftliche Affäre mit einem
französischen Oboisten, den sie nur dort sah. Einmal im Jahr
mußte sie das haben, und am vorletzten Abend begann sie sich,
vom Oboistenabschied noch ganz weich und verheult, auf die Viecher zu freuen.

Diese Reise nun bereitete Lisa vor, und die ernsten Schul-
mädchen und Veterinärmedizinstudenten, die ihr halfen, mußten

ein Maschinengewehrfeuer von Vorschriften, Beschimpfungen und Rezepten über sich ergehen lassen. An jeder Wand klebten Zettelchen mit rätselhaften Mitteilungen wie «SONNTAGS PILLE FÜR CHARLIE» oder «DANIEL NICHT KÄMMEN!». Ihre Helfer waren daran gewöhnt, Mensch und Vieh wartete ergeben darauf, daß Lisa sich auf ihre notwendige Reise begab.

Alles beruhigte sie, nachdem ein Taxi die bis zur Unkenntlichkeit verkleidete Lisa abgeholt hatte. Und schon in der ersten Nacht verschwanden sämtliche Hunde und Katzen aus dem Tierheim. Nicht Zigarre, Kunzelmann und Tatze: Sie waren in Lisas Wohnung geblieben; Tatze war nachts aufgewacht und unruhig geworden. Lisas junge Helfer standen am nächsten Morgen vor den aufgebrochenen Zwingern und dem leeren Katzenhaus. Nachdem sie zwanzig Minuten geheult hatten, holten sie die Polizei.

Bisher hatte der Kater mit der goldenen Pfote nicht auszuprobieren brauchen, was er alles konnte. Ja, ihm waren seine wunderbaren Fähigkeiten sorgfältig verhehlt worden, denn Kunzelmann befürchtete, daß Tatze die Nase zu hoch tragen würde, wenn man ihm zu früh sagte, daß er ein Erwählter sei. Jetzt aber war die Situation gekommen, denn Kunzelmann hatte (das lag an seiner politischen Vergangenheit) kein Vertrauen zur Polizei. «Also, mein Junge», begann Kunzelmann seine Rede, alle langweiligen Reden von Erziehungsberechtigten fangen so an, und alle Kinder kriegen den gleichen Gesichtsausdruck und sagen: «O nein, Papa!» mit einem schrecklich belästigten Unterton. So war es auch bei Tatze. «O nein, Kunzelmann!» sagte er, denn er wußte alles, was der ihm sagen wollte, schon längst und hatte sich nur aus Höflichkeit nichts anmerken lassen. «Ich finde sie. Ich hol sie zurück, allesamt!» Wo man suchen mußte, war jedem Tier in der ganzen Stadt nur zu klar. Der Tierhändler hieß Sense, und wenn man ihm sein finsteres Geschäft zögernd und halbherzig verboten hatte, dann machte eben seine Frau weiter oder sein Schwiegersohn, der schon Karrieren als Barschlepper, Fleischschieber und Spielhallenrausschmeißer hinter sich hatte. Der Handel mit dem lebenden Fleisch aber war der einträglichste. Sie saßen in einem Fabrikgelände weit draußen vor der

Stadt, und Lisa wurde bleich, wenn sie Senses Namen hörte. Abnehmer für die verängstigten, drogenbetäubten und verzweifelten Hunde und Katzen waren die weißen Firmen und Labors in der Stadt, in denen hinter dicken Mauern und höflich lügenden Pressesprechern Schreckliches geschah. Das Tierheim hatten die ausgesandten Diebe des Händlers schon lang im Visier, und sie waren auch informiert über Lisas alljährliche Reise.

Was für eine miese Truppe das war, ein feiger, schwarzer Haufen von besoffenen Schmierenschauspielern und arbeitslosen Metzgern, ein armseliger Trupp, der das Sonnenlicht scheute und sein Elend in Lambruscoflaschen versenkte. Die meisten von ihnen hatten selbst ein Tier, einen Gefährten unter den Kaufhauseingängen, auf ihren stinkenden, alten Matratzen. Auch die hatten sie abgeben sollen, hatten es nicht getan und mußten sich allnächtlich betrinken, weil sie ihnen nicht mehr in die Augen sehen konnten.

Das war ein Coup! Ein ganzes Tierheim voll Material, selbst den einäugigen Ganter hatten sie mitnehmen wollen. Der schämte sich, weil er nur heiser gewarnt hatte – schließlich war damals in Rom nicht so ein verdammter Nebel, dachte er –, aber einen der Gangster hatte er noch beißen können. Er war es auch, der Tatze sagte, wie viele es waren und welchen Weg sie eingeschlagen hatten, nachdem der Kater Lisas wohlverschlossene Wohnungstür mit einem sanften Pfotenstups geöffnet hatte.

Es war keine Zeit zu verlieren, und so stellte Tatze sich an die Straße und hielt seine goldene Pfote in die Höhe. Fast sofort, wie in amerikanischen Filmen, hielt einer, ein dunkler Motorradfahrer, der wahrscheinlich ein verkleideter Engel war. (Seit Cocteau tragen fast alle jüngeren Engel Motorraddreß, im Himmel wechselt die Mode nämlich nur alle tausend Jahre.)

«Hopp!» sagte der Motorradfahrer zu dem Kater, der sich ihm um den Hals wickelte. Dann gab der Dunkle Gas, und nach kurzer Zeit tauchten die schwarzen Fabrikgebäude vor Tatze auf. «Brauchst du Hilfe?» fragte der Motorradfahrer.

«Ich werde sie haben!» antwortete Tatze.

Er roch die Angst, seine Ohren legten sich unter dem Gewicht der Schreie flach nach hinten, und seine rosa Lippen gaben zwei schöne, dreieckige Reißzähne frei. Es waren unhörbare Schreie, denn die meisten Tiere dämmerten vor sich hin, giftbenebelt und dumpf. Die aus dem Tierheim waren unruhiger als die anderen, und Tatze wußte, daß sie alle da waren, alle. Den Rest der Nacht verbrachte er damit, einen Käfig nach dem anderen zu berühren und auf die Befreiten einzureden, erst beruhigend, dann revolutionär, eine Reihenfolge, die manchmal erfolgreicher ist als die umgekehrte. Spät fand er einen Panther in einer Kiste, der sich die Pfoten blutig gekämpft hatte und nun auf der Seite lag, in die Apathie geflohen, jenen einzigen wirklichen Zufluchtsort der Tiere. Tatze sprach mit ihm besonders lange und legte seine goldene Pfote kurz auf die Wunden des Panthers, die sofort verschwanden. Der Panther hörte zu. Dann lächelte er ein schönes und bedrohliches Lächeln. «Freßt nichts mehr von dem vergifteten Drogenzeug!» befahl Tatze, und mehr als vierhundert Ohren wandten sich seiner Stimme zu. Dann warteten sie, das Licht in der Halle wurde grau. Sie warteten stumm, fast unbeweglich, und nur Tatze hörte das Summen, wie es von angespannten Muskeln kommt. Gegen neun öffnete Sense das Tor, in jeder Hand einen stinkenden Eimer, in die er irgendwelche bösen Tränke gerührt hatte. Er setzte die Eimer ab, wischte sich über sein bierschwitzendes Gesicht und rülpste. Tatze stand unbeweglich hinter der Tür, das Summen wurde sehr laut. Dann sprang der Panther. Ein großer, apathischer Rottweiler ging ihm zur Pfote. Es dauerte ziemlich lange, bis Sense einsah, daß seine Schreie nutzlos waren, weil seine Kumpane und seine finstere Familie noch im tiefen Schnapsschlaf lagen. Es dauerte ziemlich lange, bis jedes Tier an ihm getan hatte, wie es wollte. Irgendwann fuhr seine schwarze Seele zur Hölle, und als seine Spießgesellen fanden, was von ihm übrig war, entsannen sie sich an Gebetsreste aus ihrer Kindheit. Sie hatten Angst, verrückt zu werden. Die Kripo war hilflos, denn alle Tiere saßen ruhig in ihren verschlossenen Käfigen, bis auf einen kleinen, weißen Kater mit einer gelben Pfote. «Na, du?» sagte ein Polizist und sah den Kater an, um nicht auf das Ding unter der Pferdedecke schauen zu müssen. Der Kater Tatze legte dem Polizisten seine goldene Pfote aufs Ohr, es kitzelte. Nach fünf Minuten sagte der Polizist zu den anderen Polizisten, während er das Gemurmel des Polizeiarztes überhörte: «Es mag gewesen sein, wie es will, die Viecher können nichts dafür. Wir sollten Lisa Katz vom Tierheim holen, damit sie sich kümmert.» Und Lisa Katz kam tatsächlich! Plötzlich, im *Lohengrin,* war sie so unruhig geworden wie noch nie. Sie kam, Tatze legte ihr seine Pfote aufs Ohr, und sie sagte nach fünf Minuten: «Diese Geschichte übernehme jetzt ich.» Und weil sie nicht gestorben sind, leben sie noch heute.

Elke Heidenreich .

Nero Corleone

Engelchen?

Um die Wahrheit zu sagen: diese beiden waren keine Engelchen.
Nicht einmal Rosa. Gut, zugegeben, Rosa war ein bißchen dumm,
und da kann man leicht brav sein, wenn einem sowieso nichts ein-
fällt, was man anstellen könnte, und wenn man am liebsten a) frißt
und b) schläft. Aber Rosa entwickelte sich in den nächsten Monaten zu einer gefürchteten Jägerin. Stundenlang konnte sie geduldig
auf der Lauer liegen, scheinbar schlafend, nur ein bißchen blin-
zelnd, nur die Ohren wackelten ein wenig, und dann – zack! mit
einem einzigen Sprung, mit einem einzigen Hieb hatte sie die Maus,
auf die sie so lange gewartet hatte. Leider fing sie manchmal auch
einen kleinen Vogel, der nicht schlau und nicht schnell genug war,
und alles, was sie fing, fraß sie ganz und gar auf. Und Nero… der
erkämpfte sich vom ersten Tag an durch Gardinenzerreißen und
Geschrei den Weg ins Freie. Er ging und kam, wie es ihm paßte, und
es dauerte nicht lange, da war er der Chef der ganzen Gegend.

Wie soll ich das erklären… er wußte einfach, wie man sich Respekt verschaffen mußte. Er wußte, wann es mit Säuseln besser ging
und wann mit gezielten Ohrfeigen, und er hatte eben so eine Art,
daß niemand ihm widerstehen oder widersprechen konnte. Die
alte, schwarzweiß gefleckte Klara von Oma Riegert hatte so einen
eleganten Kater noch nie gesehen und wäre gern etwas jünger gewesen; der weiße Timmi von Frau Brettschneider rannte weg, sobald er Nero nur sah; der kleine Amadeus von Hahns ließ immer
ein paar Brocken Futter für Nero auf seinem Teller, damit er keinen Ärger mit ihm bekam, die silbergraue Karthäuserin von Fräulein von Kleist, die niemals ins Freie durfte und fast alle Katzen-

schönheitspreise gewonnen hatte, sah von ihrer Fensterbank aus sehnsüchtig nach Nero; mit Kagels Kater Karl verband Nero schon bald eine schöne Männerfreundschaft: gemeinsam spazierte man nachts durch die Gärten oder über die Dächer und besprach, was wichtig war. Wenn Kagels verreisten – und das war oft der Fall –, saßen Karl und Nero ganze Nächte lang in den tiefen Ledersesseln, rauchten auch schon mal eine Montecristo Nr. 1 aus Kagels Zigarrenkiste oder liefen zusammen über die Klaviertasten und machten prächtige moderne Musik.

Schräg gegenüber wohnte ein ziemlich starker Kater, der Tiger hieß und der Lehrerin gehörte. Mit ihm hatte Nero noch die meisten Schwierigkeiten gehabt. Bei der ersten Begegnung hatte ihm Tiger mit angelegten Ohren und gesträubtem Fell ein «Verpiß dich!» entgegengefaucht. Nero sah ihn damals nur an und sagte: «Tiger, ich sehe, du hast Mumm in den Knochen und bist nicht so eine verzärtelte Kreatur wie das, was sonst hier rumläuft. Wir beide könnten uns jetzt bis aufs Blut prügeln, was für dich gar nicht gut ausgehen würde, oder wir sagen: du nicht in mein Revier, ich nicht in deins, *paletti?*»

Tiger fauchte noch mehr und sagte: «Ach, ich werd nicht mehr. Gerade angekommen, und da willst du hier auch schon ein Revier haben?»

Schlechtgelaunt und voller Lust darauf, diesem italienischen Fatzke ein paar Ohrfeigen zu servieren, robbte er noch näher. Nero sah ihn kummervoll an und sagte: «Tiger, Tiger, nun hast du dich aber kräftig übernommen.» Und ganz ruhig, als wär gar nichts, putzte er mit seiner weißen Pfote sein schwarzes Fell und beobachtete, wie Tiger näher schlich.

«Hau ab», sagte Tiger drohend.

«Putzelchen, einen anderen Ton bitte», antwortete Nero, «schau, in Italien nannte man mich Corleone, was in deiner Sprache Löwenherz heißt. Ich war dort – nun, sagen wir, eine bekannte Größe.»

«Und wenn du der Kaiser von China wärst», sagte Tiger, der bei seiner Lehrerin allerhand an Bildung mitbekam, «mir imponierst du nicht mit deinem schwarzen Affenpelz.»

Nero legte sich auf den Boden, ganz flach, reglos, und nur sein Schwanz zuckte hin und her.

«Affenpelz?» fragte er milde. «Hast du Affenpelz gesagt, du seltsame gestreifte Wurst?» Und dann sprang er schnell wie ein Gedanke auf Tigers Nacken und biß einmal kurz zu. Tiger schrie auf, und Nero lockerte den Biß ein wenig und knurrte: «War das Wort, das du eben sagtest, wirklich Affenpelz, oder sollte ich mich verhört haben?»

«Verhört!» krähte Tiger, und die Lehrerin kam auf den Balkon und rief: «Tiger? Ist was?»

«Muttilein ruft», sagte Nero und ließ Tiger los, der davonsauste und seine Leiter zum ersten Stock hochrannte, wo ihn die Lehrerin in Empfang nahm und sich erschrocken sorgte: «Du blutest ja!»

Tiger mußte mit vier Stichen genäht werden und zehn Tage lang eine entwürdigende Halskrause tragen, die ihn in der ganzen Gegend zu einer lächerlichen Figur machte. Wann immer er in Zukunft Nero sah, lief er schnell zu seiner Lehrerin, und Nero spuckte verächtlich aus und brummte: «Muttersöhnchen.»

In einer milden Sommernacht gelang es Nero, die bildschöne Karthäuserin des Fräulein von Kleist ins Freie zu locken. «Hallo, kleine Kleist», sagte er mit seiner süßesten Stimme zu ihr, und sie schmolz dahin und gebar dem Fräulein von Kleist fünf Junge: drei schwarze und zwei graue. Das Fräulein von Kleist war völlig außer sich, denn der Stammbaum der Karthäuserin reichte wie ihr eigener bis ins 12. Jahrhundert zurück, und da darf so etwas einfach nicht vorkommen! Ja, darf vielleicht nicht, kommt aber doch, und was will man schon gegen die Liebe machen! Die kleine Kleist gefiel Nero ausnehmend gut, und so blieb es nicht bei diesen fünf gemeinsamen Kindern. Bald waren in ganz Marienburg, in Bayenthal, Zollstock, ja, bis hinauf nach Klettenberg Kinder der Karthäuserin in mehr oder weniger guten Familien untergekommen, und manch schwarzes war dabei, das seinem Vater Nero Corleone in Sachen

Frechheit durchaus Ehre machte. Manchmal, wenn der Mond schien, lockte Nero die kleine Kleist aus dem Haus und stieg mit ihr auf die Dächer. Dann sahen sie sich den Mond an, sangen ein bißchen und er gurrte: «Kleine Kleist, ich sage dir, das Leben ist schön!» Und sie antwortete: «Jaja, und nächste Woche gehst du wieder mit einer anderen.» Vorwurfsvoll sah Nero sie an, zeigte ihr seine beiden Vorderpfoten – die weiße und die schwarze – und sagte mit honigsüßer Stimme: «Kleine Kleist, ich bitte dich, schau: können diese Pfoten fremdgehen?» Und dann mußte sie lachen, und sie sangen noch ein bißchen.

Ab und zu brachten die andern Katzen ein schönes Mäuschen für Nero (oder wenigstens die leckerere Hälfte davon), hoben ihm ein paar Brekkies auf, und Karlheinz zum Beispiel, Karlheinz bat ihn geradezu um Schutz. Karlheinz war ein alter räudiger Kater, der allein im Freien lebte. Ohne Zuhause streifte er durch die Gärten, fand hier und da etwas zu fressen, stöberte in Abfalleimern, hatte zwei, drei Adressen, wo er schon mal im Keller schlafen durfte und einen Teller Dosenfutter bekam. Karlheinz war alt, hustete und hatte nur noch ein Auge. Er sagte zu Nero: «Hör zu, du könntest mir diesen ekelhaften Tiger vom Leib halten und den idiotischen Hund von Frau General Grabowski, dafür kann ich dir ab und zu sagen, wo eine Milchsuppe zum Abkühlen draußen steht oder so...»

Das klappte gut. Nero versetzte dem Hund von Frau General Grabowski einen Schmiß und sagte: «Jetzt siehst du aus, wie ein Generalshund aussehen muß!» Dafür schlich Karlheinz ein paar Tage später zu Nero in den Garten und verriet: «Nummer zwanzig, die schöne Zahnarztfrau. Direkt vor der Küchentür, ein gekochtes Hühnchen, das abkühlen soll für Hühnersalat.»

«Danke, Kollege», sagte Nero und zog sofort los. Er ließ auch für Karlheinz noch etwas übrig – es war ein dickes Hühnchen! –, und er versäumte nie, seiner Rosa ein schönes Beutestück mit nach Hause zu bringen, vor allem, wenn er von Feinkost Bollmann zurückkam.

Bei Feinkost Bollmann kauften nur reiche Leute ein: aufgedon-

nerte Frauen in Pelzmänteln, Pelzmäntel! Wenn Nero etwas verab-
scheute, dann waren das Pelzmäntel, er fühlte sich geradezu persönlich tief gekränkt durch diesen Anblick von soviel totem Fell.
Die Herren, die bei Feinkost Bollmann Hummer und Champagner
kauften, waren parfümierte Gecken, die Jacketts mit Seitenschlit-
zen trugen. Seitenschlitze! Nein, das war nicht nach Neros Geschmack, aber im Laden gab es köstliche Pasteten, zarten Lachs,
Trüffelleberwurst und feinste Filets. Man mußte nur in die Kühlkammer kommen, und dazu mußte man an einem Hund vorbei, der
aber vor lauter Feinkost in seinem Leben schon etwas vertrottelt
war. Nero hatte sehr streng mit ihm gesprochen, hatte ihm geduldig erklärt, was er mit seiner weißen Pfote in Sachen Sehkraft zu
machen imstande sei, hatte sich Gebell verbeten und war dann in
die Kühlkammer gegangen, gleich hinter dem dicken Bollmann-
Sohn Bodo her, der nicht merkte, daß eine Trüffelleberwurst vom
Haken verschwand. Der Hund hatte keine Lust, sich mit Nero
groß anzulegen. Er sah in Zukunft einfach blasiert zur Seite, wenn
Nero kam, und Nero sagte von oben herab: «Mein Guter, es ist wieder mal soweit, ich will doch einmal sehen, was der Lachs macht.
Nur keine Aufregung. *Buon giorno.*»
Von den zarten Lachsscheiben brachte er dann seinem Freund
Karl, der kleinen Kleist und natürlich seiner Rosa etwas mit, aber
die größte Portion fraß er schon selbst. Er wog inzwischen fast
zehn Kilo, hatte ein dichtes, glänzendes schwarzes Fell und war der
stärkste und größte Kater weit und breit.
Manchmal fanden nachts im Südpark Katzenversammlungen
statt. Da wurde nicht viel geredet, man saß im Kreis, schaute in den
Himmel, schwieg den Mond an, und immer war es doch klar, daß
Nero der Mittelpunkt war. Wenn er aufstand, gähnte und sich
streckte, wurde die Versammlung aufgelöst, wenn er sitzen blieb,
saßen die andern auch still da. Höchstens Karl konnte es riskieren
zu sagen: «Nero, komm, wir machen noch ein bißchen Musik.»
Und dann zogen sie in Kagels Haus und legten sich quer über die
Klaviertasten, daß Frau Kagel oben aus dem Bett fiel vor Schreck.
Dann und wann gab es Kämpfe. Da wollte sich doch Timmi tat-

sächlich an die kleine Kleist ranmachen, da jagte der Generalshund ohne Leine hinter der alten Klara her, da kam ein Hund zu Besuch, der sich an gewisse Regeln nicht halten wollte, oder da mußte eine besonders freche, große Elster zur Vernunft gebracht werden – immer hatte Nero seine weiße Pfote mit im Spiel, und manches Mal kam er erst gegen Morgen zerrupft, naß, dreckig nach Hause, und Isolde seufzte: «Wo du dich nur immer herumtreibst, mein Täubchen.»

«In der Welt, mein Engel», gähnte Nero, «in der Welt der Männer und der Kämpfe, von denen du keine Ahnung hast.»

Manchmal brachte er ihr eine besonders große Maus mit dichtem Fell mit, warf sie ihr vor die Füße und gurrte: «Da, Schönste, näh dir ein Krägelchen!», bevor er sich in Isoldes Bett zusammenrollte und sie noch rufen hörte: «Oh! Das hab ich doch eben erst frisch bezogen… na, egal, schlaf du nur gut, mein kleines Prinzchen.»

Und so gingen die Jahre ins Land. Roberts Haare wurden dünner und seine Brillen dicker, Isolde lernte es endlich doch noch, Pfannkuchen zu backen, die nicht in der Pfanne klebenblieben, und Nero und Rosa waren so glücklich, wie Katzen nur sein können. Ab und zu mußten sie zwar Kleinigkeiten erleiden – eine Fahrt zum Tierarzt, eine Impfung, zwei Wurmkuren im Jahr mit einer ekelhaft schmeckenden Paste, und im Sommer gab es scheußlich riechende Zeckenhalsbänder, die Nero allerdings meist sofort von Karlheinz durchbeißen ließ. Aber alles in allem war die Welt wohlgeordnet. Ein-, zwei-, dreimal im Jahr fuhren Isolde und Robert nach Italien, und dann kam Frau Wiegand, um Haus, Garten und Katzen zu hüten. Auch Frau Wiegand hatte man, wie Nero gern sagte, fest in der Pfote. Man konnte sie sozusagen um die Pfote wickeln, Frau Wiegand tat alles für ihre beiden kleinen Lieblinge. Sie schnitt die Rinderleber nicht nur in häppchengerechte Stücke, nein! Sie briet sie auch in guter Butter an. Bei Frau Wiegand gab es nicht nur morgens um neun und abends um sechs einen Teller mit Futter, nein! Auch mittags wurden kleine Häppchen gereicht, denn, so sagte Frau Wiegand gern: «Hunger tut so weh!» Sie kaufte frische Fische auf dem Markt, und abends durfte Rosa nicht nur auf ihrem Bett, nein! sogar unter ihrer Decke schlafen, was bei Isolde dann doch nicht erlaubt war. Das heißt, Isolde hätte es vielleicht noch geduldet, aber der klassische Satz von Robert bei solchen Ansinnen lautete: «Sonst noch was.»

Rosa wurde immer runder, Nero bekam erste graue Haare neben der Nase und lag jetzt schon mal stundenlang unter dem Pflaumenbaum und träumte. Niemand wagte es, ihn dabei zu stören – eins von seinen Mädchen oder seinen vielen Kindern saß immer in der Nähe und bewachte seinen Schlaf. Karlheinz war eines Winters gestorben. Fräulein von Kleist war zu Neros großem Kummer mit der Karthäuserin weggezogen, ins vornehmere Düsseldorf. «Adieu, kleine Kleist», hatte Nero traurig gesungen, «*ciao, bella,* ich werde dich nie vergessen.» Noch öfter lag er seitdem mit Kagels Kater Karl in den dicken Ledersesseln, schaute sich im Fernsehen alte Filme an und hörte Isolde, die rufend durch die Siedlung irrte. «Verstehst du die Frauen?» fragte er Karl. «Ich nicht. Sie haben etwas Unruhiges, finde ich.»

Eines Tages wurde Rosa krank. Es fing an mit einem Husten. Sie bellte kratzig, fast wie ein Hund, und natürlich stopfte Isolde sie in den Katzenkorb und fuhr mit ihr zu dem Tierarzt mit den hohen Rechnungen. Es gab eine Spritze, Pillen und Stubenarrest. Aber der Husten wurde nicht besser, und dann kam noch eine Halsentzündung dazu, und Rosa, ausgerechnet Rosa konnte nicht mehr fressen und magerte ab. Was für ein herzzerreißend trauriger Anblick! «Sie ist alt», sagte der Doktor, «wir müssen abwarten, ob sie es schafft.»

Sie schaffte es nicht. Nächtelang saß Isolde an Rosas Körbchen, eine Heizdecke wurde angeschafft, Hackfleischbällchen mit Vitaminpulver gerollt, aber eines Morgens war es aus: die kleine, gar nicht mehr runde Rosa schloß für immer ihre schielenden blauen Augen, seufzte und schnarchte noch einmal tief und hörte dann einfach auf zu atmen. Sie hatte die Zungenspitze zwischen den Zähnen, wie früher, und sie wachte nicht mehr auf.

Nero war wie versteinert. Er verkroch sich unter dem Bett, er fraß nicht, er putzte sich nicht. Isolde weinte sich die Augen rot. Sie wickelte Rosa in ein wunderschönes Spitzennachthemd, das ihr Robert mal aus Venedig mitgebracht hatte, «damit sie in was Italienischem beerdigt wird!», und Robert hob im Garten unter der Magnolie ein kleines Grab aus. Da saß dann Isolde oft auf einem weißen Stuhl und weinte um ihre Rosa, und Nero lag auf ihrem Schoß, von Kummer zerrissen. Weinte er auch? Man konnte es nicht genau sehen, vielleicht kniff er nur wegen der Sonne die Augen ein wenig zusammen, aber er war still und voller Kummer, und die Mäuse huschten frech herum und wisperten: «Na, Corleone, alt geworden, was?»

Auch in diesem Jahr wollten Isolde und Robert im Herbst wieder mit ihren Bücherkoffern nach Italien fahren.

«Ich bring es einfach nicht übers Herz, den kleinen traurigen Kerl jetzt hier allein zu lassen», sagte Isolde, als es ans Packen ging, und Robert antwortete: «Er hat doch Frau Wiegand, die tut alles für ihn.»

«Trotzdem», seufzte Isolde, «er tut mir so leid ohne sein Mädchen… und dann auch noch ohne uns… wir nehmen ihn diesmal mit.»

«Bist du verrückt?» sagte Robert. «Das sind zehn Stunden im Auto, und weißt du noch…»

«Jaja», sagte Isolde, «damals war er ja noch klein. Das übersteht er schon, er wird bestimmt während der Fahrt schlafen. Und vielleicht tröstet es ihn, seine alte Heimat wiederzusehen.»

Heimat.

Bei diesem Wort spitzte Nero in all seinem Gram die Ohren. Er schloß die Augen und sah den Hof, die Madonnina, seine Mutter, den alten Hund, den Esel, die Hühner. Er hörte die silbrigen Blätter der Olivenbäume rauschen und erinnerte sich, wo der Bauer das Beet mit der Katzenminze hatte. Heimat! Letztlich, *tutti santi in colonna*, bei allen Säulenheiligen, letztlich war er Italiener, er war alt, er war müde, und er wollte auf einmal nur noch nach Hause. Er wußte, daß er jetzt tüchtig um Isolde herumscharwenzeln mußte, dann würde sie ihn schon mitnehmen. Denn soviel hatte Nero in all den Jahren gelernt: in diesen Dingen des Alltags hatte Robert letztlich nichts zu sagen. Gut, er bestimmte, ob sich die Amerikaner in Haiti einmischen sollten oder nicht; ob man die Grünen wählen sollte oder nicht; ob der amerikanische Dollar fiel oder stieg und ob nun Peter Handke ein großer Dichter war oder nicht. Aber Isolde bestimmte, was gekocht wurde, ob ein Weihnachtsbaum aufgestellt wurde, wann und wohin man verreiste und ob Katzen in Betten schlafen sollten oder nicht. (Sie sollten.)

Isolde bestimmte, daß Nero mit nach Italien fahren durfte. Frau Wiegand wurde diesmal abbestellt, das Haus verriegelt, und Nero ergab sich in sein Schicksal: zehn Stunden im Körbchen. Er seufzte tief, rollte sich fest zusammen und schlief ohne eine einzige Klage ein. Er träumte von der ersten langen Reise, vor vielen Jahren, mit Rosa, seinem kleinen Mädchen, er träumte von den italienischen Nächten, in denen der Himmel blauer und die Sterne näher waren als in Deutschland, vom Duft der Holzscheite in den Kaminen und von seiner Mutter, der Madonnina, an die er fünfzehn Jahre nicht gedacht hatte.

«Mamma», dachte er, «Mamma, dein kleiner Junge kommt nach Hause.»

Aber die Madonnina lebte natürlich längst nicht mehr. Gleich nach der Ankunft und nach einem Teller mit kräftigendem Suppenfleisch stiefelte Nero vorsichtig den Hügel hinunter und über die Wiese zu seinem alten Bauernhof. Die Kirchturmuhr von Carlazzo bimmelte eine ihrer schrägen Melodien, und Nero duckte sich hinter die Haselnußhecke und sah hinüber auf den Hof.

Der Bauer war alt und krumm geworden und streute gerade Körner für die Hühner aus, ein großer, bunter Hahn war dabei. Nero bemühte sich, jemanden wiederzuerkennen, aber die dummen Hühner sahen für ihn immer alle gleich aus, er hatte sie schon damals nicht auseinanderhalten können. Offensichtlich gab es keinen Hund mehr – niemand bellte. Er sah verschiedene Katzen herumhuschen oder träge auf den Dächern von Schuppen und Hühnerstall liegen, er kannte sie nicht und sie kamen ihm doch vertraut vor – graue, schwarzweiße, rotweiße, eindeutig Kinder oder Enkel der Madonnina. Die Madonnina sah er nicht.

Als es dämmerte, nickte er da im Gras ein wenig ein – zwischen diesen beiden Häusern, dem Bauernhof, von dem er stammte, und dem Haus auf dem Hügel, das Menschen gehörte, bei denen er ein langes schönes Katerleben hatte leben dürfen. Isolde hatte die Fenster weit geöffnet, packte die Koffer aus und hörte laut Musik von Rossini.

«Kater bei Rossini», dachte Nero schläfrig, «das wär auch was gewesen.» Dazu muß man wissen, daß Rossini nicht nur ein wunderbarer italienischer Komponist war, sondern auch ein großartiger Koch. Noch heute sind ja die *Tournedos à la Rossini* nach ihm benannt. Die Vorstellung von Musik und guter Küche hatte für einen wie Nero Corleone etwas Unwiderstehliches. Isolde kochte zwar redlich und großzügig, aber doch ohne besondere Raffinesse. Na ja, er hatte sich ja bei Feinkost Bollmann immer das besorgt, was zum Luxusleben nötig gewesen war.

An all das dachte er hier hinter der Haselnußhecke mit Blick auf seine alte bäuerliche Heimat, die ihm kleiner schien als damals und doch so vertraut.

Und plötzlich stupste ihn jemand an. Er erschrak fürchterlich, denn das war ihm, dem großen wachsamen Corleone, noch nie passiert, daß ihn jemand unbemerkt angeschlichen hatte. Sein Fell sträubte sich, er sprang auf, fuhr seine Krallen aus und... schaute in die liebsten, rundesten, bernsteinfarbensten Augen, die er je gesehen hatte, in ein kleines graues Katzengesicht, auf ein liebes Katzenköpfchen, auf ein zierliches, graues, zauberhaftes kleines Kätzchen, ein wunderschönes Katzenfräulein. Da saß es vor ihm, brav und freundlich, und schnurrte mit einem süßen Stimmchen: «Wer bist du denn?»

Oh, diese Liebe auf den ersten Blick! Ein armer Wicht, wer das nie erlebt hat. Es ist wie... ja, wie was? Wie ein Blitz, wie ein Donnerschlag, das Herz bebt, die Hände werden kalt und die Füße auch, weil alles Blut zum Herzen fließt. Im Kopf macht es nur noch blöde klopf-klopf-klopf, und ohne daß man irgend etwas dagegen machen könnte, breitet sich im Gesicht ein einfältiges Lächeln aus.

Die Welt steht still, und doch fühlt man zum allererstenmal, daß sie sich dreht und daß man ein ganz wichtiger Teil von ihr ist, im Moment der allerwichtigste, sozusagen der Punkt, an dem die ganze Welt befestigt ist – all das passierte in diesem Augenblick und beim Anblick dieser kleinen grauen Katze mit den sanften Sternenaugen mit unserem Nero Corleone. Eiskalte Pfoten, glühendes Herz, ein Krächzen im Hals. «Ich bin…» wollte er sagen, aber es klang wie rauhes Husten, und so tat er, als müsse er sich räuspern, und legte sich wieder hin. «Ich bin ich, und wer bist du?» sagte er von oben herab, aber seine Stimme zitterte.

«Ich bin die Grigiolina, so nennen sie mich da drüben jedenfalls, die kleine Graue.»

«Du bist von dort?» fragte er und zeigte mit seiner weißen Pfote hinüber zum Hof. Die Grigiolina nickte. «Ja», sagte sie, «und weißt du was? Sie erzählen immer davon, daß es mal einen gab, der ganz schwarz war und nur eine einzige weiße Pfote hatte, die aber in allen finsteren Geschäften gesteckt hätte –» Sie lachte hell auf. «Er muß ausgesehen haben wie du, aber er ist schon vor vielen Jahren nach Deutschland gegangen.»

Nero sah die Grigiolina aufmerksam an. Sie hatte die Augen der Madonnina, sie hatte Rosas liebes Gesicht und das schöne Fell der kleinen Kleist – oh, wie verliebt er war! Was sollte er ihr nur antworten? Er war doch sonst gewitzt und schlagfertig, warum fiel ihm denn nun so gar nichts ein?

«Erzähl weiter», bat er.

«Ach», maunzte sie und leckte mit ihrer kleinen rauhen Zunge zärtlich über Neros Kopf, daß er erschauerte, «da gibt es nicht viel zu erzählen. Sie sprechen einfach alle von ihm. Ich weiß es von meiner Mamma, die weiß es von ihrer Mamma, der Esel hat ihn gekannt, und ein ganz altes Huhn ist da, Camilla, und Camilla erinnert sich noch genau an ihn. Sie nannten ihn Don Nero Corleone.»

Und sie putzte sich und ihn und schnurrte und sah ihn lieb an.
«Und du», fragte sie, «wie heißt du?»
Nero seufzte tief und schloß die Augen. Sein Herz pochte zum Zerspringen. Sein ganzes Leben rollte vor ihm ab, die Vergangenheit und auch die Zukunft, die Jugend dort auf dem Hof, die Jahre in Deutschland, wo er Freunde gefunden hatte, und eine Vorstellung vom Alter, hier, auf seinem Bauernhof, an der Seite dieser kleinen bezaubernden Katze.

«Grigiolina», sagte er ernst und mit seinem tiefsten Katergrollen und legte der Grauen seine weiße Pfote fest auf den kleinen Kopf: «Spring hinüber und sag es allen: Don Nero Corleone ist zurückgekehrt.»

In den nächsten Tagen verließ Nero kaum das Haus auf dem Hügel. Er konnte noch nicht. Er war noch nicht soweit. Er fürchtete sich. Wovor? Ja, wenn man das so genau wüßte… Davor, wie man ihn drüben aufnehmen würde; davor, die Grigiolina wiederzusehen; davor, noch einmal ganz von vorn anzufangen; davor, alles aufzugeben, was doch sein Zuhause geworden war – die Teppiche, die weichen Sofas, die warmen Betten, die reichlich gefüllten Teller. Isoldes Schoß. Isolde!

«So anhänglich war er noch nie», sagte Isolde gerührt zu Robert, der wieder mal an einem besonders dicken neuen Roman prüfte, ob denn nun Peter Handke ein guter Dichter war oder nicht.

«Was?» fragte Robert, der nicht richtig zugehört hatte.

«Er ist so anhänglich. Seit Rosa tot ist, weicht er mir gar nicht mehr von der Seite, mein kleiner Neroprinz», und sie streichelte seinen schwarzen Kopf und grub ihre Nase zwischen seine Ohren. «Wir beide», sagte sie leise, «du und ich, wir bleiben immer zusammen.»

Neros Herz zog sich zusammen vor Liebe und Kummer. Er seufzte tief und dachte: «Nein, Schönste. Eben nicht.»

Und dann sprang er von ihrem Schoß und ging hinaus. Er lief langsam hinüber zum Hof, Schritt für Schritt. Er schlüpfte unter dem Zaun durch und stand da, in der Nähe des Beetes mit der Katzenminze. Er kannte alles wieder, den Heuschuppen, die paar Weinstöcke, die Olivenbäume, er sah die Hühner picken. Die Hundehütte stand noch da, auch die Kette war zu sehen, aber die Hütte war leer. Nero hatte den Hund wirklich nicht gemocht, aber merkwürdig, jetzt fehlte er ihm beinahe. «Alter Junge», dachte Nero, «bist wohl schon im Hundehimmel und störst da alle mit deiner Bellerei.» Ein grauweiß gestreifter Kater kam auf Nero zugeschlichen. Er hatte die Ohren kampfeslustig angelegt und den Schwanz dick gesträubt. Er fauchte leise und drohend. Nero blieb ganz ruhig stehen und ließ ihn herankommen, was den andern sehr verunsicherte. Er blieb auch stehen.

«Hau ab, du», fauchte er.

«Nein», sagte Nero freundlich, aber bestimmt. «Im Gegenteil, ich komm grade erst. Besser, du machst dich nicht so wichtig, wenn du nicht weißt, wen du vor dir hast, *d'accordo,* verstanden?» Und er ging mit erhobenem Kopf einfach an dem jungen, starken Kater vorbei, ohne sich noch einmal umzusehen.

Euch kann ich es ja verraten, aber es sollte unter uns bleiben: Er hatte dabei ein kleines bißchen Angst. Er war innen nicht so groß, wie er außen tat, wenn ihr versteht, was ich meine. Er wußte nicht, was er getan hätte, wenn ihm der grauweiß Gestreifte jetzt zornig auf den Rücken gesprungen wäre. Aber es passierte gar nichts. Der andere blieb verdutzt sitzen, und Nero hielt Einzug auf seinem Hof. Die Hühner blickten hoch, und ein uraltes, zerzaustes, vergilbtes Huhn kam hinkend auf ihn zu und sah ihn mit einem Auge – das andere war blind – lange an.

«Corleone», krächzte es, «bist du heimgekehrt? Ich wußte es, daß du wiederkommst. Ich habe nie vergessen, daß du mir mal ein gekochtes Ei gebracht hast.»

«Camilla», sagte Nero gerührt, «und du bist nicht in der Suppe gelandet?»

«Wie du siehst», kicherte Camilla, «zu zäh, zu zäh.»

Plötzlich kam die Grigiolina angesprungen.

«Da bist du ja!» rief sie aufgeregt. «Ich habe allen von dir erzählt, willkommen daheim!», und sie leckte Nero eifrig übers Gesicht.

Die andern Katzen schlichen näher, vorsichtig, aber nicht feind-selig. «Ich habe deine Mutter noch gekannt», sagte eine Schwarz-weiße, «sie war sehr stolz auf dich und hat oft von dir gesprochen. Was hast du gemacht in Deutschland?» «Dies und das», sagte Nero, «Geschäfte und so weiter. Jetzt bin ich müde und will meine Ruhe haben.» «Spiel dich hier ja nicht auf», brummte der grauweiß Gestreifte mißmutig, «du bist hier nicht der King.»

Nero legte seinen Kopf schief und sah ihn so lange an, daß der grauweiß Gestreifte schon unsicher wurde.

«Wie heißt du?» fragte Nero.

«Der Bauer nennt mich *mascalzone*», sagte der grauweiß Ge-streifte, und das heißt: Halunke. «Guter Name», nickte Nero aner-kennend. «Als ich so jung war wie du, hab ich mich auch so benom-men. Man muß nur immer wissen, wen man vor sich hat.» Er zeigte Mascalzone seine weiße Pfote. «Sieh zu, daß du die nie zu spüren kriegst», warnte er, «in Ordnung, *va bene?*» Der grauweiß Ge-streifte kniff den Schwanz ein und ging brummelnd weg. «Ganz der alte!» rief Camilla, das halbblinde Huhn, entzückt und gackerte.

«Komm», sagte die Grigiolina, «ich zeig dir einen schönen Platz im Heu, da kannst du schlafen.»

Und sie ging mit ihm und setzte sich neben ihn ins Heu, da, wo man von der Luke aus den Ort Carlazzo und den ganzen Hof gut überblicken konnte. Gegen Abend kam der Bauer mit dem großen Blechtopf und brachte das Futter für die Katzen. Nero ging nicht hinunter. «Bring mir was mit», sagte er zur Grigiolina, und sie sprang davon und kam mit einem schönen Brocken Fleisch zurück.

«Der Bauer ist freundlich», sagte sie, «du kannst ruhig hinunter-gehen, er wird dich nicht verjagen.»

«Noch nicht», sagte Nero, «ich habe meine Gründe.» Und er schaute ihr in die sanften Augen. «Du siehst aus wie jemand, den ich sehr geliebt habe», sagte er, und die Grigiolina schnurrte glück-lich.

In dieser Nacht schlich Nero noch einmal hinüber in das Haus auf dem Hügel. Er kroch zu Isolde ins Bett, und sie sagte schlaftrunken: «Da bist du ja, mein Äffchen, ich hab dich gesucht. Wo warst du?»

Nero drückte sich fest an Isoldes Bein und schnurrte. Sie schlief wieder ein, aber er nicht. Er lag wach bis zum Morgen und dachte an all die Teller, die sie ihm gefüllt hatte. Er dachte an ihre Hand, die ihn tausendmal gestreichelt hatte, an all die dummen Namen, die sie ihm gegeben hatte, aus Liebe!, aus Liebe! Er dachte an die Tierarztbesuche, wenn er krank war, an die Essigtinktur, die sie für seine Pfote gemacht hatte, als ihn die Biene gestochen hatte, und an all die Papierbällchen, die sie ihm an langweiligen Regentagen durch die Wohnung geschossen hatte. Er dachte daran, wie sie immer zuerst nach ihm gerufen hatte, wenn sie heimkam, und er hörte auf Roberts leises Schnarchen und dachte daran, wie oft Robert ihn geknufft und «na, alter Junge» zu ihm gesagt hatte.

Er nahm Abschied. Als es hell wurde, leckte er mit seiner rauhen Zunge ganz vorsichtig Isoldes Hand, die über den Bettrand hinunterhing, und steckte seine Nase noch einmal tief in ihren blauen Samtpantoffel. Dann kletterte er durchs offene Fenster nach draußen und lief zum Hof hinüber, wo gerade der Hahn zum erstenmal krähte.

Vier Tage und vier Nächte versteckte er sich im Heu, fraß nichts, sagte nichts, wollte niemanden sehen, duldete nur die Grigiolina in seiner Nähe, die sich Sorgen machte. Vier Tage und vier Nächte hörte er Isolde nach ihm rufen. Er hörte sie mal nah, mal fern, mal unten im Tal, mal oben auf dem Berg, und sie rief all diese törichten Namen – mein Prinzchen, mein Engelchen, mein kleiner Hase. Mein Nero, wo bist du? Er muckste sich nicht. Er muckste sich auch nicht, als sie auf den Hof kam und den Bauern fragte. Nein, den Nero hatte er nicht gesehen, und den würde er doch sofort wiedererkennen. Ja, natürlich würde er sie benachrichtigen, wenn er auftauchte. Isolde weinte und ging.

Nero steckte seinen Kopf noch tiefer ins Heu.

Dann wurden drüben die Fensterläden geschlossen und das Auto beladen. Ein letztes Mal hörte er Isoldes tränenersticktes Rufen. Als das Auto abfuhr, kroch er aus dem Heu, kletterte auf das Dach und sah ihm mit milchigen Augen nach, bis es in der Kurve hinter der Kirche verschwunden war.

«*Arrivederci*», murmelte er, «Isolde, leb wohl, *ciao, Roberto, ragazzo mio,* alter Junge, paß gut auf unser Mädchen auf, du weißt ja, ohne uns ist sie völlig hilflos.»

Und dann ging er hinunter auf den Hof, wo der Bauer in den Beeten hackte und runde Augen bekam, als er ihn sah.

«Du Satan», sagte er. Mehr nicht. Sie sahen sich lange an, der alte Bauer und der alte Kater, und dann streckte der Bauer die runzlige Hand aus und strich Nero über den Kopf. «Na dann», sagte er und arbeitete weiter. Nero setzte sich zu ihm, tat, als ginge ihn das alles gar nichts an, putzte sein Fell, und die Grigiolina sprang herbei und brachte ihm eine frisch gefangene, leckere kleine italienische Maus und – AUS.

Ingvar Ambjörnsen

Der soll Pfeffer heißen

Es war ein ganz normales zweistöckiges Reihenhaus mit brauner Holzverkleidung. Meine Hände waren schweißnaß, mein Herz hämmerte wild. Ich hatte noch nie einen wildfremden Menschen besucht. Als ich nun zu Kjell Bjarne hinüberlinste, ging mir auf, daß auch er damit keine Erfahrung hatte. Er schien große Lust zu haben, sich mit den Fäusten die Schläfen zu reiben. Aber das tat er nicht. In der rechten Hand hielt er den grauen Katzenkorb, die linke war in seiner Jackentasche vergraben.

«Jaja», sagte er. «Jetzt können wir nicht mehr zurück, Kumpel.» Und wie immer machte das Wort «Kumpel» mir Mut. Ich wuchs an diesem Wort. Und noch ehe ich Piep sagen konnte, war mir auch schon ein «na los, Alter» oder so herausgerutscht, und ich steuerte auf die kurze Treppe zu. Ich übernahm die Verantwortung. Ich handelte. Als mein Zeigefinger auf den Klingelknopf drückte, brach in mir eine Lawine los. In einem Moment des Schwindels ging mir auf, daß ich nun, in der Mitte des Lebens, wiedergeboren werden sollte. Daß der Mann, der jetzt wild auf die Klingel drückte, ja, der nicht nachgeben würde, solange die Tür nicht geöffnet war, nicht der war, der vierunddreißig Jahre lang zusammen mit seiner Mutter ein beschütztes Dasein gefristet hatte. Der Mann hier auf der Treppe hatte dem Alltag gegenüber eine viel offensivere Einstellung. Jetzt hatte er zum Beispiel beschlossen, sich eine Katze zuzulegen. Die Katze mußte her. Zuerst das genaue Studium der Kleinanzeigenspalten in den Zeitungen. Gerade diese Aktivität hatte mich an alte Zeiten erinnert. Daran, wie ich in meinem Kinderzimmer *Arbeiderbladet* durchgekämmt hatte. Mit meinem bohrenden Blick, dem kein einziges Komma entging. Acht Wochen alte

Katzenbabys wegzugeben. Der Anruf. Der endgültige Bruch mit meinem alten Ich. Ja, so und so sei der Name. Ausgedörrter Mund, aber sichere Stimme. Ob es zutreffe, daß unter dieser Nummer kleine Katzen zu vergeben seien?

«Aber mein lieber junger Mann!» Aus der Türöffnung starrte mich eine kleine Frau an.

Ich ließ die Klingel los.

«Guten Tag», sagte Kjell Bjarne. «Wir wollen eine Katze holen. Mein Kumpel hat gestern angerufen.»

Ich nahm ihre Hand und stellte mich vor.

Sie lachte. «Waren Sie das, der so viele seltsame Dinge gesagt hat? Kommen Sie rein!»

Seltsame Dinge? War es denn seltsam, daß ich ihr einiges über mich erzählen wollte, ehe sie mir ein unschuldiges Leben übergab, ein Leben, das sich in ihrer Obhut befand? Es ist doch eine Verantwortung, wenn man ein Tier zu sich nimmt. Und das gilt sicher auch für den Menschen, der ein Tier weggibt. Man gibt ja ein Tier wohl keinem Menschen, zu dem man nicht volles Vertrauen hat. Deshalb hatte ich ihr genau auseinandergelegt, daß ich kein Psychopath mit einer hungrigen Boa constrictor unter dem Bett war. Ich hatte erklärt, daß jetzt einer meiner allerinnigsten Wünsche in Erfüllung gehen würde. Schon als Junge hatte ich mich nach der Zuneigung eines Tieres gesehnt, aber die lächerlichen Regeln eines Wohnblocks im Osten der Stadt hatten das nicht gestattet. Jetzt wohnte ich mit einem guten Freund in einer Wohnung in Majorstuen, umgeben von Humanisten in Kniebundhosen. Die sahen die Beziehung zwischen Mensch und Tier anders. Mehrere von ihnen hatten Pudel oder Jagdhunde.

«Ihr möchtet sicher eine Tasse Kaffee?» fragte die Frau. «Und ein Stückchen Kuchen?»

«Ja, danke», sagte Kjell Bjarne, der noch immer den Katzenkorb in der Hand hielt.

Kuchen. Kaffee. Ich wollte meine Katze sehen!

Und dann sah ich sie. Sie waren überall. Ich hatte noch nie so viele Katzen auf einem Haufen gesehen. Eine große, gelbgestreifte lag oben auf dem Kühlschrank und starrte mich an. Vier schwarze lagen lässig auf dem Küchenschrank. Mitten auf dem Küchentisch lag ein Siamese und starrte durch mich und alle andere Materie hindurch. Und um die Füße der Frau, die sich inzwischen als Dagny Rimstad vorgestellt hatte, wuselten vier miauende halbwüchsige Tiere herum. Ihre rosa Arschlöcher leuchteten mir aus dem dunklen Fell entgegen.

«Setzt euch», sagte Dagny Rimstad. «Hat einer von euch schon mal eine Katze gehabt?»

Diese Frage konnten wir nur verneinen. Aber ich fügte hinzu, wir seien trotzdem gut vorbereitet. Wir hatten uns alle vorrätigen Bücher über Katzenhaltung aus der Bücherei ausgeliehen.

«Vergeßt den ganzen Kram», sagte Dagny. «Vor allem müßt ihr dafür sorgen, daß das Klo sauber ist. Der Rest ergibt sich aus dem gesunden Menschenverstand.» Sie stellte einen Teller mit einem halben Königskuchen auf den Tisch und schenkte uns aus einer Thermoskanne Kaffee ein. Eigentlich trinke ich keinen Kaffee, der macht mich nervös, aber ich fand doch, daß ich aus Höflichkeit ein wenig an diesem heißen Getränk nippen müßte. Der Siamese starrte mich mißtrauisch an, schnupperte aber dann doch neugierig an meinem ausgestreckten Zeigefinger.

»Wo ist unsere Katze?» fragte Kjell Bjarne mit vollem Mund.

«Seid ihr sicher, daß ihr nur eine wolltet?» fragte Dagny. «Wenn ihr zwei nehmt, ist alles leichter. Dann spielen sie miteinander, wenn ihr bei der Arbeit seid.»

Ich wollte antworten, aber Kjell Bjarne kam mir zuvor.

«Haben beide keine Arbeit.»

Ich warf ihm einen warnenden Blick zu und sagte, daß wir uns natürlich überlegen würden, ob wir nicht zwei Katzen wollten. Arbeit oder nicht – wir hatten viel zu tun. Sehr viel sogar. Immer waren wir unterwegs, wir brauchten wirklich zwei. Um das Klo brauchte sie sich keine Gedanken zu machen, das stand zu Hause in der Diele. Ein fesches cremefarbenes Plastikteil. Mit Dach.

Dagny nickte zufrieden und verließ das Zimmer. Bald darauf kam sie mit einem großen Pappkarton zurück. Darin piepste und wuselte es, und die Mutter, eine große schwarzweiße Katze, folgte ihr auf dem Fuße.

Die Kleinen waren schwarzweiß, genau wie die Mutter. Sie hatten sich zu einem einzigen großen Klumpen aneinandergeschmiegt, deshalb konnte ich nicht sehen, wie viele es waren.

«Sechs», sagte Dagny, als ob sie meine Gedanken gelesen hätte. Sie setzte eins nach dem anderen auf den Boden, und die Mutter verpaßte ihnen gleich eine Katzenwäsche.

Kjell Bjarne lachte und zeigte auf eins der kleinen Viecher: «Wir nehmen den mit dem Schnurrbart, Elling! Nun sieh ihn dir bloß an!»

Doch. Witziger kleiner Heini. Weißes Gesicht, mit einem schiefen kleinen Hitlerschnauz unter der rosa Schnute. Aber mir ging es hier doch nicht um Jux und Gaudi. Dafür hatte ich zu lange auf diesen Tag gewartet. Seit fünfundzwanzig Jahren freute ich mich auf den Augenblick, da ich meine eigene Katze oder irgendein anderes warmblütiges Schmusetier heimführen könnte. Jetzt war es endlich soweit. Und deshalb ging es mir hier nicht um pigmentelle Possen. Ich wollte keine Katze, die die Leute zum Lachen brachte, sondern ein Tier von der Spezies Felis, das mir mit rätselhaftem Blick in die Augen starrte, wenn ich morgens aufwachte. Eine Katze, deren Blick meine Gedanken automatisch um die wesentlichen Fragen in diesem Leben kreisen ließ. Woher kommen wir? Wohin gehen wir?

Dagny Rimstad hielt uns derweil einen kleinen Vortrag. Sie behauptete noch einmal, daß zwei Katzen besser seien als eine, diesmal mit mehr Gewicht und Autorität als vorhin. Sie riet uns davon ab, von jedem Geschlecht eine zu nehmen, aus Gründen, die uns sicher klar seien. Und obwohl sie doch selbst eine Frau war, sagte sie ganz offen, daß zwei Katzen mehr Arbeit machten als zwei Kater. Kater könnten nun einmal nicht schwanger werden, und im Vergleich zur Sterilisation einer Katze sei eine Kastration eine Kleinigkeit.

Wir nickten und sagten aha. Kjell Bjarne hob mit zwei Fingern den kleinen Wicht mit dem Hitlerschnauz hoch und ließ ihn auf seiner riesigen Handfläche herumkrabbeln.

«Ja, dann nehmen wir eben kleine Jungs, Frau Rimstad», sagte er. «Oder ist das hier vielleicht eine junge Dame?»

»Nein, das ist ein Knabe», sagte Frau Rimstad. Sie sah sich das kleine Tier von hinten an.

«Uns tricksen Sie nicht aus.» Kjell Bjarne schmunzelte. «Bei dem ist doch wirklich nichts zu sehen.»

Um die Wahrheit zu sagen: Mir war das peinlich. Frau Rimstad zeigte und erklärte, und Kjell Bjarne hörte sich voller Interesse alles an. Um das Geschlecht von so kleinen Katzen zu ermitteln, muß man sich die Plazierung von zwei Löchern ansehen. Bei Katern sitzen die dichter beieinander als bei Katzen, und so weiter. Himmel, hier war die Rede von Tieren, von zwei winzigen Tieren sogar, und diese vielen genitalen Informationen von einer mir unbekannten Frau waren mir eben peinlich. Ich war daran ganz einfach nicht gewöhnt. Deshalb ließ ich mich vorsichtig auf die Knie sinken und wandte meine Aufmerksamkeit den anderen fünf Wuscheln und ihrer etwas reservierten Mutter zu. Und kaum hatte ich angefangen, der kleinen Familie gut zuzureden, als auch schon ein kleiner Heini aus der Gemeinschaft ausbrach und anfing, an meinem Finger zu nuckeln. Du meine Güte!

«Den müssen Sie nehmen», sagte Frau Rimstad. «Das ist der aktivste von allen. Und jetzt hat er sich für Sie entschieden.»

Für mich? Für Elling? Ich hätte vor Glück losbrüllen können! Es hatte im Laufe der Jahre wirklich nicht viele gegeben, weder Tiere noch Menschen, die diese Wahl getroffen hatten. Ich wollte den Kleinen weiter an meinem Finger herumkauen lassen, aber der Wicht rollte sich zu einem Ball und schlief auf meinem Schoß wie ein Stein ein. Fiel ganz einfach in Ohnmacht! Unter dem schwarzweißen Fell konnte ich sein kleines Herz arbeiten sehen.

«Das ist ganz normal!» erklärte Frau Rimstad, als sie meinen fragenden Blick sah. «Sie schlafen sogar mitten im Spielen ein. Sie laden ein paar Minuten lang die Batterien auf, und dann geht's gleich wieder los.»

Nun gut. Ganz normal war es ja wohl kaum, sich auf dem Schoß eines Fremden schlafen zu legen. Das hier war ein Fall von blindem

Vertrauen. Tiere verstehen mehr, als die Menschen ahnen. Sie wissen zum Beispiel sehr gut, wer ihnen wohlgesinnt ist. Das hatte sie ja selbst gesagt: Ich war der Auserwählte. Der Bevorzugte, gewissermaßen.

Kjell Bjarne hatte seinen Kater auf den Tisch gesetzt, wo der Kleine auf wackligen Beinen herumstapfte und an den Kuchenkrümeln roch. «Pfeffer», sagte er.

Wir sahen ihn an.

«Der soll Pfeffer heißen.»

Nun gut, dachte ich. Vielleicht kann ich dich ja noch zur Vernunft bringen, wenn wir unter vier Augen sind. Einen blöderen Namen konnte ich mir kaum vorstellen.

Ich darf sicher sagen, daß wir, als wir anschließend in die Stadt fuhren, in der U-Bahn ein gewisses positives Aufsehen erregten. Die kleinen Kater, die bemerkenswert leicht von ihrer Mutter Abschied genommen hatten, schrien und jammerten wegen der vielen neuen, fremden Geräusche. Kjell Bjarne und ich trösteten, so gut wir konnten. Kjell Bjarne hatte den Katzenkorb auf dem Schoß, ich beugte mich vor, redete den beiden gut zu und steckte zum Nuckeln meinen Finger durch das Gitterwerk. Und immer wieder wollte irgendwer sich diese beiden genauer ansehen. Alte und junge Leute. Das Gefiepe der kleinen Wuschel brachte sofort die Eisfront der Gleichgültigkeit zum Schmelzen, die sich so leicht bildet, wenn zwei oder mehr Norweger in einem abgeschlossenen Raum zusammen sind. Eine alte Frau berichtete zwei kleinen Jungen von ihrer eigenen Kindheit. Sie kam vom Land, wie sie erzählen konnte. Und dort hatten sie viele verschiedene Tiere gehabt. Die beiden kleinen Wichte pöbelten sich nicht mehr gegenseitig an, sie hörten mit großen Augen zu, wie die Frau von Kühen und Geißlein und von der Trollkatze erzählte, die aus dem Kuhstall Milch stahl. Ein makellos angezogener Büroangestellter bückte sich und stellte voller Sachverstand fest, daß es sich um zwei Exemplare der Gattung Norwegische Waldkatze handelte, einer hochangesehenen Rasse, wie uns schien. Beim Aussteigen tippte er sich mit zwei Fingern an die Hutkante. Und ich dachte zum soundsovielten Mal: So wenig gehört also dazu. So wenig ist nötig, um die Mauern, die wir unbewußt um uns herum errichten, einstürzen zu lassen. Mit solchen Mauern kannte ich mich übrigens sehr gut aus. Mein ganzes Leben hatte ich hinter einer Fassade verbracht, ohne andere Herausforderungen als die einer wenig tatkräftigen Mutter. Erst in den letzten beiden Jahren, nach Mutters Tod und dem darauf unweigerlich folgenden Zusammenbruch, hatte ich angefangen, mir einen Weg durch die Mauer zu hacken. Allein schon hier in der U-Bahn zu sitzen und den Finger in einen Katzenkorb zu stecken wäre für mich vor wenigen Monaten noch unvorstellbar gewesen. Ich hätte es nicht gewagt, soviel Aufmerksamkeit auf mich zu ziehen. Nicht freiwillig. Jetzt zwinkerte ich der alten Sennerin aus Smøla zu und ließ mir die neugierigen Blicke der Jungen gefallen. Ich dachte, tut euch gut, ein lebendiges Leben zu sehen. In einer Welt, wo Kinder glauben, daß Hähnchen vakuumverpackt schlüpfen und Gott den Kabeljau als viereckige Tiefkühlpackung erschafft, ist es befreiend, ja, geradezu aufmunternd, zwei kleine quicklebendige Lebewesen vorzeigen zu können.

«Der eine hat einen Schnurrbart!» quiekte der kleinere Junge und zog seinen grünen Rotz ins rechte Nasenloch.

«Das ist Pfeffer», sagte Kjell Bjarne.

«Und wie heißt der andere?»

«Gar nichts», sagte ich.

«Gar nichts?»

«Nein, gar nichts.»

«So sieht der auch aus», feixte der größere. «Wie fast gar nichts. Wie eine große Null.»

Manchmal wünschte ich mir die guten alten Zeiten zurück, in denen körperliche Bestrafung noch als natürlich galt. Hierbei rede ich natürlich nicht von krankhafter Gewalt gegen wehrlose Kinder. Nicht in meiner wildesten Phantasie käme ich auf die Idee, mit dem Gürtel oder den Schuhspitzen auf die heranwachsende Generation loszugehen. Aber ich glaubte doch, daß in solchen Fällen ein Schlag mit der flachen Hand von einer gewissen erzieherischen Wirkung sein würde. Eine Ohrfeige konnte durchaus geeignet sein, ein Kind wieder auf den richtigen Kurs zu bringen, das wußte ich aus meiner eigenen Kindheit. Ich hielt es für ein großes Problem, daß so viele Erwachsene nicht mehr auf die Entwicklung der Kinder achteten. In dem Block, in dem ich selbst aufgewachsen war, hatte es eine kollektive Verantwortung gegeben. Wo immer wir Jungen auch herumlungern mochten, immer achteten fremde Mütter und fremde Tanten auf unser Benehmen. Frau Lydersen war jederzeit bereit, ihr Küchenfenster aufzureißen und eine verbale Salve abzufeuern, wenn sie ein Kind entdeckte, das auf einem benutzten Kondom herumkaute oder Lehmkrusten fraß. Frau Larsen war es egal, ob es ihre eigenen oder wildfremde Kinder waren, wenn sie eingriff, um zu verhindern, daß jemand mitten auf dem Rasen mit der Wäscheleine erwürgt wurde. Auch meine eigene Mutter beteiligte sich an dem kollektiven Schimpfchor, der aus uns «anständige Menschen» machen wollte, während wir auf unseren Dreirädern durch die Gegend juckelten. Wir wurden den lieben langen Tag zurechtgewiesen, durchaus bis zum Überdruß, na gut, aber soviel ich sehen konnte, litten die Kinder heute darunter, daß sich niemand mehr dafür interessierte, was sie sagten oder unternahmen. Daß alles egal zu sein schien. Hier saß zum Beispiel eine junge Mutter und blätterte träge im *Dagbladet*, während ihr Sprößling einen wildfremden Kater anpöbelte; die Frau zuckte nicht einmal mit der Wimper. Das war natürlich eine Bagatelle, ich bin schließlich nicht hysterisch, aber gleichzeitig war es ein unendlich zeittypisches Ereignis. Weder meinem Kater noch mir schadete dieser Unfug, aber es tat mir weh, daß es das Kind selbst war, das demnächst die Rechnung für sein loses Mundwerk würde bezahlen müssen. Eine kleine Zurechtweisung von meiner Seite, und irgendein Sozialarbeiter würde die Notbremse ziehen und nach Polizei und Boulevardpresse rufen. Zum Glück griff die alte Bäuerin ein und lenkte die Aufmerksamkeit der beiden kleinen Lümmel mit der Mitteilung auf sich, sie heiße Ovidia, was natürlich zu Abscheubekundungen und höhnischen Ausrufen führte. Und die Mutter las die Sportseiten und war für diese Welt verloren. So einfach war das.

In Majorstuen stiegen wir aus und liefen zu unserer Junggesellen-
bude im Kirkevei. Fast im besten Westend. Nicht schlecht! Wir
wohnten zwar in einem Block aus den fünfziger Jahren, aber trotzdem! Wir hatten einen Balkon und einen Hinterhof mit Atmosphäre. Was unsere neuen Mitbewohner betraf, so hatten wir lang
und breit diskutiert und waren zu dem Schluß gekommen, daß sie
als Hauskater leben müßten. Schließlich: Der Hinterhof war pitto-
resk und hatte Bäume und Blumenbeete zu bieten, aber natürlich
konnten wir keine Katzentreppe bis zu unserer Wohnung im ersten
Stock bauen. Und dort unten trieben schon einige andere Katzen
ihr Unwesen, Tiere von ziemlich grobem Kaliber. Vor allem einer
war uns aufgefallen. Ein weißer Kater mit abgerissenem rechten
Ohr. Wir nannten ihn «Killer». Ein echter Pirat, der sogar die Müll-
tonnen öffnen konnte. Zwei kleine Wuschel setzt man dem nur aus,
wenn es gar nicht anders geht. Zum erstenmal trug ich die Verantwortung für ein weiteres Leben, und ich wollte meine Karten mit
großer Vorsicht ausspielen. Wie Kjell Bjarne es mit der Verantwortung hielt, wußte ich nicht. Er erzählte nur wenig über seine Vergangenheit, abgesehen davon, daß er seine Eltern haßte.

Im Treppenhaus nahmen wir zwei Stufen auf einmal. Aus dem
Katzenkorb war kein Mucks zu hören, und ich fürchtete natürlich,
die nervenaufreibende Reise könnte die beiden ihr Leben gekostet
haben. In einem Buch aus der Bibliothek hatte ich gelesen, daß
manche Katzen einen solchen Transport als ausgesprochen trauma-
tisch erleben. Ich schloß mit zitternder Hand die Tür auf, und wir
stürzten in die Diele.

Doch. Sie lebten noch. Kein Grund zur Sorge. Pfeffer, von dem
ich nun wußte, daß er auch weiterhin so heißen würde, kam aus
dem Katzenkorb spaziert und pinkelte auf dem Teppich wie eine
Fontäne los. Kjell Bjarne hob ihn am Nackenfell hoch und setzte
ihn vorsichtig auf die weiße Streu im Katzenklo, wo Pfeffer sich
verwundert umschaute. Dann aber fing er schließlich an zu scharren.

Mein eigener Kater bewahrte die Ruhe. Keine Spur von der Ini-
tiative, von der Frau Rimstad gesprochen hatte. Er saß ganz einfach

hinten im Korb und schaute mich mißtrauisch an. Und in diesem Moment wußte ich, daß wir beide gute Freunde werden würden. Denn auch ich war fast mein Leben lang so gewesen. Allem Neuen gegenüber skeptisch. Inzwischen öffnete sich mir die Welt, oder vielleicht öffnete ich mich ihr. Es ging langsam; davon, daß ich der Wirklichkeit entgegenlief, konnte keine Rede sein, eher schon von kleinen Schritten, manche würden von Stolpern reden. Aber es gab Bewegung. Einwandfrei gab es Bewegung.

Es war einer der gemütlichsten Abende, an die ich mich überhaupt erinnern kann. Nach einer Stunde kam der kleine Wicht zum Vorschein und scheuchte seinen Bruder durch die Wohnung. Die beiden Jungs waren wirklich in Spitzenform! Wie Affen jagten sie die Vorhänge hoch, sie balancierten über Stuhllehnen und bohrten ihre Gesichter in sämtliche Hohlräume. Kjell Bjarne hatte haufenweise leckerste Katzenkonserven gekauft, und sie fraßen und kackten, daß es eine wahre Wonne war. Kjell Bjarne und ich ließen den Fernseher Fernseher sein, saßen mit großen Augen lachend da und kommentierten die Aktivitäten der Knaben. Nach einigen Stunden schliefen sie in der Kuchenform unter dem Spülstein ein. Aneinandergeschmiegt, die Pfoten umeinandergelegt.

«Jaja», sagte Kjell Bjarne. «Die haben sich offenbar gut eingelebt. Aber du mußt dem kleinen Vieh endlich einen Namen geben.»

«Ach, das eilt nicht so schrecklich», sagte ich. «Ich möchte mir das lieber gut überlegen, statt auf irgendeinen Blödsinn zu verfallen.»

Kjell Bjarne zuckte mit den Schultern. «Mir egal.» Er ging ins Badezimmer, vermutlich, um seine Abendtoilette zu erledigen. Genauer gesagt: um so zu tun. Ich hatte nämlich den Verdacht, daß er in dieser Beziehung ganz schön pfuschte. Eigentlich hätten wir jeder ein Schlafzimmer haben sollen, aber das fanden wir ziemlich öde, nachdem wir im Erholungszentrum Brøynes so lange so eng zusammengewesen waren. Unsere nächtlichen Gespräche waren uns sehr wichtig. Wir wußten, daß unsere Worte leichter strömten, wenn das Licht aus war und wenn wir die warmen Decken über uns gezogen hatten. Das ist eigentlich seltsam. Wie der Mensch sich den

Umständen anpaßt. Als der Befehl erlassen worden war, daß wir zusammen in einem Zimmer hausen sollten, hatten wir einander ebenso gehaßt wie diesen Befehl. Später hatten wir uns zusammengerauft, wie man so sagt. Wir waren Freunde geworden. Für mich war das eine ganz neue Erfahrung.

Und doch: Es ließ sich nicht leugnen, daß er manchmal ziemlich übel roch. In Brøynes hatte Gunn ihn bei der Stange gehalten, aber nun hatte Kjell Bjarne seine persönliche Hygiene so ziemlich sausen lassen. Stinkende Socken, wochenlang nicht gewechselte Unterwäsche. Eigentlich hätte ich wohl mit Frank darüber sprechen sollen, aber es wirkte irgendwie zu intim, einen Dritten in die Sache einzubeziehen.

Ich ging in die Küche und bückte mich, um die beiden Wuschel zu sehen, die in der Kuchenform den Schlaf der Unschuldigen schliefen. Ich hörte, daß Kjell Bjarne im Badezimmer sämtliche Wasserhähne aufgedreht hatte. Und ich hatte plötzlich das Gefühl, durch die Wand sehen zu können. Ich durchschaute sein Spiel ganz einfach. Entschlossen ging ich auf den Flur und riß die Badezimmertür auf. Und richtig: Kjell Bjarne saß vollständig angezogen auf dem Klodeckel und las *Mickymaus*. Während aus dem Heißwasserhahn kochendes Wasser ins Waschbecken schäumte. Kjell Bjarne fuhr zusammen und lief knallrot an. Ich sagte kein einziges Wort. Ich maß ihn mit einem eiskalten Blick und nickte gebieterisch.

Eine halbe Stunde später kam er mit hängendem Kopf ins Schlafzimmer, nicht ohne zuvor die Lage in der Kuchenform überprüft zu haben. Er hatte eine frische lange Unterhose angezogen, und seine Haare waren naß. Ich beschloß, den Vorfall nicht zu erwähnen, wenn er ihn nicht selbst zur Sprache brachte.

Nachdem auch ich im Badezimmer gewesen war und alle Lampen ausgeknipst hatte, sagte er: «Es geht uns doch gar nicht schlecht, was, Elling? Eigene Butze und überhaupt. Und einen Kater für jeden. Jetzt noch zwei Damen, dann…»

«Mach nur so weiter wie heute abend», sagte ich. «Spül dir in regelmäßigen Abständen den ganzen Dreck ab, dann findet sich das schon. Wenn nicht, dann findet sich das auf jeden Fall nicht.»

«Wieso denn?»

Ich hatte keine Lust zu antworten. Ich wußte gar nicht mehr, in wie vielen Nächten ich ihm schon erklärt hatte, was Frauen gefiel und was nicht. Die Sache mit der Hygiene hatte ich bis zum Überdruß dargelegt. Sicher gibt es Frauen, die Stallgeruch mögen, aber zwischen Tierdreck und Menschendreck besteht doch immer noch ein Unterschied.

Kjell Bjarne seufzte. «Wann Pfeffer morgen früh wohl loslegt?»

«Bestimmt früh», meinte ich. «Bei Katzen muß man mit allem rechnen.»

Kjell Bjarne lachte leise in der Dunkelheit. «Als ich seine witzige Visage gesehen habe... diesen beknackten Schnurrbart... ich mußte Pfeffer einfach haben.»

«Mir fällt einfach kein Name für meinen ein», sagte ich. Und das stimmte auch. Ich hatte mir wirklich den Kopf zerbrochen, aber ich kam nicht weiter. Das war lächerlich, aber ich steckte vollständig fest.

«Felix ist doch sicher gut genug?»

«Nein. So heißen hierzulande mindestens zweihunderttausend Kater!»

«Reg dich ab. Dir fällt schon noch was ein. Wichtig ist doch, daß wir die Viecher hier haben. Ja verdammt, Elling, ich glaube, mit den beiden Typen werden wir noch sehr viel Spaß haben.»

Hanni Paul

Kleine schwarze Hexe

Hexe war nicht größer als zehn Zentimeter. Sie schien selbst zum Miauen zu klein, aber sie wimmerte leise vor sich hin.

Barbara Boos hielt das Kätzchen in der hohlen Hand. Es ist keine zwei Wochen alt, vermutete sie stirnrunzelnd und liebkoste den schwarzen Winzling mit dem Zeigefinger.

Claus Nessedy zuckte mit den Schultern. «Auf der Straße liegenlassen konnte ich es doch nicht», sagte er, als müsse er sich entschuldigen.

«Daß es so gemeine Menschen gibt! Aber du bist lieb, Claus!»

Und dann landete einer von Barbaras spontanen Küssen auf seiner bärtigen Wange. Wie immer fiel auch dieser Kuß nur absolut freundschaftlich aus. Claus seufzte, aber dann vergaß er seinen ewigen Liebeskummer um Barbara, weil er ein akutes Problem hatte, nämlich Hexe.

«Sie wird bei dir gedeihen wie alles, was du in deine schönen Hände nimmst», sagte er.

«Oh, là, là, kannst du charmant sein! Claus macht Komplimente!» Barbara lachte mit zurückgelegtem Kopf.

Ihm kam wieder einmal in den Sinn, daß sie sich für eine Liebe wahrscheinlich schon viel zu lange kannten. Nach der gemeinsamen Schulzeit hatte Barbara das Floristinnenhandwerk gelernt, und er war zur Polizei gegangen. Seit einigen Monaten tat er in einem Streifenwagen Dienst.

Alle seine Bemühungen, Barbaras Herz zu gewinnen, hatte sie stets verlacht.

«Du bist doch für mich so eine Art Bruder, Claus!»

Erbarmungslos, wie ihm schien, erzählte sie von ihren Urlaubsflirts, von Männern, in die sie sich beinahe verliebt hätte. Darauf folgte dann regelmäßig ihre Frage: «Und was gibt's bei dir Neues?» Wußte sie denn wirklich nicht, daß ihm keine Frau gefährlich werden konnte, bis auf eine?

Claus verdrängte diese Gedanken. Jetzt ging es erst einmal um das Kätzchen.

«Ich bring dir noch ein Fläschchen vorbei. Dosenmilch hast du sicher?»

Sie nickte. «Armer Claus, vor lauter Sorge um Hexlein kriegst du heute nicht einmal einen Kaffee!»

«Jetzt nicht!» wehrte Claus ab. «Keine Zeit. Du kennst ja meinen Dienstplan.»

«Dann schau in ein paar Tagen bei mir rein, um dich von Hexleins Fortschritten zu überzeugen. Wie wär's mit einem Fondue zu zweit?»

Barbaras grüne Augen schimmerten, mit einer anmutigen Handbewegung strich sie sich das schwarze Haar aus der Stirn. Natürlich versprach Claus zu kommen…

Die ersten Nächte raubte das Kätzchen Barbara tatsächlich den Schlaf. Hexe suchte ihre Mutter, auch wenn Frauchen noch so oft mit der Milchflasche zu trösten versuchte.

In Barbaras Blumenladen waren zwei Verkäuferinnen in Urlaub. Das bedeutete zusätzliche Arbeit. Darum rief sie Claus ein paar Tage später an, um das versprochene Fondue-Essen abzusagen. Er nahm es wortlos, aber enttäuscht zur Kenntnis.

«Du, Hexe kann jetzt schon prima trinken», berichtete Barbara am Telefon. «Schau mal nach ihr, ja?»

«Sobald es mein Dienst erlaubt», gab Claus reserviert zurück.

«Na hör mal!» Barbara lachte. «Du mußt einfach. Schließlich ist Hexe so etwas wie unser beider Kind!»

Er schüttelte den Kopf. Wenn er schon so vermessen gewesen wäre, an gemeinsame Kinder mit Barbara zu denken, dann doch wohl bestimmt an echte und nicht an ausgesetzte kleine Katzen.

Barbara beobachtete aus den Augenwinkeln ihren letzten Kunden. Draußen im Halteverbot parkte sein offener Sportwagen. Außer der blendenden Figur des jungen Mannes gefiel ihr auch noch seine elegante Lederjacke, die er zu einer schicken engen Leinenhose trug.

Ein interessanter Typ, dachte Barbara. Sie konnte sich an gutaussehenden Menschen ebenso wie an der Schönheit einer Blüte oder der Anmut einer Katze erfreuen.

«Ich brauche wieder einmal einen besonders schönen Strauß», sagte der Kunde. «Mein Name ist Harry Stolt. Ich habe telefonisch heute morgen die Bestellung aufgegeben.»

Richtig, Heide Holzmann, Barbaras Mitarbeiterin, hatte den Auftrag entgegengenommen. Die junge Floristin nahm ein kunstvolles Gebinde aus einer Vase und packte es vorsichtig in Folie.

Harry schaute ihr dabei zu. «Einmalig, Ihre Hände!» Seine Bewunderung schien echt zu sein.

«Finden Sie?» Barbara lachte.

«Eine Frage brennt mir auf den Lippen.»

«Fragen Sie!» ermunterte sie ihren späten Kunden.

«Was macht eine Frau wie Sie nach Feierabend?»

Barbara atmete tief und wollte dem jungen Mann schon eine Abfuhr erteilen, aber plötzlich entschied sie sich anders. Sollte sie sich nicht auch einmal etwas Entspannung gönnen? Hexe war schnell versorgt, die meiste Zeit verschlief das Kätzchen noch. Claus hatte Dienst, und ihm war Barbara auch keine Rechenschaft schuldig.

«Eine Frau wie ich ist ausnahmsweise bereit, sich in einem tollen Sportwagen aus der Stadt fahren zu lassen.»

Harry Stolt wartete, bis sie das Geschäft abgeschlossen hatte. Sie stiegen ins Auto und fuhren los. Als sie die Stadt hinter sich gelassen hatten, trat der junge Mann das Gaspedal durch. Die Straße war nicht sehr breit, aber kurvenreich. Darum sah Harry Stolt den hochbeladenen Heuwagen erst, als es zu spät war. Der Sportwagen kam ins Schleudern, fing sich wieder, brach dann erneut aus, geriet von der Fahrbahn und landete in einer hohen Hecke. Barbara schrie auf, dann umgab sie Dunkelheit.

Als sie erwachte, nahm sie wie aus weiter Ferne wahr, daß Ärzte und Schwestern um sie bemüht waren und daß sie Schmerzen hatte. Sie bekam eine Spritze und schlief wieder ein.

«Sie hatten Glück», sagte der Stationsarzt später. «Diese sinnlose Raserei. Das hätte auch schlimmer ausgehen können.»

Barbara lächelte matt. «Ist der Fahrer schwer verletzt?»

Der Arzt schüttelte den Kopf. «Nein, der hatte auch einen Schutzengel. Seine Verlobte darf ihn schon wieder besuchen.»

Barbara schloß die Augen. So ein dummer, unnötiger Ausflug... oder doch nicht?

Es klopfte an der Tür des Krankenzimmers. Claus steckte seinen dunklen Schopf herein.

«Ihr Retter naht», sagte der Arzt zu Barbara und stand auf. «Dieser junge Beamte hat hervorragende Erste Hilfe geleistet.»

«Hallo», murmelte Claus mit tiefen Falten auf der Stirn. «Ich benötige deinen Wohnungsschlüssel – wegen Hexe.»

«Was wäre ich ohne dich, Claus», hauchte Barbara mit schlechtem Gewissen.

«Wahrscheinlich wärst du nicht hier», sagte er.

«Ich brauch ein paar Sachen», wich Barbara aus, «besorgst du sie mir?»

«Natürlich!»

Claus fand bei aller Arbeit und trotz Kätzchenversorgen noch genügend Zeit, Barbara täglich zu besuchen. Frische Blumen waren selbstverständlich, aber er traf auch bei der Wahl der Lektüre ihre Lieblingsautoren.

«Erzähl von Hexe, unserem ‹Kind›», forderte Barbara ihn auf.

Claus zog ein Polaroidfoto aus der Tasche und reichte es Barbara. «Sie wächst wie verrückt», erklärte er, «und ihre Augenfarbe hat sich verändert. Sie ist jetzt grün und erinnert mich an deine Augen, Barbara.»

Er nahm ihre Hand. War dies der richtige Zeitpunkt für eine Liebeserklärung? Nein. Die Frau seiner Träume fühlte sich schwach. Er kannte Barbara. Stark wollte sie sein, frei in ihren Entscheidungen. Er mußte sich weiterhin gedulden.

«Kranksein macht keinen Spaß», maulte sie, «ich darf nicht an meinen Laden denken!»

«Deine Mitarbeiterin ist aber super», entgegnete er.

«Sicher, das ist sie.»

Als Claus gegangen war, dachte Barbara daran, daß Heide Holzmann nicht nur tüchtig, sondern auch bildhübsch war. Und Claus ging jetzt öfter in den Laden, um die Post abzuholen, Banksachen zu erledigen und was sonst noch alles anfiel.

Sollte er gar... schließlich war er ein Mann, und ein gutaussehender dazu. Barbara begann, ihn mit anderen Augen zu sehen.

«Es wird gehen», überlegte der Arzt, «wenn Sie mir versprechen, sich noch zu schonen.»

Barbara versprach es, und er unterschrieb ihre Entlassungspapiere.

Für die Heimfahrt nahm sie sich ein Taxi. Nein, Eskapaden würde es nicht mehr geben, dachte sie im Auto. Claus! Sie wollte nur noch zu Claus!

Als sie im Flur ihrer Wohnung stand, hörte sie seine Stimme, die leise auf das Kätzchen einsprach. Seine Hände schienen zärtlich zu streicheln. Hexe schnurrte laut.

Barbara stieß die Tür zum Wohnzimmer auf und betrachtete das Bild, das sich ihr bot. Ein überraschter Blick von Claus traf sie. Sie ging zu ihm und küßte ihn auf den Mund.

Es war ein Kuß, der Claus den Atem nahm. Dieser Kuß hatte überhaupt nichts Freundschaftliches mehr... Endlich!

Hexlein verstand das alles nicht so ganz, aber Katzen sind sehr sensibel. Das Tier spürte Zärtlichkeit, Wärme und Liebe. War das nicht ein Grund, rundum zufrieden zu sein?

Cleveland Amory

Astrologie für die Katz

Als Reaktion auf mein erstes Buch über Eisbär erhielt ich einen höchst merkwürdigen Brief. Es ging darin um Astrologie. Die Briefschreiberin riet mir dringend, Eisbär das Horoskop erstellen zu lassen. Sie verstand offenkundig nicht nur eine ganze Menge von Astrologie, sondern hatte auch eine recht gute Vorstellung von Eisbärs Charakter. Sie meinte, wenn er etwas dagegen hätte, sich sein Horoskop von einem Fremden stellen zu lassen, könne auch ich selbst es tun. Es gebe viele Bücher über Katzenastrologie, die mir dabei helfen würden.

Ich muß gestehen, ehe mir dieser Brief in die Hände kam, hatte ich keine Ahnung, daß es so etwas wie Katzenastrologie überhaupt gibt, geschweige denn, daß Bücher zu dem Thema existieren. Ich wußte eigentlich überhaupt nichts über Astrologie, sei es für Menschen oder für Katzen.

Ich ließ den Brief dieser Frau erst einmal eine Weile liegen, ohne ihn zu beantworten. Schließlich aber bekam ich ein schlechtes Gewissen und begann, wenigstens im Geist eine Antwort zu entwerfen. Ich wollte der Frau schreiben, daß ihre Zweifel, ob Eisbär mit der Stellung seines Horoskops durch einen Fremden überhaupt einverstanden sein würde, absolut berechtigt waren. Das einzige, was er meiner Erfahrung nach je an Fremden gebilligt hatte, war ihr möglichst schnelles Verschwinden. Weiter wollte ich schreiben, ihre Vorstellung, ich selbst könne das Horoskop erstellen, sei leider völlig illusionär. Ich hätte nie auch nur die Anfangsgründe der Astrologie verstanden, auch wenn man noch so geduldig versucht hatte, sie mir zu erklären.

Während ich im Geist noch mit der Abfassung dieses Briefes beschäftigt war, rief die Frau eines Tages an. Ich beteuerte, es tue mir leid, ihr bisher nicht geantwortet zu haben, und berichtete ihr dann, was ich ihr hatte schreiben wollen.

«Aber ich habe Sie doch extra darauf aufmerksam gemacht», erwiderte die Frau streng, «daß es eine Menge Bücher gibt. Sie brauchen nicht einmal einen blassen Schimmer von Astrologie zu haben.»

Das machte mich ärgerlich. Ich bilde mir zwar nicht ein, alles zu wissen, aber ich bin überzeugt, daß ich mehr als einen blassen Schimmer von den Dingen habe. Um ihr das zu beweisen, entgegnete ich, mir sei immerhin bekannt, daß ich Tag und Stunde der Geburt Eisbärs wissen müßte, um ihm sein Horoskop stellen zu können. Leider sei selbst die Tierärztin nicht imstande, mir auch nur das genaue Jahr anzugeben, geschweige denn Tag und Stunde. Schließlich sei Eisbär ja eine herrenlose Katze gewesen.

Die Frau ließ trotzdem nicht locker. «Sie brauchen Tag und Stunde der Geburt nicht zu wissen», behauptete sie. «Sie werden schon sehen – besorgen Sie sich erst einmal einige der Bücher über Katzenastrologie, die ich Ihnen genannt habe.» Sie machte eine Pause – ich hatte bereits gemerkt, daß sie gern vielsagende Pausen einlegte. «Und wenn Sie schon dabei sind», fuhr sie dann fort, «können Sie gleich auch ein paar astrologische Bücher für sich selbst besorgen. Ich könnte mir denken, daß sie Ihnen eine große Hilfe wären.»

Ich ignorierte die wenig schmeichelhafte Anspielung, aber sie redete unbeirrt weiter.

«Ich habe mich über Sie informiert», sagte sie. «Sie sind am zweiten September geboren. Das heißt, daß Sie Jungfrau sind. Ihre Geburtsstunde weiß ich allerdings nicht.»

«Zwei Uhr morgens», sagte ich. Sie wollte wissen, woher ich das wüßte. Ich antwortete: «Von meiner Mutter.» Sie habe es mir auf meine Frage selbst gesagt. Ich erläuterte nicht, daß ich meine Mutter danach gefragt hatte, weil das Thema Horoskop schon früher zur Sprache gekommen war.

«Aha», sagte sie, und der Ton ihrer Stimme gefiel mir gar nicht.

Ich ahnte schon, was als nächstes kommen würde. «Und in welchem Jahr war das?»

Ich tat so, als hätte ich sie nicht gehört, aber das nützte nichts.

«Aha», sagte sie wieder. «Aber das läßt sich feststellen. An Ihrem letzten Geburtstag ist im Radio eine Sendung über Sie gekommen. Da wurde auch erwähnt, welcher Jahrgang Sie sind.»

Was man da gesagt habe, sei auf jeden Fall falsch, behauptete ich, und danach hielt sie endlich den Mund.

Aber ich war nach ihrem Brief und dem Anruf doch so neugierig geworden, daß ich gleich am folgenden Morgen losging, um mir ein paar Bücher über Katzenastrologie zu kaufen. Und da ich einmal in der Buchhandlung war, nahm ich auch gleich etwas über Menschenastrologie mit. Doch meine Bemühungen, anhand der Bücher Eisbärs Horoskop zu erstellen, führten zu nichts. Davon allerdings ließ ich mich nicht entmutigen. Wenn man allein nicht weiterkommt, muß man sich eben Hilfe holen.

Der Freund, den ich um Hilfe anging, riet mir, mich an eine Frau namens Robyn Ray zu wenden, sie sei astrologische Beraterin. Normalerweise habe ich gegen Beratung durch Berater meine Vorbehalte, aber in diesem Fall, da ich gegen die Wissenschaft der Astrologie sowieso meine Vorbehalte hatte, beschloß ich, alle Vorbehalte über Bord zu werfen. Ich rief Mrs. Ray an und fragte, ob wir uns nicht zum Mittagessen treffen könnten.

Mrs. Ray war, wie sich herausstellte, eine charmante Frau. Nachdem ich ihr mein Problem dargelegt hatte, fragte ich sie, ob sie jemals ein Katzenhoroskop gestellt hätte.

«Nein», antwortete sie lächelnd, «aber meinem Hund habe ich eines gestellt.»

Und wie, fragte ich nervös, habe er das aufgenommen? Eisbär sei leider ein sehr kritisches Tier.

«Oh, er war sehr angetan», versicherte sie.

Erleichtert brachte ich wieder das Grundproblem meiner Schwierigkeiten bei der Horoskopstellung für Eisbär zur Sprache – die Tatsache, daß mir nicht nur Tag und Stunde, sondern sogar das Jahr von Eisbärs Geburt unbekannt war.

Mrs. Ray seufzte. «Da wird Ihnen natürlich vieles verschlossen bleiben», meinte sie, «wenn Sie seinen Aszendenten nicht wissen.»

Ich seufzte brav mit, weil ich nicht zugeben wollte, daß ich keine Ahnung hatte, was ein Aszendent ist. Immerhin gestand ich ihr, daß ich die ganze Astrologie sehr kompliziert fand.

«Aber nein», tröstete mich Mrs. Ray lächelnd. «Sie dürfen sich nur nicht entmutigen lassen.»

Aber ich hätte ja weder von Sternzeichen noch Planeten, Häusern oder Aspekten eine Ahnung.

«Ach», meinte sie, «machen Sie sich da keine Sorgen. Vergessen Sie nicht, es geht nicht nur um den Einfluß der Gestirne auf uns – es geht vor allem darum, wie wir mit ihm umgehen. Die meisten Leute meinen, wenn sie etwas von Astrologie hören, alles sei vorbestimmt. Aber so ist es nicht. In meinen Augen jedenfalls nicht. Mein Ansatz ist so: Ich nehme Ihnen nicht die Verantwortung für Ihr eigenes Leben ab – Sie haben immer die Wahl. Wenn jemand Ihnen gegenüber persönlich wird, können Sie entweder beleidigt sein oder Sie können produktiv damit umgehen. Nehmen wir an, ein Astrologe sagt Ihnen, Sie hätten offenbar eine Neigung zur Destruktivität; dann können Sie ganz positiv damit umgehen, indem Sie beispielsweise beim Abbruch alter Häuser helfen.»

Ich gestand, daß ich das so nie gesehen hätte, aber New York sei natürlich dafür genau der richtige Ort.

Etwas später erklärte mir Mrs. Ray taktvoll, die astrologischen Bücher, an denen ich mich zu bilden versucht hatte, seien in dieser Phase meiner astrologischen Entwicklung einfach noch zu schwierig für mich. Sie habe darum, weil sie schon vor unserer Zusammenkunft diesen Verdacht gehabt hätte, ein Buch mitgebracht, von dem sie glaube, es sei für den Anfang das richtige für mich. Als wir uns nach dem Mittagessen voneinander verabschiedeten, drückte sie es mir in die Hand.

Das Buch hieß *How to Learn Astrology* und war von Marc Edmund Jones. Noch am selben Nachmittag begann ich mit der Lektüre. Zunächst einmal versuchte ich herauszufinden, was für eine Rolle «Häuser» und «Planeten» in der Astrologie spielen. Mr. Jones erklärte es ganz einfach. «Ein Haus ist ein Ort, wo jemand wohnt, und im Horoskop ist es der Ort, wo sich ein oder mehrere Gestirne befinden.»

Es gibt, wie Mr. Jones erläuterte, zwölf Häuser. Er riet dem Leser, sich als erstes ihre «fundamentale Bedeutung» einzuprägen. Ganz einfach war das nicht, aber ich ackerte mich durch und durfte mich danach, gemäß Mr. Jones' Vorschlag, mit den verschiedenen Gestirnen und ihrer, wie er es nannte, «grundlegenden Bedeutung» befassen.

Von den Häusern und Gestirnen reisten wir weiter zu Aspekten und Aszendenten, Konjunktionen und Oppositionen, ja sogar Quadrat- und Sextilscheinen. Wenn dies wirklich ein Einführungsbuch war, so war ich im Fach Astrologie offenbar hoffnungslos unbegabt. Ich gab mir wirklich alle Mühe, Mr. Jones' Ausführungen zu folgen, aber am Ende mußte ich mir schweren Herzens eingestehen, daß mir das alles viel zu schwierig war.

Doch in bezug auf Eisbär hatte ich noch nicht aufgegeben. Weder die Tatsache, daß ich noch nicht in ein einziges der Bücher über Katzenastrologie hineingesehen hatte, noch meine Unwissenheit bezüglich Eisbärs Geburtsdatum konnten mich jetzt noch beunruhigen. Ich hatte nämlich im Lauf meiner Beschäftigung mit der Astrologie gemerkt, daß da eine ganze Menge paradox verläuft. Osten ist beispielsweise in der Astrologie Westen, und Westen ist Osten. Norden ist Süden, und Süden ist Norden. Gestirne und Häuser bewegen sich nicht im Uhrzeigersinn, sie bewegen sich in der entgegengesetzten Richtung. Je mehr von den einfachen Horoskopen in den Astrologiebüchern ich mir ansah, desto klarer wurde mir, daß die Astrologen sich in Wirklichkeit einfach das Leben einer berühmten Persönlichkeit, jene Einzelheiten, die allgemein bekannt sind, vorgenommen und dann ihre Sternzeichen, Häuser, Planeten, Aszendenten und das ganze übrige Zeug mit diesen bereits bekannten Fakten in Einklang gebracht, also auch hier im Grund genommen das Pferd von hinten aufgezäumt hatten.

Wenn diese Fachleute das so machten, dachte ich bei mir, warum dann nicht auch ich? Ich würde mir Eisbärs gute und schlechte

Eigenschaften aufschreiben und sehen, zu welchem Sternzeichen sie am besten paßten. Dann würde ich am Ende genau wissen, unter welchem Zeichen er geboren war.

Und wer weiß – wenn ich zu den Aszendenten und Aspekten, den Konjunktionen und Oppositionen, Quadrat- und Sextilscheinen kam, würde ich vielleicht sogar auch noch Tag und Stunde seiner Geburt bestimmen können.

Ich hatte vier Bücher über Katzenastrologie daliegen. Das erste, zu dem ich griff, war sicherlich das bemerkenswerteste – wenn auch nur, weil es von einer Katze geschrieben war. Es trug den Titel *Horoscopes for Pussycats*, und die Autorin war eine Katze namens Bootsie Campbell. Der kurze Klappentext «Über die Autorin» informierte mich, daß Mrs. Campbell die Tochter eines rein weißen Katers namens Schneeball und einer wunderschönen Schildpattkatze war. Bootsie selbst, hieß es, sei im Zeichen der Zwillinge geboren. Auch ein Foto der Autorin wurde dem Leser geboten. Es schien bei Nacht aufgenommen zu sein und zeigte die Astrologin am Fenster, augenscheinlich in den Anblick des Sternenhimmels vertieft.

Ich zeigte das Foto Eisbär, der darauf mit seinem üblichen verächtlichen Naserümpfen reagierte. Seine Gleichgültigkeit den Bildern anderer Katzen gegenüber ist wirklich schlimm. Aber diesmal ließ ich ihm das nicht durchgehen. Ich sagte ihm in aller Deutlichkeit, diese Bootsie sei wenigstens kreativ und schreibe, während er ein Buch nicht einmal in die Pfote nehme. Ich hielt es für überflüssig hinzuzufügen, daß er, während ich den ganzen Tag am Schreibtisch fronte, nichts anderes tat, als faul herumzuliegen und es sich gutgehen zu lassen.

Das zweite Buch hieß *The Cat Horoscope Book* und stammte aus der Feder eines Mannes namens Henry Cole. Er wurde als ein «im ganzen Land bekannter Astrologe» bezeichnet. «Nicht nur», versprach der Klappentext, «gibt dieses Buch Antwort auf Ihre drängenden Fragen, es wird Ihnen auch eine umfassende Charakteristik Ihrer Katze aufgrund streng vertraulicher Informationen liefern.»

Das gefiel mir. Ich würde also nicht nur ein vollständiges Bild von Eisbärs Persönlichkeit erhalten, sondern dazu eines, das auf vertraulichen Informationen basierte, die ich ihm ganz bestimmt nicht zugänglich machen würde. Daß er selbst anfangen würde, seinem in den Sternen liegenden Schicksal nachzuforschen, brauchte ich nicht zu fürchten. Im Gegensatz zu Bootsie Campbell war Eisbär bei seinen nächtlichen Ausflügen auf seinen Balkon viel zu intensiv an den Tauben interessiert, um an die Sterne oder gar an das, was sie ihm vielleicht verhießen, auch nur einen flüchtigen Gedanken zu verschwenden.

Das dritte Buch hatte den Titel *Cat Astrology*. Die Verfasserin war Mary Daniels, die als Autorin eines Buches über den Kater Morris bekannt geworden war. Mrs. Daniels berichtete in ihrem Vorwort von einer «zufälligen Begegnung mit einem jungen buddhistischen Mönch in einer dunklen, verstaubten Buchhandlung». Buddhisten, erklärte sie, seien der Überzeugung, Haustiere hätten in ihrem Prozeß ständiger Wiedergeburt die letzte Stufe vor der Menschwerdung erreicht und würden in ihrem nächsten Leben wahrscheinlich als Menschen geboren werden; indem sie in dieser letzten Phase mit Menschen zusammenlebten, würden sie lernen, was den Menschen ausmacht. Sie berichtete, der buddhistischen Auffassung zufolge habe jedes lebendige Wesen ein Karma – ein Lebensschicksal, das vom Verhalten in einem früheren Leben bestimmt wird. Bei den Tieren sei der Sinn für Gut und Böse sehr schwach ausgebildet, und ihre Fähigkeit zu wählen sei gering. «Aber wenn Sie richtig damit umgehen», habe der junge Mönch ihr erklärt, «weist der allgemeine Trend aufwärts.»

Ob es sich auf Eisbärs Wahrnehmungsfähigkeit von Gut und Böse förderlich auswirken würde, wenn ich ihm sein Horoskop stellte, wagte ich zu bezweifeln. Gleichermaßen zweifelte ich daran, daß seine Menschwerdung bei seiner nächsten Wiedergeburt einen Schritt nach oben darstellte. Ich war in dieser Hinsicht ganz der Auffassung Mark Twains, der sagte: «Wenn man den Menschen mit der Katze kreuzen könnte, würde das den Menschen verbessern, die Katze aber verderben.»

Erst in der Einleitung des vierten Buchs über Katzenastrologie – *Catsigns* von William Fairchild, einem englischen Roman- und Theaterschriftsteller – entdeckte ich etwas, womit ich wirklich etwas anfangen konnte. Ich sah mich hier in meinem Vorhaben unterstützt, Eisbärs Horoskop von hinten aufzurollen. Mr. Fairchild schlug nämlich vor, man solle, falls man das Geburtsdatum seiner Katze nicht kenne, ganz einfach ihre Haupteigenschaften feststellen, sehen, unter welches Tierkreiszeichen sie paßten, und dann nachlesen, was noch zu diesem Zeichen gesagt wurde. Sollten diese zusätzlichen Informationen nicht zutreffen, so könne man davon ausgehen, daß die Katze sich entweder verstelle, um einen hinters Licht zu führen, oder daß einen die Liebe ihren wahren Stärken und Schwächen gegenüber blind gemacht habe.

«Sehen Sie sich Ihre Katze dann noch einmal genau an und machen Sie einen neuen Versuch», schrieb Mr. Fairchild. «Ihr Tierkreiszeichen wird Ihnen nicht alles über sie verraten… Es wird Ihnen aber vieles sagen, was Sie zum beiderseitigen Wohlergehen und Einvernehmen wissen müssen. Und wenn Sie die Beschreibung gelesen haben, können Sie versuchen, sie Ihrer Katze vorzulesen.»

Mir war gleich klar, daß das schwierig werden würde. Eisbär hat noch nie gern zugehört, wenn ich vorlese. Ich versuchte es dennoch, und natürlich klappte es nicht. Alles, was auch nur im entferntesten nach Arbeit riecht, lehnt Eisbär strikt ab.

Eines erfuhr ich dennoch aus Mr. Fairchilds Buch: Welche Verhaltensweisen im Umgang mit Katzen der verschiedenen Tierkreiszeichen empfehlenswert und welche nicht geraten waren. Hatte man es beispielsweise mit einer Widder-Katze zu tun, so war es ratsam, Humor zu zeigen und keinesfalls die Überzeugung der Katze von ihrer eigenen Brillanz in Frage zu stellen. War die Katze hingegen Krebs, so solle man im Beisein der Katze dem Ehepartner stets lächelnd begegnen und auf keinen Fall den Märtyrer spielen – *ein* Märtyrer in der Familie sei genug, meinte Mr. Fairchild. Bei einer Löwe-Katze wiederum solle man die Katze zwar ruhig in dem Glauben lassen, sie säße auf dem Thron, sich andererseits keinesfalls von ihr als kleiner Untertan behandeln lassen. Und bei der Schütze-Katze schließlich solle man anerkennen, daß sie sich für ein Genie hält, gleichzeitig jedoch um keinen Preis zugeben, daß man selbst keines war.

Ich ließ mir diese Empfehlungen gründlich durch den Kopf gehen; aber so hilfreich sie im Prinzip waren, blieb dennoch die Tatsache bestehen, daß ich Eisbärs Tierkreiszeichen immer noch nicht wußte. Schließlich legte ich mir alle vier Bücher über Katzenastrologie nebeneinander auf den Tisch, um mir ihre Kommentare über die Charaktereigenschaften der verschiedenen Tierkreiszeichen aufzuzeichnen und sie dann Zeichen um Zeichen mit Eisbärs Eigenschaften zu vergleichen. Das würde nicht einfach werden, aber was war an der Astrologie schon einfach!

Ich beschloß, Eisbär bei jedem Zeichen Punkte von 0 bis 5 zu geben; das Zeichen, bei dem er die höchste Punktzahl erreichte, mußte dann das seine sein.

Mit dem Widder (22. März – 19. April) fing ich an, weil ich mittlerweile wenigstens gelernt hatte, daß das Jahr in den astrologischen Büchern immer mit dem Widder-Zeichen beginnt. Ich fand in den vier Büchern viel Übereinstimmung über die Widder-Geborenen. Mr. Cole, beispielsweise, nannte die Widder-Katze den «Egoisten unter den Katzentieren». «Versuchen Sie gar nicht erst», riet er, «Ihren Widder Ihren menschlichen Vorstellungen anzupassen; er sieht nämlich im Menschen lediglich ein Mittel zum Zweck.» Das hörte sich nach Eisbär an.

Mrs. Daniels bezeichnete die Widder-Katze als «Paten» und «Boßkatze» und wies darauf hin, daß der Widder vom Mars beherrscht sei, dem «roten Planeten des Krieges». Auch hier konnte ich Eisbär sehen, aber was Mrs. Daniels schrieb, machte mir bange vor weiblichen Widder-Katzen – das mußten ja die reinsten Amazonen sein. «Das ist die Katze», schrieb sie weiter, «die sich unweigerlich auf den einen unter Ihren Gästen stürzt, der Katzen nicht mag.» Auch hier wieder hatte sie mir Eisbär aufs I-Tüpfelchen beschrieben.

Mr. Fairchild wiederum erklärte, die Tatsache, daß bei Widder-

Katzen aller Unternehmungsgeist verpuffe, sobald es hart auf hart gehe, könnte der Wirkung des Mondes (Wasser) auf das Feuerzeichen (Widder) zugeschrieben werden. Die Katze Bootsie schließlich sprach ihre Artgenossen vom Zeichen Widder direkt an. «Ihr seid schnell gerührt», schrieb sie, «auch wenn ihr es nicht zeigt.» Sie gab den Katzen auch einen Rat zum Verhalten in Gesellschaft. «Macht keinen Buckel», empfahl sie, «und ignoriert die Gäste.»

Diese letzte Bemerkung im Verein mit einigen anderen Charakteristika, die in den vier Büchern aufgeführt waren, brachten mich auf den Gedanken, daß Eisbär Widder sein könnte, und ich war schon nahe daran, ihm hier vier Punkte zu geben. Doch eine Bemerkung Mr. Coles hielt mich dann doch davon ab. Er schrieb nämlich, die Widder-Katze sei nicht nur «der Egoist unter allen Katzentieren», sondern auch «der Hippie im Katzenbereich». Eisbär ein Hippie! Allein die Vorstellung war absurd – er hatte ja nicht einmal langes Haar. Ohne weiteres Überlegen gab ich Eisbär in der Widder-Kategorie nur einen Punkt.

Stier (20. April–20. Mai) war Henry Cole zufolge ein «von Natur aus weibliches Zeichen» – was ich absolut verblüffend fand –, das, wie er erläuterte, «von der Venus beherrscht» wurde. Eines war sicher – für Eisbär kam das nicht in Frage. Doch als Mr. Cole ferner ausführte, die Stier-Katze sei einem «Bär im Winterschlaf» vergleichbar und ihr Lieblingsgeräusch sei das «Quietschen der Kühlschranktür», fragte ich mich, ob ich in meinem ersten Urteil nicht vorschnell gewesen war.

Mrs. Daniels bestätigte die Sache mit dem Kühlschrank und bezeichnete die Stier-Katze sogar als «unersättlichen Vielfraß». «Wenn Sie», fuhr sie fort, «einen geistigen Gefährten suchen, dann ist dies nicht die Katze für Sie.» Das machte mich so ärgerlich, daß ich die Möglichkeit, dieses Zeichen könne für Eisbär in Frage kommen, beinahe ohne weitere Nachforschungen gestrichen hätte.

Aber dann schrieb Mr. Fairchild, Stier-Katzen würden sich, «sobald das emotionale Klima sich mit Spannungen auflädt, unter die nächste Decke verkriechen», und ich wurde wieder schwankend. Ich kannte keine Katze, die es mehr haßte, wenn sich ein Klima, gleich welcher Art, mit Spannungen auflud, als Eisbär. Bei Gewittern ist er wirklich fürchterlich.

Schließlich kam noch Bootsie mit ihrem direkten Rat: «Laß dich von unerfreulichen Nachrichten über andere Katzen nicht aus der Ruhe bringen oder in deiner Selbstsicherheit beeinträchtigen.» Nun, in der Hinsicht brauchte ich mir bei Eisbär meiner Erfahrung nach wahrhaftig keine Sorgen zu machen. Den konnten eher erfreuliche Nachrichten über andere Katzen aus der Ruhe bringen. Ich gab ihm schließlich in der Stier-Rubrik nur zwei Punkte.

Als nächstes war der Zwilling (21. Mai–20. Juni) an der Reihe, von Mr. Cole als ein «etwas männliches Zeichen» definiert. Zunächst hatte ich den Eindruck, dies könne das Zeichen sein, nach dem ich suchte – Eisbär war ja kastriert worden –, aber Mr. Coles folgende Ausführungen hatten mit Eisbär überhaupt nichts zu tun. «Die Zwilling-Katze», schrieb er, «gedeiht am besten in einem Haus voll kreativer Menschen, bei denen geselliges Beisammensein großgeschrieben wird. Er wird Ihren Schreibtisch usurpieren und sich auf zuvorkommende Art bemühen, Hausgenossen und Gästen jeden Wunsch von den Augen abzulesen.» Da Eisbär, wenn ich schon mal eine Einladung gebe, unweigerlich damit reagiert, daß er morgens dem Mann vom Party-Service ins Genick springt und abends den letzten Gast in die Achillesferse zwickt, hielt ich es für höchst unwahrscheinlich, daß er im Zeichen der Zwillinge geboren war.

Eine Bemerkung von Mrs. Daniels jedoch weckte mein Interesse von neuem. «Während die Stier-Katze beim Schachspiel einschläft», schrieb sie, «wird eine Zwilling-Katze mit wachem Interesse und mühsam gezügelter Spannung jeden Ihrer Züge verfolgen und mit dem Pfötchen die Figur anschlagen, mit der Sie als nächstes ziehen sollten.» So ideal eine solche Katze für mich gewesen wäre, Eisbär war leider nicht von diesem Schlag. Für ihn bestand die ganze Spannung beim Schachspiel darin, sämtliche Figuren mit einem Wisch vom Brett zu fegen – was einen, wenn man am Gewinnen ist, natürlich an den Rand des Wahnsinns treibt.

Mr. Fairchild schrieb, seine Zwilling-Katze erschiene auf Festlichkeiten stets auf den Fersen des Erstankömmlings, stünde dann mit aristokratisch erhobener Nase herum und warte darauf, mit den anderen Gästen bekannt gemacht zu werden. «Nach einer Weile», schrieb er weiter, «pflegt sie mit einer ganzen Gesellschaft neugewonnener Freunde aufzubrechen und bedenkt uns zum Abschied mit einem Blick, der besagt: Ein reizender Abend. Auf bald hoffentlich.» Das war von Eisbärs Verhalten bei ähnlichen Gelegenheiten Welten entfernt.

Bootsie wiederum erklärte den Zwilling-Katzen kategorisch: «Ihr seid von Natur zwiespältig. Ihr seid großzügig, gerecht, wankelmütig und sprunghaft – eurer Liebe kann man nicht trauen.» Auch das entsprach überhaupt nicht Eisbärs Wesen, so daß ich ihm schließlich unter der Rubrik Zwillinge glatte null Punkte gab.

Über den Krebs (21. Juni–22. Juli) hatte Mr. Cole folgendes zu sagen: «Bald höchste Ausgelassenheit, bald tiefste Schwermut.» Er warnte, daß eine Krebs-Katze es fertigbrächte, sich bei der Ankunft von Gästen ohne jeden Grund beleidigt in eine Ecke zu verziehen, und selbst der Eigentümer, den sie am besten kenne, bei solchen Gelegenheiten vor einer kräftigen Kralle oder einem Anfaucher nicht sicher sei. Beim Vergleich mit Eisbär kam ich zu dem Schluß, daß hier gewisse Ähnlichkeiten bestanden.

Vorsichtig wandte ich mich Mrs. Daniels zu. Sie nannte die Krebs-Katze einen «Angsthasen» und behauptete, er neige zu eiligen Rückzügen. Ich mußte zugeben, daß auch Eisbär, obwohl man von ihm wirklich nicht behaupten konnte, daß er ein Angsthase sei, vor Dingen, die ihn erschreckten – wie Gewitter, Feuerwerkskörper, Regengüsse und der Staubsauger –, in der Tat zu eiligem Rückzug neigte.

Mr. Fairchild erzählte von der besonderen Mimik der Krebs-Katzen: «Sieh doch, wie ich leide, aber ich will mich ja nicht beklagen.» Für äußerste Notfälle halten sie, so behauptete er, noch einen anderen Ausdruck parat: «Mich versteht natürlich wieder mal keiner, ich bin ja auch nur eine Katze.» Ich mußte zugeben, daß Eisbär sich ganz hervorragend darauf verstand, gerade dieses Märtyrerbild zu vermitteln.

Bootsies Rat an die Krebs-Katze war auch sehr interessant. «Ihr müßt offen bleiben», schrieb sie, «und anderen gestatten, euch in der richtigen Richtung zu beeinflussen.» Ein guter Rat, den ich Eisbär gern ans Herz gelegt hätte; aber wie hätte ich ihm sagen können, er solle offen *bleiben*, wenn ich ihn offen nur erlebt hatte, solange er sich noch keine feste Meinung über etwas gebildet hatte? Dennoch entsprach ihm das Krebs-Zeichen mehr als alle anderen, und ich gab ihm drei Punkte.

Der Löwe (23. Juli – 22. August) schien auf den ersten Blick das Zeichen zu sein, das am besten zu Eisbär paßte, schon wegen seiner äußerlichen Ähnlichkeit mit einem Löwen. Und Henry Cole schrieb: «Alle Katzen ‹besitzen› ihre Menschen, aber die Löwe-Katze ergreift totalen Besitz von ihnen.»

Mrs. Daniels' Charakteristik der Löwe-Katze schien meinen Verdacht, daß dies Eisbärs Sternzeichen sein könnte, zu bestätigen. «Die Löwe-Katze», behauptete sie, «ist die katzenhafteste aller Katzen.»

Mr. Fairchild hingegen warnte: «Sie ist eine große Katze und gibt sich nicht mit Kleinigkeiten ab. Hüten Sie sich davor, Versprechungen zu machen, die Sie nicht halten können. Sie ist nämlich auch eine Idealistin, und wenn Sie einmal von dem Piedestal gestürzt sind, auf das sie Sie gestellt hat, wird es lange dauern, ehe Sie wieder in Gnaden aufgenommen werden.» Das traf nun wirklich den Nagel genau auf den Kopf, und ebenso Bootsies Rat an die Löwe-Katzen, der sich anhörte, als wäre er ausdrücklich für Eisbär geschrieben worden. «Keine Angst vor Donner und Blitz», schrieb sie. «Denkt daran, daß ihr selbst gelegentlich Laute der Einsamkeit und der Angst von euch gebt, mit denen ihr die Menschen erschreckt.» Für mich gab es keine Frage, daß Löwe noch besser zu Eisbär paßte als Krebs. Ich gab vier Punkte.

Als nächstes war das Zeichen der Jungfrau (23. August – 22. September), mein eigenes Sternzeichen, an der Reihe, und ich begann die Lektüre mit großen Hoffnungen, zumal Mr. Fairchild darauf hingewiesen hatte, daß Jungfrau-Menschen mit am besten zu Jungfrau-Katzen passen.

Henry Cole gab meinen Hoffnungen weitere Nahrung. «Das sechste Haus des Tierkreises», schrieb er, «steht für ‹Ich analysiere›.» Wenn es je eine Katze gegeben hat, die die Dinge gründlicher analysierte als Eisbär, dann müßte man, glaube ich, selbst in Analyse gehen, um sie zu finden. Selbst wenn ich Eisbär erlaubt hätte, Mäuse zu jagen, was ich natürlich nicht tat, hätte er sie, davon bin ich überzeugt, nicht zu schlagen brauchen – er hätte sie schlicht und einfach zu Tode analysiert. Auch über den Hang der Jungfrau zu Kritik und Nörgelei ließ Mr. Cole sich ausführlich aus, ebenso über ihre «Pingeligkeit» und die «Neigung, in jeder Suppe ein Haar zu finden». «Der Jungfrau-Katze», schrieb er, «ist nicht bewußt, daß die Katze ein in sich vollendetes Geschöpf ist; die Folge davon ist, daß sie unablässig nach einem höheren Grad der Perfektion strebt.» Ich fühlte mich geschmeichelt.

Mrs. Daniels wies darauf hin, daß die Jungfrau vom Merkur regiert werde, dem Zeichen der Kommunikation. Das gefiel mir ausgezeichnet. Eisbär und ich sind einmalig in Kommunikation. Mrs. Daniels vergaß allerdings nicht, auch auf unsere Pedanterie und Spitzfindigkeit hinzuweisen. «Leider», schrieb sie, «gehören die unter diesem Zeichen Geborenen nicht zu denen, mit denen sich leicht leben läßt.» Aber wie, hätte ich sie gern gefragt, hätte es denn anders sein können? Wie ich den Leuten, mit denen ich arbeite, oft gesagt habe: Es ist nie einfach, mit jemandem auszukommen, der immer recht hat.

Mr. Fairchild schließlich gab den letzten Ausschlag dafür, daß ich Eisbär unter dem Zeichen Jungfrau einstufte. «Die Jungfrau-Katze», schrieb er, «von Geburt an kritisch und heikel, zeigt sich jeglicher Art von Tabletten gegenüber mißtrauisch im höchsten Grad und wird praktisch vor nichts zurückschrecken, Kratzen und Beißen eingeschlossen, um nur ja keine schlucken zu müssen.» Das war nun wahrhaftig Eisbär in Reinkultur.

Wenn ich danach noch Bestätigung brauchte, erhielt ich sie von Bootsie. «Es braucht nur eine Taube zu gurren, und eure Augen werden groß wie Untertassen», schrieb sie.

Keine Frage, ich hatte mein Ziel erreicht – ich wußte nun, daß

Eisbär im Zeichen der Jungfrau geboren war. Ich gab ihm fünf Punkte, und sah mir die Waagen, Skorpione, Schützen, Steinböcke, Wassermänner und Fische gar nicht mehr an. Jetzt brauchte ich nur noch den Tag seiner Geburt zu errechnen.

Ich bin mir klar, daß einige Leute behaupten werden, ich hätte den zweiten September nur gewählt, weil es mein Geburtstag ist, aber sie täuschen sich. Mittlerweile zum astrologischen Fachmann geworden, errechnete ich das Datum auf eine Weise, auf die selbst Nostradamus stolz gewesen wäre. Zunächst einmal war für mich klar, daß Eisbär näher dem Löwen geboren sein mußte, der von der Sonne regiert wird, dem mächtigsten der Gestirne. Nicht umsonst hatte ich schon in den verschiedenen Beschreibungen der typischen Löwe-Katze viele Gemeinsamkeiten mit Eisbär entdeckt. Mit der Waage (24. September – 23. Oktober), die von der Venus beherrscht wird, dem Planeten der Schönheit, der Liebe und der Harmonie, hatte er wenig gemein. Der Einfluß des edlen Löwen überwog bei Eisbär eindeutig. Im übrigen habe ich bei meinen Berechnungen natürlich weder die Aszendenten noch die Konjunktionen oder Oppositionen in Betracht zu ziehen vergessen. Sogar auf die Quadrat- und Sextilscheine habe ich geachtet. Und heraus kam der zweite September – ganz genau, der zweite September zwei Uhr morgens.

Sicher werden jetzt einige von Ihnen neben Tag und Stunde auch noch das Jahr wissen wollen. Aber das werde ich Ihnen nicht verraten. Eisbär ist in bezug auf sein Alter so empfindlich wie jeder andere, und ich sehe keine Veranlassung, es in die Welt hinauszuposaunen.

Ernest Thompson Seton

Die Katze aus dem Hinterhof

I

Die kleine Katze aus den Slums in der Hafengegend New Yorks war noch nicht sechs Wochen alt; aber sie war allein in dem alten Hinterhof. Ihre Mutter, in der Nacht zuvor weggegangen, um zwischen den Müllkästen Futter zu suchen, war nicht zurückgekehrt. Daher war das Kätzchen sehr hungrig, als der zweite Abend kam. Ein unbewußter Trieb zwang es hinweg von seinem Lager, der alten Kekskiste, um etwas Eßbares aufzuspüren. Vorsichtig ertastete es sich seinen Weg zwischen Schutt und Abfällen. Die kleine Katze beroch alles, was eßbar schien, aber sie fand nichts. Zuletzt kam sie zu den hölzernen Stufen, die zu Jap Malees Tierhandlung im Keller am äußersten Ende des Hofes hinabführten. Die Tür stand spaltbreit offen; so ging sie hinein. Ein Neger saß müßig auf einer Kiste in einem Winkel und betrachtete sie neugierig. Sie näherte sich einem Lattenkäfig, in dem ein Fuchs kauerte. Seine Augen glühten. Die kleine Katze tastete sich schnuppernd an den Latten empor, zwängte das Köpfchen durch einen Zwischenraum, schnupperte erneut und strebte dann stracks auf den Futternapf zu. Der Fuchs packte sie blitzschnell. Sie stieß ein erschrockenes «Miau» aus. Da sprang der Neger hinzu und spuckte dem Fuchs so kräftig ins Gesicht, daß er das Kätzchen losließ und in einen Winkel zurückwich, wo er mit boshaft blinzelnden Augen verharrte.

Der Neger zog das Kätzchen heraus. Es torkelte ein paarmal im Kreis herum, kam dann wieder zu sich, und als ein paar Minuten später Jap Malee zurückkam, schnurrte es im Schoß des Negers, sich augenscheinlich an nichts Böses erinnernd.

Jap war kein Japaner; er war als typischer Londoner Straßenjunge aufgewachsen; aber seine Augen bildeten so kleine schräge Schlitze in seinem runden, flachen Gesicht, daß sein eigentlicher Name längst vergessen und durch den weit bezeichnenderen Spitznamen «Jap» ersetzt worden war.

Obwohl er durch den Verkauf von Tieren sein Leben fristete, war er kein richtiger Tierfreund; jedenfalls wollte er das Hinterhof-Kätzchen nicht haben.

Deshalb gab der Neger der kleinen Katze so viel zu fressen, wie sie mochte, und brachte sie dann zu einem entfernten Häuserblock, wo er sie in einem Hof voller altem Eisen und Gerümpel absetzte. Hier lebte sie und fand irgendwie genug Freßbares, um zu wachsen, bis eine ausgedehnte Entdeckungsfahrt sie Wochen später in ihr altes Quartier, den verfallenen Hof, zurückführte. Froh, wieder zu Hause zu sein, ließ sie sich hier endgültig nieder.

Aus dem kleinen Kätzchen war mittlerweile eine auffallend getigerte Katze geworden. Ihre Merkzeichen waren schwarz mit einem blassen Grau; vier allerliebste weiße Flecken auf Nase, Ohren und Schwanzspitze verliehen ihr eine gewisse Vornehmheit. Sie war nun erfahren genug, um für ihren Lebensunterhalt zu sorgen; immerhin hatte sie schwere Tage durchzumachen und war oft nahe am Verhungern. Einmal hatte sie ihren Ehrgeiz so weit verleugnet, daß sie einen Sperling fing. Lange Zeit lebte sie ganz allein; aber dann trat eine neue Macht in ihr Leben.

Eines Septembertages lag sie in der Sonne, als ein großer schwarzer Kater auf der Mauer daherspaziert kam. An seinem zerbissenen Ohr erkannte sie in ihm sofort einen Feind. Sie machte sich aus dem Staube und verbarg sich in ihrer alten Kiste. Der Kater setzte seinen Weg lautlos fort in Richtung auf einen Schuppen, der sich am Ende des Hofes befand, und kreuzte gerade die Dachrinne, als ein gelber Kater auftauchte. Der Schwarze blickte wild umher und knurrte, der Gelbe tat dasselbe. Beider Schwänze peitschten aufgeregt ihre Flanken. Sie näherten sich, die Ohren zurückgelegt, alle Muskeln gespannt.

«Jau – jau – jau!» sagte der Schwarze.

«Mau – mau – mau!» war die noch etwas tiefer geknurrte Antwort.

«Jauuuu!» sagte der Schwarze, einen Zoll näher rückend.

«Mauuuuu!» war die Antwort des Gelben, während er sich zu seiner vollen Größe aufrichtete und mit großer Würde einen ganzen Zoll vorwärts trat. «Mauuuu!» Und er kam noch näher, derweil sein Schwanz wie eine Gerte von einer Seite zur andern schlug.

«Jauu!» schrie der Schwarze mit erhobener Stimme und bewegte sich einen Viertelmeter rückwärts, als er das große unerschrockene Tier so unmittelbar vor sich sah.

Viele Fenster im Umkreis wurden aufgerissen, Menschenstimmen waren zu hören, aber die beiden Kater kümmerten sich nicht darum.

«Mauu!» grollte der Gelbe gefährlich, seine Stimme senkend, wie der andere die seine hob. «Mau!» Und er ging noch einen Schritt voran.

Jetzt waren ihre Nasen nur noch um Zentimeter voneinander entfernt; sie standen schräg gegeneinander, beide kampfbereit, aber einer auf den andern wartend. Sie starrten sich mit funkelnden Augen an, für einige Minuten stumm und steif wie Statuen, abgesehen von den beiden zuckenden Schwanzspitzen.

Der Gelbe begann erneut in tiefem Ton: «Mauuu!»

«Jaaaauu!» schrie der Schwarze mit der Absicht, Schrecken zu verbreiten; aber er zog sich dabei ein kleines Stück zurück.

Der Gelbe dagegen rückte um so weiter vor; jetzt berührten sich ihre Schnurrhaare; noch einen Zentimeter näher, und ihre Nasen stießen aneinander.

«Mauuu!» sagte der Gelbe, tief wie ein Stöhnen.

«Jauuuu!» brüllte der Schwarze, aber er zog sich wieder ein wenig zurück.

Da begann der gelbe Krieger die Schlacht und packte zu wie ein Dämon.

Oh, wie sich das wälzte und biß und zerrte – am schlimmsten der Gelbe! Wie sie stampften und zupackten und sich ineinander verkrallten – aber hauptsächlich der Gelbe!

Manchmal war der eine oben, manchmal der andere, meistens aber der Gelbe, und dann rollten sie über die Dachrinne hinaus in den Hof. Beifällige Zurufe erschollen aus allen Fenstern. Die Kämpfer verloren keine Sekunde bei diesem Sturz in den Hof, sie rissen und kratzten selbst im Fallen, hauptsächlich der Gelbe; und als sie am Boden aufschlugen, kämpften sie weiter. Der oben lag, war fast immer der Gelbe; und bevor sie voneinander abließen, hatten sie beide reichlich genug, hauptsächlich der Schwarze! Er kletterte die Mauer empor und verschwand blutend und knurrend, derweil die Neuigkeit von Fenster zu Fenster schwirrte, daß Cayleys «Nig» dem «Orange-Billy» unterlegen war.

Entweder war der gelbe Kater ein besonders findiger Sucher, oder aber die junge Hinterhof-Katze war nicht sehr tief versteckt; jedenfalls entdeckte er sie bald zwischen den Kisten, und sie machte keine Anstalten, wegzulaufen. Wahrscheinlich war sie Zeugin des Kampfes gewesen.

Es gibt kein besseres Mittel, das weibliche Herz zu gewinnen, als Erfolg im Raufen, und demgemäß wurden der gelbe Billy und die Hinterhof-Katze sehr gute Freunde, keineswegs, indem sie ihr Leben und ihre Nahrung teilten – Katzen tun das meistens nicht –, aber sie erkannten einer dem anderen ausgesprochen freundschaftliche Vorrechte zu.

Als die kurzen Oktobertage kamen, trat in der alten Kekskiste ein bemerkenswertes Ereignis ein. Wenn Orange-Billy sich die Mühe genommen hätte, einmal nachzusehen, hätte er fünf kleine Kätzchen entdeckt, die sich an ihre Mutter, die kleine Hinterhof-Katze, schmiegten. Es war ein herrliches Erlebnis für sie. Sie fühlte den großen Stolz, den jede Tiermutter fühlt, das ganze Entzücken, wenn sie ihre Liebe bezeugte und die Jungen beleckte.

So hatte sie endlich eine Freude in ihrem freudlosen Dasein; aber sie hatte auch eine schwere Bürde. Alle ihre Kräfte wurden von jetzt an eingesetzt, Nahrung aufzutreiben. Deshalb ging sie eines Tages, angelockt von einem verführerischen Geruch, in den Keller des Tierhändlers und in einen offenen Käfig. Alles blieb still; sie sah schönes Futter und streckte sich, um es sich zu holen – da fiel die

Käfigtür mit einem Schnapp zu, und sie war gefangen. In dieser Nacht tat der Neger die kleinen Kätzchen ab, und er war im Begriff, mit der Mutter ebenso zu verfahren, als dem Tierhändler ihre außergewöhnlich hübsche Zeichnung auffiel. Daraufhin beschloß er, sie zu behalten, und taufte sie Kitty.

2

Jap Malee war ein ziemlich vulgärer Londoner Proletentyp. Er handelte in seinem Keller hauptsächlich mit billigen Kanarienvögeln. Er war sehr, sehr arm, und der Neger lebte mit ihm, weil der Engländer bereit war, Bett und Tisch mit ihm zu teilen. Jap war, was seine Tiere betraf, ehrlich; aber er hatte durch sie keine ins Gewicht fallenden Einnahmen. Zweifellos stammte sein eigentlicher Verdienst vom Einfangen und Verkaufen oder Abliefern fremder Hunde und Katzen. Den Fuchs und das halbe Dutzend Kanarienvögel hielt er mehr zum Vorwand. Die Zeitungsinserate, die Verlustmeldungen von Hunden und Katzen betrafen, waren die einzigen, die Jap interessierten; außerdem schnitt er Notizen über die Zucht von Pelztieren aus und hob sie auf. Die Pelztierzucht war sein Steckenpferd, und unter dem Einfluß dieser Ideen plante er ein Experiment mit der Hinterhof-Katze. Erst rieb er ihr schmutziges Fell mit einem Mittel ein, um das Ungeziefer, das sie hatte, zu beseitigen. Nachdem das Mittel gewirkt hatte, badete er sie sorgfältig.

Kitty war wütend über die Prozedur; aber eine wunderbare Wärme überkam sie, als sie in einem Käfig beim Ofen trocknete. Ihr Pelz glänzte jetzt flaumig und wundervoll weich und rein.

Jap und sein Gehilfe freuten sich sehr über diese Verwandlung; aber das war erst die Vorbereitung.

«Nichts ist so gut für das Wachstum des Haarkleides wie ölhaltige Nahrung und fortgesetzte Einwirkung von Kälte», sagte der Händler. Das hatte er oft gelesen.

Nun, der Winter war zur rechten Zeit gekommen, und Jap Malee setzte Kittys Käfig auf den Hof hinaus, wo sie dem Regen und dem Wind preisgegeben war, und fütterte sie mit so viel Ölkuchen und Fischköpfen, wie sie verzehren konnte. Nach einer Woche zeigte sich die Veränderung, sie wurde rasch fett. Sie hatte ja nichts anderes zu tun, als zuzunehmen und sich zu putzen. Ihr Käfig wurde saubergehalten, und die Natur tat das Ihre mit kaltem Wetter und ölhaltiger Nahrung, um Kittys Fell von Tag zu Tag dicker und glänzender zu machen, so daß sie um Weihnachten herum eine ungewöhnlich schöne Katze war mit dichtem, feinem Fell und so herrlich gezeichnet, daß man sie als Seltenheit betrachten konnte. Warum sollte man eine solche Katze nicht auf die bevorstehende Katzenausstellung schicken?!

«Ich möchte sie nicht als gewöhnliche Katze anmelden, verstehst du, Sammy», bemerkte Jap zu seinem Gehilfen. «Aber man müßte ihr einen Stammbaum besorgen. Außerdem brauchen wir einen besonders attraktiven Namen. Irgend etwas mit ‹königlich›, nichts verspricht so viel Erfolg wie irgend etwas mit ‹königlich›! Sag einmal, Sammy, wie heißt doch noch die Insel, auf der du geboren bist?»

«Du meinst die Analostan-Insel. Das war mein Geburtsort.»

«Ha, das ist famos, bei Gott! Da haben wir's: Royal Analostan – das klingt! Das ist das richtige! Die einzige königliche Analostan-Katze mit Stammbaum auf der ganzen Ausstellung! Sollte das nicht Geld einbringen?!»

Beider Gelächter klang ineinander.

«Aber zuerst müssen wir einen Stammbaum zusammenstellen», beschlossen sie und stellten eine lange gefälschte Ahnentafel her. Das offizielle Formular und die nötigen Stempel besorgte ihnen ein Bekannter, der sich auf solche Dinge verstand.

Ein paar Tage später lieferte Sam, einen geborgten Zylinder auf dem Kopf, Katze und Stammbaum bei der Annahmestelle der Ausstellung ab. Er war von Beruf Coiffeur und konnte in fünf Minuten mehr von sich hermachen als Jap Malee sein ganzes Leben lang, und dies war zweifellos einer der Gründe für die achtungsvolle Aufnahme, die der Royal-Analostan-Katze auf der Schau zuteil wurde.

Jap hegte den großen Respekt der Straßenjungen für die oberen Klassen. Er war stolz, einer der Aussteller zu sein, aber als er am Eröffnungstag an den Eingang kam, war er ganz überwältigt von dem Andrang feiner Leute mit Autos. Der Pförtner sah ihn scharf an, ließ ihn aber mit seinem Billett passieren; zweifellos hielt er ihn für den Angestellten eines Ausstellers. In der großen Halle lagen Velourläufer vor der langen Reihe der Käfige. Jap ging daran vorüber, schielte nach den ausgestellten Katzen, betrachtete die blauen und die roten Bänder und schaute herum, ohne die Frage nach seiner eigenen Katze zu wagen, innerlich zitternd bei dem Gedanken, was die prächtige Versammlung vornehmer Leute sagen würde, wenn der Betrug entdeckt wurde, den er an ihnen verübt hatte. Jedoch er sah nicht das geringste von seiner Hinterhof-Kitty.

In der Mitte des Raumes war ein erhöhtes Podium für die Katze, die den ersten Preis bekommen hatte. Dort herrschte großes Gedränge. Der Durchgang war mit einem Seil versperrt, und zwei Polizisten regelten den Verkehr. Jap mischte sich unter die Menge; er war zu kurz geraten, um über die Leute hinwegschauen zu können, aber er erriet aus all den Anzeichen, daß der Clou der Ausstellung hier zu sehen war.

«Oh, wie hübsch sie ist!» sagte eine dicke Frau.

«Wirklich vornehm!» lautete die Antwort.

«Man kann das gewisse Etwas gar nicht verkennen, das einzig und allein das Resultat erstklassiger reinblütiger Paarungen durch Generationen hindurch ist!»

«Was würde ich dafür geben, dieses wunderbare Geschöpf zu besitzen!»

Nach und nach kam Jap nahe genug heran, um wenigstens einen Blick auf den Käfig werfen zu können. Er sah ein Plakat, das verkündete: «Das Blaue Band und die Goldmedaille von Knickerbockers großer Katzenausstellung wurde der rein gezüchteten Stammbaum-Katze Royal Analostan zugesprochen, importiert und ausgestellt von J. Malee. Nicht verkäuflich.» Jap verschlug es den Atem. Er starrte hin, ja, tatsächlich! Dort oben in einem vergoldeten Käfig auf einem Samtkissen, mit dem glänzend schwarz und blaßgrau schimmerndem Fell, den bläulichen Augen, die sie halb geschlossen hielt, lag seine Hinterhof-Kitty, das Bild einer Katze, die sich tödlich langweilte...

Jap Malee lungerte stundenlang in der Nähe des Käfigs herum, von einem so stolzen Hochgefühl gepackt, wie er es nie zuvor erlebt hatte. Jedoch er sah ein, daß es weise war, unbekannt zu bleiben; zur Regelung des geschäftlichen Teiles schickte er besser wieder seinen «Diener» vor.

Die Hinterhof-Kitty war es, die aus dieser Ausstellung einen Erfolg machte! Jeden Tag stieg ihr Wert in den Augen ihres Besitzers. Er war nicht im Bilde über die Preise, die für erstklassige Katzen bezahlt wurden, und dachte, es wäre eine Rekordsumme, als er durch seinen «Diener» dem Geschäftsführer die Ermächtigung erteilte, die Katze für hundert Dollar zu verkaufen.

Auf diese Weise fand sich Kitty eines schönen Tages in einer hochherrschaftlichen Wohnung in der Fünften Avenue wieder. Sie bezeigte eine unberechenbare Wildheit und andere Eigentümlichkeiten. Ihren Rückzug vor dem Schoßhund auf die Mitte des Eßtisches deutete man als ererbte, wenn auch irrtümliche Abneigung vor einer beschmutzenden Berührung. Die aristokratische Art, in der sie den Deckel einer Milchkanne fassen wollte, erzielte besonderen Beifall, während ihr häufiges Wälzen im Mülleimer als Manifestation einer verzeihlichen hochwohlgeborenen Überspanntheit verstanden wurde. Sie wurde gefüttert und verzärtelt, gezeigt und gepriesen; aber sie war nicht glücklich. Sie kratzte an dem blauen Band um ihren Hals, bis sie es abgerissen hatte; sie sprang gegen den Spiegel, weil sie glaubte, es wäre der Weg nach draußen. Sie starrte nur immer auf die Dächer und Höfe auf der Rückseite des Hauses hinaus, und sie wünschte innig, sie könnte ihren Aufenthalt wechseln und dort unten sein.

Sie wurde streng bewacht – nie durfte sie hinaus –, so daß die beglückenden Mülleimerexzesse immer wieder stattfanden, da es die Möglichkeit gab, sie im Hause zu genießen. Aber in der Frühe einer Märznacht entdeckte die Royal Analostan, daß das Küchenmädchen, das gerade die Kehrichteimer hinaustrug, die Küchentür halb offengelassen hatte, nahm ihre Chance wahr, schlüpfte hinaus und war verschwunden.

Natürlich entstand bald darauf ein großer Aufruhr im Hause; aber Kitty wußte das nicht und hätte sich auch nicht darum gekümmert. Ihr einziger Gedanke war: heimgehen. Ein rauher Ostwind hatte sich erhoben, und er wehte ihr eine besonders freundliche Botschaft zu. Menschen hätten es einen häßlichen Hafengeruch genannt, jedoch für Kitty war es ein willkommener Gruß aus ihrer Heimat. Sie trottete durch die lange Straße gen Osten, durch die endlose Reihe der Vorgärten hindurch, wartete zuweilen bewegungslos wie eine Statue oder kreuzte die Straße, um in den Schutz der dunkelsten Seite zu kommen. Endlich erreichte sie das Hafenviertel und das Wasser, doch der Ort war ihr fremd. Sie konnte nach Norden oder nach Süden gehen; ein geheimes Etwas trieb sie südwärts. Sie wich den Docks aus und den Hunden, den Wagen und den Katzen, und ein oder zwei Stunden später sah sie sich inmitten vertrauter Szenen und Gerüche. Bevor die Sonne aufging, war sie daheim. Schwach und fußlahm schlüpfte sie durch dasselbe alte Loch in demselben Zaun und über die Mauer in ihren verfallenen Hof hinter dem Vogelkeller, ja, zurück in genau dieselbe alte Kekskiste, in der sie geboren war.

Nach einer langen Ruhepause tauchte sie wieder auf und stieg geruhsam die Stufen zu Japs Keller hinunter, genau wie früher auf der Suche nach etwas Eßbarem. Die Tür öffnete sich, und da stand der Neger. Er rief nach hinten dem Tierhändler zu: «Boß, komm schnell her! Hast du Worte, die Royal Analostan ist zurückgekommen!»

Jap kam gerade zurecht, die Katze auf die Mauer springen zu sehen. Die Royal Analostan war ein Glücksfall für ihn gewesen, war das Mittel gewesen, manches in dem Keller zu verbessern und ein paar Gefangene mehr in den Käfigen zu halten. Jetzt war es von größter Wichtigkeit, die Majestät einzufangen. Alte Fischköpfe und andere unfehlbare Köder wurden ausgelegt, bis Kitty verführt werden konnte, einen großen Fischkopf in einer Kistenfalle zu verspeisen. Der Neger beobachtete sie und zog an der Schnur, die den

Deckel hinabfallen ließ. Eine Minute später war die Analostan wieder im Keller in einem Käfig. Unterdessen durchsuchte Jap eifrig die Zeitungsspalten mit den Verlustmeldungen. Da war die Anzeige schon: «25 Dollar Belohnung» usw. Am selben Abend sprach Mr. Malees «Diener» mit der vermißten Katze in der Fünften-Avenue-Etage vor. Natürlich wollte Mr. Malee keine Belohnung, aber sein «Diener» hatte die Katze ja hergebracht, und er war augenscheinlich einer kleinen Aufmerksamkeit von 25 Dollar nicht abgeneigt.

Nach diesem Ereignis wurde Kitty noch sorgfältiger bewacht. Allein, gerade das alte Leben hatte ihr zugesagt, und aus der Fürsorge machte sie sich gar nichts. Sie wurde noch wilder und unzufriedener als zuvor.

Der Sommer war inzwischen mit aller Macht gekommen, und die Familie in der Fünften Avenue dachte an ihr Landhaus. Sie packten die Koffer, verschlossen das Haus und reisten in ihre Sommerresidenz, einige achtzig Kilometer weit weg. Kitty wurde in einem verschlossenen Korb mitgenommen.

Der Korb war auf den Rücksitz des Wagens gesetzt worden. Allerlei neue Geräusche und vorbeihuschende Gerüche kamen und gingen. Manchmal stieß und rüttelte der Korb; überall knarrte und ratterte es. Als das alles endlich ein Ende hatte und der Wagen hielt, blinzelte ein Sonnenstrahl durch den Korbdeckel; doch jetzt erhob sich ein neuer, noch schrecklicherer Lärm – das Bellen von Hunden, großen und kleinen, abscheulich nahe. Der Korb wurde hochgehoben, und Kitty hatte ihr ländliches Heim erreicht.

Jedermann benahm sich aufdringlich freundlich gegen sie. Alle wünschten, der königlichen Katze zu gefallen, aber leider gelang das niemand außer der großen, dicken Köchin, die Kitty entdeckte, als sie die Küche inspizierte. Diese fettige Frau roch mehr nach den Hinterhöfen als alles, was ihr während der letzten Monate begegnet war, und das zog die Royal Analostan außerordentlich an. Als die Köchin erfuhr, daß man Sorge hatte, die Katze könnte wieder entwischen, sagte sie: «I nein, die läuft nicht mehr weg! Sobald eine Katze ihr Fell putzt, fühlt sie sich zu Hause!»

Geschwind nahm sie die unnahbare königliche Hoheit in ihre Schürze und beging das abscheuliche Sakrileg, ihre Fußsohlen mit Fett einzuschmieren. Kitty nahm das natürlich übel; sie nahm an diesem Ort alles übel. Sowie sie wieder zu Boden gesetzt wurde, begann sie ihre Pfoten zu säubern, und sie fand das Fett wundervoll schmackhaft. Eine volle Stunde leckte sie an allen vier Füßen herum, und die Köchin verkündete triumphierend, daß es nun sicher war, sie würde bleiben und nicht auskneifen.

Tatsächlich, sie blieb, aber sie bekundete eine sehr überraschende und ihrer Herrschaft unangenehme Vorliebe für die Küche, die Köchin und den Mülleimer. Die Familie, obwohl nicht eben erfreut über diese hochwohlgeborenen Überspanntheiten, war endlich doch befriedigt, die Royal Analostan fortan zufriedener und nicht mehr ganz so unnahbar zu finden.

Nach einer oder zwei Wochen gab man ihr mehr Freiheit, beschützte sie aber vor jeder Bedrohung. Die Hunde wurden gelehrt, sie zu respektieren. Kein Mann und kein Knabe am Ort hätte auch nur davon zu träumen gewagt, einen Stein nach der berühmten Stammbaumkatze zu werfen. Sie bekam so viel Futter, wie sie wollte. Und trotzdem war sie nicht glücklich. Sie hatte Sehnsucht nach vielen Dingen, obwohl sie kaum wußte, nach welchen. Sie hatte ungefähr alles, ja, aber sie wünschte sich etwas ganz anderes. Eine Menge zu essen und zu trinken, ja, gut! Aber die Milch taugt nicht recht, wenn man jederzeit jede beliebige Menge aus einer Porzellanschale trinken kann – nein, man muß sie aus einem Zinknapf stehlen gehen, von Hunger getrieben, das ist das richtige, dann hat sie den richtigen Geschmack!

Wie Kitty das alles haßte!

Das einzig angenehme an diesem scheußlichen Ort war ein süß duftender Strauch, an dem sie sich mit Wonne rieb und dessen Äste sie beknabberte; er bedeutete den einzigen Lichtblick in ihrem Leben auf dem Lande.

Eines Tages nach einem Sommer des Mißvergnügens traten Ereignisse ein, die die Hinterhoftriebe der königlichen Gefangenen in Aufruhr versetzten. Eine große Kiste mit Waren aus dem Hafen traf auf dem Landsitz ein. Was sie enthielt, war nicht von Belang; aber die Gerüche, die pikanten Slum-Gerüche, die sie an sich hatte! Durch die Düfte, die auf ihre Nase eindrangen, wurden alle die Saiten von Kittys Gedächtnis angerührt, die ihr die Vergangenheit mit gefährlicher Macht bewußtmachten.

Am gleichen Abend fiel es dem jüngsten Sohn des Hauses, einem kleinen Rohling ohne jedes Verständnis für königliche Würden, plötzlich ein, eine Blechdose an Kittys Schwanz zu binden. Kitty bedankte sich dafür mit einem kräftigen Tatzenhieb, der Blut fließen ließ. Das Geheul des blessierten Buben rief die Mutter auf den Plan. Flink und echt weiblich warf sie ein Buch nach der Missetäterin, traf aber nicht. Kitty floh. Nach oben selbstverständlich.

Ein aufgestörter Schoßhund rannte nach unten, ein Jagdhund rannte nach oben, eine verfolgte Katze sauste noch höher hinauf. Sie verbarg sich im Dachgeschoß und wartete, bis die Nacht kam. Dann schlich sie wieder hinunter, untersuchte alle Türen, fand eine nicht zugeklinkt und flüchtete hinaus in die schwarze Augustnacht, die stockdunkel war für Menschenaugen und lichtgrau für Kitty. Sie glitt zwischen dem für sie häßlichen Buschwerk und den Blumenbeeten hindurch, rieb sich ein letztes Mal an dem kleinen Strauch, der für sie der einzige anziehende Fleck in dem Garten gewesen war, und nahm dann kühn den Weg zurück unter die Pfoten wie damals im Frühjahr.

Wie konnte sie den Weg zurückverfolgen, den sie nie gesehen hatte? Nun, Tieren ist ein Gefühl für die Richtung angeboren. Es ist beim Menschen nur gering ausgebildet, stark dagegen beim Pferd, und Katzen haben eine große Begabung dafür. Dieser geheimnisvolle Führer zog Kitty westwärts, nicht klar und genau bestimmt, aber mit einem starken Impuls. Die leichteste Art des Vorwärtskommens bot die Landstraße. In einer Stunde hatte sie den Hudson erreicht. Ihre Nase hatte ihr mehrfach bestätigt, daß ihr Weg richtig war. Einen Geruch nach dem andern fand sie wieder.

Neben dem Fluß lief die Eisenbahnstrecke entlang. Kitty konnte nicht ins Wasser gehen; sie mußte die nördliche oder südliche Richtung wählen. Aber hier war ein Fall, in dem ihr Richtungssinn ihr klar befahl: südwärts! Und sie trabte vorwärts auf dem schmalen Pfad zwischen den Eisenbahnschienen und dem Zaun.

3

Katzen können sehr schnell auf einen Baum oder über eine Mauer klettern, jedoch wenn es auf Ausdauer ankommt, auf stetiges Laufen Kilometer für Kilometer, Stunde um Stunde, so fördert wohl eines Hundes Trab, aber nicht das Katzengehoppel. Kitty wurde müde, und die Füße schmerzten sie. Sie dachte gerade an eine kleine Erholungspause, als ein Hund an den Zaun gepreßt kam und dicht neben ihr in ein so wütendes Gebell ausbrach, daß sie entsetzlich erschrak.

Sie stürzte, so schnell sie konnte, den Pfad hinunter auf die Schienen. Das Bellen nahm zu, wurde zu einem lauten Dröhnen und Brüllen, einem fürchterlichen Donner. Ein Licht flammte auf; Kitty blickte flüchtig hinter sich und sah nicht den Hund, sondern ein ungeheuerliches schwarzes Ding mit einem flammenden Auge.

Es kam näher mit Fauchen und Spucken wie ein ganzer Hof voller wilder Kater. Sie nahm alle Kraft zusammen und rannte in einem Tempo, wie sie es ihr Leben lang noch nicht angeschlagen hatte, aber sie wagte nicht, den Zaun zu überspringen. Sie rannte dahin wie ein Hund – beinahe fliegend! Alles war vergeblich: Das Ungeheuer, das sie verfolgte, holte sie ein, aber es verfehlte sie in der Dunkelheit und sauste davon in die Nacht hinein, während Kitty nach Atem ringend hocken blieb.

Das war ihr erstes Zusammentreffen mit den seltsamen Ungeheuern, seltsam für ihre Augen; ihre Nase glaubte sie zu kennen und sagte ihr, dies wären nur die Zeichen, daß sie sich auf dem richtigen Weg nach Hause befand. Zum Glück waren die Ungeheuer sehr dumm, wie sie bald merkte, und konnten sie nicht finden, wenn sie sich schnell versteckte und ruhig verharrte. Bevor es Morgen wurde, war sie vielen dieser Art begegnet und allen unversehrt entkommen.

Vor Sonnenaufgang erreichte sie eine reizende kleine Schmutzgasse und hatte das Glück, in einem Aschenhaufen einige, wenn auch hygienisch nicht einwandfreie eßbare Dinge zu finden. Sie verbrachte den Tag in einem Stall. Es war ganz ähnlich wie zu Hause; aber sie dachte nicht im Traum daran, hierzubleiben. Sie wurde von einer inneren Begierde angetrieben, die weder Hunger noch Furcht war.

Am nächsten Abend trottete sie weiter. Sie hatte nun die «einäugigen Donnergroller» den ganzen Tag vorbeifahren sehen und sich an sie gewöhnt. Diese Nacht ging genauso hin wie die vorherige. Auch weiterhin verbrachte sie die Tage damit, sich in Scheunen zu verstecken, sich vor Hunden und Knaben zu hüten, und nachts hinkte sie den Bahnschienen nach, denn sie hatte wunde Füße bekommen. Aber sie wanderte, Kilometer für Kilometer, südwärts, immer südwärts – Hunde, Kinder, brüllende Ungetüme, Hunger... Tag für Tag wanderte sie trotz zunehmender Erschöpfung, und ihre Nase sagte ihr als vertrauenswürdige Berichterstatterin: «Ganz gewiß ist dies oder jenes ein Geruch, den wir schon im Frühjahr auf dem Heimweg fanden.»

So ging Woche um Woche hin, und Kitty langte schmutzig, ohne blaues Seidenband, mit wunden Füßen und schwach an der Harlem-Brücke an. Obwohl die Brücke in wunderbare Gerüche eingehüllt war, liebte sie den Anblick nicht. Die halbe Nacht wanderte sie auf und nieder, ohne eine andere Möglichkeit zu entdecken, ans gegenüberliegende Ufer zu gelangen; wenn nicht diese, dann mußte sie eine andere Brücke wählen. Irgendwie mußte sie zu ihr zurückkehren, nicht nur ihre Gerüche waren vertraut, sondern von Zeit zu Zeit, wenn ein «einäugiger Donnergroller» hinüberfuhr, gab es die ganz besonderen rumpelnden Geräusche, die die Sensation ihrer Frühlingswanderung gewesen waren. Sie sprang auf den Bahnkörper und glitt von Schwelle zu Schwelle. Unter ihr war das Wasser. Sie hatte beinahe ein Drittel des Weges zum andern Ufer zurückgelegt, als ein «einäugiger Donnergroller» brüllend vom andern Ende daherkam. Sie erschrak sehr; aber da sie inzwischen gelernt hatte, daß die Dinger nicht sehen konnten, kroch sie zu einer niedrigen Schwelle und kauerte sich hin. Natürlich verfehlte das dumme Ungeheuer sie und fuhr vorüber, und alles wäre gutgegangen; doch es kam zurück, oder ein anderes, das ebenso aussah, war nun ganz plötzlich hinter ihr. Kitty sprang auf das große Geleise zurück und verfolgte ihren Weg in Richtung auf das heimatliche Ufer zu. Sie hatte es beinahe erreicht, als ihr ein drittes einäugiges Schreckgespenst röhrend von dieser Seite her entgegenkam. Sie rannte, so schnell sie es vermochte, aber jetzt war sie gefangen zwischen zwei Feinden. Da gab es nichts weiter als einen verzweifelten Sprung von den Schwellen in die Leere, denn sie wußte nicht, was unter ihr war! Hinunter – hinunter – hinunter – plitsch! platsch! Untergetaucht in das tiefe Wasser, nicht kalt, denn es war August, aber ach! – schauderhaft! Spuckend und hustend versuchte sie das Ufer zu gewinnen. Sie hatte niemals schwimmen gelernt, und doch schwamm sie, aus dem einfachen Grund, weil die Katze beim Schwimmen nur dieselben Bewegungen zu machen braucht wie beim Gehen. Sie war an einen Ort geraten, den sie nicht liebte; selbstverständlich versuchte sie schleunigst hinauszukommen. Das Resultat war, daß sie ans Ufer schwamm. Welches Ufer? Da war kein Zweifel – das südliche, das Ufer, das ihrer Heimat am nächsten lag. Sie kroch hinaus, triefnaß, den moorigen Damm hinauf und durch die Kohlen- und Schutthaufen hindurch, so schwarz, schmutzig und unköniglich aussehend, wie eine Katze nur aussehen kann.

Als der Schreck überwunden war, fühlte sich die Landstreicherin mit dem königlichen Stammbaum besser als vor dem Untertauchen. Nach dem unfreiwilligen Bad durchströmte ihren Körper eine belebende Wärme; überdies überkam sie ein ebenso belebender Triumph; denn hatte sie nicht drei der fürchterlichsten Schreckgespenster überlistet?

Ihre Nase, ihr Gedächtnis und ihr Richtungssinn machten sie dazu geneigt, auf das Geleise zurückzugehen; aber die großen Donnergroller rannten dort hin und her, und das machte sie unruhig. Ihre Klugheit veranlaßte sie, sich zur Seite zu wenden und dem Ufer mit seinen nach Moschus riechenden heimatlichen Erinnerungen zu folgen.

Länger als zwei Tage lernte sie die nicht endenden Gefahren und Schwierigkeiten der Docks auf dem östlichen Ufer kennen, und endlich, in der dritten Nacht, erreichte sie vertrautes Gelände, den Platz, den sie in der Nacht ihrer ersten Flucht gekreuzt hatte. Von jetzt an war ihr Lauf unbeirrt und schnell. Jetzt wußte sie, wo sie war und wohin sie wollte. Sie lief sicherer und fühlte sich glücklicher. In ganz kurzer Zeit würde sie in ihrem geliebten alten Hinterhof sein. Noch eine Wendung, und der Block mußte vor ihr liegen.

Aber was war das? Er war nicht mehr da! Kitty wollte ihren Augen nicht trauen! Dort, wo sie krumm und schief und verfallen gestanden hatten, die Häuser des Blocks, waren nur noch große Haufen von Steinen und Gerümpel, neben einigen Löchern im Boden!

Kitty strich um alles herum. Sie erkannte an einem stehengebliebenen Pfosten und an gewissen Farben des Pflasters, daß sie in ihrer Heimat war; daß hier der Tierhändler gewohnt hatte und daß dort der alte Hinterhof gewesen war; aber alles war dahin, völlig dahin mitsamt den vertrauten Gerüchen.

Kitty verfiel in tiefste Hoffnungslosigkeit. Ihre Heimliebe war ihre bestimmteste Regung. Sie hatte alles aufgegeben, um zu einem Heim zurückzukehren, das nicht mehr existierte, und mit einem Male war die tapfere kleine Seele völlig niedergebrochen. Sie wanderte über die stummen Schutthaufen und fand weder Tröstung noch Eßbares. Der Untergang hatte mehrere dieser Wohnblocks betroffen und reichte bis hinunter zum Wasser. Ein Feuer hatte es nicht vollbracht. Kitty hatte so etwas einmal gesehen. Sie konnte ja nichts wissen von der großen Brücke, die just von dieser Stelle aus errichtet werden sollte.

Als die Sonne heraufkam, war Kitty um einen Unterschlupf für sich besorgt. Ein angrenzender Block stand noch mit wenigen Veränderungen, und die Royal Analostan zog sich dorthin zurück. Sie kannte hier einige Fährten; nur eines überraschte sie unangenehm: Sie fand die Hinterhöfe von Katzen wimmelnd, die, genau wie sie selbst, von ihren alten Plätzen vertrieben worden waren. Wenn die

Mülleimer herausgestellt wurden, kamen auf jeden einzelnen mehrere Katzen. Das bedeutete Hungersnot für die Katzen dieser Gegend.

Kitty sah sich das einige Tage mit an und wanderte dann aus, um ihr anderes Heim an der Fünften Avenue wiederzufinden. Aber ach, sie fand es leer und verschlossen. So kehrte sie in der folgenden Nacht zu ihrem übervölkerten Hinterhof zurück.

September und Oktober gingen vorbei. Viele Katzen starben an Hunger oder waren zu sehr entkräftet, um ihren Feinden zu entgehen. Kitty jedoch, jung und stark, blieb am Leben.

Große Veränderungen begaben sich mit dem Ruinenblock. Kitty beobachtete sie; es wimmelte da alle Tage von lärmenden Arbeitern. Ende Oktober war ein großes Bauwerk vollendet, und Hinterhof-Kitty schlich, vom Hunger getrieben, an einen Eimer heran, den ein Neger draußen hingesetzt hatte. Unglücklicherweise enthielt er keinen Abfall, sondern es war – eine Neuheit in dieser Gegend – ein Scheuereimer! Eine traurige Enttäuschung; doch sie brachte einen kleinen Trost: Da war die Spur einer vertrauten Berührung am Griff. Während sie daran schnüffelte, kam der farbige Fahrstuhlführer wieder heraus. Trotz seines blauen Anzugs bestätigte der Eigengeruch des Mannes Kittys guten Eindruck. Für alle Fälle jedoch zog sie sich auf die andere Seite der Straße zurück. Er starrte zu ihr hinüber. «Oho!» rief er. «Die sieht ja ganz aus wie unsere Analostan! Komm her, Kitty! Kitty! Kitty, komm doch her! Ich glaube, sie ist sehr hungrig!»

Hungrig! Seit Monaten hatte sie keine richtige Mahlzeit mehr gehabt! Der Neger ging in das Haus zurück und erschien dann wieder mit einem Teil seines eigenes Frühstücks. «Hier, Kitty! Komm, Kitty!» Er legte das Fleisch aufs Pflaster und trat in die Tür zurück.

Kitty kam und fand es wohlschmeckend, schnüffelte noch einmal, ergriff es dann und entfloh damit wie eine kleine Tigerin, um ihre Beute in Frieden zu verzehren.

Dieser Tag war für Kitty der Beginn einer neuen Epoche. Sie kam an die Tür des Gebäudes, wenn der Hunger sie plagte, und ihre Zuneigung zu dem Neger wuchs. Sie hatte diesen Mann früher nicht verstanden; jetzt war er ihr Freund, der einzige, den sie hatte.

Einmal fing sie eine Ratte. Sie kreuzte die Straße vor dem neuen Gebäude, als ihr Freund gerade einem wohlgekleideten Herrn die Tür öffnete.

«Da! Sehen Sie mal, was das für eine tüchtige Katze ist!» sagte der Herr.

«Ganz gewiß, mein Herr! Das ist meine Katze, mein Herr! Sie ist der Schrecken aller Ratten, Herr! Sie ist bloß immerfort hinter ihnen her, darum ist sie so mager.»

«Nun, lassen Sie sie nur nicht hungern», sagte der Herr, der wie ein Großgrundbesitzer aussah. «Können Sie sie denn ernähren?»

«Der Metzger kommt regelmäßig, mein Herr, einen Vierteldollar gebe ich wöchentlich für sie aus», sagte der Neger, indem er sich insgeheim ausrechnete, daß diese famose Idee ihre fünfzehn Cent wert war.

«Geht in Ordnung», sagt der Herr, «die Kosten übernehme ich!»

Seit dieser Stunde hat der Neger von der Idee oft profitiert. Er weiß genau, daß es nur eine Frage weniger Tage ist, bis die königliche Analostan wieder zurückkehrt, wenn sie einmal verschwindet. Sie hat gelernt, den Fahrstuhl zu ertragen und gelegentlich darin hinauf- und hinunterzufahren. Der Neger behauptet steif und fest, einmal hätte sie den Metzger kommen gehört, während sie im oberen Stockwerk war. Daraufhin habe sie den Knopf betätigt, der den Fahrstuhl heraufrief, damit er sie hinunterbeförderte.

Sie ist jetzt wieder glatt und schön. Sie ist nicht bloß irgendeine von vielen Katzen, die den Metzger umstreichen, wenn er mit seinem Wagen angefahren kommt, sondern sie gehört zu seinen Kunden.

Aber trotz ihrer Erfolge, ihrer gesellschaftlichen Stellung, ihres königlichen Namens und ihres gefälschten Stammbaums ist es für sie das größte Vergnügen ihres Lebens, hinauszuschlüpfen und herumzustreunen. Denn auch jetzt ist sie genau wie in ihren früheren Lebensabschnitten in ihrem Herzen nichts anderes als eine schmutzige kleine Katze aus dem Hinterhof.

Jill Steinberg

Miss Lucie als rettender Engel

Es gibt Katzen, die freuen sich, wenn Besuch kommt. Sie drücken ihre Köpfe unaufgefordert unter lose herabhängende Hände, streichen kurz an fremden Beinen entlang und strecken sich wohlig auf fremden Knien aus. Miss Lucie tut das nie.

Beim Klang einer unbekannten Stimme stellt sie ihre schwarzen Ohren auf, lauscht, zieht den Kopf ein und verschwindet, nicht ohne mir einen Blick tiefsten Vorwurfs zuzuwerfen.

«So ist's recht», sagt sie mit jämmerlicher Stimme und klopft aufgebracht von innen an die Terrassentür, um sofort hinausgelassen zu werden, «sei nur nett zu diesen gräßlichen Leuten! Ekle mich hinaus! Du wirst schon sehen, was du davon hast!»

Sehr widerstrebend öffne ich die Tür, und sie eilt davon, ihr kleines schwarzes Hinterteil geringschätzig schüttelnd.

Obwohl ich fest davon überzeugt bin, daß sie nur zwei Steinwürfe weit läuft, um sich unter einer Hecke niederzulassen und abzuwarten, bis unser Haus wieder angenehm leer ist, mache ich mir doch jedesmal Gedanken, besonders im Winter. Niemand von uns weiß genau und mit Sicherheit, wo sich Miss Lucie aufhält, wenn sie das Haus verlassen hat. Ihre Fähigkeit, sich in Luft aufzulösen und aus dem Nichts wiederaufzutauchen, ist eines der Geheimnisse, mit denen sie sich umgibt.

«O Lucie!» seufzt Nicola und schiebt sich ein wenig auf der Luftmatratze zur Seite, auf der sie nicht etwa schlafen muß, wenn sie hier ist, sondern schlafen darf.

Miss Lucie bohrt ihr den Kopf in die Armbeuge, und Nicola weicht noch ein Stückchen weiter, bis sie schließlich auf dem Boden liegt und Miss Lucie die Luftmatratze beherrscht mitsamt den weichen Kuscheldecken und Laken und Kopfkissen, den Stofftieren und der Negerpuppe und einem Bündel Papiertaschentücher, die Nicola braucht, weil sie sich erkältet, wo sie geht und steht. Nicola ist meine Nichte. Sie ist acht Jahre alt und lebt in einem tropischen Land, genauer gesagt: in Lateinamerika. Alle zwei Jahre kommt Nicola zu uns; sie bleibt sechs Wochen und ist der einzige Besuch, den Miss Lucie uneingeschränkt und egoistisch liebt, schon des Bettzeugs wegen, das sechs Wochen lang allabendlich auf dem Boden ausgebreitet wird. Außerdem – und nur dadurch ist Miss Lucie die Benutzung der Luftmatratze und der darauf befindlichen Herrlichkeiten überhaupt zugänglich – ist Nicola von ihr entzückt.

Ihr einziger schwacher Protest, wenn Miss Lucie robbend vom angewärmten Teil der Matratze Besitz ergreift und dabei schnurrt wie ein Rädchen, erschöpft sich ein einem geseufzten: «O Lucie!»

Es ist immer Winter, wenn Nicola kommt. Das liegt nicht an der Unvernunft ihrer Eltern, sondern an ihren großen Ferien, die im November/Dezember stattfinden. Kaum hat Nicola den Fuß auf europäischen Boden gesetzt, ist sie auch schon krank. Weder die Temperaturen um Null draußen noch die trockene Heizungsluft drinnen bekommen ihr, denn an beides ist sie nicht gewöhnt. Einen Teil ihres Aufenthaltes bei uns verbringt sie daher auf der Luftmatratze, in Gesellschaft von Miss Lucie, die, so habe ich den Eindruck, glaubt, wir würden Nicola eigens ihretwegen einfliegen lassen.

Ist Nicola halbwegs dazu fähig, bestehe ich darauf, daß sie an die frische Luft geht.

Das Vorspiel dazu muß man, wie Simon kopfschüttelnd sagt, erlebt haben. «Was», fragt Nicola verwirrt und zeigt auf etwas, das sich in Schlangenlinien um ihre Beine windet, «ist das?»

«Eine Strumpfhose.»

«Muß ich die anhaben?»

«Unbedingt. Du frierst sonst ein, wenn du rausgehst.»

«Wie heißt es?»

«Strumpfhose.»

«Schrecklich», sagt Nicola.

Dann ziehe ich ihr einen Pullover über von Friederike, darüber eine Strickjacke, zuoberst einen ausrangierten Anorak von Simon. Nicola selbst besitzt nur kleine, weite, bunte Flatterröckchen, ärmellose Blüschen, Riemchensandalen und Bikinis. Da es sich beim besten Willen nicht lohnt, sie für sechs Wochen im Jahr mit warmen Sachen auszustaffieren, trägt sie ausnahmslos das, was ich von den Kindern extra für sie aufhebe. Sie haßt jedes einzelne Stück. Manches, dessen Gebrauch ihr fremd ist, stürzt sie in tiefste Verwirrung.

«Was», flüstert sie, wenn ich ihr den Anorak angelegt habe wie eine Zwangsjacke, «machst du jetzt mit mir?»

«Ich setze dir eine Mütze auf.»

«Und was sind das für komische Topflappen?»

«Es sind Handschuhe, Nicola. Man streift sie sich über die Finger – siehst du – so –»

Stumm, fassungslos und steif wie eine Puppe steht Nicola da.

«Jetzt aber raus mit dir an die frische Winterluft!» rufe ich betont fröhlich, schiebe sie vor mir her zur Tür hinaus und warte darauf, daß sie sich in Bewegung setzt.

«Geh nur», mahne ich.

Nicola wirft mir einen Blick zu, als wolle sie fragen: Meinst du das im Ernst?, und geht langsam bis zum Gartenzaun.

Dort bleibt sie wie angewurzelt stehen. So wenig wie an Kältegrade und Winterkleidung ist sie daran gewöhnt, allein irgendwohin zu gehen.

Zwar kommt sie ohne Begleitung von Guatemala nach Frankfurt, wenn's sein muß, aber um ihren Hals hängt ein Pappschild mit Namen und Ankunftsort, und alle Stewardessen reißen sich darum, sie mit Farbstiften und Malbüchern und Kaugummis zu versorgen, bis zu dem Moment, da einer von uns in Erscheinung tritt und sie in Empfang nimmt.

Ihren Garten zu Hause verläßt Nicola nur, um zu Mutter oder Vater ins Auto zu steigen. Weder zur Schule noch ins Schwimmbad, weder zu ihren kleinen Freundinnen noch zu ihren Großeltern geht Nicola jemals zu Fuß.

Wenn unsere Kinder zu Hause sind, ist alles einfacher. Sie nehmen Nicola zwischen sich und zerren sie bis zum Spielplatz. Oder sie führen sie zum nächsten Kiosk, um sie mit Gummibärchen, Brausebonbons und Dauerlutschern bekannt zu machen.

Dummerweise hat zwar Nicola Ferien, Simon und Friederike jedoch müssen täglich zur Schule. Es ist, wie mir Simon ernst auseinandersetzt, eine Ungerechtigkeit sondergleichen. Auch ist es, und darin stimmt seine Schwester haarscharf mit ihm überein, eine unverdiente Härte für Nicola, die dadurch jeder Gesellschaft und Hilfe entbehrt. Man müsse, meinen beide, im Sinne der Völkerverständigung handeln, indem man sie für die Zeit von Nicolas Aufenthalt von der Schule beurlaube.

Manchmal, wenn ich Nicola steif und stumm vorm Gartentor stehen sehe, bin ich sogar geneigt, den Kindern zuzustimmen. Meistens jedoch bin ich der typischen Erwachsenenmeinung verhaftet, nämlich der, daß wir uns alle gemeinsam ein bißchen bemühen sollten.

Jawohl, bemühen.

«Ach, Lucie», seufzt Nicola, wenn ich diese meine Meinung in Worte kleide, und ich sehe ihr an, wie sie Miss Lucie um ihr weiches, naturgemäß anschmiegsames Fellkleidchen ebenso beneidet wie um die Tatsache, daß sie sich nie um etwas bemühen soll.

Außer den Dingen, die sie liebt, nämlich ihren Flatterröckchen und Volantblüschen, Armreifchen und anderem Kinkerlitz, führt Nicola stets auch etwas bei sich, das sie für völlig überflüssig hält: zwei dicke schwarze Hefte nämlich und zwei Schulfibeln, eine deutsche und eine spanische. All dies wird jeden Mittag zwischen zwei und drei auf unserem großen runden Tisch ausgebreitet und von Simon folgendermaßen kommentiert: Ein Kind arbeitet reichlich genug während der Schulzeit. Es während der Ferien mit diesem – hier fällt ein Wort, das nicht druckreif ist – zu belasten, grenzt an Boshaftigkeit, Gemeinheit, Unverschämtheit. Er, an Nicolas Stelle, würde sich weigern, strikt und unnachgiebig, wenn ihm dergleichen abverlangt würde.

Nicolas Blick, wenn er solches mit großer Festigkeit vorträgt, ruht auf ihm mit Andacht und Bewunderung. Wäre er ein Abgeordneter, sie würde ihn wählen, man sieht's ihr an. Ich dagegen, mit Direktiven aus Guatemala und der Notwendigkeit konfrontiert, meine Nichte zu beschäftigen, während meine Kinder ihre Schularbeiten machen müssen, lese zum zehnten Mal den Brief meiner Schwester und wende mich dann an Nicola.

«Du sollst über den Zehner rechnen üben», sage ich, mit dem Zeigefinger auf den Brief tippend.

«Was?» fragt Nicola erstaunt, als habe sie nie davon gehört.

«Achtzehn plus sieben», fahre ich ungerührt fort, «zum Beispiel.»

Simon malt Kringel auf sein Löschblatt und wippt dabei auf zwei Stuhlbeinen, was mich erfahrungsgemäß nervös macht. «Sitz endlich still!» schnaube ich ihn an. «Und du, Nicola, denk bloß nicht, ich hätte den ganzen Nachmittag Zeit! Achtzehn plus sieben ist?»

Nicolas Gesicht ist blank wie ein Teller und ebenso weiß.

«Nimm», sage ich, um Ruhe und Geduld ringend, «meinetwegen die Finger zu Hilfe, aber sag mir endlich, was achtzehn plus sieben ist!»

«Ich kann's nicht», stößt meine Nichte bebend hervor, «nicht in deutsch kann ich das. Nur in spanisch.»

Auf mich wartet eine Maschine Wäsche, die aufgehängt werden muß, unter anderem. Außerdem bin ich pädagogisch noch nie sehr wertvoll gewesen, andernfalls ich mir einen entsprechenden Beruf ausgesucht hätte.

«Hör mal», sagt Simon, der für einen Jungen ein viel zu weiches Herz hat, «sie muß sich doch erst die Zahlen übersetzen, siehst du das ein? Wenn sie mit dir spanisch reden würde, wärest du genauso aufgeschmissen!»

«Ja», sekundiert Nicola eifrig, die plötzlich wieder Farbe ins Gesicht kriegt und die Sprache wiederfindet, sogar die deutsche! – «es stimmt, was Simon sagt. Ich verstehe überhaupt nicht, was du mich fragst, Tante!»

«Moment mal –»

«Lern die Zahlen in spanisch, Mama», unterbricht Simon ernst und kategorisch, «von eins bis – sagen wir – hundert. Nicola kann dich abhören. Jeden Tag ungefähr zehn Stück. Danach, wenn du sie fließend beherrschst, kannst du dann auch mit ihr rechnen. Das ist», fügt er rasch hinzu, denn vermutlich hat sich meine Miene drohend verfinstert, «keine Schikane, Mama. Das ist nur fair! Sie geht in eine spanische Schule, und der ganze Unterricht wird in spanisch gehalten.»

Mittags zwischen zwei und drei habe ich meinen toten Punkt. Am liebsten würde ich mich für ein Stündchen aufs Bett legen, die Augen schließen und sowohl die Wäsche als auch die Frage, was achtzehn plus sieben ist, vergessen.

«Im Grunde», fährt mein Sohn mitfühlend fort, «lohnt sich die Mühe natürlich nicht für die paar Wochen, in denen du mit Nicola üben mußt...»

«Spanische Zahlen», wirft meine Nichte stirnrunzend ein, «sind furchtbar schwer zu lernen. Sieh mal, ich habe zwei Jahre gebraucht.»

In diesem Moment fällt ein kleiner Sonnenstrahl ins Zimmer. Nicola seufzt tief.

«Ich war heute überhaupt noch nicht an der frischen Luft», piepst sie und sieht dabei so erbarmungswürdig aus, daß es einen Stein jammern würde. Für mich aber ist das ein Stichwort, dem ich noch im Tiefschlaf Folge leisten würde. Sofort bin ich auf den Füßen und stopfe Nicola in sämtliche Sachen, die ihr halbwegs passen. Ausnahmsweise verliert sie kein einziges Wort über die kratzige Strumpfhose und steigt von allein in ein paar gefütterte Stiefel. Auch tritt sie – ein Wunder! – ohne Zögern durchs Gartentor hinaus auf den Bürgersteig. Fünf Minuten später ist mir auch klar, warum.

«Vielleicht», sage ich schneidend zu meinem Sohn, der jetzt endlich mit seinen eigenen Rechenaufgaben beginnt, «kann ich's mündlich wirklich nicht von ihr verlangen. Aber schriftlich, mein Lieber, bleibt sich's gleich in deutsch und in spanisch. Ich hätte ihr bloß eine Seite Aufgaben aufschreiben brauchen, statt, wie du es so hilfreich vorschlugst, die Zahlen bis hundert in spanisch zu lernen! Ihr denkt vielleicht, ich bin schon total verkalkt, aber –»

«Mama», stößt mein Sohn gepeinigt hervor, «ich versuche mich zu konzentrieren, ja? Wenn du natürlich schwätzt und schwätzt, kann ich das nicht!»

Ich klappe den Mund wieder zu, sehe, daß Friederike freudig bewegt die Augen niederschlägt, und lasse Miss Lucie hinaus, die sich gelangweilt vor der Terrassentür herumdrückt. Ich hänge die Wäsche auf und koche mir einen starken Kaffee. Dann lese ich dreimal das orthographische Wunderwerk durch, das Friederike als Aufsatz bezeichnet. Es ist mir vollkommen unerklärlich, wie ein Mensch so viele Fehler in so wenige Worte praktizieren kann. «Schreib's neu» ist alles, was ich dazu sage.

«Und nimm dich zusammen», fügt Simon mechanisch hinzu, weil ich das sonst immer folgen lasse.

Friederike schreit auf wie von der Tarantel gestochen. «Du hast mir überhaupt nichts zu sagen, weißt du das?» Sofort fällt Torro lauthals bellend ein, die Bratäpfel im Ofen beginnen ein bißchen verbrannt zu riechen, und ich stürze hinaus in die Küche. Ein Blick auf die elektrische Uhr belehrt mich, daß es schon fast fünf Uhr geworden ist. Und wo, um alles in der Welt, bleibt Nicola?

Ich reiße die Haustür auf und rufe. Nichts.

Ich erlöse die Kinder von ihrem lahmen Arbeitsstreß am runden Tisch und schicke sie los, Nicola zu suchen. Zehn Minuten später sind sie schon wieder da. Draußen wird's dunkel. Nicola ist nirgends zu sehen. Weiter als bis zum Spielplatz und zum Kiosk ist sie bisher nie vorgedrungen, und dort hat sie niemand gesehen.

«Du hast sie vergrault mit dieser blöden Rechnerei», wirft Simon mir mit anklagender Stimme vor, während Friederike heult, er solle mich in Ruhe lassen. «Torro», frage ich streng den Hund, «wo ist Nicola?» und halte ihm den Pullover unter die Nase, den Nicola gestern trug. Er gehört Friederike, und Torro springt aufgeregt an ihr hoch. «Gib ihm was von Nicolas eigenen Sachen zum Riechen», schlägt Simon vor, und wir jagen zu dritt nach den Flatterröckchen.

Draußen ist's dunkel geworden. Man soll es nicht für möglich halten, wie früh und wie schnell im November über Mitteleuropa die Nacht hereinbricht.

Die Kinder nehmen den Hund an die Leine und hasten mit ihm davon. Ich, vor Angst fast gelähmt, schleiche in der entgegengesetzten Richtung davon.

Nicola. Sie hat sich einfach abgesetzt wegen achtzehn plus sieben. Ist gegangen, weiter und immer weiter, ahnungslos, fremd, ohne jede Orientierung. Meiner einzigen Schwester einziges Kind. Und nicht einmal ein Pappschild trägt es um den Hals mit seinem Namen drauf und seiner Adresse. Wenn es nun bis zur Autobahn geirrt ist? Oder in den Wald? Oder wenn jemand es gekidnappt hat?

Meine Gedanken verheddern sich hoffnungslos im Schwarzen.

Zwei Minuten bevor ich endgültig den Verstand verliere vor Angst, sehe ich eine kleine, unsicher stampfende Gestalt um die nächste Ecke biegen. An ihren Stiefeln scheint etwas zu kleben.

«O Lucie!» höre ich eine schwache, fragende Stimme seufzen. «Ist's noch weit, Lucie?»

Das Etwas löst sich von den Kinderstiefeln und huscht mir entgegen. Es hält mir einen längeren, vorwurfsvollen Vortrag in der Katzensprache und wartet ab, bis Nicola mir erleichtert in die Arme sinkt.

«Wo warst du denn bloß, Kind?» bringe ich mühsam hervor, denn meine Zähne klappern immer noch.

«Ich weiß nicht», sagt Nicola, während Miss Lucie uns voraus nach Hause eilt, «alle Häuser sehen gleich aus, und alle Straßen eine wie die andere. Ich war richtig verlorengegeht – gegungt – gegingt –»

«Gegangen, Nicola.»

«Aber dann plötzlich ist sie gekommt – gekamt –»

«Gekommen.»

Deutsch ist schwer, sage ich mir und halte Nicolas Hand fest wie in einem Schraubstock, auch ohne daß man es in Zahlen faßt.

«Und hat mich», fährt Nicola aufatmend fort, «Miss Lucie wieder heimge... – wie heißt es? – ...bracht?»

«Phantastisch», sage ich und schließe die Haustür auf, vor der meine Katze bereits laut jammernd sitzt, «heimgebracht ist richtig.»

Die Kinder mit Torro stürmen durchs Gartentor. Wir schalten alle Lichter an. Die Schulsachen verschwinden wie von Geisterhand vom runden Tisch. Bratäpfel, Kuchen, Tee werden aufgetragen. Ich schlachte ein Kalb in Form zweier Schachteln Pralinen, während Nicola zum dritten Mal die Geschichte ihrer wunderbaren Rettung erzählt, in spanisch inzwischen, was uns gar nicht mehr auffällt.

Draußen regnet's eiskalt.

Drinnen im Kinderzimmer gräbt sich Miss Lucie emsig unter die Decke und rollt sich auf der Luftmatratze zusammen, als gehöre sie ihr.

«Ach, Lucie», seufzt Nicola und macht sich's ihrerseits auf dem Teppich bequem. Miss Lucie schnurrt genüßlich, bis ich sie aufnehme und hinaustrage, wissend, ich werde sie am nächsten Morgen wieder dort finden.

Nicolas Ferien dauern bis Januar.

Era Zistel

Einer Katze Lebenslauf

Chris war der allerkleinste im Wurf der großen schwarzen Katze aus dem Obstladen, der Zwerg des Häufleins. Er hatte wohl von allem nur abbekommen, was übriggeblieben war, und machte dementsprechend einen kümmerlichen Eindruck, wie er da lag, nach Atem ringend, das winzige Schwänzchen kläglich hinabhängend, das nasse schwarzweiße Fellchen eng an das schwächliche Körperchen geklebt.

Offensichtlich fand auch seine Mutter, er sehe nicht gerade vielversprechend aus, jedenfalls schenkte sie ihm nur wenig Beachtung. Ein paarmal leckte sie ihn oberflächlich ein bißchen ab, was ihn hilflos zappelnd auf den Rücken beförderte. In dieser Stellung blieb er liegen, mit schwachem Strampeln seiner dünnen Streichholzbeinchen gegen die Unwirtlichkeit der neuen Welt protestierend.

Die schwarze Katze war eine erfahrene Mutter, denn dies war ihr vierter Wurf. Sie wußte daher schon Bescheid über das Überleben der Tauglichsten und wußte auch, wie nutzlos es war, sich gegen diese Gesetz aufzulehnen. Als der Zwerg versuchte, in ihre Wärme zurückzugelangen, war sie ihm somit keineswegs behilflich, sondern dachte: «Laß ihn kämpfen, ob es ihm gelingt. Wenn er Nahrung haben will, laß ihn kämpfen, bis er an die Quelle kommt. Und wenn er es nicht schafft, laß ihn sterben!» Sie wollte sich ihm nicht versagen; doch es gab ja reichlich genug Schöne und Starke, die sich an ihre Brust schmiegten. Und Chris kämpfte, er kroch zu ihr zurück; aber freilich war er bald wieder zur Seite gedrängt von seinen kräftigen Brüdern und Schwestern. Auf diese Weise bekam er keine Nahrung und gab es zum Schluß auch auf, darum zu kämpfen. Herumkriechend fand er eine Stelle, wo Platz genug für ihn war, zwischen den Vorderpfoten seiner Mutter nämlich, und dort blieb er, das Köpfchen unter ihr Kinn schmiegend. Die einzige Gelegenheit, bei der er ein bißchen trinken konnte, war, nachdem die anderen ihre Mahlzeit beendet hatten. Er wartete also, bis sie eingeschlafen waren und wie reife Früchte von der Mutter abfielen; dann bahnte er sich seinen Weg behutsam zwischen ihnen hindurch und nahm, was sie übriggelassen hatten. Manchmal vergaß er, mit der gebührenden Vorsicht zu Werke zu gehen, und stieß ein wenig an einen, der noch nicht ganz eingeschlafen war; dann entstand ein kurzer Kampf, der alle samt und sonders wieder aufweckte, so daß sie weitersaugten, und er mußte sich wiederum bescheiden. Und manchmal blieb dann überhaupt nichts mehr übrig.

Er wuchs nicht nennenswert. Es war ein Wunder, daß er überhaupt lebte. Vielleicht verdankte er das nur dem Umstand, daß er so wenig Kraft verbrauchte. Dadurch brachte er es fertig, das Erbe seiner gesunden Mutter so lange Zeit auszunutzen. Er bewegte sich wenig, während seine Brüder und Schwestern zusehends mehr Kraft und Unternehmungslust gewannen und von Tag zu Tag lustiger und wilder spielten. Sie balgten und bissen sich, stießen sich, rollten übereinander und jagten eines das andere, bis sie zum guten Schluß einen einzigen Knäuel von Streitenden bildeten. Keiner gewann; sie hörten auf, wenn sie dieses Spieles müde wurden, und versuchten dann, die Wände ihrer Behausung zu erklimmen, um nach oben zu gelangen.

Während all dieser Spiele saß Chris an der Seite, die Pfoten nahe an sich herangezogen, und sah zu. Gelegentlich bekam er einen Stoß, wenn einer in der Hitze des Gefechtes aus dem Rudel herausrollte. Oft mußte er sich einen anderen Platz suchen, sobald die Schlacht auf sein neutrales Gebiet übergriff. Auf diese Weise brachte er es fertig, am Leben zu bleiben. Das war seine Kampfmethode.

Eines Tages, als die Kätzchen wieder in dieser Weise spielten, hatten sie einen großen Schrecken. Ein fremdes Ding trat an ihre Behausung heran, packte eines der Jungen nach dem anderen, hielt es in die Höhe und tat es wieder ins Nest. Chris seinerseits ließ sich nicht beunruhigen. Er staunte nur, was da mit den anderen geschah. Keineswegs erwartete er, daß es auch ihm geschehen könnte, weil ihm bis jetzt nie das gleiche widerfahren war wie den anderen – in diesem Moment aber wurde er im Nacken gepackt und hochgehoben. Er piepste vor Überraschung, strampelte in der Luft, um einen Halt für seine Füße zu finden; dann hing er still und erwartete das Ende. Jedoch einen Augenblick später landete er wieder bei seinen Brüdern und Schwestern; also war das Abenteuer nicht weiter bedenklich gewesen.

Die anderen waren sehr aufgeregt. Sie fauchten und spuckten, wenn sie ihn anstießen, als wäre er selbst das Fremde. Dann krabbelten sie in ihrer Heimstatt herum und inspizierten jeden Zentimeter. Als sie zuletzt befriedigt waren, weil alles so war, wie es sein sollte, drängten sie sich zusammen, um im Schlaf das unangenehme Erlebnis zu vergessen. Chris kroch auf den Gipfel des Haufens, wo er immer zu schlafen pflegte, und fiel gleich in einen Traum, der ihm zusagte; da bekam er nämlich alle Nahrung, die er sich wünschte. Aber auf einmal wurde er wieder geweckt von dem Fremdartigen, das ihn sogleich im Genick packte. Dieses Mal hob es ihn über die Grenze seiner Welt hinaus. Ihn schwindelte es, als er niedergesetzt und dann abermals ergriffen wurde. Er blickte umher, was ihn denn eigentlich da festhielt, und so sah er zum erstenmal im Leben ein menschliches Wesen – eine Frau.

Sie hielt ihn dicht an sich, so daß er ihre Wärme fühlen konnte, ihre Bewegung und ihren Atem. Sie sprach zu ihm, und er starrte sie an, die Augen rund vor Verwunderung. Es war, als hätte er diese Stimme schon früher gehört, hätte sie schon seit langem gekannt und geliebt. Er grub seine Krallen in ihr Kleid, um ihr näher zu sein, kletterte an ihr hoch und fand schließlich einen Fleck, wo er bleiben wollte, seinen Kopf unter ihr Kinn schmiegend.

Aber es war ihm nicht erlaubt, dort lange zu verweilen. Bald wurde er weggenommen, durch die Luft geschwenkt und in eine neue Welt mit hohen Wänden versetzt. Hier kroch er in einen Winkel, verstört, weil alles so fremd war. Dann schloß sich Dunkelheit um ihn. Die Welt begann zu kippen und zu schwingen, so daß er hilflos von einer Seite zur anderen glitt, während gräßliche Geräusche von draußen kamen, als ob die Dunkelheit von brüllenden, streitenden Ungeheuern erfüllt wäre. Er ängstigte sich und schrie nach seiner Mutter; aber sie kam nicht.

Endlich verstummten die Geräusche, die Welt wurde wieder fest, die Finsternis öffnete sich, und in dem Licht über sich sah er die Gestalt wieder. Sie hob ihn aus der kleinen Welt und setzte ihn wieder in eine größere. Diese Welt war viel größer, als er es für möglich gehalten hatte; ihre Wände gingen über seine Vorstellungskraft hinaus. Vorsichtig krabbelte er darin herum, schnüffelnd, all die seltsamen Gerüche seinem Gedächtnis einprägend und nach seiner Mutter suchend.

Nach einer Weile setzte *Sie* etwas vor ihn hin, das ähnlich wie seine Mutter roch. Er näherte sich eifrig und schnüffelte mit der Nase daran. Es war warm wie seine Mutter; aber diese Wärme spritzte plötzlich über sein ganzes Gesicht, kam ihm in Mund und Nase, und er verschluckte sich. Er starrte das Zeug einen Augenblick vorwurfsvoll an und schüttelte so heftig den Kopf, daß er sich hinsetzen mußte; dann stand er auf und leckte die anhaftende Süßigkeit von seinem Munde ab. Es schmeckte gut; es war wie seine Mutter.

Er ging wieder an das Schüsselchen. Erneut kam er nicht damit zu Rande und zog sich hustend und schnaubend zurück. Jedoch der unaufhörliche Hunger seines ganzen kurzen Lebens trieb ihn an, es weiter zu versuchen. So fand er endlich doch eine Möglichkeit, mit dieser stellvertretenden Mutter fertig zu werden. Er brauchte nur den Atem anzuhalten, seinen Mund hineinzutauchen und dann das Süße aufzulecken. Nach einiger Übung hatte er die Sache heraus und bediente sich nun sehr schnell und gründlich. Es dauerte einige Zeit, bis er eine andere Methode entdeckte, die noch viel wirksamer war.

Als er fertig war, nahm *Sie* ihn hoch. In ihrem Schoß wusch er sich oberflächlich. Sein so ganz ungewohnt prall gefülltes Bäuchlein brachte ihn richtig in Verlegenheit. Doch die angenehme Wärme machte ihn faul. Er schloß die Augen und schnurrte, stieß

Sie leise fragend an und versuchte sein Lieblingsplätzchen unter seiner Mutter Kinn zu finden. Dann vermischte sich die Erinnerung an die Mutter mit dem tröstlichen Bewußtsein *Ihrer* Nähe, und er schlief ein.

Die Stellvertreterin der Mutter wurde «Milch» genannt, manchmal auch «Bist du hungrig» oder «Willst du etwas zu essen haben». Das und gewisse andere Wendungen wurden die Namen für bestimmte Dinge. Es war anfänglich sehr verwirrend für ihn, aber er schaffte es und begriff nach und nach vieles. So bedeutete «Pfui!», er habe etwas Verkehrtes getan; «böser Chris», von einem Klaps begleitet, bezeichnete andere Sünden.

Er lernte, daß «Chris» sein Name war, und ach! – er lernte das nur zu gut, denn manchmal, wenn *Sie* ihn beschäftigt glaubte, sprang er auf und kam zu *Ihr* herüber. Aber mehr als das und über alles andere hinaus lernte er *Sie* lieben.

Wenn *Sie* ausgegangen war, kauerte er sich im Flur nahe an die Tür, die ihn von ihr trennte, und ganz gleich, wie lange es dauerte, wartete er dort auf *Ihre* Rückkehr, auf *Ihre* Schritte lauschend. Er haßte alles und jeden, der *Sie* von ihm fernhielt. So haßte er auch *Ihre* Freunde, wenn sie *Sie* besuchten; denn obwohl er *Sie* dann sehen und berühren konnte, in einem anderen Sinn nahmen sie *Sie* ihm doch weg. Anfangs hatte er versucht, die Freunde zu kratzen und zu beißen, aber das machte *Sie* ärgerlich. So versuchte er dann, *Sie* von ihnen wegzulocken, indem er alle die Possen vollführte, die *Sie* sonst immer zum Lachen brachten. Nützte das alles nichts, dann machte er einfach mehr Lärm als seine Rivalen. Denn reden konnte er auch. Bloß verstanden sie ihn nie. Sie hatten verschiedene Sprachen. Manchmal versuchte er sogar den Klang *Ihrer* Stimme nachzuahmen, laut und leise zu sprechen und vieles auf einmal zu sagen, genau wie *Sie* es tat. Aber es nützte nichts. Nicht einmal *Sie* verstand ihn immer ganz richtig.

Wenn er *Ihren* Freunden erzählte, wie sehr er sie haßte, lachten sie und streichelten ihn. Wenn er *Ihr* in einem langen, wohlüberlegten Satz mitteilte, wie sehr er *Sie* liebte, mißfiel es *Ihr*, und *Sie* schickte ihn weg. Als er sich einmal bei *Ihr* über das Wetter beklagte, da er mit Sicherheit annahm, daß *Sie* darüber zu bestimmen hatte, da *Sie* ja sonst über alles Herr war, was zu seiner Bequemlichkeit diente, antwortete *Sie*, indem *Sie* ihm etwas zu essen anbot!

Leider verstand er *Sie* auch nicht viel besser. Manchmal wiederholte *Sie* etwas wieder und wieder in ihrer Sprache, indem sie es sanft und sorgfältig und ernst aussprach, und doch konnte er nicht begreifen. Manchmal blickten sie dann einander an in einem Schweigen, das so unermeßlich war wie die Kluft, die in alle Ewigkeit Mensch und Tier scheidet. Zum Schluß beugte *Sie* sich dann nieder, um seinen Kopf zu streicheln, und er erhob sich, so hoch er konnte, um *Ihr* auf halbem Weg entgegenzukommen, und das wurde ihre gebräuchliche Sprache.

Aber erst als Ginger kam, gab er den Versuch auf. Ginger konnte *Ihre* Sprache auch nicht sprechen; aber das störte sie nicht im geringsten. Wahrscheinlich verstand niemand diese Sprache außer *Ihr* und ihren Freunden.

Ginger änderte Chris' Ansichten über viele Dinge. Tatsächlich änderte Ginger sein ganzes Leben.

Sie ging fort, und als *Sie* wiederkam, trug sie eine Schachtel. Chris liebte Schachteln sehr und bewillkommnete sie immer mit Neugier. Denn jede bedeutete die Entdeckung einer neuen Welt, da sie an so vielen Orten gewesen war. Selbst wenn er dann mit der Schachtel völlig vertraut geworden war, war immer noch das, was darin war, anzuschaun, gutzuheißen oder zu verwerfen, je nachdem. Alles in allem war es eine der angenehmsten Aufgaben, hauptsächlich wenn die Schachtel, was sehr häufig der Fall war, die Dinge enthielt, die *Sie* «Bücher» nannte; denn jedes war eine neue Welt, behaftet mit den Erinnerungen an fremde Hände und entfernte Orte. Oft ging er zu ihnen, wenn sie auf dem Tisch lagen, um sie zu befragen und nachzudenken, was sie ihm erzählten.

So rannte er schnell hin, als er die neue Schachtel sah, die *Sie* trug, und begrüßte sie freudig; aber plötzlich zog er sich zurück, von Widerwillen gepackt. Es war eine ganz und gar andere Schachtel als sonst; sie raschelte, und ein starker Tiergeruch ging von ihr aus. Erschrocken suchte er unter einem Stuhl Zuflucht. Er kauerte sich nieder und hielt ängstlich Ausschau. In der Schachtel raschelte es wieder. Er öffnete den Mund, und ein heiserer Laut kam heraus, der ihn erstaunte, weil er allem, was er bisher gesagt hatte, unähnlich war. Doch es lag Trost und Vertrauen darin, und so wiederholte er ihn. Die Schachtel antwortete mit durchdringendem Gekreisch und tanzte so wild, daß sie *Ihr* beinahe aus den Händen gefallen wäre. *Sie* lachte und begann zu ihm zu sprechen. *Sie* sagte eine ganze Menge; aber er konnte nur ein Wort verstehen, und das war «Kätzchen». Kätzchen? Das war doch ein anderer Name für ihn?

Sie stellte die Schachtel auf den Boden. Etwas kreischte und tanzte darin und stieß an den Deckel. Dann öffnete *Sie* die Schachtel. Heraus schoß etwas Gelbes, fuhr durch das Zimmer und hockte sich, nachdem es wütend einen großen Bogen geschlagen hatte, unter einen Stuhl. Feurige Augen funkelten aus der Dämmerung dort hervor, und der ungewisse Schatten gab dasselbe zugleich zornige und furchtsame Fauchen von sich wie seine eigene Stimme. Nach einer Weile ging *Sie* zu dem andern und versuchte es hochzunehmen. Mit einem geschmeidigen Gleiten entzog es sich *Ihr* und machte sich unter einem andern Stuhl heimisch. Von dort wanderten die funkelnden Augen geschwind von *Ihr* zu ihm und wieder zu *Ihr.* Dann ging *Sie* hinüber und hob Chris auf. Er vertraute *Ihr,* aber als sie ihn dem anderen Tier gegenübersetzen wollte, zappelte er und gebärdete sich wie wahnsinnig.

Erst als *Sie* ihn freiließ und er in Sicherheit unter seinem Stuhl saß, kam er zu sich. Nun hörte er *Ihren* lauten Ausruf von Schmerz und Vorwurf; er hatte *Sie* tüchtig gekratzt. *Sie* ging fort, und er fühlte sich ganz elend unter dem Eindruck *Ihres* Vorwurfes.

Die leuchtenden gelben Augen sahen mit unpersönlicher, drohender Ruhe zu ihm hin. Sie waren allein geblieben.

Nach einer Weile hob die andere Katze den Kopf; sie blickte versuchsweise in die Runde und schnell zu Chris zurück, dann hob sie vorsichtig eine Pfote. Nichts geschah. Sie streckte die Pfote aus und stand gleich darauf auf ihren vier Beinen aufrecht da.

Chris rührte sich nicht. Die andere kroch unter ihrem Stuhl hervor und machte einen vorsichtigen Gang durch das Zimmer. Nachdem sie alle Dinge untersucht und für harmlos befunden hatte, schaute sie mit neugewonnener Sicherheit noch einmal umher. Wie zufällig wanderte sie jetzt in einem Kreis in der Mitte des Zimmers. Chris zog sich vorsichtig zurück. Die andere nahm sofort von seinem Platz Besitz und sah triumphierend umher. Eine Weile blieb sie dort und untersuchte eifrig, was sein gewesen war; aber dann ging sie stracks auf ihn zu. Ihm kam das unerwartet und unerwünscht, er machte einen Satz zur Seite und flüchtete in einen Winkel, in der Hoffnung, dort sicher zu sein. Die andere fand ungesäumt etwas, das sie just in diesem Winkel interessierte. Sie meinte durchaus nicht ihn, sondern irgend etwas an seinem Plätzchen. So ging es weiter, bis endlich *Sie* zurückkehrte und die andere in ihre Schranken verwiesen wurde.

Sie rief ihn; aber obwohl die Haare auf seinem Rücken zitterten, wollte er nicht folgen. *Sie* rief ihn wieder, und er antwortete mit einer lauten Klage. Dann sprach *Sie* zu ihm, und da konnte er nicht widerstehen. Sogleich war er auf *Ihrem* Schoß; nichts anderes außer diesem war von Belang.

Die Augen der einsamen, wilden andern unter dem Stuhl starrten mit großer Spannung zu ihnen hin, erloschen dann und verschwanden.

Ginger war sehr eigenartig, scheu und angriffslustig zugleich, keck, aber mißtrauisch, hungrig nach Zärtlichkeit, aber erschrocken davor, wenn sie ihr zuteil wurde. Bald gab sie es auf, Freundschaft mit ihm schließen zu wollen, und Chris duldete ihre Gegenwart ohne Widerspruch. Er war bereit, alles aufzugeben außer dem magischen Kreis, in dem *Sie* sich bewegte. Ginger schien das befriedigend zu finden; sie hatte ihren eigenen magischen Kreis.

Hinauf und hinunter sauste sie, nicht vorhandene Fliegen verfolgend, vor nicht vorhandenen Feinden flüchtend oder mit Chris' Papierbällen spielend. Sie sonnte sich an Chris' Lieblingsplatz auf dem Fensterbrett, kletterte umher und untersuchte sein Heim genauestens, das nun ihr gehörte. Sie schlief einmal hier, einmal dort. Meist wählte sie genau den Platz, den er für sich selbst ausgesucht hatte. Für sie galt nichts anderes außer ihrem Besitz und ihrer Unabhängigkeit. Und doch gab es Zeiten, in denen sie nachdenklich aussah, vielleicht ein bißchen sehnsüchtig nach *Ihr* und nach Chris, der in *Ihrem* Schoß zusammengerollt schlief.

Eines Tages, nachdem Ginger schon eine ganze Weile da war, ereignete sich etwas Seltsames. Der Wind blies durch das offene Fenster, die Vorhänge wehten hin und her, so daß Ginger nicht widerstehen konnte, mit ihnen zu spielen. Chris hockte auf dem Fensterbrett und spürte, wie der Wind durch sein Fell strich. Es war einer jener Tage, an denen Himmel und Erde näher und näher zusammenzurücken scheinen, bis der Druck unerträglich wird und ein blendendes Aufblitzen von Licht sie erneut teilt.

Chris saß ruhig auf dem Fensterbrett und fühlte die Erregung, die in der Luft lag, prickelnd in seinem Körper. Seine Rückenhaare krausten sich in immer wiederholten angenehmen Schauern. Ginger unten im Zimmer spielte wie wild, sprang auf die Vorhänge zu und rannte wieder fort, schlug ausgelassen ein paar Kreise, griff gierig auf dem gebohnerten Fußboden nach irgend etwas, sprang dann auf den Rücken eines Lehnstuhls und beschäftigte sich wieder mit den Vorhängen. Es schien beinahe, als hätte sie den Verstand verloren.

Chris beobachtete sie, und irgend etwas packte ihn. Er hatte dergleichen nie vorher gefühlt und wußte nicht, was es war. Plötzlich schoß ein helles Licht vom Himmel wie eine Frage, und die Erde donnerte zurück wie eine Antwort. Er fuhr auf, unwillkürlich riß er den Kopf herum. Als der Donner verstummte, erhob er sich, streckte sich und gähnte, wie um sich selbst zu beweisen, daß er sein gewohntes Gleichgewicht nicht eingebüßt hatte. Gerade in diesem Augenblick beschrieb Ginger im Sprung einen anmutigen Halbkreis um ihn und landete auf den Beinen neben ihm. Noch niemals waren sie so nahe beieinander auf dem Fenstersims gewesen. Chris prallte scharf vor ihr zurück und sprang nun seinerseits auf den Boden; aber anstatt dort anzuhalten und nach einer entsprechenden Pause mit geziemender Würde davonzuspazieren, sprang er weiter durch das Zimmer, und als er am entgegengesetzten Ende war, öffnete er den Mund und stieß einen eigentümlichen Schrei aus, wobei sich seine Haare sträubten.

Ginger sah zu ihm hinüber, schüttelte heftig den Kopf, sprang hoch, beschrieb einen Halbkreis um ihn; dann rannte sie herausfordernd auf ihn zu. Mit heftigem Fauchen drehte er sich gegen sie, aber sie war schon wieder fort, und er folgte ihr! Wieder entfloh der schmerzliche Schrei seiner Kehle. Ginger hielt sofort aufhorchend an, und er verharrte ebenfalls, dicht neben ihr. Sie standen ganz still, einander anstarrend, als ob sie sich zum erstenmal sähen. Ein anderes funkelndes Licht von wilder Zärtlichkeit blitzte in Gingers gelben Augen auf. Ohne sich zu bewegen, begann sie ihn anzuschnurren. Dann auf einmal – es war wie der Ausbruch des Lichtes und das Donnern der Erde – wußte er, was er fühlte.

Tagelang vergaß er alles außer Ginger, vergaß zu essen, vergaß sich zu putzen, vergaß sogar *Sie.* Und danach schlief er. Als er erwachte, war das Zwischenspiel nichts gewesen als ein Traum. Aber er wurde sich schmerzlich bewußt, daß er *Sie* vergessen hatte in diesem Traum, und tat nun alles, was er irgend konnte, das aus *Ihrem* Gedächtnis zu löschen. Wohin *Sie* auch ging, er hing an *Ihren* Fersen, demütig und beharrlich bittend, *Sie* möchte es vergessen. Immer und immer wieder erzählte er *Ihr,* daß seine Betörung durch Ginger nicht verglichen werden könnte mit seiner tiefen und ungeteilten Zuneigung zu *Ihr,* daß es ein unbegreiflicher Fehltritt war, der sich ganz gewiß niemals wiederholen würde.

Nichtsdestoweniger waren Ginger und er jetzt gute Freunde, die ihr Futter, ihr Lager und das Fensterbrett teilten und manchmal sogar *Ihren* Schoß.

Die Tage gingen dahin, einer meistens wie der andere. Die Verwandlung Gingers ging so allmählich vor sich, daß er es kaum merkte. Doch die Zeit kam, in der er ihr wieder zu mißfallen schien und alles andere ebenfalls. Ginger wanderte rastlos herum, als suchte sie etwas. Schließlich brachte *Sie* einen großen Korb nach Hause und tat etwas Weiches hinein. Mit eifervoller Befriedigung nahm Ginger ihn an; sie kroch in die Winkel und grub ihre Krallen in den weichen Stoff. Chris schnüffelte an dem Korb und fand ihn ebenfalls befriedigend; doch als er sich zu Ginger gesellen wollte, machte sie ihm sofort klar, daß es ihr Korb war und daß sie allein zu sein wünschte.

Es mußte angenehm sein, dort zu liegen, behaglich zusammengerollt, von dem weichen Stoff umschmeichelt. So wollte er sich hineinstehlen und ein gutes Schläfchen tun, während Ginger sich auf dem Fensterbrett sonnte; aber im Augenblick, als sie vom Fensterbrett hinuntersprang, war er wieder draußen. Also ging soweit alles gut, bis eines Morgens aus dem Korb Geräusche kamen. Schwach, beinah unhörbar raschelte und piepste es. Da war etwas Neues, aber in dem Neuen war auch wiederum etwas seltsam Vertrautes. Chris schaute vorsichtig hinein. Der weiche Stoff bewegte sich.

Kaum war Ginger einmal fortgegangen, so sprang er in den Korb. Da erlebte er einen schrecklichen Aufruhr! Es quiekte und krabbelte um seine Füße, und Ginger kam voller Angst zurück, warf sich herein und sah ihn anklagend an. Mit einem ungelenken Grunzen zog er sich zurück. Er würde diesem Korb gewiß nie wieder nahe kommen!

Den ganzen Tag verbrachte er schmollend in einem Winkel. Selbst *Ihr* Benehmen mißfiel ihm. Was das auch zu bedeuten hatte, *Sie* hätte nicht erlauben sollen, daß es geschah. Er weigerte sich, zu *Ihr* zu sprechen, zu *Ihr* zu gehen, verweigerte die Nahrung und schlief in einem Winkel, bis *Sie* dort für ihn ein Lager zurechtmachte, das er in Besitz nahm, ohne sich wie sonst zu bedanken.

Der nächste Tag ließ sich jedoch grundverschieden an. Kein Zweifel, der Korb war wieder in normalem Zustand. Daher begann er, sobald Ginger ihn verließ, ruhelos im Zimmer umherzuwandern, bis er, natürlich nur ganz zufällig, nahe genug herankam, um einmal hineinzuschauen. Nichts rührte sich. Mit leichtem, vorsichtigem Tritt kletterte er hinein, um sich endlich einmal auf dem weichen Stoff niederzulassen. Da wiederholte sich der ganze peinliche Vorgang: das Quieken und Krabbeln, Gingers eiliges Herbeilaufen, sein Rückzug in seinen Schmollwinkel. Er brütete finster vor sich hin. So konnte es nicht weitergehen, da mußte etwas geschehen! Endlich wandte er sich an *Sie* und bat *Sie* in einem langen atemlosen Satz klagend und flehend, Abhilfe zu schaffen. *Sie* streichelte ihn zerstreut, machte in dem Winkel wieder ein schönes Lager für ihn, und dann beugte *Sie* sich zärtlich sprechend über Ginger und diese neuen Dinger da.

Das war mehr, als er ertragen konnte! Wieder ging er zurück, sprang in den Korb und wartete auf den Aufruhr. Er kam, aber diesmal harrte Chris aus! Sobald sich die kleinen neuen Dinger um Ginger gesammelt hatten und wieder ruhig waren, ließ er sich nieder, faltete die Pfoten unter sich und starrte Ginger herausfordernd an. Sie starrte schläfrig zurück. Dann schlossen sich ihre Augen, und sein Kopf begann zu nicken. Das letzte, das er hörte, war *Ihr* Lachen, und das letzte, das er fühlte, war *Ihre* Hand, die über seinen Kopf strich. Und das brachte alles in Ordnung.

Als Ginger den Korb verließ, erwachte er mit einem Ruck. Die Neuen krabbelten mit lautem Wehklagen alle um ihn herum. Blind nach Wärme suchend, krochen sie dicht an ihn heran und schmiegten sich an seinen Bauch. Es war wirklich etwas sehr Unwürdiges, und es versetzte ihn in peinliche Verlegenheit, dies Gewimmel um sich zu haben, jedoch niemand schien das zu beachten. Andererseits war ja die gute Wärme, die sie ausstrahlten, nicht unangenehm, und der Korb mit dem weichen Stoff war überaus behaglich. So schlief er wieder ein, und die Neuen teilten seinen Schlaf.

Hernach hatte er nichts mehr gegen sie einzuwenden. Nun lag er häufig bei ihnen; zuweilen sprach er sogar zu ihnen und wusch ihre zarten Fellchen mit ungeschickter, liebevoller Zunge.

Sogar als sie heranwuchsen, kecker wurden und schließlich aus dem Korb hinauskletterten, so daß man nirgends mehr seine Ruhe vor ihnen hatte, war er nicht abgeneigt, sie um sich zu haben. Wenn sie ihn aufweckten, indem sie mit ihren scharfen Krällchen seinen Schwanz bearbeiteten, der im Traum gezuckt hatte, reagierte er lediglich mit einem Strecken und Gähnen und versuchte träge, den nächsten zu fassen, der eilig weghuschte.

Aber einmal, während er zerstreut den Schwanz bewegte, um ihnen Spaß zu bereiten, hörte er *Sie* lachen, und das veränderte alles, denn *Sie* lachte nicht über *ihn* – Sie lachte über *sie*! Daran war nicht zu zweifeln. *Sie* beobachtete die Kleinen, nicht ihn! Da stand er schnell auf und ging fort. *Sie* bemerkte gar nicht, daß er weg war.

Er wartete einen Augenblick, dann überlegte er rasch, welchen von seinen Späßen *Sie* am liebsten mochte, machte einen plötzlichen Sprung und vollführte eine wunderschöne Rutschpartie auf dem blanken Fußboden. Aber, ach! *Sie* gönnte ihm keine Aufmerksamkeit! Sie sah die Kleinen, die alle hinter ihm her jagten, halb närrisch vor Fröhlichkeit. *Sie* lachte zweimal laut auf, und nun wußte er doch nicht genau, worüber *Sie* tatsächlich lachte. So machte er es noch einmal.

Von da an spielte er in einer Art mit den Kätzchen, als verrichtete er eine ernsthafte Aufgabe. Den plötzlichen Sprung mit dem langen Hinrutschen auf dem Boden führte er wieder und wieder vor, bis die Kleinen, eines nach dem andern, müde wurden und aufhörten. Oder bis *Sie* sich abwandte und wegging.

Das war seine Art, um *Ihre* Liebe zu kämpfen.

Er nahm keine Notiz davon, als eins von den Kleinen fehlte, auch nicht, als dann zwei weg waren. Zum Schluß folgte ihm nur noch ein einziges kleines Pfötchentrappen, und da schien ihm doch etwas nicht in Ordnung. Wo waren denn die anderen alle? Er spielte mit dem einen, das übriggeblieben war, und erwartete immer, daß die andern in irgendeinem Augenblick von irgendwoher angelaufen kommen würden. Jedoch sie kamen nicht; das Spiel mit dem einen hörte auf, weil es seiner eigenen Wege ging.

Dieses Kleine blieb eine ganze Weile bei ihnen. Doch eines Tages, als Ginger es rief, krabbelte es nicht aus seinem Körbchen, nirgends raschelte es in einem entfernten Winkel, kein Mauzen, kein Herantappen der kleinen Füße. Es war verschwunden, so still und geheimnisvoll wie die andern.

Einesteils war es ja besser, daß sie weg waren; denn jetzt war Chris wieder sicher, daß *Ihr* Lachen einzig und allein ihm galt. Aber *Sie* lachte jetzt nicht mehr so oft, und ein bedrückendes Schweigen lag auf allem, sogar über seinen Träumen. Es fiel ihm ein, daß es *Ihr* vielleicht Spaß machen würde, wenn er mit Ginger ein bißchen spielte. Aber er fand schnell heraus, daß Ginger nicht zum Spielen aufgelegt war.

Augenscheinlich stimmte etwas nicht mit ihr. Nicht nur, daß sie nicht spielen wollte, sie schien das Interesse an allem verloren zu haben. Jeden Tag wurde sie teilnahmsloser, bis sie zuletzt die meiste Zeit auf dem Fensterbrett verbrachte, mit weitgeöffneten Augen in die Luft starrend.

Manchmal stand sie müde auf und ging an ihre Futterschüssel, rührte aber nichts an. Manchmal wanderte sie gedankenverloren im Zimmer umher. Hier und da hielt sie inne und betrachtete lange Zeit jeden Fleck, auf dem sie früher so zufrieden geruht hatte; dann wandte sie sich ab, als ob ihr eine Hilfe verweigert worden wäre, die sie dort zu finden gehofft hatte.

Wenn sie wieder auf dem Fensterbrett in der Sonne saß, schien sie sich langsam mit dem untätigen Abwarten abzufinden. Und oft, wenn sie ganz still dort verharrte, schien es, als wäre sie im Begriff wegzugehen.

Dann war sie eines Morgens nicht mehr da, nicht auf dem Fensterbrett, nicht auf einem der Stühle, noch irgendwo sonst im Zimmer. Schweigend und mit Ausdauer ging Chris auf die Suche nach ihr, bis *Sie* ihn zuletzt mitnahm und in ein kleines Zimmer führte, in dem er nie zuvor gewesen war. Die Luft darin hatte einen scharfen, süßlichen Geruch, der ihn erschreckte. Obwohl er ihm nie zuvor begegnet war, wußte er, was es war: Es war der Tod.

Ginger lag dort auf dem Boden in einem Schaft schräg hereinflutenden Sonnenlichts.

Er ging langsam zu ihr hin, neigte den Kopf hinab, um sie zu begrüßen; aber dann prallte er zurück. Der Tod war bei ihr. Langsam wich er zurück. *Sie* nahm ihn hoch, trug ihn aus dem Zimmer und schloß die Tür.

Danach suchte er Ginger nicht mehr; aber er trauerte um sie auf seine eigene Weise. Oft ging er zu dem Stuhl, der ihr Lieblingsplatz gewesen war, oder er sprang auf das Fensterbrett, wo die Erinnerung an sie noch eine Weile haftenblieb, und preßte den Kopf flach daran, um bei ihr zu sein. Aber schließlich verblaßte die Erinnerung an sie und verging ganz. Da war er wieder allein.

Wie Ginger alles verändert hatte, als sie gekommen war, so veränderte sich jetzt wiederum alles, nachdem sie gegangen war. Er wartete wieder an der Tür auf *Sie,* wenn *Sie* weg war, und haßte alles, das *Sie* ihm nahm. Er haßte sogar die Tür und bearbeitete sie manchmal mit seinen Krallen. Aber der Lärm, den das verursachte, bewirkte nur, daß sich die Stille noch dichter um ihn schloß, wenn er aufhörte. Und niemals schaffte es *Sie* herbei.

Gleichviel, wie lange *Sie* wegbleiben mochte, er schlief nie während dieser Stunden; so war er gewöhnlich, wenn *Sie* endlich kam, erschöpft. Doch er wollte *Sie* nun beschwören, ihn nie wieder so lange allein zu lassen. Daher sang er für *Sie* und tanzte für *Sie* und glitt über den Boden, nach den Papierbällen haschend, bis *Sie* sich schließlich bückte und ihn die Pfoten auf ihre Schulter tun ließ. Dann folgte der schöne, ruhige Teil ihrer Rückkunft. Sie hob ihn hoch, trug ihn zum Fenster, und dort verbrachte *Sie* einige Zeit, während er schnurrte und die Krallen in ihre Schulter grub und mit vorwärts gestellten Ohren jeden Tag von neuem so tat, als sähe er die kleinen goldenen Dinger, die im Sonnenlicht tanzten, zum allererstenmal.

Zuerst war es dann nur Ruhelosigkeit, die ihn all die Zeit wach hielt. Es schien, daß er sich unentwegt strecken mußte und sein Fell lecken, nicht mit der gewohnten nachdrücklichen Sorgfalt, sondern mit nervöser Hast und einer Planlosigkeit, die ihn selbst reizte. Das alles, obwohl er sehr müde war und nichts so sehnlich wünschte, als gut und lange schlummern zu können. Was er in seinen Beinen fühlte, war anfänglich wie Trägheit, dann ein seltsames Singen, als wären da hundert kleine Saiten, darauf zu spielen. Im zweiten Stadium fühlte er Starrheit, begleitet von einem kalten, entfernten Schmerz.

Er spielte weiter für *Sie;* aber jedesmal wurde es eine größere Anstrengung. Dann geschah eines Tages etwas, das ihnen beiden klarmachte, daß irgend etwas nicht stimmte, schon lange Zeit ganz und gar nicht stimmte.

Sie war gerade nach Hause gekommen, und nach seinem gewohnten Paradieren, das ein bißchen steifbeiniger war als sonst, versuchte er eine seiner Rutschpartien über den Fußboden. Plötzlich weigerten sich seine Hinterbeine, ihn zu unterstützen, ver-

drehten sich und zwangen ihn, das Gleiten mit einem schimpf-
lichen Rutschen auf dem Bauch zu verlängern. Diese Schwäche
dauerte nur einen Augenblick. Schon bevor *Sie* aufgehört hatte
zu lachen, war er wieder hoch und glitt herausfordernd zu *Ihr*
zurück.

Jedoch *Sie* hatte es bemerkt. Er wußte, daß *Sie* es bemerkt hatte,
denn *Sie* nahm ihn auf und stand eine lange Zeit und hielt ihn fest
an sich gedrückt, als ob *Sie* dächte, er wolle weggehen, so fest, daß
er nicht hätte sagen können, ob das Zittern in seinem Körper war
oder in *Ihren* Händen.

Sie brachte einen Korb, tat ihn hinein und schloß das Licht aus,
und in der Dunkelheit ringsum kam ihm verschwommen zum Bewußtsein, daß er sich unbehaglich fühlte. Der Korb fing an zu kippen und zu schwimmen, so daß er das Gleichgewicht nicht halten
konnte, und die Dunkelheit schien sich mit einem Male in ein brül-
lendes Inferno zu verwandeln, erfüllt mit der Erinnerung an greu-
liche Bestien, die sich aufeinanderwarfen.

Aber nach einer Weile verebbte dieser Lärm und wurde durch
einen andern ersetzt. Ein starker Geruch nach Tieren strömte herein. Dann hörte das plötzlich auch auf, als ob ein fester Gegenstand
es ausschlösse.

Er hörte *Ihre* Stimme wieder, und die Dunkelheit öffnete sich.
Sie beugte sich über ihn; ein Fremder war neben *Ihr*, der ihn ebenfalls betrachtete.

Sie setzte ihn auf den Boden; der Fremde bückte sich und streichelte ihn. Seine Hand war fest und freundlich, und als der Fremde
sprach, antwortete Chris, was er bisher noch nie einem *Ihrer*
Freunde gegenüber getan hatte. Er rieb sich ein wenig am Bein des
Fremden. Hier war ein anderes menschliches Wesen, das er, so
fühlte er, lieben könnte.

Als ihm ein Stück Schnur zum Spielen vorgehalten wurde,
hüpfte er gehorsam danach; allein, es gelang ihm nicht, den Fremden noch *Sie* zum Lachen zu bringen. Er ermüdete schnell.

Dann klopfte der Fremde auf einen glatten Stuhl ohne jeden
Stoff. Chris betrachtete voller Zweifel seine Hand, dann blickte er

von einem zum andern. Er wußte, was man von ihm wollte; aber er glaubte nicht, daß er es tun konnte.

Nach einer Weile fing *Sie* ebenfalls an, ihm den Stuhl anzubieten, indem *Sie* mit der Hand darauf klopfte. Nun versuchte er auf gut Glück zu springen, stocherte hilflos mit den Krallen seiner Vorderpfoten am Rand des Stuhls herum und fiel dann hart auf den Boden. Da lag er mit dem kalten, schrecklichen Schmerz, der ihn schlimmer und schlimmer überfiel, bis er nichts anderes mehr wußte.

Als er *Ihrer* wieder gewahr wurde, setzte *Sie* ihn gerade zurück in den Korb. Er versuchte an *Ihr* hochzuklettern, aber der Schmerz riß ihn weg. Er machte ihn gleichgültig gegen alles andere, gegen alle Gerüche und Geräusche und sogar gegen seine eigene Furcht, bis seine Nase die Witterung von zu Hause wieder verspürte. Zu Hause! Das ging ihm in die Beine und trieb ihn, die Dunkelheit zu verlassen. Zu Hause! Als *Sie* das Licht hereinließ und er alles Vertraute und Geliebte um sich herum erkannte, genau wie er es immer gewohnt war, stieß er einen Freudenschrei aus und sprang aus dem Korb. Ach, es war nur eine Einbildung, die so glücklich ins Zimmer sprang. Sein Körper gab nichts anderes her, als daß er seitwärts umkippte.

Er befand sich in dem kleinen Zimmer, in dem er Ginger zum letztenmal gesehen hatte. Gehen konnte er jetzt nicht mehr. Schmerzen hatte er nicht, er empfand nur eine kalte, graue Kraftlosigkeit. Seine Beine waren weit ausgestreckt und schienen kein Teil von ihm zu sein. Tatsächlich war sein ganzer Körper kein Teil mehr von ihm. Er lag da, schwer, hilflos, nutzlos, während er davonzuschweben meinte, nur noch von einem Faden gehalten, der so dünn war, daß der nächste Atemzug, der nächste Augenblick, der in die Ewigkeit tropfte, ihn zerreißen konnte.

Seine Augen standen weit offen, und durch die Nebel konnte er *Sie* an seiner Seite sitzen sehen. Sie berührte ihn nicht. Aus der Entfernung wurde er bewacht; er war ihr dankbar dafür, daß *Sie* diesen Körper nicht streichelte, an den er noch gebunden war. Denn er war zu weit weg, um mit irgendeinem Anzeichen von Freude zu antworten. Er war nur froh, daß *Sie* bei ihm war. Er würde dann nicht so geängstigt sein, wenn der dünne Faden riß und die sich verdichtenden Nebel ihn hinwegnahmen.

Er wollte nicht weggehen, er wollte doch bei *Ihr* bleiben! Er zuckte und kämpfte heftig; hinauf, näher zu *Ihr* wollte er! Aber sein Körper rutschte im Gegenteil ein wenig tiefer. *Sie* beugte sich über ihn, hob ihn behutsam hoch und drehte ihn auf die andere Seite. Das tat gut. Er hatte für einen Augenblick Ruhe. Der Faden wurde lockerer, seine Augen schlossen sich. Aber nur für einen Moment. In den dicken brodelnden Nebeln war er wieder allein und sehr bange. Da öffnete er sie wieder. *Sie* war noch da.

Während dieser langen Nacht, die der Nacht, die niemals endet, so ähnlich war, und während vieler Nächte, die folgten, kämpfte er mit den Augen, kämpfte, um *Ihr* näher zu sein. Bis er dann eines Morgens, als die Sonne aufging, *Ihre* Wärme plötzlich wieder an seinem Körper fühlen konnte. Langsam wand er sich aus den kalten Nebeln, um in der warmen Sonne zu bleiben. Zuletzt schlossen sich seine Augen; er schlief ein.

Der Kampf, den sie zusammen durchgestanden hatten, schien ihre Beziehungen zueinander verändert zu haben. Es war nicht nur Liebe, was er für *Sie* fühlte, jetzt hatte er das Empfinden, *Ihr zu gehören*. Es war, als ob *Sie* ihn zu einem Teil ihrer selbst gemacht hätte, indem *Sie* ihn davor bewahrt hatte, ein Teil der nie endenden Nacht zu werden. Er gehörte *Ihr* nun so vollständig, daß nichts, nicht einmal eine andere Ginger, imstande sein würde, *Sie* ihn einen Augenblick lang vergessen zu machen.

Obgleich er gerade erst wieder in einer steifbeinigen Art zu gehen vermochte und noch nicht wieder völlig auf dem Posten war, begann *Sie* seltsame Dinge zu tun. Zuerst brachte *Sie* viele, viele Koffer und Kisten nach Hause; aber *Sie* nahm nichts heraus, im Gegenteil, *Sie* tat Sachen hinein: alle Bücher und alle andern beweglichen Gegenstände in der Wohnung, bis alles gähnend leer wirkte. Doch dann, gerade als er anfing, sich an den neuen Zustand zu gewöhnen, geschah etwas noch Schlimmeres.

Eines Morgens, sehr früh, öffnete *Sie* die Tür und ließ drei riesengroße Männer herein. Er mochte sie nicht und spuckte sie an, aber sie lachten bloß, schoben ihn zur Seite und begannen dann zu seinem Schrecken alle *Ihre* Kisten und Kästen hinauszutragen. Er ging schleunigst zu *Ihr*, um es zu melden, aber *Sie* hörte kaum hin, im Gegenteil, später, in der wachsenden Unordnung, sah er *Sie* mit den Männern sprechen und ihnen helfen. Es war kaum zu fassen; *Sie* erlaubte ihnen, *Ihr* Heim auszuräumen. Ein Ding nach dem andern verschwand, *Ihr* Bett, sein Lieblingsstuhl, sein zweitliebster, alles! Schließlich blieb gar nichts mehr zurück außer der Erinnerung an Langvertrautes und das Geräusch *Ihrer* Schritte auf dem nackten Fußboden, laut und traurig vor Leere.

Er war ganz erstaunt, als die Riesen zurückkamen. Sie hatten ja alles genommen, was konnten sie nun noch wollen? Sie standen da und schauten auf ihn, und er gab ihre Blicke herausfordernd zurück. Es leuchtete ihm in keiner Weise ein, was sie von ihm wollten. So lange nicht, bis *Sie* einen ihm unbekannten Korb herbeibrachte, den *Sie* auf den Boden stellte, und mit ihm zu sprechen begann. In *Ihrer* Stimme lag etwas, das ihn begreifen ließ. Aber nein! Er würde sich doch nie im Leben von *Ihr* wegtragen lassen!

Er kauerte sich nieder und miaute klagend. Einer der Riesen bückte sich und streckte die Hand aus. Er wehrte sich fauchend und spuckend. Da nahm *Sie* ihn hoch. Er vertraute *Ihr*. Sie würde es sicher nicht tun. Wie könnte *Sie*?

Aber *Sie* reichte ihn dem Riesen. Und er tat ihn in den Korb, den er verschloß. Das war das Ende aller Dinge – *Sie* hatte ihn betrogen! Dieser Korb war ganz anders als derjenige, in dem er damals transportiert worden war; er hatte eine kleine Öffnung an der einen Seite. Dort hielt er seine Nase hin; aber er bekam den Geruch von dem Riesen und zog sich schnell zurück. Doch dann ging er gegen seinen Willen wieder hin, um hinauszugucken, denn er wurde ja wieder durch etwas geradezu Höllenähnliches befördert. Jetzt konnte er sehen, was all den Lärm verursachte: große, sich schnell bewegende, böse Geschöpfe, überall herumfahrend und eines das andere mit Geschrei vertreibend. Richtige Ungeheuer, schlimmer, als er sie sich vorgestellt hatte. Sie kämpften nicht miteinander, sie wichen sich nur aus mit einer Behendigkeit, die in Anbetracht ihrer Größe wunderbar genannt zu werden verdiente. Der Korb wurde langsam getragen, dann plötzlich hochgehoben und direkt in den Rachen eines dieser Ungeheuer, das dicht daneben stand, hineingestoßen. Chris schloß die Augen und wartete auf die großen Zähne, die ihn zermalmen würden. Aber nichts geschah.

Nach einer Weile faßte er Mut und sah wieder zu seinem kleinen Fenster hinaus. Vielleicht sah er nicht mehr richtig; was er sah, war unglaubwürdig – *Sie* war da! Anscheinend weckte *Sie* das Ungeheuer; denn einen Augenblick später fing es an, sich zu bewegen. Zuerst schwankte und seufzte es, dann schüttelte es sich und hustete, und dann begann es zu schnurren. Es rannte vorwärts und holte eine Menge anderer seiner Art ein, es wurde ein Teil einer langen Reihe und einer andern, die sich in entgegengesetzter Richtung bewegte. Eine Zeitlang rannten sie alle hintereinander her, aber dann bog eines nach dem andern zur Seite ab und verschwand. Zuletzt war das, das Chris trug, allein. Aber es rannte immer noch.

Es ging in eine neue Welt hinein, eine sehr schöne Welt, nach dem zu urteilen, was Chris erblickte, weit und flach, sich endlos ausdehnend und in der Sonne leuchtend. Was für eine Freude würde es sein, hinauszukönnen und dort umherzulaufen! Aber immer noch lief das Ungeheuer weiter, bis sie in eine Gegend kamen, wo sich die Welt plötzlich erhob, so daß man hinaufklettern mußte. Augenscheinlich fiel das dem Ungeheuer schwer, denn es lief jetzt langsam und fing an zu keuchen. Doch immer noch ging es voran, bis auf einmal etwas Schreckliches geschah: Das Ungeheuer konnte nicht weiter! Sein Schnurren war verstummt, es gab einen abscheulichen Ruck, so daß einem übel werden konnte, und dann kam es mit einem Stöhnen der Erschöpfung zum Stehen. Die plötzliche Stille war unerträglich. Chris kratzte wie rasend an seinem Fensterloch und versuchte, es zu vergrößern. Er schrie hinaus; das Ungeheuer sollte wieder erwachen, weiterfahren, wieder schnurren oder brüllen – nur irgend etwas, damit er wußte, daß es noch am Leben war. Es rührte sich schwach und stöhnte. Seine Knochen knackten, dann stöhnte es wieder; Christ fühlte, wie sein Korb hochgehoben und dann niedergesetzt wurde. Er guckte durch sein

Fenster und sah, daß er sich gar nicht mehr bei dem Ungeheuer befand.

Dann hörte er *Ihre* Stimme. Also hatte *Sie* ihn doch nicht betrogen! Selbstverständlich nicht! *Sie* öffnete den Korb und beugte sich über ihn, um ihn zu streicheln, und sprach auf ihn ein mit einer Freude und Aufregung in der Stimme, die ihm genauso neu war wie die reine, klare Luft, die er einatmete. Er fühlte die Berauschung darin, auch als *Sie* wegging und ihm zurief, er solle *Ihr* folgen. Er zögerte. So viele unbekannte Gerüche, so ein seltsames weiches Zeug, darauf zu gehen – sollte er es wagen?

Er streckte versuchsweise eine Pfote hinaus. Das weiche Zeug war ja so behaglich wie ein Kissen und liebkoste sein Bein. Es war überaus angenehm! Es erweckte den Wunsch in ihm, darin herumzuspringen, sich darin zu wälzen, zunächst einmal hinter *Ihr* herzugehen, dann zurück und ringsumher in einem weiten Kreis. Er setzte eine zweite Pfote schüchtern hinaus, dann kletterte er aus dem Korb. Mißtrauen machte seine steifen Beine noch ungeschickter als sonst. Der weiche Boden schmeichelte seinen Füßen, der sanfte Wind trug seiner Nase Hunderte von fremden Düften zu.

Er stand still und schnüffelte gedankenvoll. In der alten Welt, aus der er kam, glaubte er alles gelernt zu haben, was dort für ihn zu lernen war. Aber dies hier war eine andere Welt, viel größer. So groß, daß er ihre Grenzen nicht sehen konnte, und alles in ihr mußte er nun neu lernen: die Quelle all dieser neuen Gerüche, die Bedeutung aller Dinge, die er ringsum sah, und ihre Beziehung zu ihm. Welcher Teil davon würde ihm Vergnügen bringen, welcher Schmerz? Selbst in diesem weichen Stoff hier konnte genausogut Gefahr wie Entzücken sein. Aber wo? Nah oder fern? Wovor mußte er sich in Sicherheit bringen, und wo war Sicherheit?

Sie rief, und er machte ein paar launische Schritte auf *Sie* zu, kehrte wieder um, um dies und das zu inspizieren, hielt an, wendete sich zurück, um noch einmal an irgend etwas Interessantem zu riechen, geschäftig, aufgeregt und ängstlich. Zuletzt entschloß er sich doch, *Ihr* zu folgen. *Sie* stand vor einem ungeheuer großen Kasten, der eine Tür hatte, die *Sie* jetzt öffnete, und dann gingen sie beide hinein. Er war so leer wie das Heim, in dem *Sie* gewohnt, bevor das Ungeheuer ihn verschluckt hatte. Aber *Sie* setzte drinnen sogleich etwas auf den Boden, einen Korb, den *Sie* mitgebracht hatte. Er inspizierte ihn genau, und siehe da! – es war sein altgewohnter Korb mit dem weichen Stoff, der sein Bett gewesen war, solange er denken konnte. Er kletterte hinein und schnüffelte und schnüffelte, als könnte er von diesem Geruch nicht genug bekommen. Dann hörte er auf zu zittern – hier war Sicherheit, hier war sein Heim! Nach kurzer Zeit legte er sich nieder, schlief ein und träumte von dem, was gewesen war, während die Zukunft noch darauf wartete, von ihm entdeckt zu werden.

Die neue Welt hatte keine Grenzen. Jeden Tag versuchte er, sie zu finden, indem er ein bißchen weiter wegging, um nach ihnen zu suchen, ängstlich erforschend, wie weit er von *Ihr* weggehen konnte und doch noch bei *Ihr* war. Aber da war nichts zu machen, welchen Weg er auch wählte, wie weit er sich entfernte – der Augenschein bewies es ihm: irgendeine Begrenzung war nicht zu finden! Das hätte ihn entsetzt, wenn *Sie* nicht dagewesen wäre. Aber er wußte, nichts würde ihm geschehen, nichts konnte ihm geschehen, solange *Sie* da war. Und natürlich war *Sie* immer da, wenn er *Sie* brauchte.

Sie war zugegen, als er zum erstenmal einem Wasser begegnete. In seiner Unerfahrenheit dachte er, er könnte darauf gehen, aber er versank gleich. *Sie* zog ihn heraus, trocknete ihn ab und lachte ein wenig. *Sie* war da zur rechten Zeit, um ihn mit schnellem Griff zu packen und aus dem Wege zu nehmen, als das riesengroße Tier mit den Hörnern den Kopf senkte und auf sein herausforderndes Spucken mit einem ärgerlichen Gebrüll antwortete. *Sie* war da, um den andern wegzujagen, der versuchte, ihn zu belästigen, indem er ihm in einem Hinterhalt auflauerte, um ihn zu überfallen und dann leichtfüßig wegzuhuschen, viel zu schnell für seine nicht mehr so beweglichen Beine, als daß er ihm hätte folgen können. *Sie* kam an jenem Abend schnell zu seiner Rettung herbeigerannt, als das knurrende rote Tier, das bellte und jede Nacht in der Gegend herumstrich – «Fuchs» nannte *Sie* es –, ihn auf dem Heimweg überraschte und ihn um Haaresbreite gepackt hätte. *Sie* war immer da; er brauchte sich nicht zu fürchten.

Während seines ganzen Lebens, das ihm jetzt schon sehr lang zu sein schien, war er noch nie so glücklich gewesen wie jetzt. Da gab es keine Stunden mehr, in denen er hinter einer verschlossenen Tür auf *Sie* warten mußte. Da gab es keine Freunde, die er haßte; er hatte es nicht mehr nötig, sich zu ängstigen, wenn *Sie* weggehen wollte, wenn *Sie* zurückkehrte oder was sonst *Sie* als nächstes plante. Denn ein jeder Tag verlief genau wie der andere, und diese völlige Regelmäßigkeit machte diese Zeit für ihn vollkommen.

Am Morgen, bald nachdem die Sonne aufgegangen war, erwachte er und bat *Sie*, ihn hinauszulassen an die kühle, frische Luft. *Sie* öffnete ihm die Tür, dann schloß *Sie* sie hinter ihm. Er stand immer noch eine Weile davor, von der Gewißheit entzückt, daß sie sofort wieder geöffnet werden würde und er hineingehen dürfte, wenn er es wünschte. Und dann betrachtete er die Gegend, die zu erkunden er für seine Aufgabe hielt. Denn immer ging er morgens aus, die Grenzen zu suchen. Er kletterte über Felsen, kroch durch dichtes Gebüsch, wanderte lautlos auf dem schönen weichen Teppich unter alten Bäumen entlang, sank zuweilen in tiefen, weichen Laubmulm ein, überwand, von Stein zu Stein springend, die kleinen Bäche, ging am Rand der stillen Teiche entlang und schlug jedesmal einen großen Bogen, wenn er an einem der anderen großen Kästen vorbeikam, in denen fremde Menschen wohnten. Doch immer lief er nach einer gewissen Zeit nach Hause zurück. Es war nämlich so, daß er unbedingt dabeisein wollte, wenn *Sie* sich in die Sonne legte und so tat, als hätte *Sie* nichts anderes zu tun, als ihm zuzuhören, wenn er *Ihr* von seinen morgendlichen Abenteuern berichtete.

Das war der schönste Teil des Tages. Er wollte *Ihr* von allem berichten, was er gesehen hatte, von allem, was geschehen war. Am Schluß kam dann seine gewohnte Klage, daß er trotz allem Suchen die Grenzen noch nicht gefunden hatte. Und *Sie* wollte nur schön ruhig dort liegen, ihm zuhören, seinen Kopf streicheln und manchmal lachen, und zwar genau an der richtigen Stelle, so daß er völlig sicher war, verstanden worden zu sein. Nach einer gewissen Zeit, wenn er nichts mehr zu sagen wußte und die Sonne gar zu heiß auf sein Fell brannte, wollte er wieder weggehen, aber nicht so weit. Im Schatten, ganz in der Nähe, war sein Lieblingsstein. Dort ließ er sich nieder, den Kopf zwischen den Pfoten, die Augen halb geschlossen, um mit mäßigem Interesse das geschäftige Leben ringsum zu beobachten, wie es da summte, krabbelte, sprang, hüpfte, flatterte und sang.

Manchmal streckte er eine Pfote aus, um eins dieser hüpfenden Dinger zu fangen, die ihn immer wieder erschreckten, wenn sie genau vor seiner Nase landeten und dann in hohem Bogen davonhüpften ins Unsichtbare. Zuweilen wollte es der Zufall, daß er eins erhaschte. Es zappelte ganz wunderbar. Eine Weile hielt er es dann gefangen, seine Anstrengungen, zu entfliehen, mit vorwärts gekippten Ohren und vor Erregung weit offenen Augen genießend. Aber zuletzt wurde er des Spieles müde, ließ es, scheinbar aus Versehen, frei und beobachtete schläfrig, wie es sich aufrichtete und zum Sprung ansetzte. Dann hüpfte es ein wie das andere Mal just vor seiner Nase in die Höhe, so daß er zusammenzuckte, und segelte durch die Luft davon.

Danach streckte er sich lang aus zum Schlafen. In seinen Träumen erlebte er den ganzen Morgenspaziergang noch einmal und fing eine große Anzahl von diesen Hüpfdingern mit seinen Pfoten, die ein wenig zuckten, während er schlief. Aber niemals verpaßte er es, aufzuwachen, bevor *Sie* wegging. Wenn *Sie* sich erhob, war er immer da, um zuzusehen. Er folgte *Ihr* nicht; aber nachdem *Sie* fort war, ging er *Ihr* den halben Weg nach, den *Sie* gegangen war, und nahebei, auf einem niedrigen Stein, hielt er dann angestrengt Ausschau, wann *Sie* zurückkehren würde.

Vielleicht war dieses eigentlich der schönste Teil des Tages; denn er wußte genau, daß *Sie* nicht für lange Zeit weggegangen war, und vor allem würde *Sie* ihm, wenn *Sie* wiederkam, etwas zu essen mitbringen. Ja, ganz sicher, dies war die schönste Stunde, weil sie dann ihr gewohntes lustiges Spiel spielten. *Sie* rief ihn, aber er ging weder zu *Ihr* noch antwortete er *Ihr*. Nein, er versteckte sich in dem

hohen Gras an der Stelle, wo der kleine Fußweg abbog, und wartete, bis *Sie* ganz nahe herangekommen war; dann sprang er mit
einem Schrei auf *Sie* zu, und *Sie* fuhr erschrocken zurück, und dann
rannten sie um die Wette miteinander nach Hause. Natürlich gewann er immer.

Ja, das war die schönste Stunde des Tages, obwohl der Nachmittag beinahe noch schöner war! Das war, wenn sie miteinander spaziergingen, tief in den Wald hinein. Sobald er müde wurde,
brauchte er es *Ihr* nur zu sagen; dann bückte *Sie* sich zu ihm herunter, so daß er seine Pfoten auf *Ihre* Schulter legen konnte, und so
ritt er nach Hause wie ein König.

Nur wenn der Himmel grau war und die Welt draußen naß und
traurig, blieben sie beide zu Hause. Dann machte *Sie* Handarbeiten
oder verbrachte Stunden mit dem Lesen eines Buches, und er lag
träumend in *Ihrem* Schoß. Auch das war herrlich, denn so waren
sie ebenfalls beieinander.

Da war kein Teil an diesem Leben, nicht die kleinste Sekunde des
Tages, die er anders haben wollte. Aber es änderte sich von selbst.

Sie änderte sich.

Anfangs glaubte er, es wäre sein Fehler, daß *Sie* den Erzählungen
von seinen morgendlichen Abenteuern nicht mehr so aufmerksam
zuhörte. Deshalb fing er an, länger fortzubleiben, weiter und weiter ins Feld hinauszugehen. Die Grenze suchte er jetzt nicht mehr,
sondern etwas, das *Sie* interessieren könnte. Er kämpfte sich durch
dornige Hecken und dichte Wälder, ging über Sümpfe und in
Höhlen hinein, wo der Geruch nach andern Tieren erschreckend
streng war, kam dann erschöpft nach Hause, schmutzig und verzweifelt, um *Ihr* zu erzählen, wie verzweifelt er war. Aber *Sie* hörte
nicht zu.

Dann war *Sie* eines Morgens nicht da. Er ging zu *Ihrem* Lieblingsplatz, wo er *Sie* hätte finden müssen, an der sonnigen Stelle, wo
das Gras zerdrückt und braun war, weil *Sie* dort immer gelegen
hatte. Aber auch hier war *Sie* nicht. Er legte sich eine Zeitlang nieder und wartete auf *Sie*, noch schwer atmend von der Anstrengung
des Spazierganges, den Kopf flach an die Erde gedrückt, weil er so

Ihre Schritte gleich hören konnte, sobald *Sie* sich näherte. Aber *Sie* kam nicht.

Erst als die Sonne zu heiß auf sein Fell brannte, ging er zu seinem Stein drüben im Schatten. Jetzt widmete er dem geschäftigen Leben ringsum, das da summte, krabbelte, hüpfte, sprang, flatterte und sang, keine Aufmerksamkeit mehr, sondern hielt die Augen gebannt auf den Fleck braunen, niedergedrückten Grases gerichtet, wo *Sie* hätte sein müssen.

Doch ach, die Zeit rückte vor! Jetzt hätte *Sie* bereits weggehen müssen; und *Sie* war noch nicht einmal gekommen! Er ging den Fußpfad entlang bis zu dem flachen Stein, den er ein für allemal ausgesucht hatte, um auf *Sie* zu warten. Dort saß er wachsam und erwartungsvoll, bereit, jeden Augenblick zu der bewußten Stelle im Gras zu springen, sobald *Sie* nur in der Ferne auftauchte! Aber *Sie* kam nicht.

Die Stunde, zu der er sonst seine Mittagsmahlzeit erhielt, verstrich. Es war jetzt Zeit für den Nachmittagsspaziergang. Während er wartend auf dem Stein saß, ging ein Teil von ihm mit *Ihr* den gewohnten Weg entlang. Bald erzählte er *Ihr*, wie müde er war, damit *Sie* ihn auf *Ihrer* Schulter reiten ließ. Einen Augenblick erschien diese Einbildung so wirklich, daß er richtig die Sicherheit und den Trost fühlen konnte, den er immer empfand, wenn *Sie* ihn in den Armen hielt. Ein kurzer Klagelaut entrang sich seiner Kehle. Er war sehr hungrig.

Endlich erblickte er *Sie*. Es war so spät, daß die Schatten schon länger wurden. *Sie* war noch sehr weit entfernt; aber er sprang eilig hinter den Grashaufen, zitternd vor Freude, bereit, hervorzuspringen, sobald *Sie* herangekommen war. Bis *Sie* endlich kam, war er der Sache müde, und das Hervorspringen mißglückte irgendwie; denn er überraschte *Sie* nicht und brachte *Sie* auch nicht zum Lachen. Es gab auch keinen Wettlauf auf das Haus zu. Offenbar hatte *Sie* das vergessen. Er folgte *Ihr* langsam, ging mit *Ihr* hinein und verzehrte das Futter, das *Sie* ihm gab. Das war alles für diesen Tag.

Weil er durchaus nicht wollte, daß *Sie* wieder wegging, machte er am andern Morgen ganz zeitig einen kurzen Spaziergang und kam sehr früh zurück. Doch *Sie* war wieder nicht da auf *Ihrem* Lieblingsplatz im Gras, als er kam. Allerdings war er noch nie so zeitig dort gewesen. Vielleicht war es noch zu früh. Er wartete wie am Tag zuvor, wechselte in den Schatten hinüber, stand auf, ging den Fußpfad entlang bis zu seinem Stein und faßte dort Posten.

Wieder kam die Zeit für sein Mittagessen und ging vorbei. Heute war er nicht hungrig. Heute machte er nicht in Gedanken den Nachmittagsspaziergang mit *Ihr* und fühlte nicht den Trost, von *Ihren* Armen getragen zu werden. Er schrie nicht. Und als er *Sie* in der Entfernung erblickte, versteckte er sich nicht hinter dem Heuhaufen, um *Sie* zu überraschen.

Sie war nämlich nicht allein.

Ein anderer Mensch war bei *Ihr.* Die beiden kamen den Fußweg herauf, miteinander sprechend und lachend. An dem Heuhaufen, hinter dem *Sie* ihn doch eigentlich vermuten mußte, gingen sie vorbei, ohne auch nur einen Augenblick zu zögern. Er blickte hinter ihnen her und beobachtete, wie sie hineingingen. Er blieb, wo er war, auf dem Stein sitzen, auf dem er immer auf *Ihr* Nachhausekommen zu warten pflegte.

Nach einer Weile rief *Sie* ihn. Er ging hin und folgte *Ihr* ins Haus hinein. Der andere bückte sich zu ihm, seine Hand streichelte ihn. Es war eine gute Hand, eine von denen, die er sofort hätte liebhaben können, wenn diese Hand nicht *Sie* berührt hätte! Er erlaubte ihr, seinen Rücken zu streicheln; dann entschlüpfte er ihr und ging fort. Die Hand, die ihn gestreichelt hatte, wurde hochgenommen, um die *Ihre* zu fassen.

Er wußte, daß es ihm jetzt nichts nützen würde, viel Lärm zu machen, über den Boden zu gleiten oder nach einem Papierball zu jagen. Dieser Fremde war anders, ganz anders als die sonstigen Besucher.

Sie erinnerte sich jetzt an sein Futter, setzte es auf den Boden und rief ihn. Er ging auch hin, drehte sich aber gleich wieder weg, ohne etwas berührt zu haben. *Sie* beachtete es gar nicht. Er bat, wieder hinausgelassen zu werden. Er hoffte insgeheim, *Sie* würde es ihm verweigern wie so oft zuvor und würde ihn statt dessen auf den Schoß nehmen und zu ihm sprechen.

Sie schien ihn nicht einmal zu hören! Aber als er weiterbat, machte der andere *Sie* darauf aufmerksam. *Sie* stand auf und öffnete. Eine Zeitlang verharrte er unentschlossen draußen vor der Tür, die nun zwischen ihnen war. Er wußte nicht recht, was er mit sich beginnen sollte. Endlich entschloß er sich, zu dem Stein zu gehen, auf dem er immer auf *Sie* wartete.

Sie kam nicht.

Er wartete, bis die Schatten länger wurden. Jetzt, wußte er ganz genau, war es Zeit für ihn, ins Haus zu gehen. Er stand auf, streckte sich und wandte sich ab von der Richtung, in der *Sie* immer in der Ferne erschien, und blickte zum Hause hin. Dann setzte er sich wieder.

Die Schatten wurden dunkler und dichter und schlossen ihn endlich völlig ein. Ihn schauderte, obwohl er nicht fror. Er drückte sich eng zusammen und kauerte sich nieder. Der Stein begann ein wenig zu glimmen, als wäre es der Geist der Sonne, die ihn tagsüber beschienen hatte. Im Gras neben ihm raschelte, quiekte und zirpte es verstohlen. Weit weg bellte der Fuchs.

Sie kam nicht.

Von Rechts wegen sollte er jetzt im Haus sein, in seinem Körbchen liegen und von dem schönen Tag träumen, der eben vorbeigegangen war. Oder aber er sollte in *Ihrem* Schoß liegen und wohlig schnurren unter *Ihrer* streichelnden Hand. Diese Vorstellung war einen Augenblick lang so lebhaft, daß er *Sie* sehen konnte, wie *Sie* sich lächelnd über ihn beugte, und die Berührung *Ihrer* Hand fühlte.

Er stand plötzlich auf und rief den kurzen, scharfen Schrei der Angst in die Dunkelheit, die zwischen ihm und *Ihr* lag.

Würde *Sie* ihn hören? Es war, als ob sein eigener Körper mit diesem Schrei heim zu *Ihr* geflohen wäre und läge nun warm und zufrieden in *Ihren* Armen. Und der andere wäre fort.

Aus sehr geringer Entfernung kam eine Antwort: Der Fuchs bellte.

Würde *Sie* das hören? Würde *Sie* kommen? Sie war doch sonst immer dagewesen, wenn er *Sie* brauchte! Und jetzt zitterte er.

Das Rascheln, Wispern und Zirpen um seine Füße wurde deutlicher. Das geisterhafte Licht auf dem Stein wurde heller, seine Gestalt aus der Dunkelheit der Nacht wie eine Kamee herausschneidend. Feuchtigkeit stieg vom Boden auf, bedeckte sein Fell und den Stein, auf dem er saß, und tropfte ins Gras wie dünner Regen.

Er hob den Kopf, lauschte gespannt und schnupperte mit der Nase in die Luft.

Würde *Sie* kommen? Noch war es Zeit. Würde *Sie* kommen? Dicht hinter ihm war jetzt ein deutliches Rascheln und Gleiten im Gras. Er sah nicht danach hin, er blickte heimwärts.

Würde *Sie* kommen? Würde *Sie* wie durch ein Wunder plötzlich an seiner Seite sein, gerade wenn er *Sie* brauchte?

Er fühlte einen Atem in unmittelbarer Nähe über sich hinstreichen. Als er sich umwandte, sah er sich zwei feurig glühenden Augen gegenüber. Er hatte kaum Zeit, seine Muskeln zu spannen, bevor der gewaltige stumme Schatten auf ihn prallte. Der Stoß warf ihn auf den Rücken. Wild wehrte er sich gegen den schweren Körper, hieb seine Krallen in das dichte Fell.

Scharfe Zähne gruben sich in seine Kehle. Einen ganz kurzen Augenblick nur war er noch imstande, an *Sie* zu denken, um festzustellen, daß *Sie* dieses Mal also doch nicht gekommen war. Dann stieß ein greller Blitz von Schmerz gegen *Ihr* Bild und zertrümmerte es in tausend Splitter und Scherben. Nebel hüllte ihn ein, wurde dichter, umfing ihn ganz. Die Nacht, die nie endete, löschte alles aus.

M. Mackenzie Scott

Das Geburtstagsgeschenk

Es war Miezes dreizehnter Geburtstag. Da Mieze kein glückliches kleines Mädchen war, sondern eine abgelebte, ziemlich schäbige, ingwerfarbene Katze, ahnte sie nicht, was ein Geburtstag zu bedeuten hatte; denn ihre eigene instinktive Zählmethode kannte keine Ziffern. Aber die Worte «dreizehnter Geburtstag» wurden ihr schon zu früher Morgenstunde wiederholt ins Ohr gerufen, als ihre Herrin, die Pförtnerin eines alten Hauses in Buda, sie aus ihrem Korb nahm und in einer für Mieze sehr unangenehmen Verrenkung an die Brust preßte. Mieze war jedoch so unangenehme Stellungen und so temperamentvolle Liebesbezeugungen gewohnt.

«O mein Liebling! Mutters einziges Kätzchen! Heut ist ja dein dreizehnter Geburtstag, und Mutter hat ein wunderschönes Geschenk für dich!» Mieze wurde gedrückt, geschüttelt und viele Male unter Freudenrufen durch die Luft geschwenkt, bevor sie endlich wieder in ihrem Körbchen landete. «Dreizehn Jahre lang warst du Mutters Trost!» pries die Pförtnersfrau, während sie umherschlurfte und mit viel Lärm das Schlafzimmer aufräumte. «Heute vor dreizehn Jahren wurdest du geboren, genau um vier Uhr nachmittags. Und ich hielt der armen Cilli das Pfötchen, bis alles vorüber war.» Die Frau beugte sich abermals über den Korb, und die alte Katze wurde wiederum ihres Gleichgewichts beraubt und zappelte hilflos wie ein herumgedrehter Käfer auf dem Rükken, die Beine in der Luft. Sie mußte alles über sich ergehen lassen, denn ihre Behendigkeit hatte sie längst eingebüßt.

Ihre Herrin hing über dem Korb und streichelte sie unaufhörlich. Ihr gealtertes Gesicht war mit Rouge und Puder hübsch gemacht, ihre Zähne waren mit viel Gold gefüllt. Perlen, so groß wie kleine Monde, waren an ihren Ohrläppchen befestigt, und ein rotes Baumwolltuch bedeckte ihren Kopf. «Meine arme Mieze ist Witwe», fuhr die Frau fort, «aber du hast deinen Max nicht vergessen, der von einem bösen Hund totgebissen wurde... He, Teri! Die Milch brennt an!» Die Tür hinter sich zuschlagend, stürzte sie in ihre kleine Küche.

Erlöst von der lauten Stimme und den allzu liebevollen Händen, kam Mieze allmählich wieder zu sich. Nachdem sie sich im Zimmer umgesehen und einen Augenblick noch den Stimmen in der Küche gelauscht hatte, begann sie ihre Morgentoilette. Die erste Bewegung war ein oberflächliches Lecken über das weiße Fell ihrer Vorderpfoten und ihrer Brust. Damit hatte sie sich sozusagen zu dieser Arbeit entschlossen, und sie reinigte ihre rechte Pfote jetzt gründlich von beiden Seiten, außen und innen, die Krallen herausstreckend und emsig die staubigen Büschel dazwischen mit ihren alten, stumpfen Zähnen herausbeißend. Nachdem sie ihre Pfoten für sauber hielt, feuchtete sie die rechte mit der Zunge an und legte sie an die rechte Schläfe, um sich etwas Störendes aus dem Auge zu wischen, das sie zuweilen plagte. Nun begriff sie in diesen Reinigungsprozeß noch ihre Nase ein, die trotz ihrer fortgeschrittenen Jahre derselbe niedliche weiße Knopf geblieben war wie in ihrer Kindheit. Ziemlich schnell ging ihre Pfote über das rechte Ohr weg, denn das war unwichtig, weil ein Teil davon in ihrer Jugend von einem Hund abgebissen worden war. Aber das Ohrinnere wurde säuberlich und mit viel Sorgfalt gebürstet, gerieben und poliert.

Endlich machte Mieze eine Pause. Sie blieb tief aufatmend sitzen und starrte mit ihren blanken goldenen Augen das Tischbein an. Nachdem sie auch noch Rücken und Bauch gesäubert hatte, stieg sie bedächtig aus ihrem Korb und ging ans offene Fenster. Sie sprang auf einen Stuhl und sah durch das Drahtgitter hinaus, das die Öffnung verschloß. Sie mochte den Draht nicht, denn er hielt ihre Krallen fest, wenn sie die Pfoten durchzustecken versuchte, und wenn sie ihre Nase in eines der Löcher steckte, wurden ihre Schnurrhaare beschädigt. In ihrem Gedächtnis spukte noch immer eine schwache Erinnerung daran, wie sie früher frei in der Sonne auf dem Fensterbrett sitzen konnte neben dem alten Kater Max, der lange Jahre ihr Kamerad gewesen war. Aber sie wußte nicht, wie lange das zurücklag, noch brachte sie den Maschendraht mit dem Verschwinden von Max in Zusammenhang.

Mieze fühlte sich ziemlich schläfrig nach ihren Anstrengungen; aber ihre Herrin fegte gerade den Hof mit einem langen Besen aus Weidenzweigen, und ihre schnellen, lebhaften Bewegungen fesselten Miezes Aufmerksamkeit.

«He, Teri! Mach endlich den Vogelkäfig sauber!» rief sie ihrer Schwester zu, während sie den Staub aus den Winkeln tanzen ließ.

«Ja, ja», piepste eine Stimme aus der Küche, und Teri erschien im Hof. Sie war eine schwächliche kleine Person mit einem ziemlich langen Rock und einem blauen Tuch um den Kopf. Ihre Augen spiegelten die Geduld und die Ängstlichkeit derer, denen Sprechen und Hören schwerfällt.

«Das ist der letzte Tag, an dem ich die Arbeit für die Baronin mache», knurrte die Pförtnerin, während Teri das Näpfchen des Kanarienvogels ausschüttete. «Kein Mensch würde sich ihr Keifen und ihren Geiz gefallen lassen, aber ich wollte doch durchaus meiner lieben kleinen Mieze das schöne Geschenk machen.» Die hinter dem Drahtgitter hockende Katze öffnete die Augen beim Klang ihres Namens. «Zwanzig Pengö monatlich ist sehr wenig für Geschirrabwaschen und Dielenputzen jeden Nachmittag! Aber als der Mann mir sagte, das Geschenk würde zwanzig Pengö kosten, habe ich zugesagt und mir das Geld auf diese Weise verdient.»

Jetzt erschien der Schuster, der im Hof wohnte, im Rahmen seiner Tür. Er war ein dicker ältlicher Mann mit rotem Gesicht und rotem Haar, das zu ergrauen begann.

«Na, wie steht es nun mit dem Geburtstagsgeschenk?» erkundigte er sich heiter.

«Der Mann wird es um halb sechs herbringen», antwortete die Pförtnersfrau aus ihren Staubwolken heraus. Dann warf sie den Besen auf ein leeres Blumenbeet an der Mauer und verzog sich in ihre Küche. Teri folgte ihr bald darauf. Jetzt war nichts mehr im Hof, das Miezes Schläfchen stören konnte, außer der Stimme des Kanarienvogels, der im Sonnenschein trillerte; aber das war schon lange zur Gewohnheit geworden.

Gegen Mittag erwachte sie von einem Geräusch, das sie beunruhigte. Zuerst wußte sie nicht, wo sie war, als sie die Augen öffnete. Die Pförtnerin rannte herein und hinaus und setzte Näpfe auf den Boden vor den Korb. An den Ausrufen und den verschiedenen Gerüchen merkte Mieze, daß ihr heutiges Mittagsmahl etwas Besonderes war. Aber als sie ihr Körbchen verließ, um es in Augenschein zu nehmen, bückte sich die Pförtnerin und hob sie auf den Schoß. «Meine Mieze muß hübsch sein an ihrem dreizehnten Geburtstag!» rief sie und begann ihr ein blaues Seidenband um den Hals zu binden. «Bist doch meine brave Mieze! Keine unerlaubten Wege! Kein Entwischen in der Nacht! Es ist deine Ehrbarkeit, Mieze, die dich jung erhalten hat. So, jetzt bist du hübsch und bereit für deinen Geburtstagsschmaus!» Die Pförtnerin sprang auf, und die steife alte Katze plumpste auf den Boden neben die Reihe der für sie bestimmten Schüsselchen. Erst mußte sie einen Augenblick stehenbleiben, bis sie ihr körperliches und geistiges Gleichgewicht wiedererlangt hatte; dann machte sie sich daran, den delikatesten Geruch herauszufinden.

Nachdem die Nachmittagsstille über das Haus gekommen und die Pförtnerin weggegangen war, um die Hausarbeit bei der Baronin zu verrichten, öffnete Teri die Tür zum Schlafzimmer. Mieze wartete an der Seite, damit beschäftigt, den Nachgeschmack ihrer Mahlzeit von Lippen und Kinn zu lecken; dann schlüpfte sie schnell hinter Teri her, um in die Sonne hinauszukommen. In der Mitte des Hofes setzte sie sich nieder und ließ die Schwanzspitze unternehmungslustig zucken, als wollte sie ihre wiedergewonnene Unabhängigkeit dartun. Ihre Hast war unnötig gewesen; denn Teri war ein armes, behindertes Geschöpf, das sie nicht zurückholen konnte. Mieze fühlte sich irgendwie belästigt durch das blaue Band, das unter ihrem Kinn hing, und versuchte, es mit ihrer Pfote abzustreifen; aber ihre Anstrengungen waren vergeblich. Sie streckte nun ein Hinterbein ganz weit aus, um es dann umständlich wieder einzuziehen und sich mit der Pfote hinterm Ohr zu kratzen. Nachdem sie sich diese kleine Erleichterung verschafft hatte, blinzelte sie gemächlich in die Runde, als erwartete sie den guten Einfall, der entscheiden würde, was sie jetzt beginnen sollte.

Über ihr trillerte verlassen der Kanarienvogel; drüben saß der Schuster in seiner offnen Tür und klopfte hölzerne Stifte in eine Schuhsohle. Mieze glitt lautlos in die Nähe seiner Tür.

«He, Mieze», rief der Schuster weiterpochend, «du ahnst gar nicht, was dir bevorsteht, du alte Schraube! Hahaha! Du wirst ein Geschenk bekommen, worüber dir die Haare auf deinem alten Kopf zu Berge stehen werden!»

Mieze wendete ihren also bedrohten Kopf vorsichtig von der Tür weg. Obwohl sie nicht wußte, was der Schuster ihr da prophezeite, fühlte sie, daß sie von ihm reichlich genug hatte. Sie glitt an der Mauer entlang und bog in den Torweg ein, der zur Straße führte. Er war eng, zwei Türen lagen in der Mitte einander gegenüber. Eine davon war halb offen. Mieze näherte ihre Schnurrhaare dem Spalt.

«Mach, daß du wegkommst, du schmutziges Vieh!» rief eine helle Frauenstimme. «Untersteh dich, in meine Küche zu kommen! Geh weg.» Ein Besen kam so plötzlich durch den Spalt geflogen, daß er Mieze an der Brust traf und sie mit ungewöhnlicher Gelenkigkeit zur Seite springen ließ. Jetzt öffnete sich die Tür auf der andern Seite, und eine fette Frau mit einem Tuch um den Kopf sah heraus. Es war die Zeitungshändlerin, die das einzige Zimmer an dieser Seite bewohnte.

«Arme Mieze, arme alte Katze!» rief sie in tröstendem Singsang. «Können sie dich dort nicht leiden? Beschimpfen sie dich?! Na, laß gut sein!»

Die junge Frau mit dem Besen stieß ihre Tür auf. Sie war groß und hatte ein blasses, mürrisches Gesicht. Seit wenigen Wochen war sie verheiratet; aber ihre Augenlider waren ständig vom Weinen gerötet. «Ich will dieses schmutzige alte Vieh nicht in meiner Küche haben», sagte sie herausfordernd. «Man muß sehen, daß man es los wird, es ist ungesund, es in der Nähe zu haben.» Vor Nervosität kamen ihr Tränen in die Augen, während sie sprach, und die dicke Frau betrachtete sie mit mitleidigen, mütterlichen Augen.

«Komm doch in mein Zimmer, meine Liebe», sagte sie freundlich, «ich will das Radio anstellen; es wird dir guttun, ein bißchen Musik zu hören.»

Mieze kehrte um und stahl sich durch den Torweg zu den krummen Stufen, die zu der einzigen Wohnung im ersten Stock führten. Den inneren Teil der Wohnung vermied sie, weil sie aus Erfahrung wußte, daß dort Fremde – oft sehr unliebenswürdige Fremde – logierten. So durchschritt sie die Küche und ging auf die kleine Veranda, die gleichzeitig das Dach der Pförtnerswohnung bildete. Die Veranda war ein schmutziger Platz mit halbwelken Blumen, die in schmalen Kästen im Winkel standen. Verblaßte Photographien in Muschelrahmen schmückten die Wände. Ein verrottetes Brett, bedeckt mit kleinen Portionen von gekochtem Vogelfutter, lag nahe dem eisernen Geländer, durch das man in den Hof hinabsehen konnte. An der Seite der Veranda stand eine große hölzerne Truhe mit Dünger, der dafür bestimmt war, die Erde in den Blumenkisten zu verbessern. Auf dieser Truhe hielt der Besitzer der Wohnung gewöhnlich sein Nachmittagsschläfchen. Mieze war der Anblick seines kahlen Kopfes, der am Ende der Truhe auf einer Matte ruhte, ebenso vertraut wie die Bewegungen seines grauen Schnurrbarts, die dem Rhythmus seines Schnarchens entsprachen. Als sie auf die Truhe sprang, bemerkte sie einige Fliegen, die um des Mannes heraufgezogene Knie herumsummten. Sie stand ein paar Sekunden bewegungslos, bis eine von ihnen sich auf der grauen Hose niederließ; da hob sie die Pfote und schlug danach.

«He!» schrie der alte Mann, unsanft geweckt von dem Tatzenhieb. «Geh weg, Mieze! Scher dich weg, alter Störenfried!» Er setzte sich auf, trampelte laut auf den Fußboden und klopfte mit seiner langen Pfeife gegen die Truhe.

Mieze sprang auf den Boden und verbarg sich hastig; aber nachdem er sich wieder ausgestreckt hatte, um weiterzuschlafen, kehrte sie zurück, saß da und beobachtete die Fliegen, die ihn umschwirrten. Eine Fliege ging spazieren von dem kahlen roten Schädel bis zu den Augenbrauen, danach vom Genick zum Hals und erhob sich dann, anscheinend frohlockend und befriedigt, um gleich darauf ihre Reise von neuem zu beginnen. Der Anblick der winzig kleinen, beweglichen Körper erweckte in Miezes Brust eine seltsame Erregung. Die Spitze ihres Schwanzes zuckte, und zuletzt konnte sie es nicht länger ertragen, hob die Pfote und schlug auf den kahlen roten Kopf.

«Oh, mein Gott!» schrie der Auffahrende. «Kann denn ein alter Mann nicht einmal auf seiner eigenen Veranda Ruhe haben? Diese verdammte Katze will mich nicht schlafen lassen!» Brummend und seinen Hinterkopf reibend, schlurfte er in die Küche.

Aus Widersprüchen zusammengesetzt, wie die Katze nun einmal von der Natur geschaffen ist, verlor Mieze jetzt plötzlich das Interesse an den Fliegen. Sie drehte sich um und sprang, ihre Kräfte zusammennehmend, auf den einzigen Stuhl, der auf der Veranda stand. Es war ein altes Strohding, vom Wetter geschwärzt und abgenutzt. In der Mitte des Sitzes war ein Loch, aber Mieze war es gewohnt, auf der Kante zu balancieren. Sie nahm ihre Lieblingsstellung ein, die Beine unter dem Körper.

Ermutigt von der Stille auf der Veranda, hüpften ein paar Sperlinge vom Dach herab und begannen an dem Futter auf dem Brett zu picken. Mieze beobachtete sie bewegungslos mit unergründlichen Augen, während sie nahe dem Geländer herumhüpften, zwitscherten und sich zankten. Jeder versuchte die andern von den Blumentöpfen zu verscheuchen. Mieze war viel zu alt, um ihnen gefährlich zu werden.

Als sie jetzt zum Himmel hinaufblickte, sah sie die Schwalben, die sich für ihren großen Herbstflug in den Süden übten. Eine Amsel saß auf dem Rand des Schornsteins, mit dem Schwanz wippend und in den dunklen Rauchfang hinabschauend. Vor langer Zeit war Mieze gern über die Dachziegel geglitten, die Schwalben beobachtend, wie sie hin und her schossen, gelegentlich auch einmal einen unachtsamen Sperling fangend, dort oder drüben an der Regenrinne. Sie war auf dem Dachfirst entlanggekrochen und oft genug sehr dicht herangekommen an die frechen Amseln, die auf dem Schornsteinsims saßen. Während sie jetzt hinaufstarrte, waren diese Erinnerungen weniger als Bilder in ihrem Kopf vorhanden, sondern als ein Bewußtsein in ihren steifen alten Muskeln. Ihre Augen schlossen sich ein- oder zweimal, als sie den Schwalben nachsah, und zuletzt sank ihr Kopf mit einer beinahe feierlichen Bewegung hinunter. Sie zog die Beine näher an den Körper. Nacheinander hüpften die Sperlinge nun auf den Rand der Veranda. Miezes Kopf begann hin und her zu schwanken wie der Kopf einer sehr alten Frau. Sie konnte nicht mehr nach den Sperlingen springen oder aufs Dach hinaufklettern; aber sie konnte in ihren Nerven noch immer das Hochgefühl von geschmeidigem Aufwärtsfliegen und mühelosem Absprung nachempfinden.

Als die Sonne im Sinken war, wurde Mieze von Schritten auf der Veranda geweckt. Eine Frau kam aus der Küchentür. Mieze wußte sofort, daß es eine Fremde war, noch während sie einige Schritte von ihr entfernt war, weil ihr Kleid lieblich und neu roch. Die Kleider der Leute im Hof rochen nach ranzigem Fett und Tomatensuppe oder nach Tabak; manchmal rochen sie ebenso wie die rostigen Gitter auf dem Pflaster vor dem Hause. Als die Fremde nahe an sie herankam, sah Mieze zu ihrem Gesicht auf, und die Fremde blickte zu ihr herunter und murmelte ein Wort vor sich hin. Mieze wußte zwar nicht, was das Wort bedeutete; trotzdem erfüllte es sie mit einem plötzlichen, unerklärlichen Entzücken. Da sie wußte, daß sie ihren Kopf nicht an dem Kleid der Fremden reiben durfte – sie hatte das aus sehr schlechten Erfahrungen mit Frauen, deren Kleider neu rochen, gelernt –, zupfte sie mit zitternden Pfoten das Stroh vom Sitz des Stuhles, während sie laut, mit hocherhobener Nase, schnurrte. Ihre Sinne waren wie hochempfindliche Antennen. Sie verrieten ihr, daß die Fremde gütig war, freundlich eingestellt ihr gegenüber und fähig, ihr wunderbare und unbegrenzte Wohltaten zu erweisen. Als ihr Schnurren erwartungsvoll anschwoll und ihre Krallen den Stuhlsitz immer aufgeregter bearbeiteten, hörte sie die Tür der Wohnung aufklinken und ihrer Herrin Schritte hereinkommen.

«Mieze! Mieze!» rief die Pförtnerin, als sie die Veranda erreichte.

Mieze sprang von ihrem Stuhl und rannte zu der Fremden. Ihr Instinkt sagte ihr, daß sie sicher und wohlbehütet sein würde, wenn sie sich an die Fremde hielte, und daß dann ihr tägliches Unglück aus ihrem Leben verschwinden würde. Und als sie sich hinter der Fremden versteckte, konnte sie nicht widerstehen, schnell einmal den Schwanz um eines ihrer Beine zu winden.

«Ist das Ihre Katze?» fragte die Fremde die Pförtnerin, indem sie auf die Katze niederschaute.

«Ja, seit dreizehn Jahren habe ich sie. Und heute ist gerade ihr Geburtstag!» lachte die Pförtnersfrau. »Eine anständigere Katze hat noch nie gelebt, glauben Sie mir! Sie hat nur einmal in ihrem Leben ein Junges gehabt, und sie schien ganz erschrocken über das arme kleine Ding… Komm jetzt, Mieze, komm mit herunter zu Mutter!»

Vergeblich versuchte Mieze dem Eingefangenwerden zu entgehen, indem sie sich um die Beine der Fremden herum zurückzog; das Schicksal, das für sie immer irgendein menschliches Wesen bedeutete, war unerbittlich. Die Fremde lachte und trat zur Seite, die Pförtnerin schoß auf Mieze herab, und dann wurde sie, obwohl sie mit den Beinen strampelte und den Schwanz aufrührerisch schlug, nach unten getragen.

Im Hof sprach die dicke Zeitungsfrau gerade mit Teri. Sie hatte bereits ihre hellgrüne Wolljacke angezogen, weil sie in einer halben Stunde die Abendzeitung austragen mußte. »Ich habe eben Teri von dem armen jungen Ding erzählt», berichtete sie, der Pförtnerin ins Haus folgend. «Sie ist Waise, und sie besaß nichts außer ihren Kleidern, als sie ihn heiratete. Er kaufte die Möbel, und jetzt macht er ihr nun das Leben zur Hölle.»

«Was Sie nicht sagen!» antwortete die Pförtnerin geistesabwesend, während sie Mieze in ihren Korb setzte. «Oh, da ist er ja!» rief sie, zum Fenster hinausschauend und in die Hände klatschend. «Endlich bringt er ihn!»

Mieze setzte sich auf und leckte die Haare an ihrer Brust zurecht; dann zerkratzte sie das blaue Band, das sie um den Hals trug. Ihre Stimmung verdüsterte sich. Ihrem Empfinden nach hatte der Tag gerade genug unerwartete Dinge gebracht. Da war nach ihrem Geschmack viel zuviel Kommen und Gehen. Sie starrte den fremden Mann im Türrahmen mit schmalen Augen voller Abneigung an.

«Guten Tag, liebe Frau! Ich bringe die Arbeit wie versprochen. Sieht sehr hübsch aus, muß ich sagen.» Der Mann begann das große Paket, das er trug, zu öffnen; aber die Pförtnerin verwies es ihm: «Ich möchte nicht, daß sie ihn nach und nach zu sehen bekommt», sagte sie aufgeregt. «Sie muß ihn gleich im ganzen sehen, nachdem er ausgewickelt ist. Ich werde ihn hinter dem Bett auspacken.»

Der Mann zog ein zerknittertes Blatt Papier aus der Tasche. «Zwanzig Pengö, wie wir ausgemacht haben», sagte er und reichte es ihr.

Die Pförtnerin öffnete eine Schublade und nahm ein abgenutztes Portemonnaie heraus. Sie seufzte, als sie das Geld in des Mannes schmutzige Handfläche zählte. Zwei große Silberstücke und zehn kleinere Münzen. Es war alles, was die Börse enthielt.

»Danke, liebe Frau, es stimmt», sagte der Mann und steckte das Geld in die Tasche. «Wenn Sie es später einmal wieder wünschen», fügte er hinzu, mit seinem kurzen Zeigefinger auf Mieze weisend, «dann rechne ich Ihnen nur fünfzehn Pengö.»

Die dicke Zeitungsfrau begann zu kichern, als der Mann das Zimmer verließ, und die Pförtnerin ließ sich auf die Knie nieder, um das Paket hinter dem Bett auszupacken. «Miezes Geburtstagsgeschenk ist da!» rief sie durch das Fenster dem Schuster auf der anderen Seite des Hofes zu. «Kommen Sie es doch ansehen!»

Aufrecht in ihrem Korb sitzend, wurde Mieze zusehends kleiner. Ihre goldenen Augen glitten von einem Gegenstand zum andern. Ihre scharfen, beinahe übernatürlichen Sinne hatten ihr gesagt, daß etwas Seltsames bevorstand. Was es war, wußte sie nicht, auch nicht, wo es war. Die Ahnung von etwas Unangenehmem machte alle Geräusche und alles, was sie sah, fremd – so das Papiergeraschel am Ende des Bettes, das Kichern der Zeitungsfrau, das Tischbein neben ihrem Korb und die leere Kohlenkiste an der Tür. Mieze warf einen trüben Blick auf den Schuster, der soeben eintrat; aber ihre Furcht stand in keinem Zusammenhang mit ihm, auch mit Teri nicht, die hinter ihm kam. Sie hatte nie zuvor so viele Menschen in dem kleinen Zimmer gesehen noch so viel Gelächter gehört, und ihre Nerven vibrierten.

«Hier ist dein Geburtstagsgeschenk!» rief die Pförtnerin, indem sie sich auf den Boden neben Miezes Korb setzte. «Hier ist dein geliebter Max! Zurückgekommen zu seiner Mieze! Sieh ihn dir an, Mieze! Er sieht genau so aus, als ob er lebte!»

Mieze starrte auf das Ding auf dem Fußboden vor ihr, und jedes Haar an ihrem Körper sträubte sich. Das Ding sah Max ähnlich; aber es roch nicht wie Max! Es glotzte sie an mit glänzenden Augen, deren Unbeweglichkeit eine Drohung enthielt, der sie nicht gewachsen war. Und der Geruch war todesähnlicher, abstoßender als alles andere, was Mieze bisher gekannt hatte. Einen Augenblick blieb sie unentschieden und bewegungslos; dann brach ihre Seelenangst in einem gellenden Schrei aus. Spuckend und fauchend wich sie rückwärts über den Rand ihres Korbes aus und versuchte, auf das Bett zu springen. Aber sie verrechnete sich in der Entfernung und glitt auf den Fußboden zurück, die Bettdecke mit ihren Krallen herunterziehend.

«O guter Gott, Mieze!» jammerte die Pförtnerin. «Sie ist erschrocken vor Max!»

Sie wollte die Katze von der Bettdecke lösen; aber Mieze wehrte sich und schlug ihr die Zähne in die Hand. Die Pförtnerin riß sich mit einem Schrei von ihr los, und Mieze sprang erneut auf das Bett, flog über die Kissen und landete, ihre schwachen Kräfte zusammenreißend, schreiend auf dem Kleiderschrank. Das da unter ihr schien ihr ein Höllenspuk.

«Was geht denn hier vor?» fragte der Kohlenträger durch das offene Fenster. Er hatte wie allwöchentlich seine Last Holz nach oben getragen und im Hof den Lärm gehört.

«Oh, du mein Himmel, Mieze ist verrückt! Mieze ist verrückt!» piepste Teri mit zitternden Händen. Sie sah aus wie ein verängstigter Gnom mit ihrem Kopftuch und ihrem schleppenden Rock.

«Mein armer Liebling!» jammerte die Pförtnerin. «Es ist doch ihr dreizehnter Geburtstag, und ich wollte ihr etwas Gutes antun!»

«Ich werde sie einfangen», sagte der Schuster, indem er einen Stuhl heranzog.

Mieze fauchte oben auf dem Kleiderschrank; ihre Augen glühten rot. Niemand kam es in diesem Augenblick in den Sinn, zu sagen, daß das eine Stuhlbein zerbrochen gewesen und nur notdürftig angeleimt war. Der Schuster stieg hinauf, das Bein gab nach, und bei dem Bemühen, sein Gleichgewicht zu bewahren, trat er mit dem Fuß so heftig auf den dünnen Holzsitz, daß er ebenfalls zerbrach. Die Schreckensschreie der Frauen begleiteten seinen Sturz.

«Jesus, Maria!» Der Kohlenträger schrie laut auf, während er sein rundes, verschwommenes Gesicht an das Drahtgitter preßte.

«Ich werde sie schon herunterkriegen», sagte der Schuster in unheilvollem Ton. Mit gerötetem, ärgerlichem Gesicht stieß er die Frauen zur Seite und verließ die Stube, sich die Sitzfläche reibend. Kurz darauf kehrte er mit einem Eimer voll Wasser und einem langstieligen Besen zurück.

«Einen Besen nehmen für meine Mieze!» wehklagte die Pförtnerin und rang die Hände.

«Besser wäre es, ihr würdet die ausgestopfte Katze verstecken», riet der Kohlenträger, indem er eine bequemere Stellung vor dem Fenster einnahm.

Teri hob Max vom Boden auf und verbarg ihn in einer Kommode.

«Jetzt müßt ihr zurücktreten», sagte der Schuster, den Eimer neben dem Schrank niedersetzend. Er packte den Besen in der Mitte mit einer Hand und hob ihn wie einen Speer über den Kopf. Als die Borsten über den Rand von Miezes Versteck kamen, begann sie zu spucken und dagegen zu kämpfen. Der Schuster bewegte den Besen von einer Seite zur andern; denn er wollte nicht, daß ihm Mieze auf den Kopf sprang. Als sie unversehens auf die andere Seite schoß, flog der Besenstiel zurück, schlug gegen die Hängelampe und zerbrach das dünne Glas.

«Die ist dahin!» rief der Kohlenträger draußen vor dem Fenster.

«Halt den Mund, du Landstreicher!» brüllte der Schuster mitten in der Arbeit. «Sonst will ich dir eins versetzen, damit du Grund hast, ihn aufzumachen!»

«Steigen Sie hier drauf», sagte die Zeitungsfrau, indem sie ihm einen Küchenschemel reichte. «Er ist fest», keuchte sie und wischte sich mit dem Handrücken die Lachtränen aus den Augen.

Der Schuster stieg auf den Schemel. Er konnte Mieze nicht sehen; denn es dämmerte stark, und sie war bis zur Wand zurückgewichen. Er fühlte jetzt, daß der Besen etwas Festes berührte, das Widerstand bot. Mit einem frohlockenden Siegesruf stieß er zu, und eine alte Küchenuhr, die dort seit Jahren vergessen gelegen hatte, polterte herab. Sie landete ausgerechnet in dem Wassereimer. Der kleine Hof widerhallte von dem Freudengeschrei des Kohlenträgers. Die Pförtnerin begann zu weinen; Teri machte sich mit erschrockenem Gesicht daran, das übergeschwappte Wasser aufzuwischen. Der Schuster gönnte der Uhr einen einzigen Blick, dann schlug er mit dem Besen wütend auf die Decke des Schrankes ein, bis der Besen Mieze traf. Mit zornigem Schwung warf er sie auf das Bett. Schlapp fiel sie auf den Rücken. Er ergriff sie beim Nackenfell, tauchte sie zweimal ins Wasser und warf sie mit der abschließenden Bemerkung «So, das wäre getan!» auf den Boden.

Tränen strömten über das Gesicht der Pförtnerin, als sie Mieze aufnahm und mit einem Handtuch trockenrieb. Die alte Katze lag in ihren Armen und rührte sich nicht, nur krampfhafte Zuckungen zitterten zuweilen über ihren Körper.

«Vielleicht kommt sie wieder in Ordnung, wenn sie trocken ist», sagte die Zeitungsfrau zweifelnd und beugte sich nieder, um Augen und Zähne der Katze zu untersuchen. «Sie ist nicht verrückt, sie hat sich nur furchtbar erschrocken.» Mißbilligend schüttelte sie den Kopf. «Den Lohn für einen Monat Arbeit für das Ding dranzugeben – das war kein glücklicher Einfall», fügte sie hinzu. Dann drehte sie sich um und hastete aus dem Zimmer, denn es wurde jetzt höchste Zeit für sie, den abendlichen Rundgang anzutreten.

Teri trug den Eimer auf den Hof hinaus und kam zurück, um ein warmes Tuch um die Schultern zu nehmen; denn auch sie mußte jetzt zu ihrer abendlichen Arbeit weggehen. Draußen im Hof tauschten der Schuster und der Kohlenträger einige grobe Worte, bevor sie sich trennten.

Nachdem alles ruhig war, legte die Pförtnerin Mieze in ihren Korb und stopfte ein Stück Flanell um sie herum, um sie warm zu halten. Dann stellte sie den Korb draußen auf die Türschwelle und setzte sich daneben in dem milden Herbstabend. Des Schusters Lampe schien von der gegenüberliegenden Seite in den Hof heraus, und wieder klopfte sein Hammer. Über dem alten Schornstein erschien ein Stern, und plötzlich war die Farbe am Himmel ausgelöscht. Die Pförtnerin schluchzte in ihre Schürze. «Arme Mieze, arme, arme Mieze!» sagte sie erstickt mitten in ihren Tränen. Endlich hob sie ihr tränennasses Gesicht und lehnte den Kopf an den Türrahmen. «Oh, lieber Gott», flüsterte sie in die Dunkelheit hinein, «dafür zwanzig Pengö! Und ich hätte so nötig neue Schuhe gebraucht!»

In dem Korb neben ihr lag die alte Katze ohne jede Bewegung, denn die Zuckungen quälten ihre steifen Glieder nicht mehr.

Warren Chetham-Strode

Das große Abenteuer

Tania, nun schon vier Monate alt, wuchs zu einer außergewöhnlich hübschen Katze heran. Ihr Fell wurde dunkler, ihre Ohren und Pfoten waren nun tiefschwarz, oder doch fast tiefschwarz, und die Schattierungen auf ihren Beinen wirkten wie Strümpfe. Ihre großen Augen leuchteten in strahlendem Blau, und im Dunkeln glänzten sie granatrot. Ihr Schwanz war lang und seidenweich. Wie die anderen wurde auch sie dreimal täglich zu ihrem großen Vergnügen von Mary gebürstet. Sie empfing Liebe und gab Liebe zurück. Ihr Wesen war, alles in allem, friedvoll ausgeglichen.

Nur eine Sache verwirrte sie, und das war die Begrenztheit ihrer Welt. Sie hatte Ting von weiten Streifzügen über die Felder hinter der Gartenböschung heimkommen sehen, und einmal hatte sie gehört, wie er Thai davon erzählte, daß er von dem Baum auf dem Hügel das Meer gesehen hätte. Aber so weit über die Grenze des Gartens hinaus war sie nie gekommen – nicht einmal, wenn der Mann oder die Frau sie begleitete. Obwohl sie beide zärtlich liebte, lag ihr doch die Sehnsucht im Blut, zuweilen fortzugehen. Frei zu sein, in sich das Bewußtsein ihrer Persönlichkeit aufzurichten und zu befestigen – danach stand ihr Verlangen.

Jene Sehnsucht spürte sie besonders heftig eines frühen Nachmittags, als sie im Drahtgeflecht am Ende des Küchengartens ein Loch entdeckte. Sie blickte rasch um sich und sah, daß die Frau eben einen Kohlkopf schnitt und ihr den Rücken zuwandte. Dies war ihr Augenblick! Mit einem Satz war sie durch die Zaunlücke und im Durcheinander von Gras und Unkraut auf der anderen Seite verschwunden. Dort lag sie einige Minuten lang ganz still. Dann hörte sie die Frau rufen: «Tania! Tania, wo bist du?»

Nach einer Weile wurde es wieder ruhig, und Tania vernahm, wie die Küchentür zufiel.

Sie legte die Ohren zurück und erschnupperte sich ihren Weg durch das Gewirr und Gestrüpp von Gras und Buschwerk. Mit innigem Vergnügen hob sie ihre Nase in die neuen Gerüche, und lebensgierig und voller Aufregung genoß sie ihre neue Freiheit.

Sie sah einen Käfer aus einem Loch in der Erde hervorkriechen und fuhr auf ihn los. Sie spießte ihn mit einer Kralle auf, zupfte ihn mit den Zähnen wieder los und begann, ihn zu fressen. Er sagte ihrem Geschmack jedoch nicht zu, und so spuckte sie ihn wieder aus. Einer seiner Flügel hatte sich in Tanias Barthaaren verfangen, und mit Hilfe eines Grasbüschels kämmte sie ihn heraus.

Jenseits des Gebüsches lief ein Feldweg einen großen, braunen Acker entlang. Darin waren Wagenspuren eingefurcht, über die Tania vorsichtig und sorgsam ihren Weg wählte. Auf der anderen Seite gab es, für Tania völlig unerwartet, einen Weiher, der von Binsen und Riedgras umwachsen war. Nun spitzte sie die Ohren und schlich sich verstohlen auf Zehenspitzen vorwärts, bis sie unter den Binsen Deckung fand. Das war Abenteuer, das war Leben! Dann vernahm sie einen Laut.

Sie duckte sich, und ihre Ohren waren nicht mehr gespitzt, sondern ganz zurückgelegt. Sie konnte spüren, wie sich die Haare über ihrer Wirbelsäule aufrichteten und ihr Schwanz dicker wurde. Der Laut erklang wieder. Was es auch sein mochte – sie beschloß, ihre Stellung zu behaupten, dem Schlimmsten ins Auge zu sehen und es zur Not auch mit Zahn und Kralle anzugehen. Tania litt keinen Mangel an Courage.

Die Kuh hob ihren Kopf aus dem Weiher. Von ihren rosa Lippen tropfte Wasser. Sie betrachtete Tania, und Tania starrte zurück. Das war kein Mann – sie sah es auf den ersten Blick. Aber was es auch sonst hätte sein können – davon hatte sie nicht die leiseste Vorstellung. Schafe waren ihr, da sie vom Fenster des Mannes welche sehen konnte, wohl bekannt, und sie sahen ziemlich dämlich aus. Aber dieses Ding da – das kannte sie nicht.

Nach einer kleinen Weile nahm die Kuh ihre Vorderbeine aus

dem Wasser und stieg, Kreise mit dem Schwanz schlagend, die Böschung auf der anderen Seite des Weihers hinauf. Tania nahm sich,
noch immer mit wild pochendem Herzen, fest vor, Ting zu fragen,
was das war, falls sie sich dann noch genau genug erinnern konnte,
um die Erscheinung zu beschreiben.

Sie umlief die Seite des Weihers, wobei sie sich so gut wie möglich in Deckung hielt, bis sie an einen Graben kam, der unter einer
Hecke am Feld entlangführte. Natürlich war das Tings Jagdrevier,
und Tanias Ehrgefühl sagte ihr deutlich, daß sie jeden Gedanken
daran aufzugeben hatte, in seinem Gehege etwas zu töten. Aber
wenn Rechtsempfinden und Versuchung aneinandergeraten, dann
behält bekanntlich die Versuchung fast immer die Oberhand. Und
die Amsel war nur acht Katzenlängen entfernt.

Tania lag mäuschenstill, und alle Gedanken an Ting verließen
ihren Kopf, um sich übers Feld davonzumachen. Ihr Körper war
eng an die abgestorbenen Blätter im Graben gepreßt, ihre Ohren lagen zurück, und ihre Muskeln spannten sich zum Sprung. In dieser
Stellung wartete sie ganze fünf Minuten. Die Amsel saß zu hoch
oben am Grabenrand, als daß Tania sie in einem Anlauf hätte erreichen können. Sie mußte warten, bis der Vogel in den Graben her-
unterhüpfte, und das würde er, wie Tania fest annahm, bald tun,
weil sein Genosse weiter oben nach ihm rief. Er plusterte sein Ge-
fieder auf, putzte seinen einen Flügel mit seinem gelben Schnabel
und hatte keine Ahnung von Tanias Anwesenheit. Dann flog er in
den Graben herunter.

Als er aufsetzte, sprang Tania. Es war ihr erster ernstgemeinter
Angriff, und sie sprang daneben. Nur zwei Schwanzfedern, auf
einer unblutigen Kralle aufgespießt, blieben ihr als schwacher Trost
in ihrer bitteren Enttäuschung. Die Amsel saß inzwischen auf dem
obersten Ast eines Weißdorns und schimpfte mit so unwieder-
holbaren Ausdrücken, daß sich sogar eine Feldmaus die winzigen
Ohren zuhielt und in die Erde kroch.

Es war vier Uhr nachmittags, und die Sonne, die noch strahlend
geschienen hatte, als Tania zu ihrem großen Abenteuer aufge-
brochen war, verschwand hinter einer tiefziehenden Wolkenbank.

Tania kletterte aus dem Graben und folgte dem Feldweg über den Acker, indem sie nach fast jedem Schritt über die Schulter zurückblickte. Eine Taube flog mit surrendem Flügelschlag aus einer Eiche auf und über die Hecke dahin.

Das war das Leben! dachte Tania wieder. Das war die Freiheit! Das war die erhabene Bestätigung ihrer Persönlichkeit!

Ihr Instinkt riet ihr, sich für den Fall weiter verborgen zu halten, daß ein großes Wild, vielleicht eine Feldmaus, auftauchte, aber der Wind, der ihr durchs Fell fuhr, bereitete ihr ein derartiges körperliches Vergnügen, daß sie nicht widerstehen konnte: Sie hob den Kopf und schnupperte.

Und in diesem Augenblick ertönte über das braune Feld und über die Baumwipfel ein Schuß.

Als die Uhr im kleinen Wohnzimmer sieben schlug, fiel die Haustür ins Schloß. «Etwas Neues?» rief Mary.

Charles kam im Regenmantel ins Zimmer.

«Ich war überall – an jeder Stelle, die ich mir nur denken kann.» Er löschte die lange Fackel aus, die er in der Hand hielt.

«Auch auf dem Acker vor dem Haus?»

«Auf beiden Äckern.» Er unterbrach sich, und als er den neuen Gedanken aussprach, haßte er ihn schon: «Um welche Zeit hast du den Schuß gehört?»

«Kurz nach vier. Ich habe auf die Uhr gesehen, weil ich an den Tee dachte und überlegte, wann ich dich mit dem Gewehr habe aus dem Haus gehen hören. Aber warum sollte jemand...»

Charles unterbrach sie: «Irgendwer kann sie für ein Kaninchen gehalten haben.»

«Aber hier gibt es keine Kaninchen mehr.»

«Um so mehr Grund für jedermann, einen Schuß auf etwas abzugeben, das ihm wie eines vorkam. Die Bauern möchten nicht, daß sie wiederauftauchen.»

«Ich kann gar nicht daran denken.»

Charles zog den Mantel aus.

«Gibt es noch irgendwen, den wir anrufen könnten?» fragte Mary.

«Wen wohl? Jim Law sagt, er hätte nicht geschossen, und auch Clifford war es nicht. Vielleicht irgendein verantwortungsloser Bursche aus Weet. Ich kann es morgen der Polizei melden, aber was kann dabei schon Gutes herauskommen?»

«Als ich sie zum letztenmal sah, ging sie hinter dem Rosenkohlbeet die Hecke entlang.»

Charles setzte sich, zog seine Gummistiefel aus und wärmte sich die Füße am Kamin. Ting, Thai und Tootoo schliefen fest, unbekümmert um die Tragödie, die so rasch über ihr Haus hereingebrochen war. Mary ging zum Schrank in der Diele und kam mit Whisky und Soda zurück.

«Trink das, Liebster», sagte sie mitfühlend. «Du bist halb erfroren.»

Nach ein paar Minuten meinte Charles: «Ich könnte mir vorstellen, daß es furchtbar albern klingt, wenn jemand sagt, er sei in eine Katze verliebt.»

«Aber gar nicht – nicht bei Tania.»

«Genau das fühle ich jedenfalls. Das gleiche wie vor zwanzig Jahren, als ich mich in ein Mädchen mit roten Haaren verliebt hatte. Sie war fünfzehn und wurde bei einem Autozusammenstoß verletzt.»

Für einen Augenblick schwieg er, dann fuhr er fort: «Wie sie mir ihre Arme um den Hals schlang! Wie sie ihr Gesicht gegen meines drückte! Wie sie sich ins Bett gekuschelt hat!»

«Mit fünfzehn?»

«Ich spreche von Tania.»

«Ach so», sagte Mary erleichtert.

«Es zerreißt einem das Herz.»

«Aber sie kann zurückkommen. Ich jedenfalls gebe die Hoffnung noch nicht auf.»

«Wenn sie noch lebt, hätte sie mir geantwortet.»

Das Schweigen während des Abendessens wurde nur von gelegentlichen Bemerkungen über belanglose Dinge unterbrochen, die gerade das richtige für ein zerfahrenes Gespräch waren. Die Henne, sagte Mary, hätte zehn Eier gelegt. Sogar das Fernsehprogramm wurde an diesem Abend nicht beachtet – niemand stand der Sinn danach. Um Mitternacht gingen Mary und Charles zu Bett.

Aber keines von beiden fand Schlaf. Das Fenster stand wie immer offen, und Charles bemühte sich angestrengt, den leisesten Ton von draußen zu vernehmen. Dann hörte er etwas: Mary weinte unter der Bettdecke leise vor sich hin. Er schaltete das Licht an und stand auf.

«Wie spät ist es?» fragte Mary.

Er sah auf die Uhr: «Zehn nach drei.» Er ging ins Ankleidezimmer und kam nach drei Minuten in Hose und Pullover wieder.

«Wohin gehst du?»

«Ich kann nicht schlafen.»

«Du gehst doch nicht hinaus? Es regnet.»

«Ich kann nicht anders. Ich hatte vergessen, daß in dem Feld hinter dem Haus noch einige Kaninchenfallen ausgelegt sind. Sie kann in einer davon gefangen sein. Jim Law hat sie vor fünf Jahren gelegt, und ich entsinne mich, daß ich vor ein paar Wochen eine gesehen und mich gefragt habe, warum sie der Narr nicht weggeräumt hat.»

«Aber du wirst nichts sehen können!»

«Natürlich kann ich, wenn ich eine Fackel mitnehme. Ich kann sie nicht draußen sterben lassen – ich kann es einfach nicht.» Er unterbrach sich für einen Augenblick. «Wenn sie nicht schon tot ist.»

Er ging hinüber zu Marys Bett und umarmte sie. «Wir können uns dann wenigstens sagen, wir hätten alles menschenmögliche getan.»

Mary klammerte sich einige Sekunden lang an ihn. «Du hast es schon getan.»

«Worüber hast du dann geweint?»

«Weil ich mich so elend und so hilf- und nutzlos fühle.»

Er ließ sie los. «Unsinn. Du kannst Kaffee kochen, wenn du willst, sobald ich zurückkomme und falls du noch nicht schläfst. Ich werde nicht länger als eine Stunde ausbleiben.»

Unten zog er seine Gummistiefel und seinen Wettermantel an. Er nahm eine Fackel und ging aus dem Haus. Die Kaninchenfalle war, wie er wußte, im Boden des Ackers etwa dreihundert Meter hinter dem Haus angebracht, und zwar in einer alten Regenrinne, die zum Graben führte.

Er kletterte über den Zaun und zerriß sich dabei an einem Stück Stacheldraht seine Cordhose. Ein plötzlicher heftiger Regenguß schlug ihm ins Gesicht und tropfte ihm in den Kragen. Der Feldweg hatte sich bereits in glitschigen Morast verwandelt, und nach fünfzig Metern glitt Charles aus. In voller Länge fiel er in den Schlamm. Wenn die Amsel vom Nachmittag noch wach gewesen wäre, hätte sie Ausdrücke hören können, die den ihren ebenbürtig waren.

Nachdem er zehn Minuten lang gesucht hatte, stieß Charles mit dem Fuß gegen die Falle. Sie war leer. Er hob sie wütend auf und schleuderte sie in die Hecke. Er haßte solche Fallen, und der Gedanke an die Tiere, die sich darin langsam zu Tode würgten, machte ihn fast krank. – Aber er wußte, daß hier noch mehr Fallen waren, und sie alle mußte er finden.

Er glitt und rutschte umher und schwenkte dazu seine Fackel, aber er konnte keine der Fallen finden. Das Gras hatte sie überwachsen. Und immer wieder rief er – und immer wieder, ohne eine Antwort zu erhalten. Seine Uhr sagte ihm, daß er bereits fünfzig Minuten unterwegs war.

Dann bemerkte er, daß sich der Wind, den er im Rücken gehabt hatte, während er den Feldweg hinaufging, langsam drehte und ihm nun entgegenwehte. So konnte ihn also jeder Laut von der Spitze des Hügels erreichen. Und in dem zarten Schimmer, der die Erde vom Himmel trennte, konnte er die Konturen der alten Eiche erkennen. Hier war er oft gestanden, wenn er Tauben gejagt hatte. Er holte tief Atem und rief wieder Tanias Namen. Dann hielt er inne und horchte.

Zuerst gab es nur Schweigen und das leise Rauschen des Windes in den Bäumen, die sich über die Hecke erhoben. Dann, auf einmal, hörte er, dessen Ohren nur auf einen Laut gestimmt waren, einen sehr leisen Ruf. Er kam, wie Charles annahm, von der Spitze des Hügels, und sein Herz setzte fast aus. Er rief wieder und lauschte.

Nach ein paar Sekunden, die Charles wie Wochen vorkamen, ertönte der Ruf erneut. Charles hob das Gesicht in den Wind und arbeitete sich vorwärts, indem er die Füße mühsam durch die klebrige und schlammige gepflügte Erde zog.

Als er schließlich nur noch sechs Meter von der Eiche entfernt war, hörte er den Ruf wieder: einen langgezogenen, kläglichen, nassen Laut. Als Charles neben dem Stamm stand, hob er seine Fackel der Stimme entgegen, die nun einen verdrießlichen Unterton annahm: «Warum hast du so lang gebraucht?»

Charles tastete sich im Dunkel um den Stamm, der offenbar nirgends einen Halt zum Klettern bot. Undeutlich konnte er Tania auf einem der oberen Äste sitzen sehen. Er rief ihr zu herunterzukommen.

«Wenn ich hinuntersteigen könnte, du Dummkopf, dann wär ich längst drunten.»

«Was hast du gesagt?»

«Schon gut!»

Charles redete ihr fünf Minuten lang zu, aber sie machte keine weitere Bewegung, als sich das Wasser aus den Ohren zu schütteln.

«Ich gehe eine Leiter holen, verstehst du? Ich gehe eine Leiter holen. Und du bleibst, wo du bist.»

Er stapfte durch den Schlamm zurück zum Haus. In der Küche brannte Licht, und Mary stand hier im Morgenrock und kochte Kaffee.

«Gefunden!» rief Charles schon im Vorgarten. Mary machte die Tür auf und wollte Charles erleichtert in die Arme schließen.

«Rühr mich nicht an, ich bin durchgeweicht. Deine verdammte Katze sitzt auf einem Baum, und ich muß schwitzend zurücklaufen, um eine Leiter zu holen.»

Was war aus dem großen Liebenden geworden? dachte Mary. Das war keine Art zu reden.

«Ist alles mit ihr in Ordnung?»

«Mit ihr wohl schon, aber nicht mit mir. Ich bin bäuchlings im Dreck gelegen, und dein verfluchtes Biest wollte nicht herunterkommen.»

«Soll ich mit dir hinausgehen?»

«Sei nicht albern, es regnet in Strömen.»

«Trink einen Schluck Kaffee, Liebster! Ich halte dich für sehr selbstlos.»

«Ich weiß, ich bin es», sagte Charles. «Das nächstemal kannst du es sein.»

Er trank seinen Kaffee und ging zum Werkzeugschuppen, um eine Leiter zu holen, die er sich mühsam auflud. Auf halbem Weg zur Eiche und mitten im Acker verfing er sich mit dem Fuß in der untersten Sprosse, und er fiel wieder in voller Länge in den Morast.

«Verwünschte Katze!» fluchte er laut. Die Liebe hatte sich für den Augenblick weit weg über die Marsch verflüchtigt.

Als er am Baum ankam, lehnte er die Leiter gegen den Stamm und machte erst einmal eine Pause, um Atem zu schöpfen. Tania konnte er zwischen den Ästen erkennen, und sie machte keine Anstalten herunterzukommen, als er ihr wieder rief. Es blieb ihm nichts weiter übrig, als die Leiter sicher aufzurichten und Tania zu holen.

Der Regen von den Zweigen fiel in dicken Tropfen in sein nach oben gerichtetes Gesicht, als er die Leiter gegen den untersten Ast lehnte. Er war vielleicht sieben Stufen hinaufgestiegen, als der Ast, der die Leiter stützte, mit einem mörderischen Krach abbrach. Wild ins Leere greifend, fiel Charles aus fast zwei Meter Höhe geradewegs in einen Kuhfladen. Als er, nun lauthals fluchend, mühsam aufstand, hörte er in den Ästen über ihm ein leises Lachen. Für den Bruchteil einer Sekunde dachte er daran, auf der Stelle nach Hause zu gehen.

Als er die Leiter wieder aufhob, fragte er sich, ob es außer einem Engländer wohl einen anderen Menschen gab, der sich so lang einer derartigen Menge von Unbequemlichkeiten und Erniedrigungen unterwerfen würde, um einem stummen Tier zu helfen. Dann hörte er eine Stimme sagen: «Du schaust furchtbar dämlich drein.»

Koste es, was es wolle, dachte Charles bei sich: Er mußte seinen Verstand behalten. Über und über mit Kuhdreck bedeckt, konnte er sich nicht auf sein Gehör verlassen, und es war auch gut möglich, daß der Wind ihm einen Possen spielte.

«Halt's Maul!» schrie er hinauf. «Wenn du noch ein Wort sagst, gehe ich heim und lasse dich sitzen.»

Dann lehnte er die Leiter so sicher wie möglich an den Stamm und begann hinaufzuklettern. Mit halbwegs sicherem Stand auf einem etwas verläßlicher wirkenden Ast griff er nach oben. Er faßte Tania um den Bauch und hielt sie in die Luft.

«Bist du», schrie er gegen den aufkommenden Wind, «ein stummes Tier, oder bist du kein stummes Tier?»

Aber Tania gab keine Antwort.

Charles steckte sie in seinen triefenden Mantel und kletterte hinab ins Sichere. Die Leiter ließ er stehen, wo sie stand.

«Wie kannst du nur!» knurrte er ein paarmal, als er übers Feld zurückstampfte. «Wie kannst du nur!» Aber er vernahm nur ein warmes Schnurren von einer kalten Katze. Dann geriet er mit dem Fuß in eine der Kaninchenfallen, die er vorher nicht hatte finden können, und zum viertenmal fiel er aufs Gesicht, wobei er Tania fast erstickte.

Als er sie schließlich heimbrachte, trocknete Mary sie mit drei verschiedenen Handtüchern und gab ihr heiße Milch mit einem Schuß Cognac. Ting und Thai, die auf ihrem roten Plüschsessel schliefen, nahmen überhaupt keine Notiz von allem. Tootoo interessierte sich für Milch mit Cognac, wurde aber beiseite geschoben. Das war Tanias Nacht!

Es war fünf Uhr vorbei, als sie alle schlafen gingen. Tania, nun strohtrocken und an Mary gekuschelt, schnurrte laut.

«Du hast das alles wundervoll gemacht, Liebster, und ich kann dir gar nicht sagen, wie dankbar ich bin», sagte Mary.

«Ich kann dir kaum sagen, wie kalt mir ist», antwortete Charles etwas ungnädig.

«Sie ist so warm und sanft und lieb», sagte Mary.

«Das ist mehr, als ich fühle – das kann ich dir sagen. Tania ist das undankbarste Biest, das ich je kennengelernt habe. Als der Ast gebrochen ist und ich mitten im Dreck gelegen bin, hat sie gesagt: Du schaust…» Charles sagte nichts weiter.

«Was hat sie gesagt, Liebster?»

«Nichts. Das bedeutet alles nichts», entgegnete Charles. «Zum Teufel, laß uns jetzt schlafen. Weißt du, daß es fünf vorbei ist?»

«Ich schlafe augenblicklich», sagte Mary.

Aber Tania schlief nicht. Sie dachte an die Amsel; an das Ding mit den Füßen im Weiher; an den Baum.

«Ich habe das Meer gesehen», sagte sie im Ton unbeschreiblicher Befriedigung.

Bernhard Grzimek

Die Katze mit den zwei Heimaten

Eines Tages, als Lenchen Pumpel am Bache saß, kamen drei winzige, nackte Tierchen angeschwommen. Lenchen Pumpel war mit rotgeheulten Augen raus auf die Wiese gerannt, denn der Vater hatte es ihr wieder mal abgeschlagen, in die Stadt ins Büro zu gehen. Sie schluchzte noch, als die drei Tierchen von der Strömung in eine kleine flache Bucht zu ihren Füßen getrieben wurden und dort, ein wenig schwankend vom leichten Wellenschlag, liegenblieben. Wie oft habe ich schon aus dem Bach getrunken, und da ersäufen Pinkepanks einfach ihre kleinen Katzen drin, pfui Teufel, dachte Lenchen Pumpel empört. Überhaupt eine Gemeinheit, so arme Dinger einfach ins Wasser zu werfen! – Lenchen riß eine von den großen Blumen neben sich ab und schob die Tierchen mit dem holzigen Stengel auf den schmalen Landstreifen am Ufer. Zwei waren weißschwarz gefleckt, eins vom Kopf bis zum Schwanz ganz grau. Ohren, Pfötchen und Schwanz schienen noch viel zu klein für Katzen, die Köpfe waren dick und unförmig wie bei den ungeschickten Figuren im Kasperletheater. Lenchen Pumpel empfand einen leichten Schauer beim Anblick der kleinen Toten. Eben noch so warm in Mutters Nest, und schon umgebracht, dachte sie und mußte plötzlich wieder schluchzen. Dann schob sie das graue Kätzchen mit dem Stengel wieder nach dem Wasser zurück. Als sie es dabei auf die Brust drückte, bewegte sich auf einmal ein Vorderpfötchen. Erst dachte das Mädchen, sie habe das selbst mit dem Stengel gemacht – aber nein, das Graue lebte noch und bewegte sich ganz schwach. Lenchen konnte sich trotzdem nicht entschließen, das nasse kalte Dingelchen anzufassen; sie riß ein breites Wegerichblatt ab, schob das Häufchen Unglück darauf, packte die emporgebogenen Blattenden mit zwei spitzen Fingern und trug sie der Mutter in die Küche.

Pumpels hatten selbst früher meistens ihre kleinen Katzen bis auf eine umgebracht. Man konnte ja schließlich nicht Dutzende im Haus halten. Um so verwunderlicher, was Frau Pumpel jetzt alles anstellte, um ausgerechnet dieses winzige graue Ding wieder ins Leben zurückzurufen! In einem Wattekistchen am Ofen wurde es zwar bald wieder trocken, flaumig und lebendig. Aber es ist viel leichter, zehn Kälber großzuziehen als ein so winziges Kätzchen ohne Mutter. Womit sollte man es tränken? Lenchen holte schließlich aus ihrer alten Puppenstube vom Boden ein kleines Milchfläschchen mit Gummisauger; wie man sie voll Liebesperlen für zehn Pfennig kauft. Aber bis die kleine Muschi daraus trinken lernte! Weil sie nicht länger als drei oder vier Stunden hungern durfte, stand Frau Pumpel wahrhaftig zweimal in der Nacht auf, um den winzigen Säugling mit dem Spielzeug satt zu machen. Bald kam sie dahinter, daß er Bauchschmerzen haben müsse. Immer wenn er ein Geschäftchen machen sollte, mußte sie erst mit dem kleinen Finger sein Bäuchlein massieren, so wie das die Katzenmütter leckend mit der Zunge tun.

Lenchen Pumpel, das so erwachsene, siebzehnjährige Fräulein Pumpel, fing mit der kleinen Muschi zu spielen an, wie sie es noch vor ein paar Jahren mit der Puppe getan hatte. Sie lobte das kleine Ding oder schimpfte mit ihm, wenn es nicht trinken wollte. Weil das aber auch nicht mehr fruchtete als früher bei ihren Puppen, kam Lenchen auf den Verdacht, Muschi müsse taub sein wie diese. Und wirklich: man konnte eine Fingerlänge neben Muschis Ohr zwei Topfdeckel krachend aufeinanderschlagen – das Kätzchen zuckte nicht einmal. Mit dem Schmecken war es auch noch nichts; es war Muschi ganz gleich, ob man ihr verdünnte Milch oder garstig bitteren Tee zu trinken gab. Als sich nach einer Weile die Lider öffneten und sich unschuldige hellblaue Katzenkinderaugen auftaten, gab es eine neue Sorge. Muschi war offensichtlich noch blind. Man konnte ihr mit dem Finger, ja sogar mit einer Taschenlampe vor dem Gesicht herumfahren, die Augen gingen nicht mit.

Aber Muschi lernte sehen, sie lernte hören, sie lernte noch viel mehr. Sie lernte all den Übermut der Katzenkinder, der immer wieder würdig ergraute Menschen zum Mitspielen begeistert: sich mit einem Wolleknäuel auf dem Teppich herumkugeln; einen Hausschuh kunstgerecht anschleichen und dann mit einem Satz possierlich überfallen; auf dem Rücken liegen und mit vier weichgemachten Pfoten Krieg führen gegen fünf Menschenfinger. Richtiger Jungensunfug war es, daß Lenchens Bruder die kleine Katze in seine Mäusezucht hineinsperrte. Vielleicht wollte er einen grausigen Mord erleben. Aber Muschi kümmerte sich um das Mäusevolk gar nicht, und das wieder wurde allmählich so zutraulich zu der Katze, daß es auf ihr herumkletterte, wenn sie schlafend in der Ecke lag. Fritzchen Pumpel ahnte gar nicht, daß er Muschi auf diese Weise für ihr ganzes Leben mäusefromm machte.

Eine Mörderin aber wurde sie doch.

Immer wenn Muschi an den Bach kam, huschten im Wasser schnelle graue Striche unter die Weidenwurzeln am Ufer. Alles aber, was sich bewegt, läßt die Katzenkrallen in ihren samtweichen Verstecken zucken. Mit der angeborenen Geduld aller Katzen saß Muschi Viertelstunde um Viertelstunde an der Stelle, wo die Striche verschwunden waren. Sie war so reglos, daß die Libellen unbekümmert dicht vor ihrer Nase vorbeischossen und die vorsichtigen Fische sie wohl auch für einen Stein am Ufer hielten. Einer ließ sich aus seiner Uferhöhle hinaustreiben, zwei, drei folgten bis ins seichte Wasser. Schon war Muschi aufgeschnellt, hatte mit einem raschen, schrägen Prankenhieb der Forelle alle vier Krallen in den glatten Leib geschlagen und sie im Bogen zwischen die Vergißmeinnicht geworfen.

Frau Pumpel erwischte eines Tages ihren Fritz, wie er sich in der Küche drei Forellen briet. «Warte nur, wenn der Vater nach Hause kommt», schimpfte sie. «Der Bach ist verpachtet, und wenn ihr Jungens Forellen greift, dann ist das gestohlen!» Aber Fritz hatte keine Forellen gegriffen, er hatte sie Muschi abgenommen. Die kam jetzt manchmal am Tage mit vieren, fünfen hintereinander an. «Die Mäuse läßt sie ungeschoren, und ausgerechnet von Forellen muß sie sich ernähren», seufzten die Pumpels. Aber man konnte die Katze höchstens eingesperrt halten – sobald sie draußen war, fischte Muschi trotz aller Schelte immer wieder mit Leidenschaft. Fritz sperrte sie einmal ohne Futter in die Rumpelkammer, in der die Mäuse über Tische und Bänke tanzten. Nach vier Tagen war sie halb verhungert, aber den Grauröcken hatte sie kein Haar gekrümmt.

Gegen zähes Betteln hilft auf die Dauer kein Vatermachtwort und kein Mutterbitten. Lenchen Pumpel kam doch in die Stadt. Wenn auch ein Jahr später, als Sprechstundenhilfe. Und weil der Vater seine Arbeit auch drin hatte, verkauften die Pumpels ihr Haus und zogen ganz in die Stadt, in eine Vierzimmerwohnung. Als der Möbelwagen kam, setzte Frau Pumpel die graue Muschi in einen Korb, wickelte den in ein Tuch, und dann fuhren die Pumpels damit in der Bahn die neunzehn Kilometer bis zur Stadt.

Eines Tages, als wir Kinder Blindekuh spielten, lag ich mit einer leichten Erkältung zu Bett. Weil Mutter nicht zu Hause war, spielte ich trotzdem im Hemde mit. Die anderen mochten mir die Augen verbinden und mich drehen, bis ich taumelte – ich wußte doch immer: da ist das Fenster, da ist die Tür. Denn ich spürte ganz leise, fast unbewußt, an einer Seite des bloßen Körpers die leichte strahlende Wärme unseres großen, grünen Kachelofens in der Ecke. Ähnlich ging es Muschi.

Das schnaufende Bähnchen mit Muschis Korb mochte sich in Kurven und Kehren durch das Tal winden, die graue Katze spürte im ganzen Körper ein unbestimmtes dumpfes Gefühl. Ob sich Frau Pumpels Hand durch den Deckel hineinschob und weich und trocken über das Fell glitt, bis Muschi aufschnurrte, ob der Korb bald zwischen Bauernstiefeln auf der Erde, bald oben auf den Koffern stand, immer durchzog Muschi das leise Gefühl, dort liegt deine Heimat!

Als Muschi endlich, endlich aus ihrem Korb herauskam, war sie wieder zu Hause. Da stand das Sofa mit den weißen Knöpfen, und in der rechten, schon tief eingesessenen Ecke lag Muschis gesticktes Schlummerkissen. Nie hätte sie sich auf ein anderes gelegt, nie wäre sie auch nur auf einen Stuhl gesprungen! Der kleine Teppich in der Tür führte zur guten Stube – Muschi achtete das verbotene Reich hier wie früher, obwohl die gute Stube jetzt rechts lag. Bald hatte sie auch ihren alten Napf unter dem Schuhputzbänkchen in der Küche entdeckt. «Muschi fühlt sich ganz zu Hause, sie hat gar nicht gemerkt, daß wir in einer neuen Wohnung sind», sagten Pumpels.

Am übernächsten Morgen war Muschi weg. Sie war wohl aus dem Fenster gesprungen und hatte nicht wieder zurückgefunden. Aber in der darunterliegenden Wohnung steckte sie auch nicht, im Keller nicht, in den Gärten nicht. Niemand hatte sie gesehen. Am Abend mußte sich Herr Pumpel aufs Rad setzen und nach dem alten Hause fahren – auch dort keine Spur von Muschi. Frau Pumpel kamen beim Abendbrot auf einmal die Tränen in die Augen. Die ganze Nacht ließ sie das Fenster auf und schlief unruhig. Immer wieder glaubte sie: das war der dumpfe Plumps, mit dem sie vom Fensterbrett auf die Dielen springt, so ein leises, trommelndes Geräusch, wie wenn man die Fingerspitzen, nicht mit den Nägeln, sondern mit den weichen Kuppen, rasch nacheinander auf die Tischplatte fallen läßt. Aber wenn sie dann aufstand, waren die Dielen leer, und die Gardine wehte vor dem offenen Fensterflügel.

Früh um halb fünf war Frau Pumpel schon angezogen. Sie holte ganz allein ihr Rad aus dem Kohlenkeller und fuhr nach dem alten Hause. Am Rothkreuzer Gasthof lief eine graue Katze über die Straße und huschte in die Scheune. Obwohl der Hund an der Kette tobte, drang Frau Pumpel in das schlafende Gehöft vor und rief: «Muschi, Muschi!» Die graue Katze kam nicht wieder. Es war doch wohl nicht Muschi.

Als Frau Pumpel an ihr altes Häuschen kam, war es gerade sieben, die Zeit, in der Muschi früher von ihren nächtlichen Raubzügen nach Hause zu kommen pflegte. Und wirklich: gerade sprang sie am verschlossenen Küchenfenster hoch, zweimal, dreimal. «Komm doch, Muschi, komm schon!» So rief, nein, schrie Frau Pumpel fast vor Glück. Bald saß die schöne graue Katze, zufrieden schnurrend, auf ihrem Arm. «Ich hab ihr gestern abend schon Milch gegeben und wollte sie wieder wegschicken», sagte die alte Frau, die jetzt in dem Haus wohnte. «Aber sie ließ sich nur ganz zu Anfang anfassen, nachher lief sie immer weg.»

Daß Muschi ganz allein die neunzehn Kilometer nach der alten Heimat gefunden hatte, war ein Ereignis für die kleine Stadt. Ein Redakteur kam zu Pumpels, und am nächsten Morgen standen sie und Muschi mit vollem Namen in der Stadtzeitung. Auch eine Provinzzeitung brachte einen Tag später vier Zeilen über die Heldentat der kleinen Muschi. Die aber lag auf ihrem Sofakissen. Wenn man ihre Pfötchen anfaßte, hörte sie auf zu schnurren und wurde böse; auf den schwarzgrauen Sohlenballen schimmerte es an zwei Stellen rosa durch. Wundgelaufen hatte sie sich auf dem weiten, ungewohnten Weg! Die Nachbarsleute kamen Muschi bewundern, eine Frau brachte ihr ein Stück Gehacktes vom Mittagessen. Oh, Muschi war eine Berühmtheit!

Sie war zu Hause, und doch fühlte sie immer das ziehende Gefühl nach zu Hause, nach der Richtung hinter den großen Platanen drüben. Auch wenn wir Menschen die Augen schließen und an unsere Heimat denken, so liegt sie für uns nicht irgendwo, sondern in einer ganz bestimmten Richtung. Wir könnten mit der Hand danach weisen. Doch unser ach so verkümmerter Heimattrieb narrt uns, er lenkt uns vom Vaterhaus noch weiter weg in die Irre. Das Ziehen in Muschis Brust aber führte sie geradewegs dahin, wo sie aufgewachsen war und wo eine Katze weiterleben muß, wenn das Ziehen in ihrer Brust aufhören soll.

Ein paar Tage später vergaß Frau Pumpel, nachts das Küchenfenster zu schließen. Sie glaubte wohl auch, daß sich Muschi inzwischen eingewöhnt habe. Als es so nachtstill geworden war, daß man auf einmal das Rauschen des Flüßchens ganz deutlich von drüben hörte, da machte sich die graue Katze wieder auf den Weg. In ihrem etwas holprigen Katzentrott trabte Muschi über Straßen, durch Gärten, huschte über Zäune und hielt sich stets querfeldein.

Immer wenn ihr etwas unheimlich schien, sprang sie schnell auf den nächsten Baum und hielt Ausschau. Das tat sie auch, als Fox und Nicki, zwei Hunde aus Buchenberg, auf ihre Spur stießen und ihr

aufgeregt schnüffelnd nachliefen. Aber es war ein schlechter Zufluchtsort, den Muschi da erwischt hatte: ein schwaches Bäumchen,
das sich bog und schwankte, als die beiden sie endlich entdeckt hatten und wütend daran hochsprangen. Die Krone bestand aus sechs,
sieben Ästen, und Muschi mußte sich krampfhaft festkrallen, um
nicht heruntergeworfen zu werden. Die ganze Nacht hockte das
arme Ding da oben, denn Fox und Nicki gruben dicht dabei nach
Kaninchen. Immer wenn sie ein Ende weg waren, machte Muschi
einen mutigen Fluchtversuch, der aber die beiden nur zurückrief
und eine neue halbstündige Kläffbelagerung zur Folge hatte. Früh
um zehn Uhr endlich zog es die beiden Köter nach der häuslichen
Futterschüssel; sie trollten sich langsam. Die ganze Rinde des neu-
gepflanzten Bäumchens war von ihren stümperhaften Kletterversu-
chen zerfetzt. Der Bauer schüttelte später den Kopf: seit wann die
Rehböcke denn schon um diese Jahreszeit zu fegen anfingen!

Muschi aber trabte unbeirrt weiter, den ganzen Tag lang. Sie war
eine verwöhnte Stubenkatze und hätte eigentlich um sieben schon
Frau Pumpels Schüssel leer machen müssen und um eins wieder auf
der Schuhbank ihren Anteil an Pumpels Mittagsmahlzeit. Als sie an
einem einzelnstehenden Haus vorbeikam, stand ein gefüllter Napf
neben der geschlossenen Tür. Begierig und doch mit der zierlich-
sittsamen Art aller Katzen fing sie zu futtern an. Da schoß der Besitzer der Futterschüssel, ein großer, ruppiger Schäferhund, rasend
aus einem Holzschuppen hervor. Arme Muschi, nun ist guter Rat
teuer! Neben dir die glatte Hauswand, jeder Baum so weit, daß dich
der grimmige Hund auf der Flucht einholen und von hinten packen
muß. Also blieb Muschi sitzen, wenn auch ihr kleines Herz vor
Aufregung wild hämmerte. Ihre Ohren legen sich zurück, der
Rücken krümmt sich, der steile Schwanz windet sich und zuckt wie
eine drohende Schlange. Die linke Pfote ist abwehrbereit erhoben,
und immer wenn der Wüterich sich Mut angekläfft hat und auf
sie zufährt, schlägt sie mit einem bösen Spucklaut nach ihm. Das
Hundegesicht ist wie eine Teufelsmaske verzerrt, die Lefzen hoch-
gezogen, die Stirne voll wütender Falten, das Gebiß gebleckt, er
kämpft um sein Futter, und er will die Katze packen obendrein.

Endlich tat sich die Tür auf, und im Augenblick, als ein Mann herauskam, konnte Muschi entwischen. Ganz matt und verhungert kam sie gegen Abend bei dem alten Haus an. Dort fragte gerade wieder Lenchen Pumpel, die mit ihrem Chef im Auto auf einer Praxisfahrt war und auch ihren Bruder Fritz mitgenommen hatte, nach der Ausreißerin. Aber Muschi war so verstört, daß sie sich gar nicht aufnehmen lassen wollte, sondern ins Gebüsch lief. Es dauerte eine ganze Weile, bis Fritzchen sie schließlich triumphierend heimbrachte.

Vierzehn Tage blieb Muschi bei Pumpels eingesperrt. Tagsüber war sie die bravste Stubenkatze, aber die Nächte durch tobte sie am Fenster, klagte und miaute, bis Frau Pumpel es nicht mit ansehen konnte und sie in einer unbedachten Gefühlsaufwallung doch hinausließ. Das andere Mal entwischte sie durch die Flurtür, als Herr Pumpel einen Einschreibebrief quittieren sollte. Es war immer schwieriger, Muschi wiederzubekommen. Meistens mußten zwei oder drei Pumpels hinfahren, um sie gemeinsam einzufangen. Wenn sie Muschi dann glücklich hatten, tat sich das arme Tier ganz überglücklich mit Schnurren, Anstreichen und Liebkosen. Einmal war sie eine Woche nicht zu finden und wurde dann durch eine Anzeige bei einer alten Dame entdeckt, die ihr ein Glöckchen um den Hals gehängt hatte und sie mit acht anderen Katzen zusammen eingesperrt hielt. Immer schwerer wurde es, das verwilderte Tier in seiner alten Heimat wieder zu fangen. Manchmal fuhren die Pumpels drei, vier Morgen hintereinander hin, Muschi antwortete zwar mit kläglichem Miauen aus den Büschen, aber sie ließ sich nicht sehen. Einmal war sie ganz zerbissen und zerkratzt, weil sie mit einer großen, weißen Katze einen hungerwütigen Kampf um eine Schüssel Milch ausgefochten hatte.

Dabei hing Muschi an Frau Pumpel mit einer Liebe, die viel stärker war, als sie sonst Katzen zu ihren Herrinnen haben. Denn Muschi hatte ja keine Katzenmutter gehabt. Sie war von Frau Pumpels Händen genährt, gehudert, großgezogen worden, hatte zeitlebens immer mit ihr zusammengehaust. Auch Frau Pumpel weinte um das geliebte, anhängliche und doch so treulose Wesen so oft, daß ihre Bekannten den Kopf schüttelten: wie man sein Herz derart an ein Tier hängen könne! Frau Pumpel wußte, daß sich Muschi in ihrer alten Heimat herumtrieb, daß sie hungerte, von Hunden gejagt, von Jägern bedroht war; und in ihrer Verzweiflung schickte sie an mich einen ratflehenden Brief. Aber wir klugen Menschen können doch in Wirklichkeit so wenig. Nicht einmal einer kleinen Katze die Heimat zeigen. Wir wissen ja selbst so oft nicht, wo unsere rechte Heimat ist. So wird Muschi weiter ein wildes und gefährliches Räuberleben führen. Ich aber konnte nur tun, was ich in solchen Fällen immer tue: aus Muschis zwischen zwei Heimaten zerrissenem Leben eine Geschichte machen…

Sharyn McCrumb

Neun Leben

Zum damaligen Zeitpunkt hatte er es für einen witzigen Einfall gehalten. Natürlich hatte Philip Danby nur gescherzt, allerdings in scherzhaftem Tonfall gesprochen, um diesen New-Age-Leuten zu schmeicheln, die offenbar allen Ernstes an derartigen Blödsinn glaubten. «Ich will als Katze wiederkommen», hatte er behauptet und verschmitzt ins Licht der Kerzen auf dem Dinnertisch der Eskeridges gelächelt. Er mußte die Luft anhalten, um nicht loszulachen, während die anderen über Reinkarnation plapperten. Die Frauen wollten alle noch blonder und noch schlanker wiederkommen und die Männer als alles mögliche, vom Dallas-Cowboy bis hin zum Eichenbaum. *Eichen?* Und die ganze Zeit über mußte er eine unbewegliche Miene wahren, in der Hoffnung, daß diese Idioten der Firma einen Auftrag erteilten.

Was er so alles über sich ergehen lassen mußte, um Klienten bei Laune zu halten! Giles Eskeridge, sein Partner, hatte auf diesem Gebiet anscheinend weniger Probleme. Giles behauptete oft, reich und verrückt sei ein und dasselbe, deshalb müßten Architekten, die auf ein lukratives Geschäft aus waren, sich auf den Umgang mit Exzentrikern einstellen. Sie mußten sich außerdem mit langen Arbeitszeiten, sturen Bauunternehmern und unberechenbaren Behörden abfinden. Möglicherweise war das der Grund, warum sich Danby spontan für ein zweites Leben als Katze entschied. Hatte er doch an jenem Abend seinen Tischgenossen erklärt: «Katzen sind unabhängig. Sie brauchen vor niemandem zu kriechen, sie schlafen sechzehn Stunden am Tag; und dennoch werden sie gehegt und gepflegt und obendrein geliebt – nur, weil sie so eigensinnige kleine Individualisten sind. Wäre doch kein schlechter Tausch für mich.»

Julie Eskeridge tätschelte ihm neckisch die Wange. «Paß lieber auf, daß du ein nettes reinrassiges Schmusekätzchen wirst, Philip.» Sie lachte. «Für einen häßlichen alten Straßenkater ist das Leben nämlich nicht so angenehm.»

«Ich werde dran denken», erwiderte er. «So in fünfzig Jahren.»

Es waren eher etwas mehr als fünfzig Tage daraus geworden. Daß Giles als Hai wiedergeboren werden wollte, hätte ihn eigentlich warnen sollen. Als sie feststellen mußten, daß sie gerade dabei waren, ein Drei-Millionen-Dollar-Projekt mitten auf einer Giftmülldeponie zu errichten, ließ sich der Bauunternehmer gern mit läppischen zehn Riesen zum Schweigen bringen, und Giles war bestens gerüstet, die Beweise verschwinden zu lassen, um die Firma vor Prozessen und Geldbußen durch das Bundesumweltamt zu bewahren. Rückblickend wurde Danby klar, daß er besser nicht darauf bestanden hätte, die Existenz der illegalen Deponie den Behörden zu melden. Erst recht hätte er nicht darauf bestehen sollen, als es sechs Uhr abends und außer ihm und Giles kein Mensch mehr auf der Baustelle war. Das war im eigentlichen Sinne des Wortes ein fataler Fehler gewesen. Bevor man die Worte «weltanschauliche Meinungsverschiedenheiten» auch nur hätte aussprechen können, hatte Giles schon eine Schaufel vom Rand der anstößigen Grube ergriffen und mit einem einzigen kräftigen Schlag die Angelegenheit vor ein höheres Gericht befördert. Als er kopfüber in die stinkende Beweismasse stürzte, überfiel Danby als letztes ein kurzes Aufflackern von kalter Wut über die Ungerechtigkeit dieser Welt.

Als nächstes wähnte er sich in einem Schwarzweißfilm, während sein Gehirn völlig damit beschäftigt war, eine Flut von Geruchswahrnehmungen zu sortieren. *Möbelpolitur... kalter Kaffee... verschwitzte Socken... Shampoo... Blumenerde...* Er schüttelte den Kopf und versuchte, einen klaren Gedanken zu fassen. Wo war er bloß? Die augenscheinliche Antwort darauf lautete: ausgestreckt auf einem grauen Sofa in diesem Schwarzweißfilm, denn wo auch immer er hinblickte – es war die gleiche farblose Aussicht. Wahrscheinlich eine Gehirnerschütterung. Blitzartig kehrte die Erinnerung an einen schaufelschwingenden Giles Eskeridge zurück.

Danby beschloß, die Polizei zu rufen, bevor Giles auftauchen würde, um es noch einmal zu versuchen. Er stand auf und fiel prompt vom Sofa.

Selbstverständlich landete er auf den Füßen.

Auf allen vieren.

Zu träge, um noch ominösere Gedanken zuzulassen, fragte sich Danby, in welcher Beziehung die New-Age-Klienten wohl *noch* recht haben mochten. War Stonehenge ein Landeplatz für fliegende Untertassen? Senkten Bergkristalle den Cholesterinspiegel? Es war jetzt nicht der Augenblick, irgend etwas anzuzweifeln. Er saß da mit zuckendem buschigen Schwanz und wünschte, er wäre auf der Dinnerparty bei den Eskeridges nicht so leichtfertig mit dem Leben nach dem Tod umgesprungen. Genaugenommen mochte er Katzen nicht einmal besonders leiden. Außerdem sehnte er sich danach, Giles in die Pfoten zu kriegen – als Vergeltung für die Sache mit der Schaufel. Als erstes würde er Giles am Genick packen, ihm die Wirbelsäule zerbeißen, und ihn dann für ein paar Sekunden wieder laufenlassen. Danach würde er sich rücklings an ihn heranschleichen und sich auf ihn stürzen. Ihn mit einem einzigen Hieb in eine Ecke schleudern. Glücklich vor sich hin träumend, fing Danby an zu schnurren.

Der Anblick eines Couchtisches, der einen halben Meter über ihm bedrohlich aufragte, rückte das Problem wieder in die richtige Perspektive. Im Augenblick wog Danby ungefähr fünfzehn äußerst haarige Pfunde und war sich völlig unsicher, wo er eigentlich war. Unter diesen Umständen würde es ein schwieriges Unterfangen sein, sich an seinem Mörder zu rächen. Andererseits hatte er sonst nichts anderes Wichtiges vor, abgesehen von einem Achtstundennickerchen, das er jetzt dringend zu brauchen schien. Aber zuerst einmal das Allerwichtigste. Danby wollte unbedingt wissen, wie er aussah. Und dann mußte er herausfinden, wo die Küche war und ob Schweißsocke und Shampoo irgend etwas Genießbares an der Küchentheke liegengelassen hatten. Für philosophische Gedanken und Rachepläne hätte er immer noch Zeit genug, wenn er sich den Schnurrbart putzen würde.

Das Wohnzimmer reichte aus, um es einem Architekten kalt den Rücken hinunterlaufen zu lassen. Plumpe, stillose Sofas, die aussahen wie aus den Pionierjahren, und lieblos zusammengewürfeltes Mobiliar. Er war froh, daß er keine Farben sehen konnte. Über dem Sofa hing jedenfalls ein Spiegel, und er hüpfte auf die billigen Polster, um einen Blick auf sein neues Selbst zu werfen. Das Gesicht, das ihm entgegensah, war tatsächlich katzenmäßig und so hintertrieben, daß sich Danby fragte, wie jemand überhautp Katzen mit Haustieren verwechseln konnte. Gelbe (oder möglicherweise auch grüne) mandelförmige Augen funkelten ihn an – aus einem mächtigen dreieckigen Gesicht, getigert und drum herum eine Halskrause aus hell- und dunkelgrauem (vielleicht graubraunem) Fell. Darunter gerade noch sichtbar ein dunkles Lederhalsband mit einem kleinen Messingglöckchen. Das würde auch das Klingeln in seinen Ohren erklären. Sein Körper schien von massiger Gestalt zu sein, auch ohne das Fell. Und der lange buschige Schwanz schlug rhythmisch hin und her, während er sich betrachtete. Er widerstand dem verrückten Drang, nach dem bewegten Spiegelbild zu schlagen. Er war also eine Schildpatt- oder Tigerkatze, wie auch immer man diese braungestreifte Rasse nannte, und sein Fell war lang. Außerdem war er immer noch ein Mann. Um sich dessen zu vergewissern, brauchte er nicht erst unter seinem Schwanz nachzuschauen. Zumal der scharfe Ammoniakgeruch in der Nähe des Sofas bewies, daß er keine Hemmungen hatte, seine Männlichkeit überall im Haus zu dokumentieren.

Bestimmt hätten es diese New-Age-Komiker höchst interessant gefunden, daß er kein Kätzchen, sondern ein ausgewachsener Kater geworden war. Obendrein hatte die Wiederkehr anscheinend völlig unvermittelt stattgefunden. Dabei hatte man ihm immer weismachen wollen, daß es vor dem Leben nach dem Tod irgendeine vorbereitende Orientierung gäbe, bevor ihm seine neue Identität zugewiesen würde. Eigentlich hätte jetzt eine Gottheit mit randloser Brille und einem T-Shirt vom Sierra Club, so ein bißchen wie John Denver, dasein müssen, die Akte seines speziellen Falles unter dem Arm. Und in einer angstfreien Beratung würden sie gemeinsam besprechen, zu welch neuer Existenz ihn sein Karma berief. Zumindest das hatten die New Ager ihn glauben gemacht. Aber es war alles ganz anders. Eben noch war er in ein Giftloch gestolpert, und gleich darauf überfiel ihn der Heißhunger nach Miau-Mix. Einfach so. Was für eine Art Bewußtsein mochte wohl in dem engen Schädel vor seiner Ankunft geflackert haben? Wahrscheinlich kaum der Rede wert. Ein Gehirn mit dem Energieverbrauch eines Leuchtkäfers reichte völlig aus, den Tagesablauf eines Katzenlebens zu organisieren: essen, schlafen, ein kleiner Imbiß, dösen, ausgiebig speisen, ein Nickerchen und so weiter. Apropos Essen ...

Mit zwei lächerlichen Sprüngen war er auf dem Boden und bewegte sich mit klingelndem Glöckchen Richtung Küche. Netterweise wies ihm der Geruch nach Spülmittel mit Zitronenduft und nach kaltem Kaffee den Weg. Der Fußboden hätte auch mal gewischt werden müssen, stellte er fest und fühlte voller Ekel den hereingeschleppten Schmutz unter seinen Samtpfoten.

Das Katzengeschirr, in einem Winkel unter der Spüle verstaut, bestätigte seine schlimmsten Befürchtungen über die Geschmacklosigkeit der Hausbewohner. Zwei Plastikschüsseln steckten in einer weißgestrichenen Sperrholzkatze, der man eine Karikatur von Katzengesicht aufgemalt hatte. Hätte nicht sein Futter auf dem Spiel gestanden, dann hätte Danby dieser Scheußlichkeit seine Duftmarke verpaßt – als Beweis seiner fachmännischen Urteilsfähigkeit. Wie die Dinge lagen, brachte er es nur zu einem angewiderten königlichen Schnauben, dann beugte er sich nieder, um das Angebot zu inspizieren. Das Wasser war abgestanden; kleine Stücke Katzenfutter schwammen darin herum. Dachten die etwa, er würde *so was* trinken? Vielleicht sollte er es auskippen; möglicherweise würden sie den Wink verstehen. Das Trockenfutter war auch nicht luftdicht verpackt. Er schnüffelte verächtlich: billigste Sorte, fast nur Körner. Er mußte wohl raus und sich irgend etwas fangen, einfach nur, um nicht vom Fleisch zu fallen. Besser noch, die Küche nach Alternativen absuchen. Es kostete ihn beträchtliche Kraft, den massigen Körper vom Boden auf die Arbeitsplatte zu katapultieren. Einen Augenblick lang schwankte er auf dem Rand der Spüle und kämpfte um das Gleichgewicht, während sein Glöckchen unheilschwanger klingelte. Kaum hatte er sich jedoch gefangen, stolzierte er mit unnachahmlicher Nonchalance los, so als wäre seine Würde keine Sekunde lang in Gefahr gewesen. Im Spülbecken entdeckte er zwei Teller vom Frühstück. Auf dem obersten eine Delikatesse: angetrocknetes Eigelb und Reste von gebuttertem Toast. Er machte kurzen Prozeß damit und leckte mit seiner rauhen Zunge auch noch die letzte Spur von Eigelb auf. Welch großen Dienst erwies er doch den Leuten, indem er für sie die Teller spülte.

Von der Spüle aus spähte er aus dem Küchenfenster. Vielleicht fand er heraus, in welcher Gegend er steckte. Der Rasen draußen war dicht und gepflegt, und neben einer niedrigen Steinmauer stand ein ausladender Eichenbaum. Das war auf keinen Fall Albuquerque. So gesund wie das Gras aussah, auch nicht Kalifornien. Möglicherweise befand er sich immer noch in Maryland. Es sah wirklich ganz wie zu Hause aus. Vielleicht waren der Seelenwanderung gewisse geographische Grenzen gesetzt, so wie einem Mittelwellensender. Nachdem er kurz die Lage überdacht und dabei eine anrüchige Vorderpfote geputzt hatte, kam Danby die Idee, einen Blick auf das Wandtelefon über der Küchentheke zu werfen. Die Zahlen ergaben für ihn einen Sinn, also hatte er offenbar die Fähigkeit zu lesen nicht verloren. In der Tat war die Ortskennziffer 301. Er war nicht weit von der Stelle entfernt, an der alles angefangen hatte. Zumindest theoretisch war Giles in Reichweite. Das mußte er überdenken, hier auf seinem strategisch günstigen Platz am Fenster, wo die Nachmittagssonne so wunderbar warm und wohltuend... ssss. Ein paar Stunden später wurde Danby von einer durchdringenden weiblichen Stimme geweckt. «Tigger! Geh sofort da runter! Freust du dich, daß Mami wieder zu Hause ist, mein Schätzchen?»

Danby öffnete ein Auge und musterte die Frau mit einem arroganten Blick. *Tigger?* Was für Demütigungen mußte er eigentlich noch ertragen? Eine frische Duftwolke nach Shampoo machte ihm klar, daß die selbsternannte «Mami» die Herrscherin dieses bourgeoisen Bungalows war. Sah sie nicht auch mit ihrer Polyesterhose und dem Doppelkinn ganz danach aus? Sie deponierte eine Einkaufstüte und einen Stapel Briefe auf der Arbeitsfläche und streckte die Arme nach ihm aus. «Hat mein Herzilein denn Lust auf ein Happi-Happi?» flötete sie.

Er bedachte sie zuerst mit einem ausgiebigen Gähnen und dann mit seinem allergefährlichsten Mongolenblick. Aber jede Feindseligkeit gegenüber dieser dämlichen Mrs.... (er peilte hinunter auf den Stapel Briefe)... Sherrod war glatte Verschwendung. Sie strahlte ihn weiterhin an, als hätte er sich ihr devot zu Füßen geworfen. Wie die Dinge lagen, war er so damit beschäftigt, die Anschrift auf den Wurfsendungen der Sherrods zu entziffern, daß er sie kaum beachtete. Er hatte die Stadt überhaupt nicht verlassen! Triumphierend schlug er mit dem Schwanz. Zwar kannte er die Morning Glory Lane nicht, aber er wäre jede Wette eingegangen, daß sie in Sussex Gardens lag, also auf der anderen Seite der Umgehungsstraße. Das war etliche Meilen von Giles Eskeridges Monstrosität im Pseudo-Tudorstil entfernt, aber mit ein wenig Glück und einem siebten Sinn für den Verkehr könnte er es in ein paar Stunden zu Fuß erreichen. Wenn er die Abkürzung durch die Felder nahm, könnte er vielleicht unterwegs noch ein oder zwei Mäuse aufreißen.

Angespornt von der Aussicht auf ein frisches, appetitliches Abendessen, das um sein Leben bettelte, trottete Danby/Tigger zur Hintertür und fing an, herzerweichend zu miauen. Dabei zog er sich, so weit er konnte, mit den Vorderpfoten am Fliegengitter hoch. «Also, Tigger!» sprach Mrs. Sherrod mit ihrer neckischsten Stimme. «Du weißt doch ganz genau, daß im Bad ein Katzenklo steht! Du willst nur raus, damit du durch die Gegend streunen kannst, nicht wahr?» Damit fing sie an, die Lebensmittel wegzuräumen, und summte dabei ziemlich falsch vor sich hin.

Danby fixierte ihren Rücken mit einem giftigen Blick, dann wandte er seine Aufmerksamkeit wieder dem Problem zu, das auf der Hand lag. Oder vielmehr auf der Pfote. Genau das war der Haken: Schau, Mami, keine Hände! Und dennoch, dachte er, es muß einen Weg geben. Wegen der Wärme draußen stand die äußere Tür offen, so daß nur die eiserne Sturmtür zwischen ihm und der Freiheit lag. Sie hatte eine konventionelle Klinke, die man zum Öffnen herunterdrücken mußte. Danby zog alle Faktoren in Erwägung: die Türklinke knapp einen Meter über dem Boden; das Schloß durch Druck auf die Klinke nach unten zu öffnen; ein fünfzehn Pfund schwerer Kater will raus. Mit einem Hochsprung, um den ihn Michael Jordan beneidet hätte, katapultierte sich Danby hinauf und krallte sich an die Klinke, die sich entgegenkommenderweise nach unten bewegte. Die Tür schwang durch den Anprall der Katze im freien Flug auf. Als die Schwerkraft ihn wieder auf den Boden zurückholte, stand Danby pfotentief in kitzelndem, süß duftendem Gras.

Während er mit großen Sätzen Richtung Straße sprang, konnte er eine wehklagende Stimme hören: «Tiiii-ggerr!» Beinahe hätte sie das Bimmeln der verdammten kleinen Glocke an seinem Hals übertönt.

Zwanzig Minuten später sonnte sich Danby auf einem Stein inmitten eines brachliegenden Ackers und erholte sich von der Anstrengung, daß er sich schneller bewegt hatte als auf einem Spaziergang. Aus der Ferne hörte er das eintönige Geräusch der Fahrzeuge auf der Interstate. Eine leichte Brise trug den Geruch nach Benzin herüber. Als er durch das Wohnviertel getrottet war, hatte er die Straßenschilder gelesen und besaß deshalb jetzt eine genauere Vorstellung von der Gegend. Windsor Forest, der snobistische kleine Vorort, den Giles sein Zuhause nannte, lag nur wenige Meilen entfernt, und wenn er erst einmal die Interstate überquert hätte, könnte er die Abkürzung durch den Wald nehmen. Er hoffte, daß Madame Sherrod keine Vermißtenanzeige nach ihrem kleinen Ausreißer aufgeben würde. Einmal an Ort und Stelle, wäre eine Einmischung des Tierschutzvereines das letzte, was er gebrauchen könnte. Außerdem mußte er das Halsband loswerden. Mit einem Glöckchen unter dem Kinn würde er sich kaum als verirrter, heimatloser Streuner ausgeben können.

Zum Glück war das Halsband nur locker geschnallt, wahrscheinlich weil das dichte Fell rings um seinen Kopf den Hals doppelt so dick erscheinen ließ, wie er tatsächlich war. Nachdem sein Entschluß feststand, brauchte es nur ein paar Minuten konzentrierte Arbeit, um das Halsband mit den Pfoten so weit nach vorn zu schieben, bis es über seine Ohren rutschte. Danach noch ein kurzes Kopfschütteln – Klingeling! Klingeling! –, und schon war er Tiggers Identität los. Wie oft mochte es wohl vorgekommen sein, daß Haustiere, die ‹eines Tages einfach verschwunden› waren, eine neue Identität angenommen und sich wesentlicheren Dingen zugewandt hatten?

Noch vor fünf hatte er es bis zur Umgehungsstraße geschafft und geriet somit nicht in die Rush-hour des Berufsverkehrs. Da er sich mit Kraftfahrzeugen auskannte, fiel es Danby relativ leicht, die Interstate während einer Lücke zwischen zwei Autos zu überqueren. Warum die Opossums sich beim Überqueren einer Straße so dusselig anstellten, konnte er nicht verstehen. Wie nicht anders zu erwarten, lag ein plattgefahrener grauer Leichnam auf der durchgezogenen weißen Linie – ein stummes Zeugnis dafür, wie ungesund das Herumtrödeln auf der Autobahn war. Rein routinemäßig nahm er eine Geruchsprobe, das Verkehrsopfer war jedoch schon zu vergammelt, um noch irgend jemanden außer den Bussarden zu interessieren.

Einmal auf der anderen Seite, hielt sich Danby weiter an die Felder und vergewisserte sich von Zeit zu Zeit, daß er parallel zur Straße lief, die nach Windsor Forest führte. Dann und wann wurde seine Aufmerksamkeit durch einen Vogelschwarm am Himmel abgelenkt oder durch ein verführerisches Rascheln im Gras, das von einer Feldmaus verursacht sein mochte. Er lief jedoch weiter. Wenn er das Haus der Eskeridges nicht vor Anbruch der Dunkelheit erreichte, würde er bis zum nächsten Morgen warten müssen, um sich bemerkbar zu machen.

Danby beschloß, daß er, um an Giles heranzukommen, zuerst Julie Eskeridge herumkriegen mußte. Er fragte sich, ob sie wohl ein Herz für Tiere in Not hatte. Er konnte sich nicht erinnern, ob die Eskeridges überhaupt eine Katze besaßen. Ein nicht sterilisiertes

Kätzchen wäre nicht zu verachten, überlegte er. Vielleicht eine Siamesin mit großen blauen Augen und einer sexy Stimme.

Danby war davon überzeugt, daß er Giles' Haus ohne allzu große Schwierigkeiten finden müßte. Schließlich war er oft genug als Gast dagewesen. Außerdem hatte die Firma etliche von diesen protzigen Villen in dem weiträumigen Wohngebiet entworfen und gebaut. Danby hatte einmal den Vorschlag gemacht, palladianische Fenster gleich en gros einzukaufen, da jeder neureiche Bauherr unbedingt ein paar davon haben wollte, unabhängig von der Stilrichtung des in Auftrag gegebenen Hauses. Giles war von Danbys Idee wenig belustigt gewesen. Das war er sowieso selten. Sein Mangel an Humor war genauso groß wie sein Mangel an Skrupeln und moralischer Integrität. Dafür besaß er einen hochentwickelten Instinkt, wie man an Geld kommt und es hortet. Während ihm Danbys Talent für Design und Ausführung fehlte, hatte er eine natürliche Gabe, reiche Klienten aufzuspüren und diese geschmacklosen Banausen zu überreden, ein Vermögen für ihre Renommierhäuser auszugeben. Für Danby war die Grenze erreicht, wenn antike Sheraton-Kommoden zu Badezimmerschränken umgemodelt werden sollten. Als er auch bei Umweltkriminalität für sich eine Grenze zog, hatte Giles ganz offensichtlich sein Gewissen zu einem teuren Luxus erklärt, den sich die Firma nicht leisten konnte. So kam es zu dem flachen Grab auf der neuen Baustelle und zu Danbys zweitem Leben. Es war wirklich ausgesprochen unfair von Giles, dachte Danby. Sie waren seit dem College befreundet gewesen. Und nach dem Tod von Danbys Eltern hatte dieser in einem Testament seinen Anteil am Geschäft Giles vermacht. Und wie hatte Giles ihm diese Freundschaft vergolten? Mit der stumpfen Seite einer Schaufel. Danby hörte auf, die Krallen an der Rinde eines passenden Kiefernstammes zu wetzen. Giles hatte wirklich keine Gnade verdient. Gut so, denn wie alle Katzen kannte Danby auch keine.

Die Sonne stand tief hinter den umstehenden Kiefern, als Danby die Pseudo-Tudorvilla der Eskeridges erreichte. Unterwegs war er von der Witterung einer anderen Katze aufgehalten worden – eines kastrierten orangefarbenen Katers. (Selbst mit seinen farbenblinden Augen konnte er eine orangefarbene Katze erkennen. Möglicherweise lag es an dem besonderen Grauton oder der Form der weißen Zeichnung auf Kehle und Brust.) Er war hinter diesem Artgenossen hergejagt und hatte beträchtliche Anstrengungen unternommen, eine Kommunikation herzustellen. Aber soweit er es beurteilen konnte, gab es hinter den ausdruckslosen grünen Augen auch nicht den kleinsten Schimmer von höherer Intelligenz. Gemessen an Danbys Ansprüchen gab es überhaupt keine Spur von Intelligenz, er hätte ebensogut versuchen können, mit einem der Büsche zu reden. Schließlich hatte er die Nase voll von dem penetranten Starren des Eunuchen, also stolzierte er davon und verzichtete zugunsten seiner Mission auf weitere soziale Experimente.

Lange Zeit hockte er unter den Forsythiensträuchern in Giles' Vorgarten und paßte auf, ob sich eine Spur von Leben im Haus regte. Es ließ sich auch nicht von einem Haufen Spatzen ablenken, der sich um die Vogeltränke tummelte. Aber ihm war klar, daß er gezwungen sein würde, auf Nahrungssuche zu gehen, wenn er nicht bald eine anständige Mahlzeit bekam. Die Vorstellung, sich mit seinem massigen Katzenkörper auf ein paar Gramm zwitschernde Singvögelchen zu stürzen, ließ ihn noch gefährlicher aussehen als sonst schon. Er leckte sich eine Vorderpfote und starrte finster auf das stille Haus.

Etwa zwanzig Minuten später hörte er das entfernte Motorengeräusch eines Autos und witterte Benzin. Danby spähte gerade im rechten Moment aus der Hecke und sah, wie der Mercedes von Julie Eskeridge aus dem Windsor Way heraus um die Ecke bog. Ein paar hastige Zungenstriche über das gesträubte Nackenfell, dann schlenderte Danby auf die Einfahrt zu, während der Wagen heranrollte. Jetzt kam der schwierige Teil: Wie schindet man bei Julie Eskeridge Eindruck – ohne Scheckheft?

Nie zuvor war ihm aufgefallen, daß Giles' Ehefrau aussah wie eine Giraffe. Er blinzelte, als sich die riesigen Füße gefährlich dicht an seiner Nase vorbei aus dem Wagen schwangen. Danach kamen zwei Kopien der Alaska-Pipeline, beide in Nylon verpackt. Besser nicht an ihr hochspringen – eine Kralle in den Strümpfen und Feindschaft fürs Leben. Julie gehörte zu den Leuten, die einen nicht auf die Wangen, sondern daneben in die Luft küßten; sie haßte die Vorstellung, ihr Make-up würde ruiniert. Statt den Versuch zu unternehmen, ihre Aufmerksamkeit gleich hier am Wagen auf sich zu lenken (wo sie ihn mit einem ihrer nadelspitzen Absätze aufspießen konnte), hüpfte Danby auf die Stufen der Veranda und fing an, erbarmungswürdig zu miauen. Als Julie sich den Stufen näherte, blickte er mit flehenden Augen zu ihr empor und erwartete, bewundert zu werden.

«Schsch, Katze!» sagte Julie und stieß ihn mit dem Fuß beiseite.

Als ihm die Tür auf die Nase schlug, mußte sich Danby eingestehen, daß er sich gründlich verkalkuliert hatte. An einen Plan für den Rückzug hatte er auch nicht gedacht. Jetzt steckte er bis über die Ohren im Schlamassel. Nicht nur, daß er ermordet worden und nun zu einem Katzendasein verdammt war – jetzt war er obendrein auch noch obdachlos.

Als zwanzig Minuten später Giles nach Hause kam, lungerte Danby immer noch auf den Stufen herum, hauptsächlich, weil ihm bis jetzt nichts Besseres eingefallen war. Als er sah, wie sich Giles' schwarzer Sportwagen hinter den Mercedes von Julie setzte, war sein erster Impuls, einfach abzuhauen. Dann fiel ihm allerdings ein, daß Giles, falls er ihn überhaupt bemerken würde, ihn bestimmt nicht als seinen alten Geschäftspartner erkennen würde. Außerdem war er neugierig, wie ein frei herumlaufender Mörder wohl ausschauen mochte. Ob Giles gramgebeugt und von Reue gezeichnet wäre? Ängstlich lauschend, ob nicht irgendwo ein Martinshorn zu hören wäre?

Giles Eskeridge pfiff vor sich hin. Sonnengebräunt und lächelnd kletterte er aus seinem Wagen, die Lippen zu einem fröhlichen, unmelodischen Pfeifen gespitzt. Danby setzte sich in Bewegung, um seinen Mörder mit dem verächtlichsten und finstersten Ausdruck von Empörung zu konfrontieren, zu dem er fähig war. Die Reaktion fiel etwas anders aus, als er erwartet hatte.

Als Giles den großen wuscheligen Kater erblickte, ging er auf der Stelle in die Knie. «Komm! Miez! Miez!»

Danby sah ihn an, als hätte er ihm einen unsittlichen Antrag gemacht.

«Bist du ein Schöner!» Giles streckte die Hand nach dem fremden Kater aus. «Wetten, du bist eine Rassekatze, alter Junge? Hast du dich verirrt, Kleiner?»

Sosehr es Danby auch zuwider war, mit einem kaltblütigen Killer anzubandeln, schlängelte er sich doch an die ausgestreckte Hand heran und ließ sich die Ohren kraulen. Er wußte, daß Giles' Interesse an ihm die einzige Chance war, ins Haus zu kommen. Schließlich war Julie ganz offensichtlich eine Katzenhasserin. Wer hätte gedacht, daß unser hartherziger Giles ein Herz für Tiere besaß? Vielleicht liegt es an der Seelenverwandtschaft, überlegte Danby.

Er ließ sich von Giles hochheben und ins Haus tragen. Dabei ließ er sich den Rücken streicheln und erzählen, was für ein prima Kerl er doch wäre. Das war eine unwürdige Behandlung, und doch stellte es eine deutliche Verbesserung zu Giles' Benehmen seit ihrem letzten Zusammentreffen dar. Im Haus rief Giles nach Julie. «Sieh mal, wen ich da habe, Liebling!»

Sie kam aus der Küche und runzelte die Stirn. «Diese ekelhafte Katze! Schmeiß sie auf der Stelle wieder raus!»

An diesem Punkt der Entwicklung konzentrierte Danby all seine Energien darauf, ein Schnurren zustande zu bringen. Was dabei herauskam, klang in seinen Ohren eher wie ein Schnarchen, aber es zeigte bei seinem zukünftigen Opfer die gewünschte Wirkung. Auf der Stelle trug Giles ihn ins Wohnzimmer, ließ sich in einen Sessel fallen und plazierte Danby auf seinem Schoß. Dabei hörte er nicht auf, ihn mit Lob und Streicheleinheiten zu überhäufen.

«Es ist ein bildschöner Kater, Julie», erklärte Giles seiner Frau. «Ich gehe jede Wette ein, er ist ein reinrassiger Maine Coone. Bestimmt ein paar hundert Mäuse wert.»

«Das sind meine Wollteppiche auch», entgegnete Mrs. Eskeridge. «Und meine neuen Sofas! Wer soll außerdem die ganze Sauerei wegmachen?»

Das war Danbys Stichwort. Längst hatte er das Meisterstück seiner Einschmeichelungskampagne ausgetüftelt. Mit einem Laut, der ‹Mir nach, Leute!› signalisierte, hüpfte Danby vom Schoß seines Ex-Partners und marschierte zur Toilette im Erdgeschoß. Oft genug hatte er sie auf Dinnerpartys benutzt und wußte, daß die Tür nur angelehnt war. Für diesen Augenblick hatte er sich einiges verkniffen. Während Giles und seine bessere Hälfte ihn vom Flur aus beobachteten, sprang Danby auf die Klobrille, lüpfte den eleganten buschigen Schwanz und schickte sich an, die Toilette in der vorgeschriebenen Art und Weise zu benutzen.

Er verspürte ein seltsames Kribbeln in den Pfoten und das dringende Bedürfnis, zu kratzen und irgend etwas zu verscharren. Er unterdrückte den Impuls und sonnte sich statt dessen im überschwenglichen Lob seines selbsternannten Herrn und Meisters. Warum hatte Giles nicht dieselbe Begeisterung über sein Design für das Jenner-Gebäude aufbringen können? fragte sich Danby bedauernd. Bei manchenLeuten war der Sinn für die wahren Werte im Leben fürchterlich verzerrt: Aber er sollte jetzt lieber einfach den Freudentaumel der Eskeridges über seine kontrollierte Darmentleerung genießen; es gab wenig Möglichkeiten für Katzen, überragende Intelligenz zu demonstrieren. Weder konnte Danby ein paar Shakespeare-Verse rezitieren noch beim Dinner die Weinsorte identifizieren. Glücklicherweise galt Sauberkeitserziehung bei Katzen als Beweis von Genialität, und selbst Julie war von seinem Können tief beeindruckt. Danach stellte sich die Frage nicht mehr, ob Giles ihn wieder in die unbarmherzige Außenwelt befördern sollte. Statt dessen trugen sie ihn zurück in die Küche und öffneten ihm als Leckerbissen zum Dinner eine Dose Thunfisch. Er mußte aus einer Schüssel auf dem Fußboden essen. Immerhin war die Schale echtes Royal Doulton, was ihn ein wenig tröstete. Und während er aß, konnte er im Hintergrund immer noch Giles hören, der in den höchsten Tönen davon schwärmte, was für eine wunderbare Katze er doch sei. Geschafft. Er war drin.

«Kein Halsband, Julie. Jemand muß ihn auf dem Highway ausgesetzt haben. Wie sollen wir ihn nennen?»

«Mistvieh», schlug seine Frau vor. Sie war ein harter Brocken. Giles ignorierte ihren mangelnden Enthusiasmus über sein neuentdecktes Wunderkind. «Ich glaube, ich nenne ihn Merlin. Er ist wirklich ein Zauberkünstler.»

Merlin? Mit der Schnauze voll Fisch blickte Danby auf. Na schön, dachte er, Merlin und Thunfisch sind immer noch besser als Tigger und billiges Trockenfutter. Man kann im Leben nicht alles haben.

Ab sofort wurde er zu einem vollintegrierten Mitglied des Haushaltes, mit einem nagelneuen Plastikfreßnapf, einer Spielzeugmaus aus Katzenminze und einem neuen kleinen Halsband mit einem neuen verdammten Glöckchen. Danby war nahe daran, Giles den Daumen abzubeißen, als dieser ihm den verhaßten Kragen über das Fell zog. Aber er riß sich zusammen. Von nun an gewöhnte er sich an das ständige idiotische Bimmeln bei jedem Schritt. Was hatten die Menschen nur mit diesem Glöckchen am Hut?

Seine Pläne, draußen die Singvögel zu jagen, konnte er natürlich vergessen. Jetzt hätte er schon schneller als der Schall sein müssen, um einen Spatzen zu erwischen. Überhaupt kam er kaum noch nach draußen. Giles hatte offenbar Angst, er könnte wieder davonlaufen, und sorgte deshalb meistens dafür, daß Danby im Haus blieb.

Das kam Danby allerdings nur gelegen. Er konnte jede Möglichkeit nutzen, sich mit dem Haus und den Gepflogenheiten seiner Bewohner vertraut zu machen – alles nützliche Informationen für jemanden, der auf Rache sann. Bis jetzt war er (der frühere Danby, wer sonst?) in den Gesprächen der Eskeridges noch nicht aufgetaucht. Er fragte sich, welche Geschichten Giles über sein Verschwinden verbreiten mochte. Anscheinend hatte man die Leiche nicht entdeckt. Es war also an ihm, das Verbrechen zu ahnden.

Danby freute sich auf die Tage, an denen sowohl Giles als auch Julie nicht zu Hause waren. Dann ließ er sein Vormittags-, Mittags- und Frühnachmittagsnickerchen ausfallen, um jeden Raum seiner Domäne zu inspizieren und nach todbringenden Dingen abzusuchen: ein Arzneifläschchen möglicherweise oder vielleicht ein kleines Elektrogerät, das er in die Badewanne schubsen könnte.

Bis jetzt hatte er allerdings noch keinen Versuch unternommen, irgendeinen Unfall zu inszenieren, aus Angst, der falsche Eskeridge würde ihm in die Falle gehen. Zwar konnte er Julie genausowenig ausstehen wie sie ihn, aber er hatte keinen Grund, sie zu töten. Die ganze Sache mußte mit großer Sorgfalt durchdacht werden. Er konnte sich alle Zeit der Welt nehmen, jeden einzelnen Racheplan genauestens zu analysieren. Das Essen war gut, der Job als Hauskatze stellte keine hohen Anforderungen an ihn, und die Ironie der Geschichte, die darin lag, daß sein potentielles Opfer ihn vergötterte, gefiel ihm ganz gut. Giles war als Herrchen mit Sicherheit besser als in seiner Rolle als Geschäftspartner.

Ein abendliches Gespräch zwischen Giles und Julie machte ihm klar, daß er sich mit seinem Vorhaben beeilen mußte. Sie saßen im Wohnzimmer, nachdem sie zum Abendessen gebackenes Hühnchen verzehrt hatten. Leider gaben sie ihm nie die Knochen. Giles war der Überzeugung, daß die Knochensplitter in seinem Magen für ihn lebensbedrohend sein könnten. Danby lag auf dem Teppich vor dem Kamin, stellte sich schlafend und wartete darauf, daß sie seine Anwesenheit vergaßen und er zurück in die Küche schleichen und sich über die Reste hermachen konnte. Das Rauchen hatte er ja schon aufgegeben. Und obgleich er eines Abends ein bißchen von Giles' Scotch geschlabbert hatte, schien er auch daran den Geschmack verloren zu haben. Wieviel Enthaltsamkeit war überhaupt zumutbar?

«Wenn du wirklich fest entschlossen bist, diesen Kater zu behalten, Giles», sagte Julie Eskeridge und musterte ihre frischlackierten Krallen, «werde ich es wohl sein, die sich darum kümmern muß, daß er zum Tierarzt gebracht wird.»

«Zum Tierarzt. Daran habe ich überhaupt noch nicht gedacht. Klar, er muß geimpft werden», murmelte Giles und vertiefte sich weiter in die Zeitung. «Tollwut und so weiter.»

«Wo wir schon dabei sind – bei der Gelegenheit können wir ihn dann auch gleich kastrieren lassen», meinte Julie. «Sonst spritzt er noch an die Gardinen und an alles andere.»

Danby war auf der Stelle in höchstem Alarmzustand. Damit sie nicht merkten, daß er alles verstanden hatte, widmete er sich konzentriert dem Putzen seiner absolut sauberen Vorderpfote. Höchste Zeit, das Tempo bei seinen Racheplänen anzukurbeln, sonst würde er noch im Sopran miauen. Und keine Rücksicht mehr auf Unschuldige. Jetzt war es ein Fall von reiner Notwehr.

An diesem Abend wartete er, bis es im Haus dunkel und ruhig war. Gewöhnlich gingen Julie und Giles so gegen halb zwölf ins Bett. Sie löschten alle Lichter, aber das störte ihn nicht im geringsten. Im Gegenteil, er genoß es, durch das stille Haus zu schleichen und seine Nachtsichtkünste auszuprobieren. Allerdings vermißte er das Spätprogramm im Fernsehen. Einmal hatte er schon in Betracht gezogen, den Apparat mit der Pfote einzuschalten, aber dann erschien es ihm doch zu gewagt, selbst für eine Katze namens Merlin. Danby hatte keine Lust, mit Elektroden im Kopf in irgendeinem Labor eines Verhaltensforschers zu enden.

Er musterte die Sammlung an Katzenspielzeug, die Julie in seinen Korb gestopft hatte, weil sie jegliche Unordnung haßte. Außer dem Katzenminzemäuschen besaß er einen Gummifisch und einen kleinen roten Ball. Giles hatte den Ball in der absurden Vorstellung gekauft, daß er Danby beibringen könnte, mit ihm Fangen zu spielen. Als er ihn über den Boden hatte rollen lassen, hatte sich Danby hingelegt und ihn mit einem unverschämten Glotzen bedacht. Er hatte sich an der folgenden Viertelstunde ergötzt und Giles auf Händen und Füßen beobachtet, während er den Ball schlug und versuchte, Danby beizubringen, ihn zu fangen. Schließlich hatte Giles es aufgegeben, und seitdem steckte der Ball im Katzenkorb. Danby holte ihn mit den Zähnen heraus und trug ihn nach oben. Stiegen Giles und Julie nicht immer auf der rechten Seite die Treppe hinunter? Da, wo das Geländer war? Vorsichtig legte er den Ball auf der dritten Stufe ab, ungefähr an der Stelle, wo ein menschlicher Fuß die Stufe berühren würde. Ein Stolperdraht wäre weitauf effektiver gewesen, aber dessen Montage überstieg bei weitem Danbys technische Möglichkeiten.

Was könnte er sich sonst noch Mörderisches für die Eskeridges ausdenken? Er konnte ihnen kein Gift ins Essen mischen, und da sie ihn mit einem Flohhalsband ausstaffiert hatten, konnte er nicht einmal darauf hoffen, ihnen die Beulenpest ins Haus zu bringen. Sie mit Zähnen und Krallen zu attackieren kam ihm zu tollkühn vor, selbst wenn er sie im Schlaf überraschen würde. Derjenige, den er gerade nicht biß, konnte ihn jederzeit angreifen. Und ein fünfzehnpfündiger Kater kann relativ leicht von einem Menschen getötet werden, der dazu fest entschlossen ist. Selbst wenn sie ihn nicht auf der Stelle umbrachten, würden sie sich seiner doch sofort entledigen, und er hätte seine Chancen für immer verspielt. Das war zu riskant.

Also mußte es klammheimlich geschehen. Danby durchsuchte das Haus weiter nach todbringenden Hinterhältigkeiten. Im Bereich der Badewanne gab es keinerlei elektrischen Geräte, und außerdem ging Giles immer nur unter die Dusche. In einem anderen Leben wäre Danby möglicherweise in der Lage gewesen, den elektrischen Rasierapparat so zu verdrahten, daß seinen Benutzer der Schlag treffen würde, aber ein solches Bravourstück lag jenseits seiner jetzigen Geschicklichkeit. Kein Wunder, daß die Menschen die Macht auf Erden übernommen hatten; sie waren so verdammt schwer totzukriegen.

Selbst seine Bemühungen, sich bei der Sache Hilfe an Land zu ziehen, hatten sich als fruchtlos erwiesen. Auf einem seiner seltenen Ausflüge außerhalb des Hauses (Giles war zum Golfplatz gefahren, und er war unbemerkt von Julie hinausgeschlüpft) hatte Danby einen Streifzug durch die Nachbarschaft unternommen, auf der Suche nach... nun ja... einer Muschi. Statt dessen war er auf dämliche Kater getroffen und einen Dobermannverschnitt, der ohne Zweifel ein Jemand war. Danby hatte die Konversation auf ein Minimum beschränkt, weil ihm die mächtigen Hauer der Bestie ganz und gar nicht gefielen. Er hatte den starken Verdacht, daß der Dobermann früher ein Massenmörder gewesen war. Klar hatte der Hund *gesagt,* er sei ein ehemaliger Agent der Internationalen Flüchtlingsorganisation gewesen, aber damit wollte er Danby bestimmt nur in Sicherheit wiegen. Jedenfalls zeigte sich der Dobermann nicht an einer Verschwörung interessiert, obwohl er Danbys

Plan, seine Besitzer zu töten, im Prinzip unterstützte. Aber warum sollte er wegen der Probleme eines anderen Gefahr laufen, in die Gaskammer zu wandern?

Danby selbst hatte vergleichbare Skrupel. Auf keinen Fall wollte er eine allzu unberechenbare Aktion in Gang setzen – wie zum Beispiel das Haus anzünden.

Er hatte nicht vor, einen Unfall zu inszenieren, bei dem er selbst zu den Opfern zählen würde. Nachdem er ein paar sich zäh dahinziehende Stunden durch das dunkle Haus gestromert war, streckte er sich auf dem Sofa im Wohnzimmer aus. Nur ein kleines Nickerchen, dann würde er weiter seine Ränke schmieden. Ausgeruht würde es sich besser nachdenken lassen.

Als nächstes spürte Danby, wie er brutal am Halsband gepackt und hochgezerrt wurde. Er riß die Augen auf. Es war heller Tag, und die Hand an seiner Kehle gehörte Julie Eskeridge, die versuchte, ihn in einen eisernen Transportkäfig zu stopfen. Er wollte noch die Krallen ins Sofa schlagen, aber es war zu spät. Ehe er einmal blinzeln konnte, wurde er am Schwanz gepackt und in den Käfig bugsiert. Er konnte gerade noch den Schwanz in Sicherheit bringen, bevor die Tür hinter ihm zugeknallt wurde. Danby kroch in den Transportkorb und spähte durch die seitlichen Schlitze hinaus. Was nun?

Offenbar hatte der Gummiball auf der Treppe als Mordwaffe schmählich versagt. Wieso war er eigentlich nicht als Berglöwe wiedergeboren worden?

Den ganzen Weg zum Auto empörte sich Danby lauthals über die Schlingen und Fallstricke eines gräßlichen Schicksalsschlages. Es half auch nichts, zu wissen, wohin es gehen sollte und was man in Kürze mit ihm anstellen würde. Julie Eskeridge stellte den Katzenkäfig auf den Rücksitz und knallte die Tür zu. Als sie den Motor anließ, schrie Danby protestierend auf.

«Ruhe dahinten!» rief Julie. «Du kannst nichts dagegen machen.»

Das werden wir ja sehen, dachte Danby und drehte sich, um aus der Käfigtür zu spähen. Die Metallverriegelung der Tür war ungefähr drei Zentimeter entfernt, und es gab keinen Haken oder irgendeine andere Sicherung.

Danby fand heraus, daß er leicht mit einer Pfote seitlich aus dem Käfig langen konnte. Wenn er es jetzt noch schaffte, einen Blick auf den Mechanismus der Verriegelung zu werfen, hatte er eine winzige Chance, sich selbst zu befreien. Er legte sich flach auf die Seite und peilte angestrengt nach oben auf den Eisenriegel. Es schien sich um einen von der besseren Sorte zu handeln. Der Käfigverschluß bestand aus einem Metallstab in einer Führung, der zur Verriegelung nach unten gedreht wurde. Wenn es Danby gelang, den Riegel wieder nach oben und dann zurückzuschieben…

Es war nicht leicht zu bewerkstelligen, da das Auto mehrmals bremste und wieder beschleunigte und einige Kurven fuhr. Danby spürte, wie ihm bei all der angestrengten Konzentration in dem leicht schwankenden Käfig ganz schwindlig wurde. Schließlich jedoch, als der Wagen die Interstate erreicht hatte und ruhig dahinglitt, gelang es ihm, mit der Pfote die richtige Stelle am Riegel zu erwischen und ihn nach oben zu drücken. Nach drei weiteren Minuten angestrengten Probierens konnte er den Riegel ein Stückchen zurückschieben und dann noch ein Stückchen. Endlich war der Riegel frei.

Aus dem Wagen jedoch gab es kein Entkommen. Julie hatte die Fenster hochgedreht, und sie fuhren mit einer Geschwindigkeit von sechzig Meilen in der Stunde. Danby verbrachte eine geschlagene Minute damit, sein Dilemma von allen Seiten zu beleuchten. Wie er das Problem auch angehen mochte, die Alternative war immer dieselbe: entweder eine Verzweiflungstat oder unter das Messer. Immerhin war das Sterben keine so große Sache. Es gab immer ein nächstes Mal.

Rasch, bevor ihn die Angst noch daran hindern konnte, warf sich Danby mit seinem ganzen haarigen Gewicht gegen die Käfigtür. Mit einem kräftigen Plumps landete er im Fußraum vor dem Rücksitz. Er sprang zurück auf den Sitz, katapultierte sich mit einem Knurren, das aus tiefstem Herzen kam, in die Höhe und landete schwankend auf der rechten Schulter von Julie Eskeridge. Er schlug die Krallen ein, um nicht herunterzufallen.

Das letzte, an das er sich erinnerte, waren Julies Schreie und das Schlingern eines außer Kontrolle geratenen Wagens.

Als Danby die Augen aufschlug, spielte sich die Welt um ihn herum immer noch in Schwarzweiß ab. Er konnte gedämpfte Stimmen hören, und er nahm die verschiedensten Gerüche wahr: Blut, Benzin, Rauch. Er rappelte sich hoch und stellte fest, daß er immer noch weniger als dreißig Zentimeter über dem Erdboden war. Immer noch ein Fellbündel. Immer noch die Katze der Eskeridges. In der Ferne erblickte er das zusammengestauchte Wrack von Julies Wagen.

Über ihm ertönte eine vertraute tiefe Stimme. «Wahrscheinlich ist er während des Unfalls aus dem Käfig geschleudert worden, Officer. Aber es ist eindeutig Merlin. Meine arme Frau wollte mit ihm zum Tierarzt.»

Neben Giles stand ein stämmiger Polizist. Er nickte anteilnehmend. «Ich glaube, was man sich über Katzen erzählt, ist wahr. Ich meine, das mit den neun Leben. Tut mir leid wegen Ihrer Frau. Sie hatte nicht soviel Glück.»

Giles ließ den Kopf hängen. «Nein. Großer Gott, all diese Schicksalsschläge! Zuerst verschwindet mein Geschäftspartner spurlos, und nun verliere ich auch noch meine Frau.» Er bückte sich und hob Danby auf. «Wenigstens kann mich mein liebes kleines Kätzchen trösten. Komm, alter Junge. Fahren wir nach Hause.»

Danbys boshafter gelber Blick flackerte keine Sekunde. Ohne Protest ließ er sich zu Giles' wartendem Wagen tragen. Er hatte Zeit. Katzen waren gut im Warten. Und ein Leben mit Giles war auch nicht zu verachten, jetzt, wo Julie nicht mehr dasein und ihm auf die Nerven gehen würde.

Danby würde es sich eine Weile gutgehen und sich von einem fürsorglichen menschlichen Wesen verwöhnen lassen; er würde Gourmet-Katzenkost speisen und im Haus nach Belieben ein und aus gehen. Zwischenzeitlich könnte er weiter zufällig den Ball auf der Treppe vergessen und sich neue Spiele mit Giles ausdenken. Er würde abwarten, ob die Polizei jemals auftauchen und Giles nach seinem vermißten Partner fragen würde. Wenn nicht, könnte Danby weiter seine Studien treiben, wie man Menschen um die Ecke bringt. Früher oder später würde es klappen. Katzen sind unendlich geduldig, wenn es darum geht, ihre Beute zu belauern.

«Jetzt gibt es nur noch uns beide, Kumpel», sagte Giles und plazierte seinen Kater auf dem Beifahrersitz.

Und nachdem er Giles getötet hätte, könnte er vielleicht auf die Suche nach dem Bauunternehmer gehen, den Giles bestochen hatte, damit er sein schmutziges Geheimnis für sich behielt. Er hatte ganz bestimmt den Tod verdient. Und dieses widerliche Weib, das neben Danby gewohnt und sich immer über seine Stereomusik und sein Unkraut beschwert hatte. Und vielleicht auch noch den griesgrämigen Oberkellner bei *Chantage.* Streunende Katzen können überall auftauchen.

Danby begann zu schnurren.

Elfriede Hammerl

Krisenzeiten

Die Personen nennen mich Ferdinand. Ich dulde es, notgedrungen. Wie sollte ich ihnen auch klarmachen, daß ich, historisch gesehen, entschieden mehr zu Joseph II. (dem Aufklärer) tendiere als zu Ferdinand dem Gütigen, der bekanntermaßen hochgradig unterbelichtet war? Abgesehen vom Fehlen entsprechender Kommunikationsmittel scheiterte ein derartiges Vorhaben vermutlich am mangelnden Geschichtsbewußtsein meiner Personen. Ihr Wissen über Kaiser ist meiner Erfahrung nach ziemlich dürftig. Deshalb gehe ich davon aus, daß sie nichts Beleidigendes im Sinn hatten, als sie beschlossen, mich Ferdinand zu rufen. Entgegen landläufigen Verleumdungen, Katzen betreffend, reagiere ich meistens, wenn ich gerufen werde. An und für sich ist meine Spezies nämlich sehr kooperativ. Nur Idioten legen ja Wert auf Zank und Hader. Ich bin kein Idiot. Also bemühe ich mich um gut Wetter. Ich benütze im Prinzip mein Katzenklo, es sei denn, ich sehe mich gezwungen, Empörung zu signalisieren. Ich kratze mein Kratzbrett. Ich erscheine, sobald ich meinen Namen höre. Die Personen erblicken mich bloß nicht immer gleich, wenn ich mit lautloser Diskretion hinter ihnen aus dem Dunkel irgendwelcher Winkel trete und höflich abwarte, bis sie sich endlich einmal umdrehen.

Nur absolut unsinnige Forderungen, wie zum Beispiel die, nicht über den Tisch zu latschen, erfülle ich nicht.

Soviel vorweg. Geschehen ist folgendes: Die Person mußte dienstlich nach New York fliegen. Menschliche Personen verreisen im allgemeinen gern, im Unterschied zu unsereinem. Wir haben es nicht nötig, ständig vor uns davonzulaufen, aber das nur nebenbei.

Die Person jedenfalls, die ich als durchaus veränderungssüchtig kenne, seufzte diesmal herum von wegen Trennung. Sie meinte nicht die Trennung von mir, sondern vom Person.

«Und dir macht das überhaupt nichts aus?» fragte sie ihn wehklagend.

Mir sträubten sich sämtliche Haare. Ganz schlecht wird mir, wenn sie so um Zuneigung bettelt. Hat sie das nötig?

Auch der Person reagierte angewidert. Er sei schließlich kein Kleinkind, das nicht mal ein paar Tage allein bleiben könne.

«Aber du wirst nicht allein bleiben», prophezeite sie.

«Sowieso nicht», antwortete der Person. «Kaum bist du weg, reiten hier lose Weiber ein.»

Ich wunderte mich über seine Ehrlichkeit, bis ich merkte, daß sie es als Scherz auffassen sollte, was sie in ihrer bejammernswerten Gutwilligkeit prompt tat. Sie lachte, und er machte ein nachsichtiges Gesicht wie immer, wenn sie sich für eine ganz und gar gerechtfertigte Verdächtigung schämt.

Ich ging zu meinem Gedeck und nahm ein paar Bissen Schleckertöpfchen zu mir, um meine Magennerven zu beschwichtigen.

Dann war die Person weg, was ich gar nicht mag, weil ich meine gewohnte Ordnung schätze. Zum Trost machte ich es mir auf einem herumliegenden Kaschmirpullover von ihr bequem. Dort döste ich, als der Person mit einem langmähnigen Geschöpf die Wohnung betrat. Ich duckte mich. Aber das Geschöpf erspähte mich.

«Ach, eine Katze», sagte sie. «Ich liebe Katzen.»

Erstaunlich. Ich liebe Menschen nicht. Ich liebe die eine oder andere Person, aber das Geschöpf zum Beispiel liebte ich keineswegs, denn ich kannte es ja gar nicht. Wie brachte das Geschöpf es fertig, eine riesige Gruppe von Lebewesen pauschal zu lieben? Ich wollte eigentlich von keiner geliebt werden, die entschlossen war, mich ohne Ansehen des Charakters zu lieben, zugleich mit Typen wie dem gefleckten Dicken, der der Schrecken meiner Kindheit gewesen ist.

«Hi, Fernando», sagte der Person launig. Fernando! Bin ich ein Eintänzer?

Ich war aufgestanden und streckte mich. Im Aufstehen gab ich die Aussicht auf den Kaschmirpullover frei. Der Pullover war fliederfarben und hatte einen großen bestickten Kragen, was ihn ziemlich deutlich als Damenpullover kennzeichnete.

Das Geschöpf musterte den Pullover. «Ich denke, du lebst allein», sagte es leichthin.

Der Person raffte den Pullover an sich. «Grundsätzlich schon», behauptete er hastig. Was ich immer sage: Seine Grundsätze sind fragwürdig.

Er warf den Pullover in einen Schrank und wandte sich den Weinvorräten zu. «Chianti classico aus Orvieto», sagte er, eine Flasche herzeigend. «Magst du?» Das Geschöpf bejahte gnädig.

Der Chianti aus Orvieto! Die Person bewahrt ihn seit einem Jahr als Erinnerung an eine Toskanareise mit dem Person für eine besondere Gelegenheit auf. (Ich entsinne mich dieser Reise ebenfalls mit Behagen, denn ich wurde in der Zeit von der Mutter der Person betreut, einer warmherzigen Frau, die wenig von Dosenfraß und viel von frischem Rinderherz hält.)

Ungern ergreife ich Partei, und im allgemeinen vermeide ich es, mich zum Sittenrichter aufzuschwingen, aber als ich sah, wie der Person den Chianti aus Orvieto entkorkte, beschloß ich, ihm bei nächster Gelegenheit in die Schuhe zu kotzen.

Der Person füllte ein Gericht in meine Eßschüssel, das sich «Schlemmerhäppchen» nannte. Es schmeckte so ähnlich wie eines, das «Leckerschälchen» heißt, nur angegammelt. Da wußte ich, die nächste Gelegenheit würde sich bald bieten.

«Ich liebe Katzen», sagte das Geschöpf abermals, «weil sie so eigenwillig sind.»

«Du meinst, sie sind dir ähnlich», erklärte der Person, und das Geschöpf kicherte geschmeichelt.

Ich schnappte nach Luft vor Entrüstung. War das der Lohn für meine aufopfernden Bemühungen, mich in den Personenhaushalt zu integrieren?

Wenn das Geschöpf gern als eigenwillig gelten wollte – bitte sehr. Aber mußte es dazu unbedingt banale Klischees über Katzen strapazieren? Gleich würde es erklären, Katzen seien wunderbar unabhängig. Ja, freilich. Ein Katzenklo, ein Kratzbrett und Schlabberschnittchen aus der Dose – so hab ich mir die große Unabhängigkeit seit jeher vorgestellt.

Halt, halt! Das Geschöpf ließ sich im Lieblingssessel der Person nieder! Tapfer sprang ich auf das Geschöpf drauf, so schwer wie möglich, die Krallen ausgefahren. «Schau, sie mag mich!» rief das Geschöpf entzückt.

Kruzitürken!

Der Person beugte sich vor. «Er schnurrt aber nicht», sagte er mißtrauisch. Junge, Junge, du hast's erfaßt. Ich stieß mit dem Kopf gegen das Weinglas vor dem Geschöpf, worauf sich Chianti classico (rot) über das Geschöpf ergoß. «Ungeschickte Katze!» schimpfte das Geschöpf.

«Katzen sind nie ungeschickt!» korrigierte der Person.

Diese Pauschalbehauptung stimmt.

Der Person ist ausgezogen, vorübergehend, wie es heißt. Mich hat wie üblich niemand gefragt. Ich wäre dagegen gewesen. Ich vermisse den Person. Er riecht angenehm.

Er verhält sich leise. Er bleibt lange im Bett. Ohne eine Person im Bett zu liegen ist nicht das Wahre, man weiß gar nicht so recht, wohin mit dem Kopf und wohinein mit den Krallen. Man mag es Faulheit nennen, was den Person auszeichnet. Ich nenne ihn den ruhenden Pol. Ein ruhender Pol ist sehr wichtig in einem Haushalt, in dem eine derart hektische Person umgeht wie die Person.

Der Reihe nach: Eines Morgens verabredet sich die Person mit dem Person für abends in einem bestimmten Lokal. Dort sitzt sie dann längere Zeit mit Freunden, aber ohne den Person, weil er erst um zwei Uhr früh in der Wohnung auftaucht. Die Person, wie so oft, stinksauer. Der Person, wie so oft, vollkommen unschuldig. Erstens hat er die Verabredung überhört. Zweitens hat er ein anderes Lokal verstanden. Drittens hat er vor Tagen angekündigt, daß er länger würde arbeiten müssen. Viertens weiß die Person genau, daß er die Freunde, mit denen sie sich und ihn verabredet hat, in letzter Zeit nervtötend findet, weshalb er gezwungen war, ihnen aus dem Weg zu gehen.

Die Person brüllt. (Diese Stimme! Ich verschwinde unter den Schrank.) Die Person brüllt, daß sie den Person satt habe. Das angenehmste Leben könnte sie führen ohne ihn. Natürlich erhofft sie sich Zerknirschung, Reue, Kniefall, Besserungsgelübde. Statt dessen stimmt ihr der Person ernsthaft zu. Vielleicht habe sie recht. Nicht ständig zusammenkleben. Abstand gewinnen. Zu sich selbst finden.

Die Person starrt mit offenem Mund. (Ich sehe es von unter dem Schrank.)

Zu sich selbst finden! Wenn ich das schon höre! Bei welchem Mädel ist er sich denn diesmal wohl abhanden gekommen?

Obwohl die Person kleinlaut eingesteht, daß sie's sooo gar nicht gemeint hätte, bleibt der Person dabei, eine einstweilige Trennung als Annullierung allen Unbehagens zu propagieren.

Und jetzt ist er weg, samt Pfeifen, Globus und 24 Bänden Literaturlexikon. Die Person tröstet sich damit, daß er nur das Nötigste mitgenommen habe. Sie sieht seine Jacken im Schrank, sein Rasierwasser im Bad und seine Skischuhe im Keller als sicheren Hinweis auf seine Rückkehr an, aber ich mutmaße, daß er bloß zu bequem war, seine gesamte Habe zu packen, zumal er das Skilaufen mehr oder weniger aufgegeben hat.

Die Person tröstet sich, sage ich, doch genaugenommen kommt mir die Person ziemlich ungetröstet vor. Griesgrämig hängt sie Abend für Abend zu Hause herum und schaut sich Fernsehsendungen an, in denen frustrierte Ehefrauen jede Menge Anbeter parat haben, um es ihren Männern heimzuzahlen.

Anhänglichkeit resultiert, wie man weiß, häufig aus einem Mangel an Versuchungen. Ich bin überzeugt, die Person seufzte dem Person weniger elegisch hinterher, wenn ihr die eine oder andere Ablenkung über den Weg liefe. Aber es scheint nix zu laufen.

Vorige Woche hängte sie sich ans Telefon und versuchte, sogenannte alte Freunde zu revitalisieren. Anders als in Film und Fernsehen zeigten die alten Freunde, wie ich mithören konnte, wenig

Neigung, die Verehrung von ehedem wieder ins Programm aufzunehmen. Einer war frisch verliebt (jedoch nicht in die Person), ein anderer schlug ein Abendessen zu dritt vor, allerdings nicht zu bald, weil seine Frau zur Zeit wenig Zeit habe, der dritte wollte Ratschläge zum Herumkriegen einer bis dato wehrhaften Dame, vielleicht wisse meine Person, wie…

Mist. Die Person stopft sich mit Popcorn und Schokolade voll und vergißt glatt, meine Eßschüssel nachzufüllen.

Freundinnen kommen vorbei und sagen der Person, sie müsse lernen, ihr Selbstwertgefühl nicht von Männern abhängig zu machen. Ganz meine Meinung! Anschließend eilen die Freundinnen ans Telefon und turteln zwitschernd mit ihren Herzallerliebsten.

Die Person schaut umflort und schaufelt Pralinen in ihren Mund. Die Freundinnen sagen, sie hat recht, daß sie sich dem Diätterror nicht beugt. Aber ich kenne die Person: Sobald sie ihre Jeans nicht zukriegt, flucht sie gotterbärmlich und zeigte keine Ambition, dem Diätterror stolz üppige weibliche Formen entgegenzusetzen. (Zumal ich den Verdacht habe, daß sie keine üppigen weiblichen Formen kriegt, wenn sie zunimmt, sondern bloß einen Bauch.)

Ich stupse sie aufmunternd. Der Person wird bald wieder dasein. Ich weiß es. Lange hält er es sicherlich nicht aus. OHNE MICH.

Die Person kommt zunehmend besser damit zurecht, daß der Person diesen Haushalt verlassen hat.

Auch ich beginne mich damit abzufinden. Zwar bedaure ich es nach wie vor, vormittags allein im Bett liegen zu müssen, mit bloß ein paar Kissen zum Kuscheln, doch andererseits bleiben mir die Schreiduelle erspart, die früher unweigerlich und zuletzt in immer kürzeren Abständen stattfanden.

Gut so. Balsam für meine empfindlichen Nerven. Allerdings: Die Erkenntnis, daß der Person ohne mich zu existieren vermag, ist ebenso ärgerlich wie überraschend.

Schließlich war ich der festen Überzeugung gewesen, er würde meinetwegen zurückkehren. Daß er nicht einmal den Versuch unternimmt, mich zu sehen, erstaunt mich und verwandelt die Wehmut, mit der ich zunächst an ihn dachte, in ein innerliches Achselzucken.

Eigentlich war sein Fell ziemlich struppig. Eigentlich stelle ich mir den wirklich komfortablen Kuschelpartner flauschiger vor.

Die Person, wie gesagt, arrangiert sich. Sie sieht wieder öfter den «Auslandsreport» statt monströser Schinken um Liebe, Leid und Laster. Falls sie doch in monströse Schinken glotzt, bleiben ihre Augen trocken. Neulich hat sie sogar gegähnt. Auch füllt sie regelmäßig meinen Eßnapf, hat ihren Pralinenverbrauch auf ein vertretbares Maß zurückgeschraubt und schläft nachts durch.

Sie arrangiert sich, sage ich; doch sie behauptet: Ich genieße meine Freiheit!

Nicht müde wird sie, diese ihre Freiheit bei jeder sich halbwegs bietenden Gelegenheit zu preisen. Endlich autonom, endlich keine Rücksichten mehr, endlich ganz sie selbst, ach, diese Wonne, nein, was für Chancen.

Ich betrachte sie, wie sie vor der Glotze gähnt, und sie kommt mir nicht viel kühner vor als zu den Zeiten, da sie unfrei an der Seite des Person vor der Glotze gähnte. Aber vielleicht äußert sich ein befreites Selbst nicht bei allen Personen durch kühnes Auftreten.

Telefon. Die Person nimmt ab und schnaubt hinein: «Ich hab dir doch bereits gesagt, das geht nicht. Ach, Quatsch. Der hat dich längst vergessen.»

Wer hat wen vergessen? Die Person erklärt es nachher der Nachbarin, der Herzensguten: Der Person hätte vorbeikommen wollen. Unter dem Vorwand, mich zu besuchen – als ob ich mich überhaupt noch erinnern könnte.

Was? Na, und wie ich mich erinnern kann! Außerdem: Was heißt Vorwand? Ich bin der einzig denkbare Grund.

Vergrämt ducke ich mich unter der Hand weg, die die Person versöhnlich nach mir ausstreckt, und springe auf das Gewürzbord.

Ich lege mich hin und schließe die Augen. Lieber alter Person. So flauschig. So kuschelig. So wattewolkenweich.

Zwar habe ich nie viel vom Charakter des Person gehalten, aber das hinderte mich nicht, ihn zu lieben. Wir waren schließlich eine Familie. Wir haben zusammen Mücken gejagt. Ich habe auf seiner Brust geschlafen. Ich habe mit ihm von einem Teller gegessen. (Die Person durfte es nie sehen, sie fand das unhygienisch. Ich dagegen bin nicht so heikel. Der Person putzt sich regelmäßig die Zähne und ist gegen Tetanus geimpft, ich glaube nicht, daß er ansteckend ist.) Ich habe dem Person die Pullover, auf denen ich zu ruhen pflege, zum Anziehen geliehen.

Daher: große Freude bei der Vorstellung, ihn wiederzusehen.

Zum vereinbarten Termin sitze ich sozusagen in den Startlöchern, geschleckt und gestriegelt, bereit, zur Tür zu eilen, sobald ich die Schritte des Person auf der Treppe höre. Jedoch: Die Zeit verrinnt, und kein gehörter Schritt ist der des Person. Ich hocke mich aufs Fensterbrett im Wohnzimmer und überwache die Straße. Autos parken ein und aus, fahren vorbei – das des Person ist nicht darunter. Der Tag, eben noch prall vor Verheißungen, schrumpft und wird grau. Die Möbel hinter mir werfen schwere Schatten. Ich krieche unter die Kommode.

Am Abend darauf, als wir es uns gerade gemütlich gemacht hatten – die Person hatte ihr Gesicht dick mit weißer Paste bestrichen und aß wie ich Thunfisch aus der Dose, allerdings nicht aus derselben –, ging auf einmal die Tür auf, für die der Person noch immer einen Schlüssel besitzt, und der Person stand vor uns.

«Heute? Wieso heute?» fragte die Person entgeistert.

Sie ärgerte sich, wegen der Paste im Gesicht, das war mir klar. Auch wenn sie für den Person nicht mehr als Objekt der Begierde fungiert, möchte sie ihn doch beeindrucken. Nein, falsch: Gerade weil der Person jetzt eine andere Person begehrt, will sie ihm vor Augen führen, welch beeindruckende Frau er aufgegeben hat, indem er sie aufgegeben hat, und dazu eignet sich weiße Paste im Gesicht ausgesprochen schlecht. Es muß bitter sein, wenn man nicht über die natürliche Anmut und Schönheit einer Katze verfügt.

Ich, der ich darüber verfüge, faßte mich schnell und saß blanken Blicks und geputzten Schnurrbarts erwartungsvoll vor dem Person, während er in der üblichen Manier beteuerte, daß von gestern nie die Rede gewesen wäre beziehungsweise daß es sich gestern nicht ausgegangen sei, weil –

Wieso hatte ich bloß angenommen, der Person würde einmal in seinem Leben pünktlich sein? Ich hatte es angenommen, weil er schließlich mit mir verabredet gewesen war und nicht mit der Person, die auf gebrochene Versprechen seinerseits abonniert ist. Ich bin es nicht. Mit mir hat er keine Konflikte auszutragen gehabt. Ich habe ihm nie Vorwürfe gemacht, ich habe nie mit ihm geschrien, ich wollte sein Sexualleben nicht einschränken, und es war mir schnurz, ob er beruflich vorankam.

Mir muß er nicht ausweichen. Im Gegenteil: Ich repräsentiere eindeutig den angenehmen Teil seiner Vergangenheit.

Daher rechnete ich damit, daß er sich als erstes mir zuwenden würde. Aber gefehlt: Er stapfte zu den Bücherregalen und begann auszusortieren, was angeblich ihm gehört.

Ob seine Augen Schaden genommen hatten in der Zwischenzeit? Ich machte mich bemerkbar, indem ich um seine Beine strich. Er tätschelte lässig meinen Kopf. «Schon gut, Alter», sagte er, «gleich.»

Wie bitte? Ich wanderte in die Küche und nahm, den Schwanz um meine Pfoten gelegt, vor dem Kühlschrank Platz. Früher hatten wir einen Lieblingssport, der Person und ich. Er schleuderte Käsestückchen durch die Küche, und ich versuchte sie im Flug zu fangen.

«Der Kater möchte, daß du ihm Käsestückchen wirfst», hörte ich die Person sagen. Und ich hörte den Person antworten: «Ach, laß mal. Käse macht bloß fett.»

Ja, dann.

Später, als der Person vor einer Tasse Tee saß und ich endlich auf seinen Knien, fragte der Person die Person – sie hatte die weiße Paste im Gesicht inzwischen durch bunte Farbe ersetzt, was aber meiner Meinung nach keinen besseren Effekt ergab: «Sag, ist der Kater gewachsen? Er kommt mir so riesig vor.»

«Er ist genauso groß wie immer», antwortete die Person.

«Na ja», sagte der Person überlegend, «vielleicht kommt er mir so riesig vor, weil wir jetzt eine ganz kleine Katze haben.»

Der Fußboden öffnete sich, die Fensterscheiben barsten, das Ge-
bälk stürzte herab. Die Person merkte es nicht. Oder doch?

«Ach ja?» fragte sie mit flacher Stimme. Ich bestaunte sie. Ich
hätte kein noch so dünnes Maunzen herausgebracht.

«Mhm», sagte der Person, «ich möchte nicht ohne Katze leben,
weißt du.»

Er möchte nicht ohne Katze leben. Also holt er sich die nächst-
beste kleine ins Haus. Katz' ist Katz'. Frau ist Frau. Mensch ist
Mensch. (Nicht für mich. Nicht für die Person. Aber für ihn.)

Er streckte die Hand aus und kraulte mich zwischen den Ohren.
Ich wendete den Kopf, biß ihn in die Finger und sprang von seinen
Knien. «Spinner!» rief der Person. Er schlenkerte die gebissene
Hand. «So was», sagte er dann, «ob der Kater langsam senil wird?»
Selber Spinner. Warten wir's ab, wer von uns eher senil ist: ich, du
oder deine ganz kleine Katze.

«Also dann – alles Gute!» sagte die Person zum Abschied. Hat
sie denn keinen Stolz?

Jetzt sehen wir fern, die Person und ich. Experten diskutieren
gerade über Scheidungswaisen. «Man muß diesen Kindern klarmachen», sagt soeben ein Experte, «daß der Elternteil, der weggeht,
nicht *ihnen* die Liebe aufkündigt, sondern –»

Der hat leicht reden, der Experte. Der soll sich mal brausen, der
Experte.

Erstaunlichen Tag gehabt. Schon morgens ein Kribbeln verspürt.
Die Person will die Wohnung und mich verlassen, da schlüpfe ich
mit ihr auf den Gang und renne zur Matte der herzensguten Nachbarin.

Daraufsetzen, hypnotische Kräfte sammeln und die Tür anstar-
ren, damit sie aufgeht. Sie geht immer auf. Na, bitte! Telekinese
funktioniert auch diesmal. «Also schön», sagt die Person, drückt
auf die Türklingel und erklärt der öffnenden Herzensguten, mir sei
wohl nach etwas Abwechslung.

Das übliche Begrüßungsritual. Die Herzensgute schraubt ihre
Stimme in Jubelhöhe und überschüttet mich mit einem Schwall

peinlicher Kosewörter. Ein Mißverständnis. Wir Kerle in der Krise mögen es zwar, wenn man den großen Jungen in uns (wieder)entdeckt, aber angeredet werden wie ein Säugling – also, das geht entschieden zu weit zurück in die Vergangenheit.

Elegant ignoriere ich diesen Ausrutscher meiner Gastgeberin, indem ich erhobenen Schwanzes einfach an ihr vorbeischreite in ihre Küche, wo sie mir eilfertig Salami, Schinken und Ei auftischt. Auftischt im eigentlichen Sinn des Wortes, denn der Einfachheit halber warte ich nicht, bis sie ein eigenes Gedeck für mich auf den Boden gelegt hat, sondern bediene mich gleich von ihrem Frühstücksteller. Sie kreischt ein bißchen und fügt sich dann in ihr Schicksal. Mit Behagen lecke ich Eigelb von ihrem Löffel, während sie sich Kaffee nachschenkt. Unsere gemütlichen Mahlzeiten entschädigen mich für ihr nicht gerade hohes Gesprächsniveau.

Doch gemütlich hin oder her, irgendwie komme ich heute innerlich nicht zur Ruhe. Ich versuche, auf die Loggia zu gelangen, zwecks Erstürmen der Brüstung, aber sie verwehrt mir den Zutritt. Ich schlendere über ihre frisch gebügelte Wäsche, inspiziere die Wollsträhnen in ihrem Handarbeitskorb, trenne ein Stückchen Strickerei auf (schreckliches Muster), treibe gekonnt ein Schälchen vor mir her über die Kommode und placiere es schließlich mit einem gezielten Schlag im Hole, der Kluft zwischen Kommode und Blumentisch (seltsamerweise lobt die Herzensgute diese sportliche Meisterleistung mit keinem Wort) – aber was ich auch tue, es langweilt mich. Jawohl. Leider. Als die Herzensgute beim Herumrummeln, das sie Aufräumen nennt, ihre Eingangstür offenläßt, spaziere ich einfach hinaus. Hinaus und den Gang entlang und die Treppe hinunter, ganz selbstverständlich. Treppab, treppauf wandere ich durchs Haus, das fremde Gerüche durchwehen, in dem plötzlich Türen schlagen, wo unbekannte Stimmen erschallen und einmal sogar ein Hund bellt. Aufregend. Ich drücke mich an Wänden entlang, husche um Ecken, verharre auf Treppenabsätzen, pochenden Herzens. Meine Mutter hätte sich nicht geschickter anstellen können, und die war wirklich geländeerprobt.

Schließlich fühle ich mich etwas ermattet und beschließe, zur

Herzensguten zurückzukehren. Ihre und unsere Wohnung liegen links vom Lift, also wende ich mich nach links, biege um die Ecke, marschiere bis fast ans Ende des Ganges, setze mich auf die Matte, sammle meine hypnotischen – Moment! Genau geschaut! Nicht auf die Tür, sondern füßewärts. Tatsächlich: Meine Füße befinden sich auf einer Matte, die ich nie zuvor gesehen habe. Also kann diese Matte nicht die Matte unserer herzensguten Nachbarin sein. Ich gehe zur Tür daneben, die die Tür zu meiner eigenen Wohnung wäre, wenn die Matte sich nicht als falsch entpuppt hätte – und richtig! Die Tür ist auch falsch. Was tun? Scharf nachdenken: Es muß mit den Stockwerken zu tun haben. Aber was? Soll heißen: Wo bin ich eigentlich?

Die Tür öffnet sich, obwohl ich sie gar nicht telekinetisch bearbeitet habe, weil ich ja noch am Grübeln bin, und heraus stolpert (über mich) eine männliche Person, ein Person also. «Nanu», sagt dieser Person. Keine sprühende Bemerkung, aber seine Stimme klingt angenehm, dunkel, ein bißchen rauh, jedoch nicht kratzig wie die Stimme des Steinzeittyps, sondern mehr samtig damit aufgerauht.

Der Samtene geht vor mir in die Knie. «Was machst du denn da?» Dreimal darfst du raten. Ich verkaufe Lose für die Pfadfinder.

Er schaut mich an mit schräggelegtem Kopf. O.K. Ich tu dir auch nichts. Demutshaltung gegen Demutshaltung, und jetzt laß uns vernünftig reden.

Ich stehe auf und spaziere durch die offene Tür. Vorzimmer riecht akzeptabel. Keine Hundeleine an der Garderobe.

Gemütliche Zimmer. Viele Bücher. Voller Schreibtisch. Große Schachteln. (Mit solchen sind wir seinerzeit auch hier eingezogen.) Gerahmtes Foto neben Laptop: Personenkindergesicht, weiblich. Keine sichtbare Damenkleidung.

Hm. Soso. Mal schnell einen Blick auf die Bücher, soweit schon ausgepackt: Lessing (Gotthold Ephraim wie auch Doris). Tucholsky, Walser (Robert und Martin), Egon Friedell und Alice Miller, Sigmund Freud und Erich Fromm – na gut, das Durcheinander kann sich ja noch legen.

Der Samtene, der mir gefolgt ist, ist zu dem Schluß gekommen: «Du hast dich wohl verlaufen.»

Wer weiß?

Er bietet mir frische Milch an, gewässert. Daß er sie mir verdünnt offeriert, läßt auf Erfahrung mit Katzen schließen, daß er Frischmilch überhaupt daheim hat, auf eine friedfertige und häusliche Natur.

Mein Gastgeber schnappt sich ein Telefon aus den Papierstapeln auf seinem Schreibtisch und ruft ein Wesen an, von dem er anzunehmen scheint, daß es mit den Verhältnissen in unserem Wohnhaus vertraut ist. Die Person kennt ebenfalls ein derartiges Wesen, sie nennt es «Hausmeisterin».

»Zugelaufen», sagt mein Gastgeber, und: «Haben Sie vielleicht eine Ahnung, wem...?»

Verdammt. Wenn die Hausmeisterin jetzt die Herzensgute ins Spiel bringt, dann bin ich in Null Komma nichts weg von hier.

Offenbar hat sich jedoch die Herzensgute noch nicht mit der Hausmeisterin kurzgeschlossen, denn der Samtene sagt bloß ach so und aha, und er würde einen Zettel zum Eingang tun. Während er auswärts seinen Geschäften nachgeht, knete ich ein Sofakissen zurecht und lasse mich zu einer Regenerationspause darauf nieder. Mir gegenüber steht ein Klavier. Sympathisches Möbel, vor allem, wenn es nicht bearbeitet wird. In der Ecke ein Kletterbaum. Vielleicht eine Skulptur? Die bildende Kunst ist eine meiner Schwachstellen. Noch.

Keine vollen Aschenbecher. Bravo.

Mein Gastgeber kehrt von seinem Ausflug zum Hauseingang zurück, in seinem Gefolge die Herzensgute. Gezeter, Händeringen, Vorwürfe an mich. Überall gesucht, so ein Schreck, noch nicht einmal zum Einkaufen gekommen –

Sie streckt die Hände nach mir aus, ich knurre.

«Er ist vielleicht ein bißchen geschockt», sagt mein Gastgeber. «Lassen Sie ihn doch hier. Sie könnten Ihrer Nachbarin eine Nachricht an die Tür stecken.»

Die Herzensgute zögert. Aber weil sie doch eigentlich dringend in den Supermarkt muß und weil es nicht so aussieht, als würde ich hier mißhandelt, stimmt sie zu.

Mein Gastgeber und ich verbringen einen angenehmen Nachmittag. Er packt Schachteln aus, ich meditiere, er telefoniert, ich besehe mir seine Joseph-Roth-Gesamtausgabe, er öffnet eine Dose Sardinen, ich verzehre sie.

Er telefoniert übrigens mit seiner Tochter, und was er sagt, deutet nicht nur darauf hin, daß diese Tochter ein annehmbares Kind sein könnte (das heißt, in einem Alter, in dem Kinder Katzen nicht mehr unbedingt in Puppenwägelchen setzen und mit Puppenkleidern ausstaffieren wollen), sondern auch darauf, daß er vielleicht ein ganz annehmbarer Vater ist, sofern man Väter, die nicht mit ihren Kindern zusammenwohnen, überhaupt als annehmbar zu sehen gewillt ist.

Die Person klingelt an der Tür, als ich gerade meine Sardinen verputzt habe.

«Ich hörte, mein Kater ist bei Ihnen», sagt die Person, atemlos, und lächelt den Samtenen an. Der Samtene lächelt zurück. Die Person hat rote Wangen, möglicherweise vor Aufregung, weil ich ausgerissen bin, ihre Augen blitzen, ihre Haare sind frisch gewaschen, was ihr entschieden besser steht als das zottelige Gewirr, das ihr gestern ums bleiche Gesicht hing. (Sie sah aus wie ein Bobtail!)

«Hereinspaziert!» sagt der Samtene, und seine Augen blitzen gleichfalls.

Ich verderbe ungern rosige Stimmungen, aber ich muß es doch anmerken: Ich hoffe, es hat nichts zu bedeuten, daß ich im Haushalt des Samtenen bis jetzt keinerlei Bügeleisen entdeckt habe.

Doris Lessing

Die Prinzessin

Mitten in diesem Winter wurde Freunden ein Kätzchen angeboten. Bekannte von ihnen hatten eine Siamkatze, und die hatte von einem Straßenkater Junge. Die Bastarde wurden weggegeben. Ihre Wohnung ist winzig, und beide arbeiteten den ganzen Tag; doch als sie das Kätzchen sahen, konnten sie nicht widerstehen. Am ersten Wochenende fütterten sie es mit Hummersuppe aus der Büchse und mit Hühnerfrikassee, und es störte ihre ehelichen Nächte, weil es am Hals oder wenigstens in Hautfühlung mit H., dem Mann, schlafen mußte. S., seine Frau, sagte am Telephon, sie sei im Begriff, die Liebe ihre Mannes an eine Katze zu verlieren, genau wie die Ehefrau bei Colette. Am Montag gingen beide zur Arbeit und überließen das Kätzchen sich selbst; als sie heimkamen, war es traurig und klagte, weil es den ganzen Tag allein gewesen war. Sie sagten, sie wollten es zu uns bringen. Das taten sie dann auch.

Das Kätzchen war sechs Wochen alt. Es war entzückend, ein zierliches Märchenkätzchen, dessen siamesische Abstammung sich in der Gesichtsform, den Ohren, dem Schwanz und in den feinen Körperlinien zeigte. Der Rücken war gestromt: Von oben oder von hinten war es ein hübsches Tigerkätzchen in Grau und Creme. Aber Brust und Bauch waren rauchiggolden, im Ton der Siamesen, mit schwarzen Halbbändern am Hals. Das Gesicht war mit Schwarz gezeichnet – feine dunkle Ringe um die Augen, feine dunkle Streifen auf den Backen, ein cremefarbenes Näschen mit schwarzgeränderter rosa Spitze. Von vorn, die schlanken Pfoten gerade aufgesetzt, war sie ein exotisch schönes Tier. Es hockte, ein winziges Ding, mitten auf einem gelben Teppich, umgeben von fünf Bewunderern, ohne sich im geringsten vor uns zu fürchten.

Dann strich es in der Wohnung umher, inspizierte jeden Zoll, kletterte auf mein Bett, kroch unter ein Laken und war daheim.

Beim Abschied sagte S.: «Keine Minute zu früh, sonst hätte ich überhaupt keinen Mann mehr gehabt.»

Und er seufzte, es gebe nichts Angenehmeres, als von einer zarten rosa Katzenzunge geweckt zu werden.

Das Kätzchen ging oder vielmehr hopste die Treppe hinunter, denn jede Stufe war doppelt so hoch wie es selbst: zuerst die Vorderpfoten, dann ein Hopser mit den Hinterpfoten; Vorderpfoten, dann hops die Hinterpfoten. Es besichtigte das untere Stockwerk, verschmähte die Büchsennahrung, die ihm angeboten wurde, und verlangte nach einem Katzenklo, indem es danach miaute. Von Hobelspänen wollte es nichts wissen, aber Zeitungspapierfetzen waren annehmbar, sagte seine gezierte Haltung, wenn es sonst nichts anderes gab. Es gab nichts anderes: Der Boden draußen war hartgefroren.

Katzenfutter aus der Dose wollte sie nicht fressen. Sie weigerte sich. Und ich wollte sie nicht mit Hummersuppe und Hühnerfleisch füttern. Wir einigten uns auf gehacktes Rindfleisch.

Sie war in bezug auf Futter immer so heikel wie ein unverheirateter Gourmet. Das wird schlimmer, je älter sie wird. Schon als junge Katze konnte sie Verdruß oder Freude oder ihre Absicht zu schmollen ausdrücken, je nachdem, was sie fraß, zur Hälfte fraß oder ablehnte. Ihre Freßgewohnheiten sprechen eine deutliche Sprache.

Aber ich glaube, es ist einfach auch möglich, daß man sie zu früh von der Mutter weggenommen hat. Wenn ich den Katzenfachleuten mit allem Respekt sagen darf, möglicherweise irren sie sich, wenn sie behaupten, ein Junges dürfe die Mutter auf den Tag genau nach sechs Wochen verlassen. Dieses Kätzchen war sechs Wochen alt, keinen Tag älter, als es von seiner Mutter fortgenommen wurde. Im Grund war sein wählerisches Gebaren dem Futter gegenüber die neurotische Feindseligkeit, das Mißtrauen eines Kindes, das Schwierigkeiten beim Essen macht. Sie mußte fressen, das wußte sie; also fraß sie. Aber sie hat nie mit Freude gefressen, nie aus Lust am Fressen. Und ein weiteres Merkmal teilte sie mit Menschen, die nicht genügend mütterliche Wärme erfahren haben. Noch jetzt kriecht sie instinktiv unter eine Zeitung oder in eine Schachtel oder einen Korb – alles, was Schutz bietet, alles, was zudeckt. Außerdem ist sie leicht beleidigt, schmollt gern. Und sie ist sehr feige.

Kätzchen, die sieben oder acht Wochen bei der Mutter bleiben, fressen problemlos, sie haben Vertrauen. Aber sie sind natürlich nicht so interessant.

Als Jungtier schlief diese Katze nie auf dem Bett. Sie wartete, bis ich darin lag, dann spazierte sie über mich hinweg und erforschte die Möglichkeiten. Sie kroch völlig unter die Decke zu den Füßen oder neben die Schulter oder unters Kopfkissen. Wenn ich mich zu sehr bewegte, zog sie gekränkt um und ließ ihren Ärger merken.

Wenn ich das Bett machte, war es ihre größte Freude, mit hineingepackt zu werden; und sie blieb oft stundenlang ganz zufrieden zwischen den Decken, sichtbar als ein winziger Hügel. Wenn man das Buckelchen streichelte, schnurrte und miaute es. Aber sie kam nur hervor, wenn es sein mußte.

Der Hügel bewegte sich dann quer übers Bett, zögerte am Rand. Mit einem ängstlichen Miau sprang sie auf den Boden. In ihrer Würde verletzt, putzte sie sich hastig, und die gelben Augen starrten böse auf die Zuschauer, die einen Fehler begingen, wenn sie lachten. Dann, jedes Haar Ausdruck ihres Selbstbewußtseins, stolzierte sie auf eine Bühne mehr im Mittelpunkt.

Zeit für das wählerische, nörglerische Fressen. Zeit für die Erdkiste – eine ebenso zierliche Vorführung. Zeit für die Pflege des weichen Fells. Und Zeit fürs Spielen, das nie um seiner selbst willen stattfand, sondern nur, wenn sie Zuschauer hatte.

Sie war so eitel und sich ihrer selbst so bewußt wie ein hübsches Mädchen, das außer seiner Schönheit keine Vorzüge hat: die Haltung von Körper und Kopf stets kontrolliert – eine Haltung, die wie eine Maske ist: nein, nein, *das* bin ich, die frechen Brüste, die gelangweilten, feindseligen Augen immer auf der Lauer nach Bewunderung.

Eine Katze in dem Alter, wo sie, wäre sie ein Mensch, Kleider und Frisur wie Waffen trüge, doch mit einer Zuversicht, daß sie jederzeit, wenn sie wollte, in die verzärtelte Kindheit zurückfallen könnte, sollte ihr die Rolle zu lästig werden – eine Katze, die in stolzer Pose und wie eine Prinzessin im Haus umherstolziert und dann müde, ein wenig verlegen sich unter einer Zeitung oder hinter einem Kissen verbarg und von diesem sicheren Schlupfwinkel aus die Welt betrachtete.

Ihr niedlichster Trick, den sie meistens einsetzte, um Gesellschaft zu bekommen, bestand darin, unter einem Sofa auf dem Rücken liegend sich mit schnellen scharfen Rucken der Pfoten hervorzuziehen, dann innezuhalten und das elegante Köpfchen zur Seite zu legen, die gelben Augen halb geschlossen, und auf Beifall zu warten. «O schönes Kätzchen! Süßes Tierchen! Hübsche Katze!» Daraufhin gab sie eine neue Vorstellung.

Oder wenn sie die richtige Unterlage hatte, den gelben Teppich, ein blaues Kissen, legte sie sich auf den Rücken und wälzte sich langsam mit angezogenen Pfoten und zurückgelegtem Kopf, so daß Brust und Bauch sichtbar waren, cremefarben und fein gezeichnet mit schwarzen Flecken wie ein Leopard, als wäre sie eine zierliche Subspezies des Leoparden. «O schönes Kätzchen, oh, du bist so schön!» Und so trieb sie es weiter, bis die Komplimente verstummten.

Oder sie saß auf der hinteren Veranda, aber nicht auf dem Tisch, der keinerlei Schmuck aufwies, sondern auf einem kleinen Ständer mit Narzissen- und Hyazinthentöpfen. Sie saß in Positur zwischen blauen und weißen Blumen, bis sie bemerkt und bewundert wurde. Nicht nur von uns natürlich; sondern auch von dem rheumatischen alten Kater, der, eine grimmige Mahnung eines viel härteren Lebens, durch den Garten strich, wo die Erde immer noch frosthart war. Er sah eine hübsche halbausgewachsene Katze hinter dem Glas. Sie sah ihn an. Sie hob den Kopf, hierhin und dorthin; biß ein Stückchen von der Hyazinthe ab, ließ es fallen; leckte sich nachlässig das Fell; dann, mit einem frechen Blick über die Schulter, sprang sie hinunter und kam ins Zimmer, weg aus seinem Blickfeld. Oder, wenn sie auf einem Arm oder einer Schulter die Treppe hinaufgetragen wurde, warf sie einen Blick aus dem Fenster auf den armen alten Kerl, der so still dasaß, daß wir manchmal dachten, er sei tot und steifgefroren. Wenn die Sonne am Mittag etwas wärmer wurde und er sich putzte, waren wir erleichtert. Manchmal beobachtete sie ihn vom Fenster aus, aber ihr Leben spielte sich immer noch in den Armen, Betten, Kissen und Winkeln der Menschen ab.

Dann kam der Frühling, die Hintertür wurde geöffnet, das Katzenklo wurde zum Glück überflüssig, und der Garten wurde ihr Reich. Sie war sechs Monate alt, voll ausgewachsen nach dem Gesichtspunkt der Natur.

Sie war so hübsch damals, so vollkommen: sogar schöner als jene Katze, die, wie ich vor vielen Jahren geschworen hatte, niemals ihresgleichen haben würde. Natürlich hat sie auch ihresgleichen nie gehabt; denn jene Katze war ganz Zurückhaltung, Zartheit, Wärme und Anmut gewesen – deshalb hatte sie, wie es die Märchen und die alten Frauen erzählen, jung sterben müssen.

Unsere Katze, die Prinzessin, war und ist immer noch wunderschön, aber man kann es nicht leugnen, sie ist ein selbstsüchtiges Biest.

Die Kater reihten sich auf den Gartenmauern auf. Zuerst der düstere alte Winterkater, der König der Gärten. Dann ein hübscher Schwarzweißer von nebenan, allem Anschein nach sein Sohn. Ein kampfvernarbter Tigerkater. Ein grauweißer Kater, der von seiner Niederlage so überzeugt war, daß er nie von der Mauer herunterkam. Und ein schneidiger junger Tiger, den sie offensichtlich bewunderte. Zwecklos, der alte König war noch unbesiegt. Als sie hinausstolzierte, den Schwanz hochgereckt, so tat, als beachte sie keinen von ihnen, aber dabei den schönen jungen Tiger beobachtete, sprang er zu ihr hinunter, doch der Winterkater brauchte sich nur ein wenig auf der Mauer zu bewegen, und der junge Kater sprang zurück in die Sicherheit. Das ging so wochenlang.

Inzwischen kamen H. und S., um ihren ehemaligen Liebling zu besuchen. S. fand es ungerecht, daß die Prinzessin nicht ihre eigene Wahl treffen sollte; und H. sagte, das sei durchaus in Ordnung; eine Prinzessin müsse einen König bekommen, mochte er auch alt und häßlich sein. Er hat solche Würde, sagte H.; er ist so imponierend; und er hat sich durch sein nobles Ausharren im langen Winter die hübsche junge Katze verdient.

Inzwischen hatten wir dem häßlichen Kater den Namen Mephistopheles gegeben. (Bei sich zu Hause wurde er Billy genannt, wie wir erfuhren.) Unsere Katze hatte verschiedene Namen, aber keiner paßte. Melissa und Franny; Marilyn und Sappho; Circe und Ayesha und Suzette. Aber beim Sprechen, beim Kosen miaute und schnurrte sie bei langsilbigen Adjektiven – schöööne, süüüße Mieze.

An einem sehr heißen Wochenende, dem einzigen in einem sonst kühlen Sommer, wenn ich mich richtig erinnere, wurde sie rollig.

H. und S. kamen am Sonntag zum Essen, und wir saßen hinten auf der Veranda und beobachteten die Entscheidungen der Natur. Unsere Entscheidung war es nicht und ebensowenig die unserer Katze.

Zwei Nächte lang hatten die Kämpfe im Garten angedauert, schreckliche Kämpfe, klagende und heulende und schreiende Kater. Währenddessen hatte die graue Prinzessin am Fußende meines Bettes gesessen und mit gespitzten, beweglichen Ohren ins Dunkel gelauscht. Die Schwanzspitze leise hin und her bewegend.

An jenem Sonntag war nur Mephistopheles zu sehen. Die graue Katze wälzte sich ekstatisch quer durch den Garten. Sie kam zu uns, rollte sich zu unseren Füßen und biß zu. Sie raste den Baum am Ende des Gartens hinauf und hinunter. Sie wälzte sich und schrie und rief und forderte auf.

«Die abscheulichste Zurschaustellung der Lust, die ich jemals gesehen habe», sagte S. und beobachtete H., der in unsere Katze verliebt war.

«Arme Katze», sagte H. «Wenn ich Mephistopheles wäre, würde ich dich nicht so schlecht behandeln.»

«Du bist widerlich, H.», sagte S. «Wenn ich das erzählte, kein Mensch würde mir glauben, aber ich habe immer gesagt, daß du unmöglich bist.»

«So. Das hast du also immer schon gesagt», sagte H. darauf und streichelte die ekstatische Katze.

Es war ein sehr heißer Tag, wir hatten zum Essen viel Wein getrunken, und das Liebesspiel setzte sich den ganzen Nachmittag fort.

Endlich sprang Mephistopheles von der Mauer hinunter, wo die graue Katze sich zappelnd wälzte – aber er war ungeschickt.

«O mein Gott», sagte H., der wirklich litt. «Das ist unverzeihlich.»

S. beobachtete gespannt die Qualen unserer Katze und äußerte dramatisch und deutlich ihre Zweifel, ob sich Sex überhaupt lohne. «Schaut euch das an», sagte sie. «Das sind wir. Genauso sind wir.»

«So sind wir ganz und gar nicht», sagte H. «Mephistopheles ist so. Man sollte ihn erschießen.»

Sofort erschießen, sagten wir einmütig; oder wenigstens einsperren, damit der junge Tiger von nebenan seine Chance hätte.

Aber der schöne junge Kater war nirgends zu sehen. Wir tranken weiter Wein; die Sonne schien weiter; unsere Prinzessin tanzte, wälzte sich, schoß den Baum hinauf und hinunter, und als endlich alles gutging, packte sie der alte König wieder und wieder.

«Er ist nur zu alt für sie», sagte H.

«O mein Gott», sagte S. «Ich muß dich nach Hause bringen. Sonst erbarmst du dich noch der Katze, jede Wette.»

«Ich wünschte, ich könnte es», sagte H. «Was für ein schönes Tier, was für ein entzückendes Geschöpf, welch eine Prinzessin! Sie ist zu schade für einen Kater. Ich kann das nicht mit ansehen.»

Am folgenden Tage kehrte der Winter zurück; der Garten war kalt und naß; und die graue Katze nahm wieder ihr hochmütiges, verwöhntes Wesen an. Und der alte König lag, immer noch Sieger über alle anderen, auf der Mauer im stetig fallenden englischen Regen.

Die graue Katze nahm ihre Trächtigkeit leicht. Sie fegte durch den Garten, den Baum hinauf und hinunter; wieder und wieder; der Sinn dieses Tuns schien in dem einen Moment zu liegen, in dem sie, an den Baum geklammert, den Kopf wandte, die Augen halb geschlossen, um Beifall entgegenzunehmen. Sie sprang die Treppe hinunter, drei, vier Stufen auf einmal. Sie hangelte sich unter dem Sofa über den Fußboden. Und da sie die Erfahrung gemacht hatte, daß jeder, der sie zum erstenmal sah, sofort in Begeisterung geriet – Oh, was für eine schöne Katze! –, saß sie in vorteilhafter Pose bei der Haustür, wenn Gäste kamen.

Dann, als sie sich durch das Geländer zwängen wollte, um eine Treppe tiefer zu springen, stellte sie fest, daß es nicht ging. Sie versuchte es nochmals, es ging nicht. Sie war gedemütigt, gab vor, es überhaupt nicht versucht zu haben, sondern den längeren Weg um die Biegung der Treppe zu bevorzugen.

Das Tempo baumauf und baumab wurde langsamer, dann gab sie auf.

Und als sich die Kätzchen in ihrem Leib bewegten, war sie überrascht, verstimmt.

Gewöhnlich schnüffelt eine Katze etwa zwei Wochen vor dem Werfen in Schränken und Winkeln herum – prüfend, ablehnend, wählend. Diese Katze tat nichts dergleichen. Ich räumte die Schuhe aus dem Schlafzimmerschrank und zeigte ihr den geschützten, dunklen, bequemen Platz. Sie ging hinein und wieder hinaus. Andere Stellen wurden ihr angeboten. Es lag nicht daran, daß sie ihr mißfielen; sie schien einfach nicht zu wissen, was geschah.

Einen Tag vor der Geburt wühlte sie sich auf einem Sessel in ein paar alte Zeitungen, aber die Bewegungen waren automatisch, keineswegs zielgerichtet. Irgendeine Drüse, oder was immer, hatte gesprochen und Bewegungen veranlaßt; sie gehorchte, aber was sie tat, hing nicht mit einem instinktiven Wissen zusammen, wenigstens schien es so, denn sie wiederholte es nicht.

Am Tag der Geburt hatte sie ungefähr drei Stunden lang Wehen, bevor es ihr bewußt wurde. Sie saß auf dem Küchenboden, miaute verwundert, und als ich sie hinaufschickte zum Schrank, ging sie tatsächlich. Sie blieb aber nicht dort. Sie trottete ziellos im Hause umher, schnüffelte – in diesem letzten Stadium – an verschiedenen möglichen Plätzen, verlor jedoch das Interesse und kam wieder in die Küche herunter. Sobald der Schmerz oder die ungewohnte Empfindung nachließ, vergaß sie sofort und wollte ihr gewohntes

Leben wieder beginnen – das Leben eines verwöhnten, bewunderten Kätzchens. Das war sie ja auch eigentlich noch.

Ich brachte sie nach oben und sorgte dafür, daß sie im Schrank blieb. Sie wollte nicht. Sie reagierte ganz einfach nicht wie erwartet. Im Grund war es rührend, absurd – komisch, und wir hätten am liebsten gelacht. Als die Kontraktionen stärker wurden, wurde sie böse. Als sie gegen Ende große Schmerzen hatte, miaute sie, aber es war ein protestierendes, zorniges Miauen. Sie war wütend auf uns, weil wir billigten, was ihr geschah.

Es ist faszinierend, die Geburt des ersten Jungen einer Katze zu erleben, den Augenblick, wenn das winzige, zappelnde Geschöpf in seiner weißen durchsichtigen Hülle erschienen ist und die Katze die Hülle wegleckt, die Nabelschnur abkaut und die Nachgeburt verzehrt, alles so zierlich, so gründlich, so vollkommen, obwohl sie alles zum erstenmal macht. Immer entsteht zunächst eine Pause. Das Junge ist ausgestoßen worden und liegt hinter der Katze. Die Katze blickt verstört, drauf und dran zu fliehen, auf das neue Ding, das mit ihr verbunden ist; sie schaut nochmals, sie weiß nicht, was es ist; dann setzt der Mechanismus ein, und sie gehorcht, wird Mutter, schnurrt, ist glücklich.

Bei dieser Katze gab es die längste Pause, die ich jemals erlebt habe, während sie das Junge betrachtete. Sie schaute es an, schaute mich an, bewegte sich ein wenig, um festzustellen, ob sie das Anhängsel loswerden könne – dann funktionierte es. Sie säuberte das Kätzchen, tat alles, was von ihr erwartet wurde, schnurrte – und dann stand sie auf, ging hinunter und setzte sich auf die rückwärtige Veranda und blickte auf den Garten hinaus. Das wäre überstanden, schien sie zu denken. Dann kam die nächste Kontraktion, und sie drehte sich um und blickte mich an – sie war ärgerlich, wütend. Ihr Gesicht, ihre Körperhaltung sagten unmißverständlich: Das ist verdammt lästig. «Geh hinauf!» befahl ich. «Hinauf!» Sie ging schmollend. Sie kroch die Treppe mit zurückgelegten Ohren hinauf – fast wie ein Hund, wenn er gescholten wird oder in Ungnade gefallen ist; aber sie hatte nichts von der Unterwürfigkeit eines Hundes. Im Gegenteil, sie ärgerte sich über mich und über die ganze Sache. Als sie das erste Kätzchen wiedersah, erkannte sie es; abermals funktionierte der Mechanismus, und sie leckte es. Sie warf vier Junge, und dann legte sie sich schlafen, ein bezauberndes Bild: eine wunderschöne Katze und vier saugende Kätzchen. Es war ein prächtiger Wurf. Das erste, ein Weibchen, ihr Abbild, sogar bis zu den feingezeichneten dunklen Ringen um die Augen, den schwarzen Halbbändern an Brust und Beinen, dem topasfarbenen schwach gefleckten Bauch. Dann ein graublaues Kätzchen: später wirkte es bei bestimmter Beleuchtung tief purpur. Ein schwarzes Kätzchen, das sich zu einem schwarzen Kater mit gelben Augen auswuchs, ganz Eleganz und Kraft. Und das Kätzchen des Vaters, genau wie er, ein ziemlich plumpes, ungraziöses Kätzchen in Schwarz und Weiß. Die ersten drei hatten die leichten, feinen Linien der Siam-Rasse.

Als die Katze erwachte, betrachtete sie die Jungen, die jetzt schliefen, erhob sich, schüttelte sich und stolzierte hinunter. Sie trank etwas Milch, fraß von dem rohen Fleisch, putzte sich von oben bis unten. Sie kehrte nicht zu den Jungen zurück.

Als S. und H. kamen, um die Kätzchen zu bewundern, saß die Mutterkatze unten an der Treppe im Profil in Positur. Dann rannte sie aus dem Haus, ein paarmal den Baum hinauf und hinunter. Dann stieg sie zum obersten Stock hinauf und kam wieder herunter, indem sie durch das Geländer jeweils auf die darunterliegende Treppe sprang. Dann strich sie schnurrend um H.s Beine.

«Du bist doch jetzt eine Mutter», sagte S. entsetzt, «wieso bist du nicht bei deinen Jungen?»

Allem Anschein nach hatte sie die Jungen vergessen. Unerklärlicherweise hatte sie eine unangenehme Aufgabe erfüllen müssen; es war vorbei, und damit basta.

Sie sprang und tobte durchs Haus, bis ich sie am späten Abend hinaufschickte. Sie wollte nicht gehen. Ich trug sie zu den Kätzchen hinauf. Unmutig kroch sie zu ihnen. Sie wollte sich nicht hinlegen, um sie zu säugen. Ich zwang sie. Sowie ich den Rücken kehrte, verließ sie die Jungen. Ich saß daneben, während sie sie säugte.

Ich ging, um mich für die Nacht zurechtzumachen. Als ich ins

Schlafzimmer zurückkam, lag sie unter meiner Decke und schlief. Ich brachte sie zu den Jungen zurück. Sie betrachtete sie mit zurückgelegten Ohren, und wieder wäre sie einfach davongelaufen, wenn ich nicht vor ihr gestanden und, eine unerbittliche Verkörperung der Autorität, auf die Kätzchen gezeigt hätte. Sie stieg zu ihnen hinein, ließ sich fallen, als wollte sie sagen: Wenn du unbedingt willst. Sowie die Kätzchen an ihren Zitzen saugten, meldete sich der Instinkt, wenn auch nicht sehr anhaltend, und sie schnurrte eine Weile.

Während der ganzen Nacht schlich sie sich aus dem Schrank und zu ihrem gewohnten Platz auf meinem Bett. Jedesmal sorgte ich dafür, daß sie zurückkehrte. Sobald ich eingeschlafen war, kam sie wieder, und die Kätzchen jammerten.

Am Morgen hatte sie begriffen, daß sie die Verantwortung für diese Kätzchen trug. Aber sie hätte ihre Jungen – der großen Mutter Natur zum Trotz – verhungern lassen, wenn sie sich selbst überlassen geblieben wäre.

Als wir am folgenden Tag beim Mittagessen saßen, kam die graue Katze mit einem Kätzchen im Maul in die Küche gelaufen. Sie legte es mitten auf den Fußboden und ging wieder hinauf, um die anderen zu holen. Sie brachte alle vier herunter, eins nach dem andern; dann streckte sie sich mit ihnen auf dem Küchenboden aus. Sie würde sich nicht ausschließen lassen, hatte sie beschlossen; und den ganzen Monat, während die Kätzchen noch hilflos waren, erlebten wir, wo immer wir uns im Hause aufhielten, wie die graue Katze mit ihren Jungen ins Zimmer kam, sie auf eine Weise im Maul trug und schüttelte, die entsetzlich lieblos wirkte. Wenn ich nachts aufwachte, lag sie reglos neben mir, und sie rührte sich nicht und hoffte, ich würde sie nicht bemerken. Wenn sie wußte, daß ich sie bemerkt hatte, schnurrte sie, um mich zu erweichen, und leckte mir das Gesicht und biß mich in die Nase. Alles umsonst. Ich schickte sie zu ihren Jungen zurück, und sie ging schmollend.

Kurz, sie war eine miserable Mutter. Wir schoben es auf ihre Jugend. Als ihre Jungen einen Tag alt waren, versuchte sie, mit ihnen zu spielen, wie es eine Katze mit vier bis fünf Wochen alten Kätzchen tun würde. Ein winziges, blindes Knäuel wurde mit den großen Hinterpfoten herumgestoßen und zärtlich-spielerisch gebissen, während es doch nur an die unwillig dargebotenen Zitzen gelangen wollte. Ein trauriger Anblick, gewiß: Und wir waren auch böse auf sie; und dann lachten wir, aber das machte die Sache nur schlimmer, denn was sie überhaupt nicht vertragen kann, ist ausgelacht werden.

Trotz der schlechten Behandlung war dieser erste Wurf entzückend, der schönste, der in diesem Haus zur Welt kam – jedes Junge auf seine Weise bemerkenswert, selbst das Ebenbild des alten Mephistopheles.

Eines Tages kam ich nach oben und fand ihn im Schlafzimmer. Er betrachtete die Kätzchen. Die graue Katze war natürlich nicht da. Er hielt sich etwas entfernt, den Kopf vorgestreckt, wie üblich mit offenem Maul. Aber er wollte ihnen nichts tun, er war nur neugierig.

Da die Kätzchen so reizend waren, brachten wir sie sofort unter. Aber es war doch ein Unglückswurf. Innerhalb von achtzehn Monaten stieß allen etwas zu. Die vielgeliebte Katze, die das Ebenbild ihrer Mutter war, verschwand eines Tages und wurde nie mehr gesehen. Und der schwarzen Katze ging es ebenso. Jung-Mephistopheles wurde wegen seines Mutes und seiner Kraft Mäusefänger in einem Lagerhaus, starb jedoch an der Seuche. Die Purpurne, die selbst einen außerordentlichen Wurf hatte, drei vollkommene Siamesen, cremefarben und mit rosa Augen, und drei gewöhnliche Gassenkatzen, verlor ihr Heim. Sie soll allerdings ein neues ganz in der Nähe gefunden haben.

Die graue Katze, so beschlossen wir, sollte keine Jungen mehr bekommen. Sie eignete sich einfach nicht zur Mutterschaft. Aber es war zu spät. Sie war bereits wieder trächtig. Nicht von Mephistopheles.

Diese Gegend gilt bei den Katzendieben und -händlern als Katzengegend. Ich glaube, sie fahren einfach herum und nehmen sich die Tiere, die ihnen gefallen und nicht sicher im Haus eingesperrt sind. Das geschieht in der Nacht; und es ist ein schlimmer Gedanke, wie die Diebe die Katzen still halten, damit ihre Besitzer nicht geweckt werden. Die Leute in meiner Straße verdächtigen die Krankenhäuser in unserer Nachbarschaft. Diese Vivisektoren waren wieder zugange, sagen sie; und vielleicht haben sie recht. Jedenfalls verschwanden eines Nachts sechs Katzen, darunter auch Mephistopheles. Und jetzt bekam die graue Katze ihren Willen, nämlich den jungen Tigerkater mit der weißen Satinweste.

Wieder wurde sie von der Geburt überrascht, aber sie brauchte diesmal nicht so lange, sich zu fügen. Sie erhob sie vom Wochenbett und ging hinunter und wäre nicht zurückgekehrt, wenn man es ihr nicht befohlen hätte; aber ich glaube, im ganzen hatte sie an ihrem zweiten Wurf Freude. Diesmal waren die Jungen ganz gewöhnlich, eine recht hübsche Mischung von getigerten und weißgestromten Kätzchen; aber sie hatten keine Besonderheiten in Farbe oder Zeichnung, und es war schwieriger, sie unterzubringen.

Herbst, die Wege dick mit braunen Blättern der großen Platane bedeckt; die Katze lehrte ihre vier Jungen Jagen, Anschleichen und Springen, während das Laub durch die Luft wirbelte. Die Blätter spielten dabei die Rolle der Mäuse und Ratten – und wurden dann ins Haus gebracht. Das eine Kätzchen pflegt sein Blatt sehr sorgfältig zu zerreißen. Es hatte die merkwürdige Angewohnheit seiner Mutter geerbt: Sie kann eine halbe Stunde damit verbringen, eine Zeitung systematisch mit den Zähnen zu zerfetzen, Stückchen um Stückchen. Ob das typisch für Siamkatzen ist? Eine Freundin von mir hat zwei Siamesen. Wenn sie Rosen in der Wohnung hat, holen sich die Katzen mit den Zähnen die Rosen aus der Vase, legen sie hin und reißen die Blütenblätter nacheinander ab, als wären sie in eine wichtige Arbeit vertieft. Vielleicht sollten in der freien Natur das Blatt, die Zeitung, die Rose Material für ein Lager sein.

Der grauen Katze machte es Spaß, ihren Jungen die Kunst des Jagens beizubringen. Auf dem Land wären sie sicher gut ausgebildete Katzen geworden. Sie erzog sie auch zur Sauberkeit: Keines ihrer Kätzchen beschmutzte jemals einen Winkel. Aber da sie immer noch Schwierigkeiten beim Fressen machte, zeigte sie kein Interesse, ihnen das Fressen beizubringen. Das lernten sie von selbst.

Von diesem Wurf blieb ein Tier länger bei uns als die anderen. Den Winter über hatten wir zwei Katzen, die graue und ihren Sohn, einen bunten, bräunlich-orange gefleckten Kater mit einer Weste wie sein Vater.

Die graue Katze wurde wieder zum Kätzchen, und die beiden spielten den ganzen Tag zusammen und schliefen eng angekuschelt. Der kleine Kater war viel größer als seine Mutter; aber sie kommandierte ihn herum und verprügelte ihn, wenn er ihr Mißfallen erregte. Sie konnten stundenlang daliegen und sich schnurrend gegenseitig das Gesicht lecken.

Er war ein gewaltiger Fresser, er faß alles. Wir hofften, durch sein Beispiel würde sie vernünftiger werden, aber sie blieb eigen. Sie ließ ihn, ihr Junges, nach Katzenart stets zuerst trinken und fressen, während sie daneben hockte und zuschaute. Wenn er fertig war, ging sie hin, beschnüffelte das Katzenfutter oder die Speisereste und kam dann zu mir, um mich mit einem zarten Biß in die Wade zu erinnern, daß sie nur Kaninchen, rohes Fleisch oder rohen Fisch fraß, in kleinen Portionen und appetitlich auf einem sauberen Teller angerichtet.

Über ihrem Futter, das ihr von Rechts wegen allein zustand, hockte sie eifersüchtig, warf ihm finstere Blicke zu und fraß ohne Hast eine bestimmte Menge, nie mehr. Sie frißt selten alles auf, was ihr hingesetzt wird, fast immer läßt sie etwas übrig – feine Tischmanieren, aber bei der Grauen will es mir scheinen, als hätte dies seine Wurzel in einem aggressiven Trotz. «Ich fresse dieses Futter nicht auf – ich habe keinen Hunger, und du hast mir zuviel hingestellt, und es ist deine Schuld, wenn es verdirbt.» – «Ich habe so viel zu fressen, das hier brauche ich nicht zu fressen.» – «Ich bin ein zartes, kostbares Geschöpf und über so gewöhnliche Dinge wie Futter erhaben.» Das letzte ist deutlich ihre Haltung.

Der junge Kater fraß auf, was sie übrigließ, ohne zu merken, daß es besser war als sein eigenes Futter; und dann liefen sie fort, jagten sich durch Haus und Garten. Oder sie setzten sich auf das Fußende meines Bettes, schauten zum Fenster hinaus, putzten sich gegenseitig von Zeit zu Zeit und schnurrten.

Dies war der Höhepunkt im Leben der grauen Katze, der Gipfel ihres Glückes und Charmes. Sie war nicht allein; ihr Gefährte bedrohte sie nicht, weil sie ihn beherrschte. Und sie war so schön – wirklich wunderschön.

Am vorteilhaftesten sah sie aus, wenn sie auf dem Bett saß und hinausschaute. Die cremefarbenen, leichtgestreiften Vorderbeine standen auf silbrigen Pfoten gerade nebeneinander. Die Ohren mit einem leichten weißen Rand, der wie Silber wirkte, waren gespitzt und bewegten sich lauschend und aufmerksam nach vorn und hinten. Ihr Gesicht folgte wachsam jeder neuen Wahrnehmung. Der Schwanz zuckte in einer anderen Dimension, als ob die Spitze Mitteilungen empfinge, die von anderen Organen nicht aufgenommen werden konnten. Sie saß gelassen da, luftig, beobachtend, lauschend, fühlend, riechend, atmend, mit jeder Fiber, mit Fell, Schnurrhaaren, Ohren – alles vibrierte zart. Wenn ein Fisch die Bewegung des Wassers verkörpert, ihr Form verleiht, dann ist die Katze Diagramm und Muster der so viel feineren Luft.

O Katze! sagte ich wie im Gebet. Schöööne Katze! Kostbare Katze! Erlesene Katze! Seidige Katze! Katze wie eine weiche Eule, Katze mit Pfoten wie Falter, juwelengeschmückte Katze, wunderbare Katze! Katze, Katze, Katze, Katze...

Margret Rettich

Die Rabenschwarze

Die Gefleckte war schlau und gerissen, und sie hatte so viel Jahre auf dem Buckel, daß sie rundum lebenserfahren war. Trotzdem gelang es ihr nie, auch nur eins der Jungen aufzuziehen, die sie so zahlreich zweimal im Jahr warf. Immer verschwanden alle geheimnisvoll kurz nach der Geburt.

Dabei war sie sehr wählerisch in ihren Verstecken. Diesmal war sie sicher gewesen, daß niemand die Jungen im Stroh auf dem Scheunenboden finden würde.

Aber sie wurde wieder hintergangen.

Als sie, mager und schwach von der Geburt, über den Hof zum Haus lief, lehnte der Bauer die Leiter schon gegen den Balken. Und während sie sich gierig über die Leckerbissen hermachte, die ihr die alte Frau hinstellte, stieg er hinauf, griff zwischen den Leitersprossen hindurch ins Stroh und warf die kleinen blinden Dinger hinunter auf den hartgestampften Lehmboden. Das ging schnell und leise.

Die Leiter war längst entfernt, und die kleinen Körper waren beseitigt, als die Gefleckte zurückkam und wieder nach oben sprang. Sie fand ein leeres, geplündertes Versteck.

Die Gefleckte wollte es nicht begreifen.

Aufgeregt durchwühlte sie das Stroh, daß die Halme flogen. Irgendwo mußten die Jungen sein. Sie raste umher und durchstöberte alle Ecken und Winkel. Anfangs hatte sie gurrend gelockt. Dann hatte sie gerufen. Zuletzt schrie sie laut und klagend, und der Bauer unten auf dem Hof hielt sich die Ohren zu.

Sie suchte nicht mehr, sie wütete. Sie schlug ihre Krallen in die Holzbalken und verbiß sich in alte Stricke und Lederriemen. Ihr Fell war gesträubt, ihr Schwanz peitschte wild auf den Boden.

Ganz plötzlich gab sie auf.

Sie schlich mit hängendem Kopf in das Versteck, wo sie die Jungen so sicher geglaubt hatte. Dort kauerte sie mit geschlossenen Augen im Dunkeln.

Es war, wie es immer gewesen war.

Irgendwo ganz nah raschelte es.

Die Gefleckte rührte sich nicht. Teilnahmslos gönnte sie der Maus das Leben. Doch es war keine Maus. Mäuse rascheln anders.

Mit einem Satz sprang die Gefleckte hoch. Mit einem zweiten war sie hinter dem schrägen Balken, wo vom Winter her noch Stroh unter den Dachziegeln steckte. Mit allen vier Pfoten wühlte sie sich hindurch und zerrte das Kätzchen heraus. Es winselte, aber es war gesund und unversehrt.

Sie wußte nicht, wie es dorthin gekommen war. Es war ihr auch ganz gleich.

Zärtlich leckte sie Staub und Spinnweben aus dem weichen Fell, dann putzte sie die Ohren und das kleine Gesicht.

Das Kätzchen drängte hungrig an ihren Bauch, aber sie schob es von sich, hob den Kopf und lauschte mißtrauisch.

Unten knarrte die Holztür, dann ging der Bauer über den Hof in den Stall.

Die Gefleckte sprang hoch, packte das Kätzchen am Nackenfell und schleppte es quer über den Scheunenboden in die entfernteste Ecke. Dort lag ein Haufen alter Säcke. Sie wälzte sich hinein und zog das Kätzchen dicht neben sich. Dann zerrte sie einen der löchrigen Säcke über sich, daß sie und das Kleine darunter verborgen waren. Durch ein Loch konnte sie nach draußen spähen.

Erst jetzt durfte das Kätzchen trinken. Die Gefleckte sah zu, wie es eifrig und gierig schmatzte und wie es eine Zitze nach der anderen leerte.

Das Katzenkind war rabenschwarz. Es hatte kein einziges helles Härchen. Von allen Katzenkindern, die die Gefleckte in den vielen Jahren zur Welt gebracht hatte, war es das erste, das am Leben geblieben war.

Während das rabenschwarze Kätzchen mit prallem Bauch sanft

schnarchte, wachte die Gefleckte. Sie paßte auf, daß niemand ihrem Katzenkind zu nahe kam. Sie ahnte, daß es nur durch einen Zufall am Leben war und daß es, wenn sie es einen einzigen Augenblick aus den Augen ließe, verschwinden würde wie die anderen.

Keine Handbreit Raum schien ihr hier sicher genug, um ihr Kleines zu verbergen. Die stillen, ruhigen Ecken waren alle trügerisch. Es gab keinen Schlupfwinkel, wo man sie nicht schon aufgescheucht hatte. Es gab keine Zuflucht, die nicht irgendwann entdeckt worden war. Alles war zuletzt immer Betrug und Täuschung gewesen.

Diesmal durfte sie nicht hereinfallen.

Diesmal mußte sie die Klügere sein.

Das rabenschwarze Kätzchen mußte irgendwo aufwachsen, wo kein Mensch hinkam. Und sie mußte schnell solch einen Platz finden.

Sie wollte es noch heute nacht dorthin bringen, wenn alle schliefen.

Sie wartete, bis es dunkel geworden war.

Fast alle Geräusche ringsumher waren verstummt. Aus dem Haus klang Radiomusik und das Klappern von Geschirr. Ganz selten ging noch mal jemand um diese Zeit nach draußen.

Der Gefleckten schien die Stunde gekommen zu sein, um sich auf die Suche nach einem Versteck zu machen.

Das Katzenkind rührte sich nicht, während sie mit ihm vorsichtig und behutsam auf den schrägen Fachwerkbalken nach unten sprang. In der Holztür war eine kleine Klappe, durch die sie hinaus auf den Hof huschte.

Der Hund lag angekettet vor seiner Hütte. Er knurrte leise, als er die Gefleckte witterte. Sie hatten einige Reibereien hinter sich. Darum machte sie jetzt einen Bogen um die Hundehütte.

Sie lief unter den erleuchteten Küchenfenstern dicht an der Hausmauer entlang und zwängte sich durch eine Zaunlücke in den Garten.

Hier setzte sie sich einen Augenblick.

Sie schob das Kätzchen unter ein Rhabarberblatt, putzte sich das Brustfell und überlegte.

Hinter den Beerenbüschen stand eine Laube. Sie wurde nie benutzt. Die Bäuerin stapelte dort altes Gerümpel. Manchmal kroch die Gefleckte durch ein Fenster, dessen Scheibe zerbrochen war. Dann schlief sie ein Stündchen im Liegestuhl auf dem zerfetzten Samtkissen, das früher bei der alten Frau auf dem Sofa gelegen hatte. Sie schlief dort besonders gern bei Regenwetter.

Mit einemmal fiel ihr ein, daß vor einigen Jahren ein Wurf von sechs blühenden jungen Katzenkindern dort spurlos verschwunden war.

Nachdem die Gefleckte ihr Kleines unter dem Rhabarber hervorgezogen und wieder aufgenommen hatte, setzte sie ihren Weg fort. Sie lief langsam über die Gemüsebeete, auf denen die Bohnen und Gurken schon niedrig in Reih und Glied standen.

Hinten beim Kompost lag eine alte eiserne Schubkarre umgedreht auf einem Blätterhaufen vom vergangenen Jahr. Die neue, glänzende Karre stand daneben.

Wieder hockte sich die Gefleckte hin, zog ihr Katzenkind unter sich und überlegte.

Blätter waren warm und weich und fast so gut wie Stroh. Die alte Karre wurde nicht mehr benutzt. Sie würde bis zum Herbst bestimmt so liegenbleiben, wie sie lag. Allerdings, die Bäuerin und die alte Frau waren oft im Garten. Doch das war nur tagsüber, und so lange mußte sich das rabenschwarze Kätzchen eben still verhalten, dafür würde sie schon sorgen. Die Hauptsache war, daß der Bauer nie hierherkam, denn er war es im besonderen, dem die Gefleckte nicht traute.

Sie wühlte einen Gang durch die Blätter und schob das Kleine vor sich her unter die Schubkarre. Es war eng und dunkel, und es roch verwest und dumpf. In den Blättern raschelte es.

Die scharfen Augen der Gefleckten sahen in der Dunkelheit sofort, daß sich hier eine Igelfamilie eingerichtet hatte. Die kleinen Igel irrten aufgescheucht umher. Die beiden Alten grunzten um die Wette.

Die Gefleckte sah ein, daß es für alle hier zu beengt war.

Außerdem war sie zu stolz, um nur Untermieter zu sein.

Um den Igeln zu zeigen, daß sie aus freien Stücken und nicht etwa eingeschüchtert wieder verschwand, fauchte sie zum Abschied. Dann wühlte sie sich mit ihrem Kätzchen rückwärts aus den Blättern heraus und verschwand.

Hinter dem Garten lag die Wiese mit den Obstbäumen. Dort war frisch gemäht. Das Gras und die welken Wiesenblumen waren noch nicht zusammengeharkt. Alles lag herum und hinderte die Gefleckte beim Laufen.

Einmal schleifte sie am Hinterbein eine lange Wickenranke hinter sich her. Sie mußte sich setzen, das Kleine ins frische Heu legen und ihr Bein befreien.

Sie sah sich um. Durch die Bäume konnte sie das Haus sehen. Dort war in der Küche noch Licht. Auf der anderen Seite grenzte die Wiese an die Weide. Dazwischen lief ein verwachsener Grasweg, der in einem Bogen zurück auf den Hof führte. Rings um die Weide war ein Draht gezogen, in dem der Strom summte.

Die Gefleckte war einmal mit einem Ohr an den Draht gekommen. Seither hatte sie Respekt. Sie nahm Anlauf und setzte in hohem Bogen darüber hinweg. Dann lief sie mit ihrem Kätzchen weiter durch das saftige Weidegras.

Die Kühe lagen verschlafen in ihren Kuhlen und malmten noch einmal das Abendessen. Sie hielten es nicht für nötig, sich den Besuch näher anzusehen. Die Gefleckte lief ungeniert zwischen ihnen hindurch. Das rabenschwarze Kätzchen schaukelte beim Laufen hin und her. Es schlief.

Die Gefleckte war oft hier umhergestrichen, wenn sie Appetit auf eine mit frischem Grün vollgefressene Feldmaus hatte. An sich wurde sie satt von den Mäusen, die sich in der Scheune und unter dem Hausdach tummelten. Sie war nur der Abwechslung halber hierhergekommen.

Jetzt fiel ihr der alte Schuppen ein, der da drüben stand, wo die Weide mit einem Zipfel in den Wald einschnitt. Sie wunderte sich, daß sie bisher nicht an den Schuppen gedacht hatte. Er war genau das Versteck, das sie suchte. Noch nie hatte sie dort jemanden getroffen, weder die Leute noch den Hund. Er war weit genug vom Haus entfernt, daß sich das Kleine, wenn es erst sehen konnte, nicht allein zum Hof aufmachen würde. Sie würde dafür sorgen, daß es dort nicht hinfand.

Die Gefleckte rannte schneller.

Sie mußte jetzt abwärts laufen. Die Weide senkte sich zum Wald, der dahinter wieder anstieg.

Der Schuppen stand geschützt in einer Mulde. Er war halb verfallen. Die windschiefen Balken hielten mit Mühe das Dach, von dem die Teerpappe hing und im Wind schlug. Rings um den Schuppen standen Holunderbüsche. Das Gras war hier besonders hoch und dicht.

Die Gefleckte legte das Kätzchen unter einen Busch und schlich in den Schuppen hinein. Außer einigen Spinnen hatte sich kein anderes Tier dort niedergelassen. Der Boden war von den Kühen festgetrampelt. Überall lag verwehtes Heu.

Hinten in einer Ecke standen Blechkannen, in denen früher Milch transportiert worden war. Eine war umgefallen. Nach einigem Zögern und nach einer genauen Untersuchung entschloß sich die Gefleckte, in dieser Kanne ihr Lager aufzuschlagen. Es schien ihr das beste Versteck weit und breit zu sein.

Das Katzenkind fiepte ungeduldig, während die Gefleckte Heu heranzerrte und die Kanne damit auspolsterte. Sie brauchte lange, bis sie zufrieden war. Erst nachdem sie sich zur Probe darauf hin und her gewälzt hatte und das Heubett genügend weich und warm fand, holte sie das Kleine. Sie legte es ins Heu, zog es aber gleich darauf noch einmal heraus. Die Kanne lag mit der Öffnung nach vorn. Die Gefleckte gab ihr einen Stoß, und die Kanne drehte sich gegen die Schuppenrückwand.

Jetzt war alles so, wie sie es wollte.

Die Gefleckte legte sich hinein und zog das Katzenkind an sich. Sie fuhr mit der Zunge über den kleinen Körper, sah unter dem Schwänzchen nach dem Rechten und säuberte die Augenschlitze. Das Kätzchen drehte und wand sich unter ihren Pfoten. Das war ihm alles zu umständlich. Es hatte Hunger, sonst gar nichts. Zielsicher und blind fand es, was es suchte, und schmatzte drauflos. Vor Eifer mußte es schnaufen und schniefen. Und vor Anstrengung fiel es plötzlich zurück und schlief ein, während ihm ein Milchfaden aus dem Mundwinkel lief.

Die Gefleckte sah ihm zu und schnurrte. Sie war glücklich.

Die Nacht draußen war still. Die Blätter rauschten. Manchmal schlug ganz leise die Dachpappe gegen die Wand.

In der ersten Morgendämmerung wachte die Gefleckte auf. Das Katzenkind lag eingerollt an ihrer Seite. Es schlief noch fest.

Sie schob sich langsam aus der Kanne heraus. Dann reckte und streckte sie sich. Sie hatte unbequem geschlafen. Es war eng gewesen, und sie hatte sich nicht bewegt, um das Kleine nicht zu wecken.

Jetzt putzte sie sich und machte ihre Morgenübungen.

Dann lief sie einmal um den Schuppen herum und sah nach, ob alles in Ordnung war. Eine winzige Maus lief ihr vor die Nase. Es war nicht viel, eigentlich nur ein Happen. Sie sah, wie ein fetter Mäuserich in einem Loch verschwand. Mit etwas Geduld hätte sie ihn erwarten und sich schnappen können, aber sie hatte nicht die gewohnte Ruhe.

Sie lief über die Weide. Die Kühe drängten sich um einen Wasserbehälter. Die Gefleckte sprang furchtlos auf den Rand und trank.

Auf dem Rückweg zum Schuppen lief ihr der Mäuserich geradewegs aus dem Loch entgegen. Diesmal entging er ihr nicht. Jetzt war sie satt und erfrischt. Als das rabenschwarze Kätzchen aufwachte, lag die Gefleckte längst wieder schnurrend in der Kanne.

Die Tage blieben warm und sonnig.

Ein wenig langweilte sich die Gefleckte. Freilich, sie hatte auch sonst viele Stunden des Tages verschlafen oder nur herumgelegen und in die Luft gestarrt. Aber dann hatte sie ganz nach Lust und Laune ihren Platz wechseln können. Sie hatte zwischendurch einen kleinen Spaziergang unternommen, war mal in den Ställen, mal im Garten, mal im Haus aufgekreuzt, sie hatte den Hund geärgert, die Hühner gescheucht, und mindestens einmal am Tag hatte sie die alte Frau besucht und sich auf deren Schoß breitgemacht.

Jetzt lag sie die ganze Zeit fast unbeweglich in der Blechkanne und bewachte ihr Katzenkind. Sie ließ es stets nur für kurze Zeit allein. Nur wenn sie selbst Durst hatte. Nur wenn sie unbedingt einen Happen fressen mußte. Nur wenn sie ihren Kot verscharrte. Immerhin hatte sie die Kanne wieder gedreht. Sie hatte es nicht lange ausgehalten: herumzuliegen und gegen die Holzwand zu starren. Jetzt sah sie hinaus ins Freie. Sie sah Gras und ein Stück Himmel, über dem die Teerpappe schwankte. Sie sah den Schwalben zu, die im Flug mit offenem Schnabel Mücken fingen. Sie kannte nach kurzer Zeit den Grasfrosch, der sich mitten im Schuppen ausruhte. Und sie wartete gespannt auf die Krähe, die vom Wald herüberkam, um das brütende Kiebitzweibchen zu ärgern. Der Streit der beiden brachte Abwechslung in die Eintönigkeit.

Sonst galt die Aufmerksamkeit und Fürsorge der Gefleckten einzig und allein ihrem Katzenkind.

Zwar war es noch immer blind, aber es war in der letzten Zeit größer und kräftiger geworden. Das war kein Wunder, schließlich trank es alle Milch, die sonst für fünf oder sechs Kätzchen hätte reichen müssen. Und es bekam die Liebe für fünf oder sechs. Viel Liebe hilft bekanntlich auch, um groß und stark zu werden.

Jetzt kroch es bereits umher.

Die Gefleckte mußte achtgeben, daß es sich nicht verirrte. Wenn es sich zu keck entfernte, holte sie es mit der Pfote zurück und schob es hinter sich.

Manchmal kletterte das rabenschwarze Kätzchen auf ihr herum und stieß mit dem Köpfchen gegen die Kannenwölbung. Wenn es herunterfiel, konnte es schon richtig schimpfen. Dann nahm es die Gefleckte an die Brust, schnurrte ihm etwas vor, gähnte dabei und langweilte sich ein bißchen.

Meist erhob sich gegen Abend ein leichter Wind und trug das Schmatzen der Kühe herüber. Die Gefleckte bekam Hunger. Sie wurde unruhig. Seit Tagen hatte sie ein ungutes Gefühl.

Wenn sie sich nicht bald auf dem Hof sehen ließ, würde man nach ihr suchen. Dafür würde besonders die alte Frau sorgen, der sie gewiß fehlte. Wenn man sie aber suchte und fand, würde man auch das Kätzchen finden. Also war es besser, wenn sie hin und wieder, ganz zufällig, dort auftauchte, wie man es von ihr gewohnt war.

Sie ließ das Katzenkind ungern allein.

Als sie aus der Kanne herauskroch, warf sie mit den Hinterpfoten Heu hinter sich, bis das schlafende Kätzchen vollkommen damit bedeckt war. Dann untersuchte sie jede Ritze im Schuppen und lief ein paarmal draußen in der Umgebung auf und ab, bis sie sicher war, daß von keiner Seite Gefahr drohte.

Erst dann machte sich die Gefleckte auf den Weg.

Die Mäuse flitzten um diese Stunde nur so umher. Es wäre ein leichtes gewesen, sich das Abendbrot im Vorbeigehen zu holen, aber die Gefleckte schenkte den Mäusen nur einen uninteressierten Blick. Sie hielt sich jetzt nicht mit derlei auf.

Sie lief an den Kühen vorbei, sprang über den summenden Draht, rannte über die Obstwiese in den Garten, kroch durch die Zaunlücke und war da.

Der Hund empfing sie knurrend, sobald er sie witterte. Sie fauchte kurz zurück, wie es der Brauch war, wenn sie sich trafen.

Dann sprang sie auf das Fensterbrett. Sie kratzte am Holzrahmen und rief einige Male. Mit ordentlich nebeneinandergestellten Vorderpfoten und nach vorn geringeltem Schwanz wartete sie ungeduldig, aber gesittet, bis die alte Frau ihr aufmachte.

Die Gefleckte sprang durch das Fenster in die Küche. Sie strich der alten Frau um die Beine und rieb ihren Kopf an den schwarzen gestrickten Strümpfen. Die alte Frau bückte sich mühsam und strich ihr über den Rücken. Dabei sagte sie allerlei.

Wahrscheinlich, so nahm die Gefleckte an, ging es darum, wo sie so lange gesteckt hatte. Sie mauzte und gurrte ein wenig, um von diesem Thema abzulenken. Jetzt war sie da, und alles war wie gewohnt.

Ihr Napf stand leer neben dem Küchenherd. Die alte Frau beeilte sich, ihr aus allen Töpfen eine gefällige Mischung hineinzuschütten. Sie lernte nie, woraus sich die Gefleckte etwas machte und worauf sie nun mal keinen Appetit hatte. Jetzt allerdings wurde der

Napf leer. Die Gefleckte schleckte bis zum letzten Rest alles auf. Wenn sie sich richtig satt aß, brauchte sie drei Tage nichts.

Sie war gerade fertig, als die Tür aufging.

Der Bauer und die Bäuerin kamen herein. Mit einem überraschten Ausruf zeigte der Bauer auf die Gefleckte. Sie hatte keine Zeit mehr, sich unter den Schrank zu verziehen. Der Bauer hatte sie schon gepackt und hochgehoben. Er drehte sie herum, und die Bäuerin betastete ihren Bauch. Die Gefleckte strampelte und wand sich. Sie fuhr ihre Krallen aus. Es half nichts.

Der Bauer hatte sie fest im Griff. Die Bäuerin strich ihr mit Öl die Zitzen ein. Das machten sie immer, nachdem die Jungen verschwunden waren. Meist hatte es der Gefleckten sogar wohlgetan. Diesmal war sie empfindlich. Die großen, festen Hände hatten nichts an ihr zu suchen. Sie schlug um sich, bis der Bauer endlich losließ. Mit einem hohen Sprung war sie unten und mit zwei Sätzen unter dem Schrank. Dort war noch weniger Platz als in der Kanne. Umständlich und unbequem putzte sie sich.

Als der Bauer die Tür aufmachte, raste sie in die Nacht hinaus, zurück zu ihrem rabenschwarzen Katzenkind.

Einige Tage später machte das Kätzchen die Augen auf.

Es drehte sein Köpfchen ziemlich dumm hin und her, ehe es herausfand, woher die Helligkeit kam. Dann krabbelte es eilig darauf zu. Wahrscheinlich wollte es geradewegs aus der dunklen Kanne in den hellen Himmel hinein, doch dazwischen waren einige Hindernisse.

Die Gefleckte war anfangs ruhig liegengeblieben und hatte zugesehen, wie das Kleine im Schuppen durch die Heubüschel kroch. Dann wurde es ihr zu dreist. Plötzlich war es draußen und verirrte sich im Gras. Sie holte es zurück und putzte es sauber.

Die ruhige Zeit war nun vorbei.

Das Kätzchen war nicht mehr in der Blechkanne zu halten. Es war immer unterwegs. Die Gefleckte mußte aufpassen, daß es ihr nicht davonkroch. Es wollte ständig etwas Neues entdecken: Holzstücke, Kieselsteine, tote Käfer oder welke Blätter.

Und es wollte spielen. Es spielte mit allem, aber das schönste

Spielzeug war der Schwanz der Gefleckten, dieses haarige, lebendige Ding, das sich mal schnell, mal langsam bewegte, das ganz still liegen konnte, ehe es wild um sich peitschte, und das sogar verschwinden konnte, wenn sich die Gefleckte herumdrehte, weil sie das Spiel endlich satt hatte.

Nach einem Tag voller Entdeckungen war das Kätzchen so müde, daß die Gefleckte unbedenklich ein Stündchen länger ausbleiben konnte.

Nachdem sie zum Hof gelaufen war und sich in der Küche ihr Essen geholt hatte, legte sich die Gefleckte aus Gewohnheit für kurze Zeit auf den Schoß der alten Frau. Über ihr klapperten die Stricknadeln. Der halbfertige Wollstumpf strich behaglich über ihren Rücken.

Nicht lange, dann hatte sie keine Ruhe mehr. Sie sprang hinunter auf den Teppich und glättete ihr Fell.

Die alte Frau sah sie forschend an, aber die Gefleckte wich ihrem Blick aus. Dann wartete sie an der Tür, bis sie hinausgelassen wurde.

Bald kroch das Katzenkind nicht mehr auf dem Bauch, sondern bewegte sich wacklig auf den Beinchen vorwärts.

Von da an unternahm die Gefleckte mit ihm kleine Ausflüge. Gemeinsam sprangen sie hinter Blättern her, die der Wind hochwirbelte. Gemeinsam verirrten sie sich in den hohen Brennesselstauden. Gemeinsam versuchten sie einen Schmetterling zu fangen, der ihnen wieder entwischte.

Sie kugelten miteinander durch das Gras und versteckten sich voreinander. Manchmal, wenn beide müde geworden waren, schliefen sie aneinandergeschmiegt in der Sonne. Mit der Zeit waren sie immer weiter unterwegs.

Einmal, als sie ein Stück am Waldrand entlanggelaufen waren, sah die Gefleckte den Bauern durch die Kornfelder gehen. Er war zwar sehr weit weg, aber die Gefleckte hatte ungemein scharfe Augen. Sie sah ganz deutlich, wie er mit der Hand über die grünen Halme strich, manchmal einen abriß, ihn kaute und ausspuckte. Er kam auf den Wald zu.

Das Kätzchen quietschte erschrocken auf, als die Gefleckte es im Genick packte und mit ihm in langen Sätzen zum Schuppen hinunterjagte. Dort schob sie das Kleine ganz tief in die Blechkanne hinein und schaufelte Heu davor. Sie selbst legte sich draußen vor dem Schuppen ins Gras. Sie lag unbeweglich den ganzen Nachmittag und sah stets in die gleiche Richtung, obwohl sie von hier aus die Felder und den Bauern nicht sehen konnte.

Das Katzenkind rumorte und fiepte. Es war empört darüber, daß die Gefleckte es bei hellem Sonnenschein in die finstere Kanne gesteckt hatte. Aber es wagte nicht herauszukommen. Es kannte die Gefleckte zu gut. Wenn sie so starr an den Boden gepreßt dalag wie jetzt, wenn nur ihr Schwanz drohend schlug und allenfalls einmal die Ohren zuckten, dann war mit ihr nicht zu spaßen. Wenn sie dabei sogar leise knurrte, war es besser für das Katzenkind, wenn es sich aus Dingen heraushielt, die es noch nicht verstand.

Ungnädig legte sich das rabenschwarze Kätzchen auf den Rücken und spielte gelangweilt mit dem eigenen Schwänzchen. Als die Gefleckte endlich zu ihm kroch, biß es ihr beim Trinken in die Zitzen. Dann rollte es sich zusammen und schlief, ehe sie ihr Abendgeschnurre anstimmen konnte.

Diesmal lief die Gefleckte nicht fort. Sie blieb liegen und bewachte ihr Kind.

Das schöne Wetter war vorbei.

Erst waren Wolken aufgezogen, dann hatte es genieselt, nun goß es. Die Kühe kamen herangestampft und drängten unter das Schuppendach. Sie scharrten, schoben, malmten und muhten und machten schrecklichen Tumult.

Eine Kuh, die sich unbedingt einen besseren Platz erkämpfen wollte, trampelte gegen die Blechkanne. Die Kanne rollte ein Stück weiter. Die Gefleckte und das Kätzchen purzelten darin durch das Heu. Die Kanne lag jetzt im Schuppen an einer Stelle, wo es vom undichten Dach heruntertropfte. Das hörte sich von innen an, als schlüge jemand ununterbrochen mit einem Hammer ans Blech. Es war kaum auszuhalten.

Mit den Kühen waren auch noch ganze Schwärme von Fliegen

gekommen. Ein paar verirrten sich. Sie schwirrten in der Kanne herum. Die Gefleckte schlug gereizt um sich. Es war nicht ihre Absicht, daß sie das Kätzchen traf. Sie war in dem allgemeinen Trubel nicht so behutsam wie sonst. Doch das Katzenkind ließ sich nicht alles gefallen. Es biß der Gefleckten prompt in den Schwanz.

Danach lagen beide verstimmt Rücken an Rücken unter den stetig hämmernden Wassertropfen und sahen zwischen den Kuhbeinen hindurch in den Regen.

Das Katzenkind hielt es vor Langeweile nicht aus.

Es hockte sich vor die Kanne und staunte die großen unbekannten Tiere an.

Eine Kuh drehte sich zu ihm herum. Sie kam mit ihrem Kopf ganz nahe heran und glotzte das Kätzchen an. Eine Fliege lief zwischen ihren Nasenlöchern herum.

Das Kätzchen wollte der Kuh einen Gefallen tun.

Es richtete sich auf und schlug mit seiner kleinen Pfote zu. Die Fliege hatte es nicht getroffen, wohl aber die Kuh. Nicht schlimm, eigentlich hatte es nur über die Nase gekitzelt. Die Kuh schüttelte erstaunt den Kopf. Ihr Speichel tropfte dem Kätzchen auf das Fell. Sie wandte sich ab und gesellte sich wieder zu den anderen Kühen.

Die Gefleckte sah von der Kanne aus ungerührt zu, wie sich das Katzenkind putzte. Es war noch recht ungeschickt dabei. Sonst half sie ihm. Jetzt blieb sie liegen. Sie drehte sich nur auf die andere Seite und schloß die Augen zu einem schmalen Schlitz. Regenwetter machte sie träge.

Das Kätzchen kippte immer wieder um, aber es richtete sich unverdrossen ein ums andere Mal auf. Es leckte an sich herum, bis es zufrieden war. Dann spazierte es weiter.

Schnell bekam es heraus, daß Kuhbeine ungefährlich waren, wenn es genug Abstand hielt. Die langen Schwänze mit dem Puschel unten waren lustig. Sie fuhren unvermutet hoch und trieben die Fliegen in die Luft. Manchmal klatschte etwas aus einer Kuh heraus. Dann sprang das Kätzchen schnell beiseite und machte um den weichen Klecks einen Bogen.

Es war immer weiter nach vorn gelangt. Nun lief es in den Regen hinaus. Es hatte noch nie mit Nässe zu tun gehabt. Nun merkte es erstaunt, was die Tropfen anrichteten. Sie drangen durch das Fell bis auf die Haut. Dort waren sie ganz kalt und unangenehm. Das Kätzchen wollte sich beschweren. Es sah nach oben, und gerade in diesem Augenblick fuhr ein Windstoß über das Dach. Die Dachpappe hoch sich, und ein mächtiger Wasserschwall ergoß sich nach unten.

Völlig durchnäßt, schmutzig und struppig rannte das Kätzchen unter den Kühen hindurch zu der Gefleckten zurück. Dort brach es jammernd zusammen. Die Gefleckte nahm es zwischen ihre Pfoten und leckte es sauber. Dann zog sie es zu sich heran, trocknete und wärmte es an ihrem Pelz und schnurrte, bis sich das Kätzchen beruhigte.

Von nun an lagen sie einträchtig nebeneinander in der Blechkanne und warteten träge ab, daß der Regen aufhörte.

Als das schlechte Wetter vorüber war, zeigte sich, daß der Wind dem alten Schuppen schwer zugesetzt hatte. Die Teerpappe lag endgültig zwischen den Holunderbüschen. Die Balken standen noch schiefer als zuvor, sie knarrten bei jedem Luftzug.

Die Kühe waren zwar weg, aber sie hatten Unordnung und Schmutz hinterlassen. Sie hatten alle Blechkannen umgeworfen. Dazwischen lagen ihre braunen, nassen Fladen, von denen die Gefleckte das neugierige Kätzchen fortziehen mußte. Die Fliegen waren geblieben, sie hausten jetzt auf den Fladen.

Die Gefleckte konnte Unordnung und Schmutz nicht ausstehen. Es gefiel ihr nicht mehr unter dem schiefen Schuppendach. Sie wäre gern umgezogen, aber sie wußte keinen besseren Platz.

Um sich nicht zu lange dort aufzuhalten, dehnte sie die Spaziergänge mit dem Katzenkind immer weiter aus, sie kam nur noch zur Nacht in die Blechkanne zurück.

Eines Nachmittags streunten die Gefleckte und das rabenschwarze Kätzchen durch den Wald. Es war der bedeutsame Nachmittag, an dem das Kätzchen seinen ersten Falter ganz allein, ohne Hilfe, zur Strecke brachte. Als es die staubigen Flügeldecken schlucken wollte, mußte es würgen. Der Falter blieb ihm im Hals stecken, und die Gefleckte hatte Mühe, ihn wieder herauszuholen. Schließlich legte sie sich hin und gab dem Kätzchen zu trinken, damit endlich die Hustenanfälle aufhörten. So wurde es ziemlich spät, ehe sie sich auf den Heimweg machten.

Als sie etwa die halbe Strecke zurückgelegt hatten, blieb die Gefleckte plötzlich stehen. Sie schob das Katzenkind hinter sich und lauschte mit aufgestellten Ohren. Vom Schuppen her hörte sie Geräusche.

Sofort hob sie das Kleine am Nackenfell hoch und schleppte es fort. Sie lief mit ihm kreuz und quer, ohne Richtung, nur voller Angst, wo sie das Katzenkind verbergen konnte. Sie hatte schwer zu tragen. Das Kleine hatte Gewicht bekommen. Außerdem schrie es, denn es paßte ihm gar nicht, von Zweigen gepeitscht zu werden und über holprige Wurzeln zu streifen. Mehr aus Zufall rutschte die Gefleckte in eine Mulde, die ganz und gar von Blattwerk verborgen war.

Sie drückte das Kätzchen tief hinein und stieß einen kurzen, befehlenden Laut aus. Das Kleine begriff, daß es hierzubleiben hatte und daß es die größten Schwierigkeiten mit der Gefleckten bekam, wenn es sich ins Freie traute. Es sah ihr bockbeinig nach, als sie davonschlich.

Während sich die Gefleckte dem Schuppen näherte, knackte unter ihren Pfoten kein Zweig, es raschelte kein Blatt. Selbst die Grashalme, die sie streifte, schienen nicht zu schwanken. Sie stieg zwischen die Brennesselstauden, die unter den Holunderbüschen wuchsen. Dort kauerte sie sich hin. Sie starrte unbeweglich zum Schuppen.

Der Bauer hatte die Balken einigermaßen gerichtet und mit Latten verstrebt. Er hatte die Teerpappe wieder auf das Dach gezerrt und mit großen Feldsteinen beschwert. Jetzt ging er gebückt umher und stellte die Milchkannen ordentlich nebeneinander in eine Reihe. Als er eine davon anhob, fiel etwas Heu heraus. Er schüttelte den Kopf, griff hinein und holte ganze Hände voll aus der Kanne. Dann stellte er sie als letzte neben die anderen.

Nie hatte die Gefleckte ihn bisher hier gesehen, nicht früher und nicht in letzter Zeit. Nie hätte sie sonst das Katzenkind hier versteckt. Jetzt wußte sie nicht, was sie machen sollte.

Sie fuhr erschreckt hoch, als irgendwo der Hund bellte. Der Bauer trat vor den Schuppen und pfiff durch zwei Finger. Der Hund antwortete, aber er kam nicht. Der Bauer nahm eine breite Schaufel und warf die Kuhfladen in hohem Bogen auf die Weide.

Die Gefleckte war unruhig geworden. Ihre scharfen Ohren hatten ausgemacht, woher das Hundegebell kam. Es kümmerte sie nicht, daß der Bauer erstaunt die Brennessel wippen sah. Wie ein Blitz flitzte sie an ihm vorbei. Mit großen Sprüngen jagte sie dorthin, wo sie ihr Katzenkind gelassen hatte.

Der Hund lag am Waldrand auf dem Rücken und streckte alle Beine in die Luft. Er schniefte behaglich. Das Kätzchen turnte auf ihm herum. Es wühlte sich durch die langen Zottelhaare. Mit der kleinen Nase untersuchte es, was für ein rundes blankes Ding da am Halsband baumelte. Dann steckte es eine Pfote unter eines der Hängeohren. Schließlich krabbelte es den kitzeligen Hundebauch abwärts bis zu dem buschigen Schwanz, der unentwegt wedelte. Plötzlich hielt der Schwanz still. Der Hund hatte die Gefleckte gewittert. Er knurrte drohend.

Die Gefleckte saß hinter dem Buschwerk und belauerte die beiden. Jetzt fauchte sie leise zurück, wie es üblich war, wenn sie und der Hund einander begegneten. Diesmal fauchte sie nachdrücklicher als sonst. Solange der Hund dem Kätzchen nichts tat, wollte sie sich zurückhalten, um es nicht zu erschrecken. Falls es der Hund aber wagen sollte, dem Kätzchen ein Haar zu krümmen, würde sie ihm sofort an die Kehle springen. Sie fauchte noch einmal, damit er dies begriff.

Der Hund kümmerte sich nicht um ihre Drohungen. Ihm gefiel das rabenschwarze Katzenkind. Er hätte es gern in seiner Hütte gehabt, um sich mit ihm die Zeit zu vertreiben. Es war manchmal recht eintönig, so ein Gehöft zu bewachen.

Als der Bauer vom Schuppen her wieder nach ihm pfiff, rappelte er sich schwerfällig auf. Dann schnappte er das Kätzchen und wollte mit ihm davontrotten.

Die Gefleckte sprang aus dem Gebüsch heraus auf seinen Rükken. Sie verkrallte sich ins Fell und biß ihm in die Flanke. Der Hund jaulte auf und versuchte sie abzuschütteln. Er sprang umher und wälzte sich auf der Erde. Dabei ließ er das Kätzchen los. Es rutschte vor seinen Augen in die Mulde und verschwand unter den Blättern.

Die Gefleckte gab den Hund frei. Er stand vor ihr, schüttelte benommen den Kopf, drehte sich um und trottete davon. Er hatte genug von diesem Spiel.

Als er verschwunden war, kroch die Gefleckte zu ihrem Katzenkind. Sie leckte es recht unsanft mit dem und gegen den Strich, bis endlich der unangenehme Hundegeruch aus seinem Fell verschwunden war. Manchmal biß sie dabei leicht zu. Das Kleine sollte begreifen, daß sie ganz und gar nicht einverstanden mit dieser Bekanntschaft war.

In dieser Nacht blieben sie, wo sie waren.

Der Schuppen war der Gefleckten verleidet.

Sie wohnten jetzt in der Erdmulde. Die Tage waren heiß, und die Nächte blieben warm. In der Mulde unter den Blättern war es feucht und kühl.

Das rabenschwarze Kätzchen erlernte die Mäusejagd.

Für den Anfang brachte die Gefleckte eine kleine Maus, die sie vorsorglich totgebissen hatte. Sie legte die Maus ab und wartete, bis das Kätzchen mit der nötigen Sammlung vor ihr saß und ihr zusah.

Dann rollte sie die Maus im Sand hin und her. Das Kätzchen mußte nachmachen, was sie ihm gezeigt hatte. Zögernd begann es zu üben. Plötzlich sprang die Gefleckte zu. Sie packte die Maus am Schwanz, schleuderte sie durch die Luft, fing sie im Flug wieder auf und warf sie dem Kätzchen genau vor die Füße.

Dies war nun bedeutend schwieriger, als die Maus nur zu rollen. Das Kätzchen übte den halben Vormittag, ehe es ihm gelang, die Maus zu schleudern und sie sich nicht nur um die Ohren zu schlingen. Meist landete die Maus irgendwo im Gras. Es hatte zu tun, sie zu finden.

Schließlich, als es schon fast aufgeben wollte, gelang ihm ein schöner, glatter Wurf. Die Gefleckte war zufrieden. Zum Abschluß durfte sich das Kätzchen auf den Rücken legen und die Maus, nur zum Spaß, mit den Hinterbeinen traktieren.

Am nächsten Tag brachte die Gefleckte eine lebende Maus.

Das Kätzchen hatte auf das nette Spielzeug von gestern gewartet. Es sprang erschrocken vorwärts, als die Maus davonhuschen wollte. Die Gefleckte holte die Maus mit einem ruhigen Pfotengriff zurück und zeigte dem Kätzchen, daß es jetzt auf Schnelligkeit ankam. Sie ließ die Maus ein paar Schrittchen davontrippeln und holte sie behende zurück.

Das Kätzchen brauchte eine ganze Weile, ehe es die Maus einfangen konnte. Dann jedoch fand es heraus, daß alles, was es am Vortag gelernt hatte, mit einer lebendigen Maus viel aufregender war. Es wurde nicht müde, die Maus zu rollen, zu schleudern und zu werfen.

Zuletzt wurde es bitter enttäuscht. Die Maus bewegte sich nicht mehr, sosehr das Kätzchen sie auch anspornte. Dieser Spielverderber war einfach tot.

Bisher hatte das Kätzchen nur mit Mäusen gespielt. Jetzt mußte es eine fangen. Es mußte hinter der Gefleckten her durch das Korn schleichen. Genau vor ihnen flitzte eine Maus ins Loch. Das Kätzchen wollte sich hinterherwühlen, doch die Gefleckte zeigte ihm, daß man einer Maus mit Geduld auflauert und wie man sie dann fängt.

Das rabenschwarze Kätzchen kapierte. Vor das nächste Loch setzte es sich freiwillig und wartete. Die Gefleckte hieß es sitzen und ging ihrer eigenen Wege. Das Kätzchen wartete stundenlang.

Endlich kroch aus dem Loch ein Maikäfer.

Beim nächstenmal hatte es mehr Glück. Kaum hatte es sich hingehockt, streckte ein dicker Mäuserich seine Nase an die Luft. Das Kätzchen sprang vor. In der Aufregung verzichtete es auf das sportliche Spiel. Es erledigte den Mäuserich sofort, ohne langes Hin und Her. Dann rannte es damit zur Gefleckten und warf ihn vor ihre Füße. Es setzte sich stolz daneben und sah sie gespannt an.

Die Gefleckte war zufrieden. Das rabenschwarze Katzenkind hatte schnell begriffen, worauf es ankam! Es stellte sich dabei sehr geschickt an. Nun blieb nur noch wenig, was sie ihm beibringen mußte.

Erstens: Keine Maus rutscht, die man vom Schwanz her verschlingen will. Man muß immer beim Kopf anfangen.

Zweitens: Mitten in der Maus ist etwas Grünes, es ist sehr bitter. Das ißt man nicht. Auch Mäuseköpfe sind Geschmackssache. Wer sie nicht mag, läßt sie beiseite.

Drittens: Man sollte keine Maus zuviel essen. Wenn man satt ist und trotzdem weiterjagen will, läßt man sie liegen. Oder besser: man macht sie jemandem zum Geschenk, dem man verpflichtet ist. Das war alles. Jetzt wußte das Kätzchen über Mäuse, was es wissen mußte.

Der Gefleckten erschien es unbedenklich, das Kätzchen für längere Zeit und auch tagsüber allein zu lassen. Es konnte für sich selber sorgen. Mit den Mäusen hatte es Zerstreuung und Abwechslung genug.

Meist lief die Gefleckte zu der alten Frau. Oft brachte sie ihr eine Maus mit, die dankend von ihr auf dem Kehrblech entgegengenommen wurde. Die Gefleckte setzte sich ein wenig auf das Sofa und sah der alten Frau beim Stricken zu. Manchmal nickten beide dabei ein.

Auch bei der Bäuerin hielt sie sich jetzt wieder auf. Sie trafen einander meist im Garten. Dann legte sich die Gefleckte auf die warme Erde und sah zu, wie die Bäuerin Erdbeeren pflückte oder Radieschen auszog. Selbst dem Bauern ging sie nicht mehr aus dem Weg, wenn sie ihn traf. Nur dem Hund begegnete sie mit Abstand.

Nach und nach übernahm sie wieder ihre Pflichten, die sie auf dem Hof hatte. In ihrer Abwesenheit war es in der Scheune und auf dem Dachboden recht liederlich geworden. Die Mäuse hatten sich so vermehrt, daß sie mit dem Jagen kaum nachkam. Das war kein Spiel und kein Vergnügen mehr, sondern harte Arbeit, sie wieder auf eine angemessene Anzahl zu bringen.

Oft war die Gefleckte danach müde, so daß sie den Weg bis zum Waldrand nicht mehr schaffte. Dann schlief sie wie in alter Zeit im Liegestuhl in der Laube.

Das Kätzchen lag in seiner Mulde versteckt unter Blättern und wartete auf sie.

Es langweilte sich.

Die Ausflüge mit der Gefleckten waren unterhaltsamer und lustiger gewesen als die Streifzüge allein. Niemand wollte mit ihm spielen, wie es die Gefleckte tat. Nicht die Fasanen, nicht die Kaninchen und nicht das Reh, das eines Tages verdutzt vor der Mulde stand.

Das Kätzchen wollte Wärme und Zärtlichkeit.

Es vermißte die Gefleckte, wenn es abends einschlief und wenn sie nicht neben ihm lag. Manchmal kam sie mitten in der Nacht. Dann drängte sich das Kätzchen an sie und suchte nach der Milch, die langsam versiegte. Die Gefleckte schnurrte wie früher, bis beide miteinander einschliefen.

Es kam vor, daß sie am Morgen noch da war und den ganzen Tag blieb. Es kam ebensogut vor, daß sie schon wieder verschwunden war, wenn das Katzenkind aufwachte. Es wußte nie, wo sie steckte.

Eines Abends lief es heimlich hinter ihr her. Es hielt einen gebührenden Abstand. Es ahnte, daß die Gefleckte nicht wünschte, daß es ihr folgte.

So kamen sie nacheinander am Schuppen und an den Kühen vorbei.

Das Kätzchen sah, wie die Gefleckte plötzlich einen hohen Sprung machte. Sie tauchte hinter den Obstbäumen unter, als das Kätzchen an den Draht kam. Der Draht summte. Das Kätzchen lief ein Stück daran auf und ab und hörte sich das Summen an. Es gefiel ihm.

Dann fiel ihm ein, daß es ja hinter der Gefleckten her war. Es sprang und blieb hängen. Der Strom biß und zwickte. Das Kätzchen schrie. Niemand kam ihm zu Hilfe. Endlich, als es genügend strampelte, fiel es herunter ins Gras.

Der Bauch und alle Pfoten taten ihm weh. Es wälzte sich und wimmerte.

Der Draht summte böse weiter.

Die Gefleckte war verschwunden.

Das rabenschwarze Kätzchen schlich zurück.

Die Kühe glotzten, als es vorbeikam. Eine Kuh entsann sich, daß sie es schon einmal gesehen hatte. Sie muhte hinter ihm her. Das Kätzchen drehte sich nicht um.

Es verkroch sich in der Mulde unter den Bäumen. Dort leckte es über die Stellen, die der Draht getroffen hatte. Sie brannten wie Feuer. In der Nacht wimmerte es im Schlaf nach der Gefleckten, doch die kam nicht.

Die Gefleckte kam auch nicht am nächsten Tag und nicht in der Nacht darauf. Irgendwie hing alles mit der alten Frau zusammen, die still, ohne sich zu rühren, auf dem Sofa lehnte, das Strickzeug in der Hand. Die Gefleckte wachte neben ihr, bis der Bauer und die Bäuerin nach zwei Tagen von einer lustigen Kegelfahrt heimkehrten.

Erst dann lief die Gefleckte zum Waldrand zurück.

Sie fand das rabenschwarze Kätzchen nicht mehr vor.

Das Kätzchen hatte lange schon wissen wollen, was hinter dem Wald, hinter den Hügeln und hinter den Wolken war. Es hatte das unbestimmte Gefühl, daß es dort Dinge gab, die zu entdecken sich lohnte.

Mitten in der Nacht machte es sich auf. Der Mond war noch schmal, aber er gab schon genügend Licht.

Das Kätzchen war nicht allein unterwegs. Überall raschelte und knackte es. Manchmal rief ein Nachtvogel. Manchmal blökte ein Reh.

Das Kätzchen lief durch den Wald. Als der Wald zu Ende war, lief es durch Kornfelder. Als die Kornfelder aufhörten, lief es über eine große Wiese. Danach kam es an einer Kiesgrube vorbei. Es überquerte Eisenbahnschienen, lief wieder durch Felder und stand gegen Morgen an einem Bach.

Da sah es sich um und merkte, daß es sich verlaufen hatte. Selbst wenn es gewollt hätte, es hätte nicht mehr zurückgefunden. Doch es wollte gar nicht.

Seit die Gefleckte es allein gelassen hatte, wollte es sich auf eigenen Pfoten durch die Welt schlagen. Es wollte der Gefleckten beweisen, daß es keineswegs auf sie angewiesen war. Die Gefleckte sollte nur sehen!

Vorerst irrte das Kätzchen am Bach umher. Es hatte schrecklichen Hunger. Weit und breit zeigte sich keine Maus. Es mußte mit ekligen kleinen Fröschen vorliebnehmen, die sich nur mühsam fangen ließen und die selbst im Magen noch zappelten. Das Kätzchen bekam Schluckauf. Es saß in der Sonne und fühlte sich nicht wohl. Vielleicht wäre es, wenn es gekonnt hätte, zur Gefleckten zurückgelaufen. So putzte es sich nur gründlich, wie es das von ihr gelernt hatte. Dann legte es sich unter großen, schattigen Blättern zur Ruhe.

Gegen Mittag wachte es auf.

Es fühlte sich etwas besser, jetzt konnte es sich wieder auf den Weg machen. Das rabenschwarze Kätzchen lief am Bachrand entlang, bis der Bach in einem dunklen Rohr verschwand. Dann klomm es eine Böschung hoch und lief oben, auf einem erhöhten Weg, weiter.

An den Weg grenzten Gärten, eine ganze Reihe hintereinander. In den Gärten arbeiteten Menschen.

Das Kätzchen hatte noch niemals Menschen gesehen. Es setzte sich und sah ihnen zu. Sie waren groß, aber irgendwie anders als Kühe. Es schien dem Kätzchen angebracht, sich ihnen nur heimlich und mit Vorsicht zu nähern.

Im ersten Garten hantierte ein Mann mit einem Rasenmäher. Das Gras flog zerfetzt um ihn herum. Das Kätzchen kaute gern etwas Gras. Es begriff, daß der Mann das auch tun wollte. Warum war er so umständlich? Warum legte er sich nicht einfach hin und biß hinein?

Im zweiten Garten hackte eine Frau ein abgeerntetes Beet. Das Kätzchen sah ihr eine Weile zu. Falls die Frau versuchte, auf diese Art und Weise eine Maus zu fangen, täuschte sie sich gewaltig. Sie machte viel zuviel Lärm. So würde sie nie eine erwischen.

Im dritten Garten lagen ein Mann und eine Frau auf dem Rasen und sonnten sich. Das Kätzchen verstand sie vollkommen. Das war endlich echte Katzenart.

Im vierten Garten war niemand. Nachdem das Kätzchen eine Weile am Zaun gewartet hatte, traute es sich hinein. Vorsichtig schlich es sich in der Deckung von lappigen Kohlblättern immer näher an das Haus heran. Neben dem Haus stand eine Mülltonne. In der Umgebung roch es faulig und verdorben. Das Kätzchen hatte bisher nur frische, eben erst erledigte Mäuse gefressen. Die Bücklingshaut untersuchte es genauer, weil es Hunger hatte. Den Rest Bohnen aus der Konservendose hätte es unter anderen Umständen nie zu sich genommen. Es putzte sich angewidert nach dieser Mahlzeit. Dann machte es, daß es weiterkam.

Es drückte sich durch die Hecke in den nächsten Garten.

Dort ging gerade eine Frau mit einem Topf zum Komposthaufen. Sie kippte den Topf aus, aber sie verscharrte den Inhalt nicht, wie das jede anständige Katze getan hätte. Sie drehte sich um und ging wieder ins Haus zurück.

Das Kätzchen lief neugierig zum Kompost, um nachzusehen, was in dem Topf gewesen war. Mitten auf dem Komposthaufen saß ein fetter, gelber Kater. Er schlürfte bereits. Als sich das Kätzchen noch einen Schritt näher heranwagte, sah er auf. Er stieß einen leisen, drohenden Ton aus. Das Kätzchen hockte sich erschrocken hin. Aber es stand sofort wieder auf. Es hatte begriffen. Dies war sein Revier. Er wollte nicht teilen. Es sollte machen, daß es fortkam.

Nachdem sich das Kätzchen oben auf dem Weg ein wenig von dem Schreck erholt hatte, lief es weiter. Da war wieder ein Garten, wo es niemanden antraf. Unter einem Baum stand ein gedeckter Tisch.

Das Kätzchen sprang erst auf einen Stuhl und sah sich alle Herrlichkeiten an. Dann machte es einen Satz und war oben. Es hockte sich mitten auf eine Wurstplatte und verputzte eine Scheibe nach der anderen.

Plötzlich tauchte mit Geschrei ein kleiner Junge auf. Das Kätzchen konnte gerade noch mit der letzten Scheibe Wurst vom Tisch springen. Der Junge rannte mit ausgestreckten Armen hinter ihm her. Er schrie und wollte es unbedingt fangen.

Sie rannten dreimal rund um den Garten, immer auf dem

gleichen Weg, das Kätzchen vorneweg, der Junge hinterher. Sie rannten durch die Margeritenstauden, über die Lavendelrabatten, an den kratzenden Rosenbüschen vorbei und um den Tisch herum.

Endlich konnte das Kätzchen entkommen. Es kauerte unter einer Hecke und beruhigte sich langsam. Es ärgerte sich, daß es bei der dummen Treibjagd die schöne Wurst verloren hatte. Doch es hatte keinen Mut, noch einmal umzukehren und sie zu suchen. Es hatte langsam genug von diesem Gartenstreifzug.

Der letzte Garten war größer als die anderen. Eine schwarzweiße Katze machte gerade ihren Rundgang. Als das Kätzchen kam, gebärdete sie sich wie toll. Sie kreischte und fauchte, bis ein Mann aus dem Gebüsch trat und ihr etwas zurief. Er zog einen langen roten Schlauch hinter sich her. Die Schwarzweiße warf sich auf seine Beine und konnte mit einemmal schnurren.

Das Kätzchen hatte noch nie eine so verrückte Katze gesehen. Es hatte eigentlich überhaupt noch nicht viele Katzen gesehen. Jede war jedenfalls ganz anders gewesen. Jetzt kam diese Schwarzweiße angewetzt und griff das Kätzchen an. Sie hob ihre Pfote und wollte mit ausgefahrenen Krallen zuschlagen. Das Kätzchen duckte sich schnell. Die dumme Katze hieb ihre Krallen in einen Stachelbeerbusch. Wieder schrie sie und rannte zu dem Mann zurück. Der Mann richtete den Schlauch auf das Kätzchen.

Und dann kam ein Wasserstrahl, der tausendmal schlimmer war als das Wasser, das vom Schuppendach heruntergekommen war. Er verfolgte das Kätzchen, als es längst auf dem Weg entlangfegte.

Es kam abgehetzt an das Bachufer zurück. Hier fühlte es sich wieder sicher und geborgen. Es legte sich auf Blättern zurecht und sah dem Mückenschwarm zu, der durch den hellen Abendhimmel tanzte. Es war enttäuscht von diesem Ausflug.

Die Menschen schienen etwas dumm zu sein. Auf jeden Fall hatten sie schlechtes Benehmen. Und Katzen, die bei Menschen lebten, waren unduldsam oder schwachköpfig.

Das Kätzchen nahm sich vor, Menschen zu meiden und sich nie mit ihnen einzulassen.

Es streunte lange umher. Dabei wuchs es und erlernte viel.

Eigentlich war es nun kein Kätzchen mehr, sondern eine Katze. Sogar eine schöne Katze. Rabenschwarz, schlank und scheu.

Seit einiger Zeit lebte die Rabenschwarze hinter einer Mauer, die an einem Feldweg stand. Dort war früher einmal ein Schießstand gewesen. Jetzt war der Platz verwildert, voller Nischen und Löcher. Hinter der Mauer war eine Wiese, auf der ein weißes Pferd weidete. Auf der anderen Seite des Weges waren Felder. Ganz hinten, wo fast schon der Himmel anfing, standen ein paar Häuser. Wenn selten einmal Menschen dorther kamen, hörte und sah die Rabenschwarze sie lange vorher. Sie hatte viel Zeit, um sich zu verstecken.

Meist lag sie in der Sonne und sah dem weißen Pferd zu.

Es war eine ruhige Zeit.

Der Traktor war schon einige Male vorbeigeholpert. Einmal, ganz zu Anfang, als die Rabenschwarze sich eben niedergelassen hatte, brachte er auf einem Anhänger das Pferd. Später hatte er lange Baumstämme hinter sich hergezogen und zum Ort hingeschleift. Es war also nicht ungewöhnlich, daß er jetzt kam.

Dieses Mal zog er einen Behälter auf Rädern, der nach der einen Wegseite eine weißliche Flüssigkeit versprühte. Der Mann am Lenkrad sah nicht nach rechts und nicht nach links. Er sah nur geradeaus auf den Weg, paffte seine Pfeife und hörte dem Transistorradio zu, das noch lauter war als der Motor.

Die Rabenschwarze blieb ruhig liegen. Sie hatte keinen Anlaß, sich zu verstecken. Sie sah ihm entgegen und blickte, als er vorbeigefahren war, hinter ihm her. Ein unangenehmer Geruch lag in der Luft, wie ihn die Rabenschwarze noch nie wahrgenommen hatte. Ihre Nase schien zu brennen. Es wurde nicht besser, als sie sich mit der naßgeleckten Pfote darüberstrich.

Sie stand langsam auf, machte einen Buckel und verzog sich zu dem Pferd auf die Weide. Hier war der Geruch schwächer. Nach einiger Zeit kam der Traktor zurück. Diesmal besprühte der Behälter die andere Wegseite. Weil der Wind von der Wiese her wehte, war der Geruch kaum zu spüren.

Der Traktor fuhr vorbei. Bald war er nicht mehr zu hören.

Es war warm und sonnig. Die Rabenschwarze verschlief auf der Wiese den ganzen Nachmittag. Als sie aufwachte, leuchtete das Abendrot hinter der Wegbiegung. Die Rabenschwarze bekam Lust auf einen kleinen Spaziergang. Sie lief mitten auf dem Weg der untergehenden Sonne entgegen.

Um sie herum war es merkwürdig still. Es summte keine Fliege. Kein Grashüpfer sprang vor ihr her. Nicht einmal Ameisen waren unterwegs. Die Wiesenblumen an der Wegkante ließen welk die Köpfe hängen.

Die Rabenschwarze nahm das alles nicht wahr. Sie hatte ausgeschlafen und war vergnügt und unternehmungslustig. Sie sprang und tollte umher, als wäre sie wieder ein kleines Katzenkind. Voller Übermut warf sie sich ins Unkraut, verbiß sich darin und wälzte sich. Sie spürte nicht, daß ihr das ausgesprühte Gift durch das Fell bis auf die Haut drang.

Sie wurde immer lustiger. Mit einem Satz sprang sie den schiefen Stamm eines alten Apfelbaumes an und turnte auf den ausladenden Ästen in den rosa Abendhimmel. Sie sprang von oben hinunter, landete auf allen vieren und schreckte eine Lerche auf, die sie nur so zum Spaß riß, daß die Federn stoben.

Danach fing sie sich noch drei Feldmäuse. Sie trank das abgestandene Wasser aus dem Graben unterhalb des Weges. Endlich war sie satt und schläfrig. Sie begab sich in ihren Mauerwinkel und putzte sich für die Nacht.

Ihr wurde fast übel von dem fremdartigen Geschmack, der in ihrem Fell hing. Doch der Drang, sich davon zu befreien, war stärker als ihr Widerwille. Immer wieder prüfte sie mit der Nase, ob noch Spuren vorhanden waren. Immer wieder leckte sie, bis sie endlich zufrieden war.

Das Gift, das ihre Haut noch nicht aufgenommen hatte, hatte sie jetzt mit ihrem Speichel geschluckt.

Sie rollte sich auf die Seite und schlief fest ein.

Als die Rabenschwarze die Augen aufmachte, war der Tag fast vorbei. Der Wind raschelte in den Blättern. Vögel zwitscherten.

Am Himmel knatterte ein Hubschrauber.

Die Rabenschwarze hörte nichts. In ihren Ohren rauschte es. Ihre Augen unterschieden nichts als dunkle, schwankende Schatten, obwohl sie weit geöffnet waren. Ihr Leib brannte, als wäre er mit Glut gefüllt. Die Beine standen steif ab. Manchmal schüttelten Krämpfe ihren Körper. Aus ihrem Mund lief ununterbrochen wasserheller Speichel. Ihr Fell war feucht und struppig.

Unter der Rabenschwarzen hatte sich eine Lache gebildet. Sie drehte sich schwerfällig in der eigenen Nässe zur Mauer und preßte sich eng dagegen. Wenn sie schon verging, wollte sie unsichtbar sein. Sie wollte nichts von sich zurücklassen.

Die Schatten vor ihren Augen wurden dunkler.

Ihre Ohren wurden taub.

Sie fühlte, daß sie starb.

Dorothy L. Sayers

Maher-shalal-hashbaz

Kein Londoner kann der Anziehungskraft einer Menschenansammlung auf der Straße widerstehen. Als Montague Egg den Kingsway hinauffuhr und eine Gruppe von Leuten bemerkte, die in das Astwerk einer der kümmerlichen, zur Verschönerung dieser Hauptverkehrsstraße angepflanzten Platanen starrten, hielt er an, um die Ursache der ganzen Aufregung zu ergründen.

«Komm, Mieze-Mieze, komm!» riefen die Umstehenden und schnalzten aufmunternd mit den Fingern.

«Schau, Kind, da, die hübsche Miezekatze!»

«Man sollte sie mit ein bißchen Fleisch locken.»

«Sie kommt schon runter, wenn es ihr oben langweilig wird.»

«Wirf einen Stein nach ihr.»

«Na, was ist denn hier los?»

Das schmale junge Ding in den abgetragenen Kleidern, das verlassen mit seinem leeren Tragekorb dastand, wandte sich an den Schutzmann:

«Oh, bitte, schicken Sie die Leute weg! Wie kann er herunterkommen, wenn ihn alle anschreien? Er fürchtet sich, mein armer Schatz.»

Durch die schwankenden Zweige hindurch funkelten wütend ein Paar bernsteinfarbene Augen herab. Der Polizist kratzte sich hinterm Ohr.

«Dürfte allerhand Arbeit machen, meinen Sie nicht auch, Fräuleinchen? Wie kam er bloß darauf, da hochzuklettern?»

«Der Verschluß ging auf, und er sprang aus dem Korb, gerade als wir aus dem Bus stiegen. Oh, bitte, tun Sie etwas!»

Montague Egg ließ seine Augen über die Menge hingehen und

erblickte am Rand des Menschenknäuels einen Fensterputzer mit seinen Leitern auf einem Handwagen. Er rief ihn an:

«Bring doch mal die Leiter her, Kleiner, dann werden wir ihn bald unten haben – wenn Sie mir erlauben, Miss, es zu versuchen. Wenn wir ihn sich selbst überlassen, sitzt er wahrscheinlich eine Ewigkeit da oben fest. ‹Ein Schreck, sitzt er erst richtig fest, sich nur sehr schwer beheben läßt.› Vorsichtig, bitte. So ist's richtig.»

«Ach, ich danke Ihnen so sehr! Und bitte, gehen Sie sanft mit ihm um. Er kann es gar nicht leiden, angefaßt zu werden.»

«Schon gut, Miss; machen Sie sich keine Sorgen, Monty Egg ist immer ein Gentleman, freundlich zu allen Hausbewohnern und bewandert im Umgang mit Kindern. Auf geht's!»

Egg stülpte seinen eleganten Filzhut auf den Kopf und stieg in die belaubte Baumkrone. Lautes Fauchen brach oben los, ein Regen von abgebrochenen Zweigen prasselte auf die Zuschauer nieder. Gleich darauf kam Egg zum Vorschein; er hielt – ziemlich ungeschickt – ein widerstrebendes braungelbes Fellbündel gepackt. Das Mädchen streckte seinen Korb hin, die vier zornig strampelnden Beine wurden irgendwie darin verstaut, ein junger Handwerker zog ein Stück Schnur hervor, der Korbdeckel wurde gesichert, der Fensterputzer bekam sein Dankeschön und nahm die Leiter wieder weg, und die Menge zerstreute sich. Egg wickelte sich ein Taschentuch um das zerkratzte Handgelenk, klaubte das Laub aus seinem Kragen und rückte seine Krawatte zurecht.

«Oh, er hat Sie ganz furchtbar gekratzt», klagte das Mädchen mit weit offenen, entsetzten Blauaugen.

«Keineswegs», antwortete Egg. «Ich bin sehr froh, daß ich Ihnen behilflich sein konnte. Darf ich mir das Vergnügen machen, Sie irgendwohin zu fahren? Das ist für ihn angenehmer als im Bus, und wenn wir die Fenster hochkurbeln, kann er nicht hinausspringen, auch wenn er den Korb wieder aufbringen sollte.»

Das Mädchen protestierte, doch Egg beförderte sie entschlossen in seine kleine Limousine und fragte sie, wohin sie wolle.

«Das ist die Adresse», sagte das Mädchen, indem es einen Zeitungsausschnitt aus seiner abgeschabten Handtasche zog.

«Irgendwo in Soho, nicht wahr?»

Egg las etwas erstaunt die folgende Anzeige:

«Gesucht: fleißige, tüchtige Katze (Geschlecht gleichgültig) zur Mäusevertilgung in hübschem Villenhaus und als Gesellschaft für Ehepaar in mittleren Jahren. Passendem Bewerber werden zehn Shilling und ein gutes Zuhause geboten. Persönliche Vorsprache bei Mr. John Doe, La Cigale Bienheureuse, Frith St. , W., Dienstag zwischen elf und ein Uhr.»

«Eine komische Anzeige», sagte Egg stirnrunzelnd.

«Ach, meinen Sie, es stimmt etwas nicht damit? Sie ist nur ein Spaß?»

«Nun», entgegnete Egg, «ich sehe nicht ganz ein, warum jemand zehn Shilling für eine gewöhnliche Katze bezahlen will; Sie etwa? Ich meine, normalerweise kommen Katzen gratis und franko ins Haus, von Leuten, die junge Katzen nicht gern ertränken. Ich glaube nicht ganz an diesen Mister John Doe; es klingt so nach Pseudonym.«

«Ach Gott», rief das Mädchen mit Tränen in den blauen Augen, «und ich habe so gehofft, es würde alles klappen. Sehen Sie, wir sind ganz schrecklich knapp dran, Vater ist arbeitslos, und Maggie – das ist meine Stiefmutter – sagt, sie will Maher-shalal-hashbaz nicht länger behalten, weil er die Tischbeine zerkratzt und soviel Nahrung braucht wie Christian – hol ihn der Kuckuck! Das ist aber gar nicht wahr – bloß etwas Milch und ein bißchen Abfallfleisch, und er ist ein wunderbarer Mäusefänger. Nur gibt es nicht viel Mäuse, wo wir wohnen – und da dachte ich, wenn ich ihm ein gutes Zuhause finden könnte – und zehn Shilling bekomme zu den neuen Stiefeln für Papa, er braucht sie so dringend …»

«Nun, nun, immer Kopf hoch!» sagte Egg. «Vielleicht sind diese Leute bereit, für einen ausgewachsenen, nachweislich tüchtigen Mäusefänger soviel zu zahlen. Oder – ich will Ihnen etwas sagen – es kann auch so eine Kinosache sein. Auf jeden Fall werden wir hingehen und uns die Geschichte ansehen; ich meine nur, es wäre besser, wenn Sie mich mitkommen und mit Mr. Doe verhandeln ließen. Sie können mir ruhig vertrauen», setzte er hastig hinzu. «Hier ist meine Karte, Montague Egg, Reisevertreter von Plummet & Rose, Wein und Spirituosen, Piccadilly. Mit Kunden verhandeln ist seit langem meine Sache. ‹Willst du den Abschluß nicht verpassen, so darfst du niemals lockerlassen› – das ist Montys Leibspruch.»

«Ich heiße Jean Maitland, und Papa ist auch Vertreter – zumindest war er es, bis er im letzten Winter Bronchitis bekam, und jetzt ist er nicht mehr kräftig genug zum Reisen.»

«So ein Pech!» sagte Monty mitfühlend, als er in die High Holborn Street einbog. Er fand das junge Ding – es mochte etwa sechzehn sein – sehr sympathisch und nahm sich fest vor, daß «da etwas getan werden müsse».

Es sah so aus, als ob auch andere Leute der Meinung gewesen wären, zehn Shilling seien ein guter Preis für eine Katze. Der Fußweg vor dem kleinen Restaurant in Soho war gedrängt voll von Katzenbesitzern; einige trugen Körbe, andere hielten ihre Tiere auf dem Arm. Das klagende Miauen erfüllte die Luft.

«Einige Konkurrenz», sagte Monty. «Jedenfalls aber scheint der Posten noch nicht besetzt. Bleiben Sie dicht hinter mir, und dann werden wir unser Glück versuchen.»

Sie warteten einige Zeit. Anscheinend wurden die Bewerber durch eine Hintertür hinausgelassen, denn obwohl viele in das Haus gingen, kam keiner zurück. Schließlich ergatterten sie einen Platz in der Schlange, die sich durch ein schmutziges Treppenhaus hinaufbewegte, und nach einer weiteren Ewigkeit befanden sie sich vor einer dunklen, abweisenden Tür. Nach kurzer Zeit wurde sie von einem dicken Mann mit verkniffenem Gesicht und scharfen kleinen Augen geöffnet, der munter sagte:

«Der nächste, bitte!» Sie traten ein.

«Mr. John Doe?» fragte Monty.

«Ja. Sie haben Ihre Katze mitgebracht? Ach so, die Katze der jungen Dame. Setzen Sie sich, bitte, Name und Anschrift, Miss?» Das Mädchen gab eine Adresse südlich der Themse an, und der Mann notierte sie «für den Fall» – so erklärte er –, «daß der gewählte Kandidat sich als untauglich erweisen sollte und ich Ihnen wieder schreiben möchte. Nun wollen wir uns einmal die Katze ansehen.»

Der Korb wurde geöffnet, und ein braungelber Kopf tauchte grollend auf.

«O ja. Schönes Exemplar. Komm, Mieze-Mieze. Scheint nicht sehr freundlich zu sein.»

«Er ist verschreckt von der Fahrt, aber wenn er Sie einmal kennt, ist er sehr lieb. Und ein großartiger Mäusefänger. Und sehr sauber.»

«Das ist wichtig. Er muß sauber sein. Und er muß sich sein Brot verdienen, wissen Sie.»

«Oh, das wird er tun. Er kann Ratten und alles mögliche fangen. Wir nennen ihn Maher-shalal-hashbaz, weil er ‹sich eilend über die Beute hermacht›. Aber er hört auch auf Mash, nicht wahr, Liebling?»

«Ich verstehe. Nun, er scheint mir in guter Verfassung zu sein. Keine Flöhe? Keine Krankheiten? Meine Frau ist sehr eigen.»

«Aber nein! Er ist kerngesund. Und Flöhe – ich bitte Sie!»

«Sollte keine Beleidigung sein, aber ich muß es genau nehmen, wenn wir ihn wirklich zu unserem Hausgenossen machen. Seine Farbe gefällt mir allerdings nicht so gut. Zehn Shilling ist ein hoher Preis für so ein gelbbraunes Tier. Ich weiß nicht, ob ...»

«Sachte, sachte», sagte Monty. «In Ihrer Anzeige stand nichts über die Farbe. Diese Dame hat einen weiten Weg gemacht, um Ihnen die Katze zu bringen, und Sie können nicht erwarten, daß sie weniger akzeptiert, als was ihr geboten wurde. Im übrigen werden Sie keine bessere Katze bekommen; jedermann weiß, daß die Gelbbraunen die besten Mäusefänger sind – sie haben mehr Schneid als die andern. Und sehen Sie sich die hübsche weiße Hemdbrust an. Die zeigt Ihnen, wie sauber der Kater ist. Und denken Sie an einen weiteren Vorteil: Sie können ihn *sehen* – Sie und Ihre Gattin werden in einem dunklen Winkel nicht über ihn stolpern, was einem bei den schwarzen und grauen Katzen leicht passieren kann. Eigentlich müßten wir für eine so hübsche Farbe noch extra etwas in Rechnung stellen. Die Gelbbraunen sind viel seltener und vornehmer als die gewöhnlichen Katzen.»

«Daran ist etwas Wahres», gab Mr. Doe zu. «Nun, Miss Maitland, hören Sie zu. Ich schlage vor, Sie bringen Maher – oder wie Sie sagen – heute abend zu uns ins Haus, und wenn er meiner Frau gefällt, behalten wir ihn. Hier ist unsere Adresse. Und Sie müssen bitte genau um sechs Uhr kommen, weil wir später ausgehen wollen.»

Monty sah auf die Adresse. Die Wohnung lag am nördlichen Ende der Edgware-Morden-Untergrundbahn.

«Das ist ein sehr weiter Weg, wenn man ihn so auf gut Glück machen soll», sagte er fest. «Sie werden Miss Maitland ihre Ausgaben vergüten müssen.»

«Gewiß», sagte Mr. Doe. «Das ist nicht mehr als billig. Hier haben Sie eine halbe Krone. Das nicht verbrauchte Geld können Sie mir heute abend zurückgeben Vielen Dank vorläufig. Ihre Katze wird wirklich ein schönes Zuhause haben, wenn sie zu uns kommt. Setzen Sie sie jetzt wieder in ihren Korb. Hier heraus, bitte. Vorsicht bei der Stufe. Guten Morgen.»

Als Egg und seine neue Bekannte über eine äußerst enge, dumpfe Hintertreppe nach unten gestolpert und in einer übelriechenden Nebengasse gelandet waren, sahen sie einander an.

«Er wirkt ziemlich kurz angebunden», sagte Miss Maitland. «Ich hoffte sehr, daß er nett sein wird zu Maher-shalal-hashbaz. Sie waren wunderbar, als es um die Farbe ging – ich dachte schon, er stößt sich daran. Mein süßer Mash! Wie könnte jemand etwas gegen sein schönes Gelbbraun haben!»

«Hm!» sagte Egg. «Der Mr. Doe mag stimmen, aber an seine zehn Shilling glaube ich erst, wenn ich sie sehe. Und auf jeden Fall gehen Sie nicht allein in dieses Haus. Ich werde Sie um fünf Uhr mit dem Wagen abholen.»

«Aber, Mr. Egg – das kann ich nicht annehmen! Außerdem haben Sie ihm eine halbe Krone für meine Fahrtkosten abgeknöpft.»

«Das ist nur geschäftsüblich», sagte Egg. «Um fünf Uhr pünktlich bin ich da.»

«Gut, kommen Sie aber um vier und trinken Sie eine Tasse Tee bei uns. Das ist das mindeste, was wir tun können.»

«Sehr gern», sagte Egg.

Das Haus, das John Doe bewohnte, war eine neue Villa, die einsam am äußersten Ende einer neuen, noch nicht fertiggestellten Vorstadtstraße stand. Auf das Klingeln hin erschien Mrs. Doe – eine kleine, ängstlich blickende Frau mit wäßrigen Augen und der nervösen Angewohnheit, sich an den blassen Lippen zu zupfen. Maher-shalal-hashbaz wurde im Wohnzimmer, wo Mr. Doe, in einen Sessel zurückgelehnt, die Abendzeitung las, aus seinem Korb befreit. Der Kater beschnupperte den Mann argwöhnisch, aber unter Mrs. Does schüchternen Annäherungsversuchen besänftigte er sich und ließ sich kraulen.

«Nun, meine Liebe», sagte Doe, «paßt er dir? Du hast keine Einwände gegen die Farbe, wie?»

«Nein, nein. Er ist wirklich schön. Ich mag ihn sehr gern.»

«Gut. Dann nehmen wir ihn. Hier, Miss Maitland. Zehn Shilling. Bitte unterschreiben Sie diese Quittung. Danke. Und lassen Sie's gut sein mit dem Rest von der halben Krone. Siehst du, meine Liebe, du hast deine Katze bekommen, und ich hoffe, wir werden nun keine Mäuse mehr hier sehen. Aber jetzt» – er blickte auf die Uhr – «müssen Sie leider Ihrem Kater rasch Lebewohl sagen, Miss Maitland; wir werden erwartet. Er ist bei uns gut aufgehoben.»

Während der letzten Worte zog sich Monty taktvoll in die Halle zurück. Und zweifellos veranlaßte ihn dasselbe Zartgefühl, von der Wohnzimmertür zum hinteren Teil des Hauses zu gehen; aber er hatte nur kurze Zeit gewartet, als Jean Maitland, gefolgt von Mrs. Doe, erschien und sich tapfer die Nase putzte.

«Sie lieben Ihren Kater sehr, nicht wahr, mein Kind? Ich hoffe, Sie sind nicht zu...»

«Nun laß schon, Flossie», sagte ihr Mann, der plötzlich hinter ihr auftauchte, «Miss Maitland weiß, daß für ihn gesorgt wird.»

Er geleitete sie hinaus und schloß eilig die Tür hinter ihnen.

«Wenn es Ihnen schwerfällt», sagte Egg unsicher, «können wir ihn gleich wieder zurückholen.»

«Nein, es ist gut so», antwortete Jean. «Wenn es Ihnen nichts ausmacht, wollen wir rasch einsteigen und wegfahren – möglichst schnell.»

Als sie über die holprige Straße davonschaukelten, bemerkte Egg einen Burschen, der ihnen entgegenkam. In der einen Hand trug er einen Korb. Er pfiff laut.

«Sehen Sie», sagte Monty. «Einer unserer Rivalen. Wir sind ihm zuvorgekommen. ‹Mein Freund, bist du als erster hier, gehört der Auftrag sicher dir.› Verdammt», setzte er leise hinzu und trat auf den Gashebel. «Ich hoffe doch sehr, daß die Geschichte in Ordnung ist. Wenn ich's nur wüßte!»

Obwohl Egg sich tatkräftig eingesetzt hatte, um Maher-shalal-hashbaz einen guten Platz im Leben zu sichern, fühlte er sich nicht unbeschwert. Die Sache nagte so sehr an ihm, daß er am Samstag der folgenden Woche, nachdem er wieder daheim in London war, eine Expedition in die Gegend südlich der Themse unternahm, um Erkundigungen einzuziehen. Und als die Tür der Maitlands von Jean geöffnet wurde, erblickte er neben ihr, mit rundem Buckel und hocherhobenem Schwanz, Maher-shalal-hashbaz.

«Ja», sagte das Mädchen, «er hat den Rückweg gefunden, der kluge Schatz! Genau heute vor einer Woche – und er war schrecklich dünn und schmutzig –, wie er es geschafft hat, weiß ich nicht. Aber wir konnten ihn einfach nicht wieder fortschicken, nicht wahr, Maggie?»

«Nein», sagte Mrs. Maitland. «Ich mag die Katze nicht, und ich habe sie nie gemocht, aber in diesem Fall! Ich glaube, sogar Katzen haben ihre Gefühle. Nur das mit dem Geld ist mir peinlich.»

«Ja», sagte Jean. «Wissen Sie, als er zurückkam und wir uns entschlossen, ihn zu behalten, schrieb ich an Mr. Doe und erklärte die Geschichte und schickte ihm eine Postanweisung über zehn Shilling. Heute morgen kam der Brief zurück mit dem Vermerk ‹Unbekannt›. Nun wissen wir nicht, was zu tun ist.»

«Ich habe nie an diesen Mr. John Doe geglaubt», sagte Monty. «Wenn Sie mich fragen, Miss Maitland, war er keiner von der guten Sorte, und ich würde mir nicht weiter den Kopf über ihn zerbrechen.»

Doch damit war das Mädchen nicht zufrieden, und kurz darauf fuhr der gefällige Egg nach Norden, um den mysteriösen John Doe zu suchen; die Postanweisung hatte er bei sich.

Die Tür der Villa wurde von einer sauber gekleideten älteren Frau geöffnet, die Egg noch nie gesehen hatte. Er fragte nach Mr. John Doe.

«Er wohnt nicht hier. Ich habe nie von ihm gehört.»

Monty erklärte, er wünsche den Herrn zu sprechen, der die Katze gekauft habe.

«Katze?» fragte die Frau. Ihr Gesichtsausdruck veränderte sich. «Treten Sie bitte ein.» Dann rief sie ins Haus hinein: «George! Hier ist ein Herr, der nach einer Katze fragt. Vielleicht möchtest du...» Das Ende des Satzes wurde einem Mann ins Ohr geflüstert, der aus dem Wohnzimmer auftauchte und der, wie sich herausstellte, ihr Ehemann war.

George betrachtete Egg sorgfältig von oben bis unten. «Ich kenne hier niemand mit Namen Doe», sagte er, «aber wenn Sie den früheren Mieter suchen, der ist ausgezogen. Packte zusammen und verschwand in aller Eile am Tag nach der Beerdigung des alten Mannes. Ich versorge das Haus für den Besitzer. Und wenn Sie eine Katze vermissen, kommen Sie vielleicht am besten mit mir und werfen einen Blick nach draußen.»

Er führte Monty durch das Haus zur Hintertür und in den Garten hinaus. In der Mitte eines der Blumenbeete war ein großes Loch, wie ein unregelmäßig geformtes flaches Grab. Ein Spaten steckte aufrecht in der lockeren Erde. Und daneben auf dem Rasen lagen in zwei traurigen Reihen die Kadaver vieler Katzen. Egg kam zu dem Schluß, es müßten nahezu fünfzig sein.

«Wenn eine davon Ihnen gehört», sagte George, «steht sie Ihnen zur Verfügung. Aber sie sind in einem nicht gerade guten Zustand.»

«Lieber Gott!» rief Egg entsetzt, und dachte mit Freude daran, wie ihn Maher-shalal-hashbaz mit erhobenem Schwanz auf der Schwelle der Maitlands begrüßt hatte. «Kommen Sie hier weg und erzählen Sie mir, was das bedeuten soll. Es ist – es ist unglaublich!»

Es stellte sich heraus, daß die früheren Mieter Proctor hießen.

Die Familie bestand aus dem alten, gebrechlichen Mr. Proctor, seinem Neffen und dessen Frau.

«Sie hatten keine Bedienerin, die im Haus schlief. Die alte Mrs. Crabbe machte ihnen die Arbeit, sie kam jeden Tag her; und sie erzählte mir immer, der alte Herr könne keine Katzen ertragen. Sie machten ihn richtig krank. Ich habe solche Leute schon früher kennengelernt. Und man mußte natürlich vorsichtig sein, weil er doch so anfällig war und sein Herz so schwach, daß er jede Minute umfallen konnte. Wir dachten, als ich die ganzen begrabenen Katzen fand, wahrscheinlich hat der junge Proctor sie umgebracht, damit der alte Herr sie nicht sehen und keinen Schock bekommen sollte. Seltsam ist dabei bloß, daß es so aussieht, als ob die Katzen ungefähr gleichzeitig umgebracht worden wären, und noch gar nicht so lang.»

Egg dachte an die Anzeige, an den falschen Namen und daran, daß die Leute, die ein Tier verkaufen wollten, zu einer anderen Tür hinauskomplimentiert wurden, so daß keiner von ihnen sagen konnte, wieviel Katzen erworben und bezahlt worden waren. Und daran, wie man ihnen genau eingeschärft hatte, die Katze Punkt sechs Uhr zu bringen, und an den pfeifenden Burschen, der mit seinem Korb etwa eine Viertelstunde nach ihnen auf dem Schauplatz erschienen war. Schließlich fiel ihm noch etwas ein – ein undeutliches Miauen, das an sein Ohr gedrungen war, als er in der Halle stand, während Jean sich von Maher-shalal-hashbaz verabschiedete, und der unruhige Ausdruck in Mrs. Proctors Gesicht, als sie fragte, ob Jean ihren Kater sehr liebe. Es sah so aus, als ob Mr. Proctor junior die Katzen zu einem recht finsteren Zweck gesammelt hätte. Aus jedem Stadtteil Londons gesammelt. Aus Stadtteilen, die möglichst weit entfernt waren – oder warum sonst legte er solchen Wert darauf, Namen und Adresse zu notieren?

«Woran starb denn der alte Herr?» fragte er.

«Ach», antwortete Mrs. George, «es war ein Herzschlag, wie der Doktor sagte. Am letzten Dienstag vor einer Woche in der Nacht starb er, der Arme. Und Mistress Crabbe, die ihn ankleidete und aufbahrte, sagt, er hat furchtbar entsetzt ausgesehen. Doch der Doktor meinte, das sei nichts Ungewöhnliches, nicht bei seiner Krankheit. Was der Doktor aber nicht sah, weil er zu viel zu tun hatte, um herzukommen, waren die schrecklichen Kratzwunden auf seinem Gesicht und an den Armen. Er muß sich im Todeskampf regelrecht mit den Nägeln eingekrallt haben – ach Gott, ach Gott! Aber natürlich – wir wußten, daß er jeden Augenblick auslöschen konnte wie eine Kerze.»

«Das weiß ich schon, Sally», sagte ihr Mann, «aber wie steht es mit den Kratzern an der Schlafzimmertür? Erzähl mir nicht, daß die auch von ihm stammen. Und wenn – warum hörte ihn dann niemand und kam ihm zu Hilfe? Da kann Mr. Timbs – das ist der Hausbesitzer – lange sagen, es müßten nach dem Auszug der Proctors Landstreicher ins Haus gekommen sein, und uns hier hereinsetzen, damit wir nach dem Rechten sehen – aber warum sollten Landstreicher so einen sinnlosen Schaden anrichten?»

«Eine herzlose Sippschaft, diese Proctors, das sage ich», fuhr Mrs. George fort. «Schnarchen höchstwahrscheinlich fest und lassen ihren Onkel mutterseelenallein sterben. Und der Anwalt hat sich auch darüber aufgeregt! Kam am Morgen vorbei, um das Testament des alten Herrn zu machen, und dann starb er so plötzlich. Und wenn man bedenkt, daß sie schließlich sein ganzes Geld bekommen haben, sollte man meinen, sie hätten ihm ein besseres Begräbnis geben können. Filzig nenne ich so was – kaum eine Blume – nur einen Kranz für eine halbe Guinee – und nicht einmal einen Eichensarg, bloß Ulme, und ganz schäbige Beschläge. So ein Schund! Sie sollten sich schämen.»

Egg schwieg. Er war kein Mensch mit starker Vorstellungskraft, aber er sah ein grausiges Bild vor sich. Einen alten, kranken Mann, der schlief, Hände, die leise die Zimmertür öffneten und nacheinander Säcke hereinschleiften, Säcke, die sich bewegten und krümmten und miauten. Er sah die Säcke offen auf dem Boden, und er sah, wie die Tür sacht von außen geschlossen und versperrt wurde. Und dann im trüben Schein des Nachtlichts schattenhafte Gestalten, die mit langen Sätzen im Zimmer umherhuschten – schwarze und graue und gelbbraune –, auf lautlosen Sohlen umherschlichen, auf Samtpfoten von Tischen und Stühlen sprangen. Und dann ein Plumps auf das Bett – ein großer gelbbrauner Kater mit Bernsteinaugen – der Schläfer erwacht mit einem Schrei – und danach ein Alptraum aus Todesangst und Ekel hinter der versperrten Tür. Ein alter, kranker Mann, der stammelt und nach Atem ringt und mit Armen und Beinen nach den entsetzlichen Schatten schlägt, die ihn verfolgen und fliehen – und dann der letzte reißende Schmerz am Herzen, als ihn der Tod erlöst. Dann nichts als das Miauen der Katzen und ihr Kratzen an der Tür, und draußen der Lauscher, der gebückt das Ohr ans Schlüsselloch hält.

Egg wischte sich mit dem Taschentuch die Stirn; seine Vorstellungen gefielen ihm gar nicht. Aber er mußte sie weiter verfolgen: Er sah den Mörder morgens durch die Tür schlüpfen und eilends seine unschuldigen Komplicen einsammeln, bevor Mrs. Crabbe kam; er wußte sehr wohl, daß der Leichnam rasch in Ordnung gebracht werden mußte und daß kein böses Miauen Leute, die zufällig in der Nähe waren, befremden durfte. Die Katzen einfach frei laufen zu lassen, würde nicht genügen – möglicherweise lungerten sie um das Haus herum. Nein; die Wassertonne und dann die Grube im Garten.

Aber Maher-shalal-hashbaz – der tapfere Maher-shalal-hashbaz kämpfte um sein Leben. Er wollte sich nicht in irgendeiner Wassertonne ertränken lassen. Er strampelte sich frei (und ich hoffe, dachte Egg, er hat ihn zerkratzt wie der Teufel) und suchte sich mühsam den Heimweg durch London. Wenn nur Maher-shalal-hashbaz erzählen könnte, was er wußte! Aber auch Monty Egg wußte etwas, und er konnte reden.

«Und ich werde reden», sagte Monty zu sich, als er Namen und Adresse von Mr. Proctors Anwalt aufschrieb. Er hielt es für Mord, einen alten Mann zu Tode zu erschrecken; er war sich dessen nicht ganz sicher, aber er wollte es herausfinden. Er durchforschte sein Gedächtnis nach einem tröstlichen Spruch aus dem «Handbuch für Handlungsreisende», doch zum erstenmal in seinem Leben konnte er nichts finden, was zu diesem Fall wirklich paßte.

Ich scheine regelrecht von meiner Branche abgeirrt zu sein, dachte er bedrückt; und doch, als Staatsbürger...

Und dann lächelte er, eingedenk des ersten und letzten Spruchs in seinem Lieblingsbuch:

«Und kostet's dich auch Überstunden, die erste Pflicht ist Dienst am Kunden.»

Felix Salten

Mieze aus dem See

Als er aus dem runden Loch der Badehütte hinaus in den See stieß, sah er einen kleinen weißen Wollknäuel langsam auf der Wasserfläche treiben. Erst beachtete er das weiße Ding gar nicht, sondern nahm mit ruhigem Tempo die gewohnte Richtung. Er war allein, denn um diese Mittagsstunde badete sonst niemand vom Hause. Der See blitzte und funkelte nur so, wie ein Spiegel, den man in die volle Sonne hält. Es roch nach Fischen, nach feuchtem Holz, nach Laub und Harz vom Wald, der bergab bis ans Ufer trat. Die Luft war voll Hitze, voll Kraft und wunderbar frisch. Er hatte, wie immer in solcher Stunde, ein heißes Gefühl von Glück, Reichtum und frischer Kraft. Einmal noch blinzelte er zu dem weißen Paketchen hinüber, ohne zu wissen, warum. Dann noch einmal. Und da kam ihm die Neugierde, die Hilfsbereitschaft, kamen rasch durcheinander allerlei Vermutungen. Er machte kehrt und schwamm rasch auf das weiße Rätsel zu. Ein Lappen, kaum größer als eine Faust, ein Stückchen Frottierhandtuch? Doch wie er in die Nähe gelangte, merkte er: es war ein Tierfell, ein schneeweißes. Unter den Haaren, die klatschnaß an einem zarten Leib klebten, sah er die Haut blaßrosa erschimmern. Er griff danach: ein Kätzchen. Kaum drei oder vier Wochen alt. Und elend ertrunken! Die eine Hand erhoben, trägt er die kleine Erbärmlichkeit zurück in die Badehütte. Tot... oder noch zu retten, dachte er, na, das wird sich zeigen.

Drinnen legt er den feinen, winzigen Körper, der ganz schlapp und leblos ist, behutsam auf das blanke Brett, darauf er sich selber nach dem Schwimmen eine Weile zu räkeln pflegt. Zuvor hält er das Kätzchen an den Hinterbeinen hoch, Kopf nach unten, streicht ein bißchen über Bauch und Brust. Dem hilflosen, rosaroten Mund entquillt einiges Wasser. Wenn's nicht hilft, schadet's auch nicht. Damit läßt er die Unglückliche liegen. Das Brett glüht beinahe, weil die Sonne, die jetzt ganz hoch steht, es schon seit Stunden überflammt.

Jetzt schwimmt er wieder hinaus, langsam, genießerisch, taucht, dreht sich auf den Rücken, paddelt, übt das angenehme Wassertreten. Es dauert lange. Manchmal vergißt er, was in der Badehütte, auf dem Sonnenbrett sich befindet. Manchmal erinnert er sich daran und empfindet vages Mitleid. Er will nicht wissen, wie das junge Kätzchen sein Leben verlor... oder... in Lebensgefahr geriet. Das Dorf ist weit weg von seinem Haus, dort oben, mitten im Wald. Vielleicht hat irgendein harter Kerl das arme, kleine Ding ersäuft. Einfach gepackt und ins Wasser geschleudert. Vielleicht haben Kinder spielend zum Vergnügen die Untat verübt. Kinder sind gelegentlich noch härter, noch böse als Erwachsene. Er wird nicht nachforschen, will lieber nichts wissen. Viel zuviel hat er schon von den Dorfbewohnern erfahren und mag sich nicht noch mehr verbittern. Verbitterung ist überhaupt nicht seine Sache. Er hält wenig davon, glaubt, man könne in diesem Zustand nichts Ordentliches ausrichten.

Er kehrt endlich zurück, schlüpft durch das runde Loch in die Badehütte, richtet sich im Wasser auf, das grün und ruhig darinnen spiegelt, und da – ein ganz leiser, ganz dünner Ton, fast unhörbar, dennoch dringt er einem tief ins Gemüt.

Das Kätzchen liegt ohne Regung, mit geschlossenen Augen. Sein Fell ist noch ein wenig feucht, aber schneeweiß und warm. Vollständig erschöpft ist das Kätzchen, aber lebendig. Und wie im Schlaftraum klagt es leise vor sich hin, leise in sich hinein. Er steht bis zur Hüfte noch im Wasser und schaut erfreut, schaut voll Mitleid auf das kleine Tier. Was für eine Distanz, fällt ihm ein, denn er hat die Gewohnheit, daß er sich selbst immer in Beziehung zu jeder Kreatur bringt, was für eine Distanz zwischen mir und diesem kleinen Geschöpf. Ich, gesund, stark, von Lebensfreude erfüllt – mein Gott –, und dieses schwache, bewußtlose Ding, aus dem Dasein gestoßen, ohne Schuld und ohne zu ahnen, warum; dem Tod entronnen, ohne zu ahnen, wieso.

Leise und melodisch klingt das beharrliche Jammern des Kätzchens. Lust und Rührung empfindet er, während er dasteht und lauscht. Es gleicht dem stillen Klagen kleiner Kinder, dem Piepsen junger Vögel im Nest. Er schaut das Kätzchen an, das sich immer noch nicht rührt. Ein Kindergesicht. Schön, anmutig und von jenem Zauber, den erster Lebensanfang, den Unwissenheit und hilflose Unschuld über das Antlitz winziger Babys breitet. Er entdeckt, welch eine nahe, welch eine erschütternde Verwandtschaft alle lebende Kreatur während ihrer frühen Kindheit einigt.

«Babie...», sagt er, als er dann bereit ist, nach Hause zu gehen. «Babie», hebt das Kätzchen auf und nimmt es mit.

Daheim legt er es in der Veranda auf ein kretonbezogenes Kissen. «Strandgut», erklärt er den Seinigen. Man ruft Treff herbei, den schönen, noblen Pointer. Babie liegt auf dem Kissen, hat die Augen immer noch geschlossen und miaut, schon etwas lauter, dafür um so kläglicher; doch bei alledem melodisch. Verwundert steht Treff davor. Seine langen Ohren baumeln großartig nieder, wie er den Kopf schief hin und her dreht und mit schwer gerunzelter Stirne auf das winzige, miauende Wunder herunterschaut. Er wedelt langsam, blickt dann fragend zu seinem Herrn auf: «Was soll's damit?» Der Herr klopft ihm gegen den glatten, festen Rücken und antwortet: «Wir müssen aufpassen, daß Babie nichts Schlimmes passiert.»

Der Hund wedelt ein wenig rascher. Er ist einverstanden.

Das kleine Mädchen fragt: «Schlimmes ist dem Babie schon genug passiert...» Und man merkt, das Mädchen hat alle Mühe, nicht in Weinen auszubrechen. Denn Babie flötete seinen Jammer beständig vor sich hin.

«Er ist ganz allein...», sagt das Mädchen.

Der ältere Bruder, auch noch ein Knirps, betrachtet Babie mit sachlicher Teilnahme. «Es träumt», meint er. «Es träumt jetzt, wie es hat sterben müssen, und darüber weint es.»

Der Hund blickt jedem, er redet, voll ins Gesicht, schaut dann wieder zu Babie nieder und wedelt. Er stimmt allem, was gesagt wird, unbedingt zu.

Dann faßte er einen selbständigen Entschluß und begann das Kätzchen mit seiner warmen Zunge zu waschen. Eifrig und methodisch. Eine dringende Notwendigkeit schien freilich kaum vorhanden, weil ja die jammernde Kleine Wasser genug bekommen hatte. Aber Treffs warme, wischende Zunge war doch besser als das kühle Seewasser, war zärtlich und heilsam.

Babie öffnete die Augen und hob den Kopf. Vielleicht war ein dumpfes Erinnern an mütterliche Liebkosung durch den ohnmächtigen kleinen Körper geglitten; jedenfalls, das Kätzchen schickte sich an zu erwachen. Es war noch unfähig, den Kopf aufrecht zu halten. Der schwankte benommen hin und her. Die Augen konnten noch nichts wirklich sehen und blickten, wie verschlafen, stier vor sich hin. Aber in den taumelnden Bewegungen dieses Gesichts, im verschleierten Blick dieser Augen war ein reizender Ausdruck von Kindheit und Frühmorgen-Stimmung.

Plötzlich schnappt Treff zu, hebt den Kopf, und nun hängt Babie in seinem Maul wie das Lamm des Goldenen-Vlies-Ordens.

Die Kinder schreien, die Mutter, das Fräulein. Alle zugleich. Ein kurzer Schrei des Schreckens.

Treff jedoch macht erstaunte Augen und wedelt.

Der Vater meint: «Habt keine Angst. Treff weiß offenbar, was er will.» Und beschwichtigend fügt er rasch hinzu, weil die Kinder zu schluchzen beginnen: «Ich laß doch Babie kein Leid geschehen. Dazu hab ich sie doch nicht aus dem Wasser gezogen!»

Die Kinder lächeln, obgleich sie noch kein rechtes Vertrauen zu Treff fassen können.

Unterdessen ist Treff, der beständig wedelt, mit seiner Beute aus der Veranda gelaufen, über den weißen Kiesplatz, auf dem die erste Nachmittagssonne brütet, rennt nun ein paar Schritte im heißen, duftenden Gras und bettet dort das Kätzchen. Dann legt er sich dicht daneben nieder. Der Mund steht ihm weit offen, die Zunge lappt ihm heraus. Es scheint, als ob Treff stumm, aber herzlich lache.

«Nein, Kinder!» ruft der Vater lustig. «Kinder, der Treff ist gescheiter als wir alle. Da, in der Veranda haben wir ja Schatten bekommen, nicht wahr? Kühlen Schatten. Babie aber braucht jetzt Sonne, vor allem gute, warme Sonne. Und da hat der brave Kerl…»

Die Kinder sind einen Augenblick baff. Dann rufen sie: «Treff! Treff!» Und wollen nun auch hinüberlaufen ins Gras, wo das winzige weiße Fleckchen still zwischen grünbüschelnden Halmen sichtbar ist.

«Bleibt», bittet der Vater, «laßt die beiden allein. Das ist am besten.»

Später, während die Familie beim Mittagsmahl sitzt, lockt Vater Treff heran, um ihm wie täglich das Futter zu reichen.

Aber Treff kommt nicht. Und er muß doch Hunger verspüren.

«Na, Treff, was ist denn mit dir?» fragt der Vater zur Wiese hinüber.

Dort hebt Treff das Haupt mit lauschenden Ohren und gerunzelter Stirne. Die Bewegung bei ihm zeigt, wie er heftig wedelnd das Gras peitscht.

«Soll ich dir dein Essen hinbringen?» fragt der Vater.

Der Hund rührt sich nicht vom Fleck, wedelt nur noch stärker, worauf der Vater den Futternapf nimmt und ihn zum Hund hinüberträgt.

Babie liegt zur Seite ausgestreckt, den kleinen Körper gedehnt. Sie miaut nicht mehr. Sie schläft einen tiefen Schlaf, den ihr die heiße Sonne ins Blut schickt.

Gierig fällt der Hund über sein Futter her. Doch er steht nicht einmal auf, will Babie nicht verlassen.

Als der Vater an den Tisch zurückkehrt, berichtet er: «Der Treff nimmt seine Aufgabe sehr ernst. Es ist alles in Ordnung.»

Dann verstreicht der Nachmittag. Die Kinder sind in den Bergwald gegangen, von Mutter und Fräulein begleitet. Der Vater hat gelesen und war im Dorf auf dem Postamt.

Beim ersten Niedersinken der Dämmerung ist alles wieder vor dem Hause versammelt.

Da sehen sie, daß der kleine weiße Fleck im Gras sich regt. Alle treten an den Wiesenrand. Babie torkelt auf wackeligen Beinen umher. Nun miaut sie wieder, laut und verlangend. Sie wackelt und fällt, kugelt und tappt. Unmutig ist jede ihrer Bewegungen, Anmut der Unbeholfenheit. Aber kläglich, wie sie miaut. Treff ist beunruhigt.

«Hunger!» begreift die Mutter. Holt aus der Küche ein Schälchen Milch. Und alle schauen erheitert zu, wie Babie zögernd zu trinken anfängt. Mit rosigem Näschen schnuppernd, mit feiner, rosiger Zunge schöpfend, vorsichtig, nobel, appetitlich.

Die Nacht schläft sie bei Treff auf seiner Matratze. Dicht an seine warme Flanke geschmiegt.

Den andern Morgen ist sie so frisch, als sei sie nicht schon beinahe ertrunken gewesen. Die Kinder haben ihr einen kleinen Ball aus Zwirn gegeben, den sie an einem Faden halten und tanzen lassen. Babie tanzt mit dem Ball. Sie hat den Blick ihrer Augen – sprühend, lauernd, jagdeifrig und spielfreudig – nur auf den Ball gerichtet. Sie schlägt nach ihm mit den Pfoten. In ihrem Tanz, in ihren Sprüngen, in ihrem Pfotenschlagen ist eine wilde und zugleich kindliche Grazie.

Der Hund bewacht sie aufmerksam und neugierig.

Manchmal spielt er mit ihr und ist dabei sehr behutsam, während Babie weder Rücksicht noch Scheu kennt. Sie steht etwa einmal auf den Hinterbeinen und ohrfeigt ihn nach Noten. Eine Weile hält er wie dumm geworden sein Gesicht hin. Dann zuckt er weg oder rollt Babie mit sachter, schonender Pfote auf den Rücken. Aber da stößt sie ihm ihre Hinterbeine mit gleichzeitigen, schnellen Rucken unters Kinn, bis er sie freigibt und jagende Springkreise um sie zieht.

Schließlich ruhen sie eng aneinandergeschmiegt.

Der Vater sieht ihnen zu und denkt von Babie: Dieses winzige, nette Geschöpf hat schon einen Tod erlitten und ist zu neuem, zu zweitem Leben erwacht.

Wenn ein Besucher jedoch über die unzertrennliche Freundschaft von Hund und Katze staunt, sagte Vater leichthin und sachlich bloß: «Ja, mein guter Treff ist Mutter geworden.»

Trude Egger

Katzenfüttern verboten

Als wir das Gepäck vor der Tür unserer Bungalowhälfte abstellten, erschien auf der anderen Seite der Hibiskushecke eine sympathische Frau in mittleren Jahren und stellte sich als unsere Feriennachbarin vor. Wir wechselten ein paar Worte über das Wetter und kamen dann auf das Quartier zu sprechen. «Es ist wirklich alles in bester Ordnung», sagte die Frau von nebenan. «Ruhig, sauber, nette Leute. Das einzig Dumme ist nur, daß man nachts die Fenster nicht aufmachen kann.»

«Sie meinen, es gibt hier Diebe?»

Sie lächelte. «Aber nein, wo denken Sie hin. Hier im Palmenhain wohnen nur solide deutsche Gäste, und wir haben auch einen Nachtwächter. Nein, nein, es ist wegen der Katzen.»

Tatsächlich fiel mir jetzt die Schmutzspur auf, die vom Rasen hinauf zum Schlafzimmerfenster führte.

«Sie springen durchs Fenster aufs Bett und stehlen wie die Raben. Eine Plage…»

Nun habe ich nichts gegen Katzen, sehr wohl aber etwas gegen solche, die ich nicht kenne und die mir in der Nacht auf den Bauch hüpfen.

Alex machte sich, gleich nachdem er in seine Urlaubsshorts geschlüpft war, an die Arbeit. Ich muß gestehen, ich war etwas skeptisch, aber das Ergebnis zerstreute meine Zweifel: Im Nu hatte er mit Schnur alle Fenster so festgemacht, daß zwar Luft hereinkommen konnte, nicht jedoch eine Katze. Und damit konnte unser Urlaub unbeschwert beginnen…

Daß streunende Katzen in diesem Land eine ziemliche Plage sein mußten, bewies die Tafel am Zaun unserer Feriensiedlung.

«Katzenfüttern ist in dieser Anlage verboten» hieß es da auf deutsch.

Ich nickte. «Sehr vernünftig. Man kennt das ja – da nehmen die Leute, meistens ältere Frauen, die ihren übertriebenen Pflegeinstinkt nicht mehr an den Kindern abreagieren können, Essensreste mit, sie räumen sogar fremde Tische ab. Und dann liegen die Reste der Reste und das schmutzige Papier in der Gegend herum und ziehen die Ratten an. Und die armen Katzen vermehren sich noch schneller und müssen dann vergiftet werden oder landen als Hasenbraten in der –»

'Mein Gott, bist du fies», sagte Alex. «Du weißt, wie gern ich Hasenbraten esse, besonders in Weinsauce mit Knödel.»

«Auf alle Fälle ist so eine Tafel eine gute Idee», sagte ich.

«Unbedingt», sagte er.

Gesehen hatten wir in unserer hübschen Siedlung zwar bis jetzt noch keine Katze, wohl aber gehört: ein mißstimmiges Wehgeschrei, mit dem das Vieh seine Runden zwischen den Häusern zu ziehen pflegte.

In der Nacht schlief ich schlecht, trotz der katzengesicherten Fenster. Ich wußte, sie würden versuchen einzusteigen, und horchte ständig auf das Scharren kleiner Pfoten an der Mauer...

In der Morgendämmerung machte das Klageweib wieder seine Runde. «Ich tippe auf ein neurotisches altes Weibchen, das nicht viel Gutes im Leben erfahren hat und dem jetzt das ständige Klagen zum Selbstzweck geworden ist», sagte ich. «Außerdem tippe ich auf einen geknickten Schwanz und scheußlich ausgefranste Ohren.»

Alex installierte sein Katzensicherungssystem auch bei unserer Nachbarin, die sich sehr dankbar zeigte.

In der darauffolgenden Nacht erwachte ich mit dem untrüglichen Gefühl, nicht allein im Bett zu sein. Und so war es. An meinen Rücken geschmiegt lag da etwas eindeutig Pelziges, das sich auch noch erdreistete, laut zu schnurren, als meine suchenden Finger darübertasteten.

Ich bewahrte einen kühlen Kopf, wie meistens in kritischen Situationen, und beschloß, keinen Aufstand zu machen, das freche Katzenvieh einstweilen zu vergessen und weiterzuschlafen.

Am Morgen war es weg.

Die nächste Nacht war ich natürlich auf der Hut. Diesmal würde ich dem Frechling die Leviten lesen. Er mußte den Braten gerochen haben und kam nicht.

«Ich habe dir nichts davon erzählt, um dich nicht zu beunruhigen», sagte ich, gleich nachdem ich die Augen aufschlug, «aber gestern ist eine Katze eingestiegen. Du wirst die Sicherung enger stellen müssen. Das Vieh muß einen sehr schmalen Kopf haben.» Ich drehte mich nach dem anderen Bett um, und was da neben Alex' Stoppelkinn auf dem Kissen ruhte, war tatsächlich ein sehr schmaler Katzenkopf.

Alex genierte sich nicht, grinsend zu behaupten: «Ah, schau her, wen haben wir denn da? So ein freches kleines Ding, sich einfach in mein Bett zu schmuggeln! Dir werde ich's aber zeigen…»

Ich verzichtete auf eine Bemerkung und ging unter die Dusche.

Als ich aus dem Bad kam, stand auf dem Boden neben der Anrichte ein Tellerchen mit Milch, aus dem das häßlichste Katzenvieh, das ich je gesehen hatte, sabbernd schleckte: mager, staubgraues Fell, kurzhaarig wie ein Maulwurf und noch dazu ein gräßlicher Stummelschwanz.

«Weißt du, was du bist?» sagte ich zu Alex. «Ein Mensch ohne Prinzipien. Jedes weibliche Wesen kann dich um den Finger wickeln. Sogar eine derart häßliche Kreatur wie die da. Ich schäme mich für dich.»

Wir sprachen an jenem Tag nicht mehr viel miteinander, außer dann beim Abendessen, als wir das Corned beef probierten. «Pfui Teufel. Das ist ungenießbar. Ein Volk, das so was ißt, muß schon eine sehr bescheidene Eßkultur haben.»

Alex gab mir recht. Auch er fand das Zeug ungenießbar. «Am besten, wir werfen es weg.»

«Warte», sagte ich. «Wegwerfen können wir es immer noch.» Ein Mensch wie ich, der in den Nachkriegsjahren aufgewachsen ist, wirft nur sehr ungern etwas Eßbares weg, auch wenn es faktisch ungenießbar ist.

Ich wartete, bis Alex im Bad war, dann tat ich einen Teil des Corned beef auf ein Tellerchen, das ich unter die Hibiskushecke stellte. Für die Ameisen.

In dieser Nacht, in der ich nur so vor mich hin döste, hörte ich es vom Nachbarbett her murmeln: «Ich möchte wissen, warum sie heute nicht kommt…»

«Ich kann dir sagen, warum nicht», sagte ich aufgebracht. «Irgend so ein verantwortungsloses Individuum wird das Vieh heimlich füttern.»

«Womöglich kaufen sie für den charakterlosen kleinen Streuner auch noch das teure Zeug, das man im Fernsehen sieht, und garnieren es mit Petersilie!»

Wir lagen beide vor lauter Empörung noch lange wach.

In der Morgendämmerung weckte mich das Geschrei des Klageweibs, das vor unserer Tür genau so lange verstummte, wie eine erwachsene Katze zum Ausschlecken eines Kompottschüsselchens voll Milch braucht. Ich sprang aus dem Bett und nach draußen, nachsehen. Hatte ich es mir doch gedacht! Da stand sie noch, die Kompottschüssel, unter der Hibiskushecke.

Wirklich, ich mußte mit Alex ein ernstes Wort reden.

Vom Corned beef fraß, außer den lieben kleinen Ameisen, sichtlich angeekelt, aber ausgehungert, ein Ungeheuer in Katzengestalt – riesiger Schädel, kohlrabenschwarzes Zottelfell, ein total verwildertes Monster, allem Anschein nach ein Killer. Sollte dieser Teufel nachts durchs Fenster springen und auf meinem Bauch landen, würde mich der Schlag treffen.

Er hob den fürchterlichen Riesenschädel, sah mich aus wild funkelnden Augen an und verschwand in Riesensätzen.

Ich blieb zitternd zurück.

Als wir am späten Nachmittag vom Strand zurückkamen und am Zaun unserer Feriensiedlung entlanggingen, packte mich Alex am Arm. «Schau dir das an!»

Es war das schwarze Monster. Es zwängte sich durch die engstehenden Gitterstäbe, hinein und wieder hinaus und wieder hinein. Ganz eindeutig: Es übte. Ich sah ganz deutlich, wie es die Ohren eng an den Kopf legte und den Bauch einzog.

Mich überlief es eiskalt.

Meine schlimmsten Befürchtungen treten noch am selben Abend ein: Da lauert das Biest doch tatsächlich vor unserer Tür.

Ich will ihm gerade meine Sandale an den Kopf werfen, als es seinen Monsterschädel hebt, zu mir aufsieht und «Miau» sagt, mit einem Stimmchen, so zart wie ein Glöckchen. Seine mit rührender Bitte auf mich gerichteten wunderschönen grünen Augen sind sanft wie die eines unschuldigen Kindleins.

O Gott, hier steckt doch wahrhaftig ein Lämmlein im Wolfspelz. Ich bin zutiefst erschüttert.

«Nur dieses eine Mal!» sage ich mit der nötigen Strenge, während ich die Schüsselchen unter der Hibiskushecke mit Milch und Corned beef fülle. «Katzenfüttern ist hier streng verboten, mein Freund, aus gutem Grund. In Zukunft will ich dich hier nicht mehr sehen, verstanden!»

Er sagt mit seinem zarten Stimmchen traurig: «Ich habe dich wohl verstanden, meine gute Wohltäterin, und will dir fürwahr keine Schwierigkeiten bereiten, aber ich danke dir für dieses eine köstliche Mahl. Tausend Dank!»

An das Corned beef scheint er sich zu gewöhnen.

«Ich hab schon eine», sagte ich, als Alex die Packung Milch vom Gestell nahm.

«Ach so. Nun, das macht nichts. So haben wir eine in Reserve.»

Wie das Corned beef in meinen Korb gekommen ist, ist mir schleierhaft. Jemand mußte es irrtümlich hineingelegt haben.

Aber wenn Alex denkt, ich hätte nicht bemerkt, wie er den Salatkopf über die Dose Katzenfutter geschoben hat, dann hat er sich getäuscht.

Wir haben uns angewöhnt, im Morgengrauen aufzustehen, lange vor den anderen Bewohnern des Palmenhains, um die Schüsselchen unter der Hibiskushecke zu füllen Den bereits gebuchten zweitägigen Ausflug zur Nachbarinsel stornieren wir. Die Tagesausflüge setzen wir so an, daß wir abends rechtzeitig zurück sind. Zu dieser Zeit sitzt das liebe Monsterchen bereits vor unserer Tür und begrüßt uns erfreut mit seinem zarten Stimmchen.

Die graue Tempelkatze kehrt zeitweise bei uns ein, aber sie ist ein etwas unsteter Gast.

Das Klageweib dehnt jetzt seine Runden nicht mehr weiter aus als bis zu unserem Bungalow.

Monsterchen hat eine rührende Anhänglichkeit entwickelt. Aber so sehr ich es auch locke – natürlich auf diskrete Weise, in dieser katzenfeindlichen Umgebung muß ich vorsichtig vorgehen –, es getraut sich nicht zur Tür herein. Warum, ist mir klar. «Eine Tür ist für dieses arme verfolgte Tierchen eben nicht etwas, durch das man in ein Haus eintritt. Bis jetzt ist es von dort immer nur hinausgeflogen. Ist das nicht furchtbar traurig?»

Aber bald ergibt sich folgende zufriedenstellende Lösung: Ich mache die Tür auf, sage leise: «Komm, Mutzmutz, komm, Mutzmutz!» Monsterchen zieht den Bauch ein, legt die Ohren eng an den Kopf und springt durch den Fensterspalt ins Schlafzimmer.

Wir haben ihm auf der Couch einen Schlafplatz hergerichtet. Aber lieber schläft es bei uns im Bett.

Am Ende der zweiten Woche bringt es seinen Bruder zur Fütterung mit, der ihm sehr ähnlich sieht, abgesehen von seinem weißen Kehlfleck. Und den Abend darauf seine Mutter, die sichtlich guter Hoffnung ist. Es scheint eine starke Familienbindung zu haben.

Vielleicht täusche ich mich, aber ich habe das Gefühl, die Gäste vom Palmenhain schneiden uns. Wenn wir vorbeigehen, schauen sie in die andere Richtung. An der Haltestelle, wo wir auf den Gratisbus zum Strand warten, rücken sie von uns ab.

Und wenn schon, was schert das uns. Langweilige Spießer allesamt!

Aber als eines Morgens das Telefon läutet und die Rezeption uns zu sehen wünscht, wird mir doch etwas mulmig zumute. «Geh du», sage ich. «Ich habe hier zu tun.»

«Was die wohl wollen?»

Aber wir wissen beide nur zu gut, was sie wollen.

«Ich getrau mich nicht», jammert der Jammerlappen. «Allein geh ich nicht.»

So gingen wir gemeinsam hin, schweißnasse Hand in schweißnasser Hand. Vielleicht waren wir wirklich ein wenig zu weit gegangen? Zu weit? Was hatten wir anderes getan als unsere Christenpflicht erfüllt, die Hungrigen zu speisen? Und hat nicht schon der Herr gesagt: Lasset die Kätzchen zu mir kommen… Oder zumindest etwas sehr Ähnliches.

«Na und!» Alex straffte die Schultern. «Was können sie schon tun?»

«Uns hinauswerfen», sagte ich.

Die stechend schwarzen Augen des Mannes am Empfang richteten sich sofort und ohne den Schatten eines Zweifels auf mich.

He, warum ich? Er hat damit angefangen, der da…

«Ah, schön, daß Sie kommen…»

Na gut, du Fettwanst, mach dir nur lustig über deine wehrlosen Opfer.

«Juan hat am Pool dieses Heft hier gefunden mit Ihrem Namen, Señora Egger. Ich vermute, es enthält Notizen für Ihr nächstes Buch?» Er reichte mir das Heft mit einem Lächeln.

Wir bedankten uns, stolperten hinaus, gingen schnurstracks in die *cantina* und betranken uns aus purer Erleichterung mit dem Nationalgetränk der Insel, einem süßen Gesöff aus einheimischem Rum und Honig.

Drei Wochen Urlaub scheint eine lange Zeit zu sein, aber jetzt gingen sie rapid dem Ende zu. Was uns quälte, war die Frage: Was soll nach unserer Abreise aus unseren Schützlingen werden?

Ich zog vorsichtige Erkundigungen ein über unsere Nachfolger. Soviel ich von Juanita, die dreimal die Woche zum Aufräumen kam, herauskriegte, waren es langjährige Gäste. «Er sein feiner Mann», sagte sie. «Aber sie Frau, die nie lachen, immer nur schimpfen, immer böses Gesicht.»

Nein, da gab es wohl keine Hoffnung für unsere Kostgänger.

Drei Tage vor dem Heimflug zogen in der anderen Bungalowhälfte zwei junge Burschen ein. Das Übliche – junge dumme Hunde, die bei Tag schlafen und nachts unterwegs sind. Wenn sie nicht schlafen, dröhnt ihr Kassettenrecorder.

Zuerst klopften wir noch höflich an die Wand und baten um Ruhe, aber dann machten wir es uns bequemer und schleuderten den erstbesten Schuh gegen die Wand.

Sie brüllten: «Okay! Schon kapiert! 'tschuldigung!» und drehten den Affenkrach auf halbmast.

Sie liehen von uns Salz und Brot aus. Kurz, es entwickelte sich ein angenehmes, locker-nachbarschaftliches Verhältnis.

«Ob sie vielleicht...?» fragte Alex während des Packens. «Sie bleiben noch zwei Wochen.»

«Die? Ich bitte dich, in dem Alter denken sie nur an sich selbst und ihr Vergnügen. Was kümmert die die arme, hungrige Kreatur?»

«Probieren wir's trotzdem bei ihnen: Sie sind eben nach Hause gekommen.»

Sie saßen auf der Terrasse, rauchten und tranken Metaxa aus ihren Zahnputzbechern.

Wir packten unseren Flaschenvorrat am Hals und stiegen damit über die Hibiskushecke. «Wir haben da ein kleines Problem...», sagte Alex.

Sie grinsten. «Okay. Was gibt's?»

«Ihr werdet schon bemerkt haben, daß wir hin und wieder die armen Katzen füttern, die da herumstreunen...»

«Echt?» sagte der eine. «Katzen? Nie was gesehen davon. Hast du?»

«Katzen? Nee.»

Das Klageweib zog gerade vor unserer Nase seine übliche Runde, Monsterchen mit Bruder und Mutter verzehrte vor der Tür sein Abendbrot, und die Tempelkatze, die wieder einmal vorbeischaute, saß auf dem Terrassentisch und putzte sich das Fell.

Ach, diese Jugend, selig eingesponnen in ihrem sonnigen Egoismus...

Aber sie zeigten sich sofort hilfsbereit und versprachen, ohne lange zu zögern, unser gutes Werk fortzuführen.

Das Kostgeld wollten sie erst nicht annehmen, aber wir bestanden darauf.

«Sie sind keine schlechten Kerle», sagte ich und machte es mir auf dem engen Sitz so bequem wie möglich. Unter uns verschwand unser Feriendomizil in den Wolken. «Und die Katzen haben keine Angst vor ihnen, weil es gute Menschen sind.»

«Du wirst sehen, sie werden sicher gut für sie sorgen.» Alex tätschelte tröstend meine Hand.

«Eben, ich werde es nicht sehen!» schluchzte ich.

«Die Jugend wächst an ihren Aufgaben.»

«Ich wette, sie geben ihnen die Milch eiskalt direkt aus dem Kühlschrank.»

«Zumindest werden sie ihnen nicht die Schuhe nachwerfen.»

Wenn das ein Trost sein sollte, verfehlte er seine Wirkung.

Und die Moral von der Geschicht': Füttre im Urlaub keine Katzen nicht!

Solltest du es dennoch tun, so werden sie dir daheim Nacht für Nacht im Schlaf erscheinen, ganz bitterlich weinen und in einem fort klagen: Warum hast du uns verlassen? Warum nur? Warum?

Und jede Nacht werden sie um einiges magerer sein, bis nichts mehr von ihnen übrig ist als große, traurige Augen.

George Freedley

Herr Katz

Herr Katz kommt an

Katzenlos und allein war mein Status im Sommer 1943. Deborah, meine entzückende Malteserkatze, die bei meinen Eltern in West-chester lebte, war von einem Auto überfahren und getötet worden. Keine Katzenhaare zierten meine Wohnung in Manhattan, kein Kratzer, keine Schramme war an meinen Polstermöbeln. Weder morgens noch abends ertönten gebieterische Rufe nach Aufmerk-samkeit und Futter. Es war keine Katze in meinem Leben – ausge-nommen die Erinnerungen an die vielen, die ich seit früher Kind-heit gekannt und gehegt hatte. Kurz: ich sehnte mich nach der sanften Zuneigung, dem munteren Sinn, der Schönheit und Heime-ligkeit einer Katze im Haus.

Unter diesem Aspekt rief ich eine Bekannte an, die gerade die Tierhandlungen der East Side durchstreifte, da ihr Mann plötzlich eine Leidenschaft für kleine Fische entwickelt hatte. Ich sagte, sie könne vielleicht auch gleich nach einem Perserkätzchen Ausschau halten, das mein Leben zu bereichern und es wieder schmackhaft zu machen vermöge.

Etliche Tage später hörte Ruth beim Betreten eines Ladens in der Second Avenue vage Geräusche von unverkennbar kätzischer Her-kunft. Nachdem Ruth sich gewissenhaft den Angelegenheiten ihres Gatten gewidmet hatte, stellte sie diskrete Nachforschungen an und wurde sogleich vom Inhaber hinter den Laden geführt, wo er vier winzige Fellbällchen zutage förderte.

«Ich hatte sofort das Gefühl», erzählte sie am gleichen Abend, «daß meine Suche vorbei war.» Ich dankte ihr höflich, doch behutsam und sagte, ich werde morgen hingehen und sie mir mal ansehen.

Was für ein eingebildeter und ahnungsloser Narr war ich! Wenn das Bedürfnis nach Katzengesellschaft so groß war, wie meins es war, geht man nicht einfach hin und sieht sich ein paar Kätzchen «mal an». Am nächsten Nachmittag, jenem schicksalhaften 2. August 1943, betrat ich den Laden und fragte, ob auch ich die hier wohnhaften Kätzchen sehen dürfe. Auch ich wurde nach hinten geführt; man zeigte mir einen kleinen Hühnerkorb und ließ mich listigerweise allein.

Vier kleine Persianer strömten heraus und erforschten mit glänzenden Augen die Welt. Vier kleine Persianer, doch nur einer blickte in meine Richtung. Ich streckte versuchsweise einen Finger aus, und zwei weiche Pfötchen klammerten sich an ihm fest. Zufriedenes Schnurren erklang – auf beiden Seiten, vermute ich.

War da eine Entscheidung zu treffen? Außerdem: war dies nicht das hübscheste und ohne Zweifel intelligenteste und freundlichste? Außerdem: hatte es denn nicht mich erwählt? Wirklich, die Suche war vorbei.

Meines Kätzchens Vater, dem ich dann vorgestellt wurde, war ein hübscher kastanienbrauner Kater. Papa verhielt sich der ganzen Transaktion gegenüber äußerst gleichgültig und machte sich wenig aus der Frucht seiner Schäkerei und offensichtlich noch weniger aus mir. Mama lernte ich nicht kennen, dieweil sie im Haus gehalten wurde und wegen eines einsamen Kätzchens unabkömmlich war.

Ich trug meine Erwerbung in einem Pappkarton, den wir sorgsam mit Luftlöchern versehen hatten. Als der Inhaber sich verabschiedete, vermeinte ich, in seinem Auge einen Ausdruck stiller Genugtuung erspähen zu können, so, als habe er am Charme seines Kätzchens niemals Zweifel gehegt.

Auf der Heimfahrt im Taxi gab der Karton ein paar gedämpfte Schreie von sich. Der Wagen hielt an, und mein Fahrer drehte sich mit einem anklagenden Blick um, den ich schnellstens entkräftete.

«Eine Katze!» sagte er verwundert. «Sie haben eine Katze in dem

Karton! Geräusche! Ich hör dauernd Geräusche, und ich guck überallhin, und ich kann nix sehn. Eine Katze. Ich dacht schon, ich wär übergeschnappt.»

Nachdem sich beide beruhigt hatten, setzte das Taxi seinen Weg fort, und ein paar Minuten später bogen wir von der Madison Avenue westlich in die 55. Straße ein und hielten vor unserer Tür. (Ich dachte bereits in der Mehrzahl.) Unser Haus also war ein umgebautes fünfstöckiges viktorianisches Gebäude, dessen Eingang zwischen zwei Ladenfenstern versteckt lag. Jedes Stockwerk des Hauses hatte nur zwei Wohnungen, und unsere war ganz oben.

In dem Augenblick, da ich, vorsichtig meinen Karton balancierend, den Fahrstuhl betrat, kam meine Nachbarin hinzu, mit der ich den fünften Stock teilte. Als sie das sanfte Kätzchenmiauen hörte, legte sie in rasendem Französisch los (vielleicht können sie's nicht anders). Dem wenigen, was ich aufschnappte, entnahm ich, daß sie Katzen und Kätzchen *liebe* und meins gern kennenlernen würde. Ob sie hereinkommen dürfe?

«Natürlich.»

Gemeinsam betraten wir meine Wohnung, und als ich die Verschnürung löste, wurde der Deckel des Kartons von einem kleinen Köpfchen hochgehoben. Ich stellte den Karton auf den Boden und neigte ihn ein wenig, so daß alsbald ein sehr keckes Kätzchen zum Vorschein kam.

«Darf ich's aufnehmen?»

Sie durfte.

«*Un chat. Un chat persien! Mademoiselle ou Monsieur?*»

Diese Frage klärte sie, indem sie trotz unwilligen Jaulens am anderen Ende den Schwanz hob.

Sie nickte: «*Monsieur Chat.*»

Und so kam Herr Katz zu seinem Namen.

Herr Katz war sechs Wochen alt, als ich ihn bekam, also ist sein offizieller Geburtstag der sechzehnte Juni. Dies schreibe ich jetzt über sechzehn Jahre später, und er ist immer noch derselbe – alert, munter, gesellig und schön. Er ist größer, natürlich, und älter, aber nicht fettleibig, wie es manche Männer in zunehmendem Alter werden. An jenem Augustnachmittag, als ich eine «Toilette» und eine Schüssel Milch holte, war es Herr Katz und nicht ich, der den Weg ins Badezimmer wies. Dieser Marsch, mit erhobenem Schwanz, war die erste von etlichen tausend «Pussi-Paraden». Mögen sie niemals enden!

Herr Katz erkundet

Von Toilette zu Toilette wuchs Herr Katz heran, und eines Tages beschloß er – ohne daß ich den mindesten Verdacht hegte –, die sanitäre Frage auf seine Art zu lösen. Er entdeckte die Feuerleiter, die an der hinteren Hauswand heraufkam, und da ich die Fenster der beiden Schlafzimmer stets einen Spaltbreit offenließ, nutzte Herr Katz meine häufige Abwesenheit am Abend (Besuch oder Theater) aus, um auf eigne Faust die Gegend zu erkunden. Wenn ich zurückkam, war er immer wohlbehalten in der Wohnung, so daß es eine Weile dauerte, ehe ich diese Expeditionen entdeckte.

Ein Ausflugsziel war das Gartenhäuschen unseres Hausmeisters. Dieser ehrwürdige Herr war in längst vergessenen Jahren Laufbursche für Mr. Rupert D'Oyley Carte gewesen und hatte häufig Sir W. S. Gilbert und Sir Arthur Sullivan persönlich getroffen und konnte uns viele Anekdoten von den berühmten Partnern erzählen. Seine Frau war die Garderobiere der amerikanischen Schauspielerin und Gesellschaftsgröße Clara Bloodgood gewesen.

Beide hießen Herrn Katz bei seinen Besuchen willkommen, vorausgesetzt, daß er die Heiligkeit ihrer Blumenkästen respektierte. Ich fürchte, dies war nicht immer der Fall, doch dauerte es Wochen, ehe ich dahinterkam.

Herr Katz wagte sich auch zu den Hinterfenstern der Nachbarschaft oder in einen der vielen Läden der Madison und Fifth Avenue. So kletterte er also nach Belieben an Feuertreppen herauf und hinunter und war bald ein gewohnter Anblick. Ich hätte mir über dieses Kommen und Gehen keine Sorge zu machen brauchen, denn Fremden gegenüber war er allgemein vorsichtig. Einmal zum Beispiel hatte ich ihn zum Fotografieren auf die Straße gebracht, und er hatte vor Angst geschrien und sich an meiner Schulter festgekrallt. Eilends transportierte ich ihn wieder in die Wohnung und entschied, daß künftig nur noch Innenaufnahmen in Frage kämen.

Nachbarn hatten ihn in meine Fenster schlüpfen oder ein Sonnenbad auf meiner Feuertreppe nehmen sehen, so daß sie wußten, wo er hingehörte. Er trug kein Halsband oder eine Erkennungsmarke, da ich in meiner Selbstzufriedenheit der Meinung war, daß er solcherlei Dinge nicht brauche. Aber das ist eine andere Geschichte.

Zwei Damen in einem der unteren Stockwerke unseres Gebäudes gehörten zu seinen Lieblingsgastgeberinnen. Sie zogen sich früh zurück, doch dies kümmerte Herrn Katz wenig. Er landete mit einem Dröhnen auf ihrem Bett und weckte sie und erzählte drauflos. Sogar ausgesprochenen Katzenliebhabern kann das einmal zuviel werden.

«Wir freuen uns immer über seinen Besuch», versicherten sie mir später, «aber wir beschlossen, daß es wirklich besser wäre, wenn wir uns Fenstergitter zulegten.»

Ich machte mir häufig Gedanken darüber, wie Herr Katz reagiert haben mochte, als er zum erstenmal vor den Gittern stand. Vielleicht war er beleidigt; aber das muß sich gelegt haben, denn er machte weiterhin seine Besuche, sooft das Gitter einladend geöffnet wurde.

Herr Katz unternahm auch gefährliche Spaziergänge auf den Fensterleisten an der Vorderseite des Gebäudes und besuchte dort seine Freunde. Oftmals machte ich mir Sorge, daß er seinen Appetit verloren hatte, dabei kam das nur daher, daß er an mehr als einer Stelle gut gefüttert worden war.

In dieser Zeit ungefähr begann er – eher nach Hunde- denn nach Katzenart –, unterwegs «Geschenke» zu finden und sie mir nach Hause zu bringen. Zuerst waren es nur Stücke der gestrigen Zeitung etwa oder eine alte Zigarettenpackung, so daß ich mich nicht allzusehr aufregte, doch später entwickelte sich Herr Katz zu einem veritablen Klemmer.

Er hatte die Werkstätten entdeckt, die man überall auf der Madison Avenue über den Läden finden kann. Dort wirken ein halbes Dutzend oder so geschäftige junge Frauen an den Hüten oder Kleidern, die später in den Geschäften erscheinen und schließlich an unseren modischen Damen. Natürlich waren die Fenster dieser Werkstätten vergittert, aber das richtete sich gegen menschliche Eindringlinge (vielleicht einen Spion von einem anderen Laden!) und nicht gegen eine kleine Katze. Es muß das Paradies auf Erden gewesen sein, als Herr Katz diese Räumlichkeiten entdeckte, und bald waren Bänder, Fäden und Stücke Filz unter den Gaben, die er heimbrachte und mir stolz zu Füßen legte. Einige wurden beseitigt, die bedeutendsten «Funde» jedoch wurden ihm zum Spielen überlassen und als Herrn Katz' Beute bezeichnet.

Eines Tages brachte er einen Strohhut an, komplett mit Band, nur ohne Etikett. Welcher Aufruhr muß am nächsten Morgen in einer Werkstatt stattgefunden haben! Ein andermal zerrte er einen ausgewachsenen grauen Rock die Feuerleiter herauf.

Ich glaube, Herr Katz hatte eine besondere Vorliebe für Hutstumpen, denn er brachte mir mehrere. Einen tiefbraunen eignete sich eine Dame meiner Bekanntschaft mit einem Schrei des Entzückens an. Wir haben nie erfahren, woher er stammte, doch meine Bekannte traute sich zu, ihn selber herzurichten. Sie rief in einigen Läden der Nachbarschaft an und stellte unverfängliche Fragen, um sich über die neueste Mode zu informieren, und als sie fertig war, machte sie den Fehler, mich eines Nachmittags in ihrem neuen Hut abzuholen. Herr Katz sah sie mit traurigem Erstaunen an, und ich drängte schnell zum Aufbruch.

Besonders erinnere ich mich der Zeit, da er anfing, sich für Bandmaße zu interessieren, denn im Laufe von drei Wochen erschien er mit vierzehn Stück. Danach fand er keins mehr, also vermute ich, daß die Mädchen beschlossen haben müssen, ihre Metermaße abends mit nach Hause zu nehmen. Zu gern möchte ich wissen, ob sie jemals dahintergekommen sind, wer der Bandmaßfetischist war.

Natürlich erhebt sich die Frage, ob er mir mal etwas mitgebracht habe. Nun, eines Winterabends kehrte er vor dem Zubettgehen mit einem grauen linken Wildlederhandschuh zurück. Er stieß seinen üblichen Trompetenruf aus und ließ ihn mir zu Füßen fallen.

«Du ungezogener kleiner Dieb», wies ich ihn streng zurecht. «Was nützt mir ein Handschuh?»

Etliche Abende darauf warf ich Herrn Katz dies in Anwesenheit der Schauspielerin Kay Strozzi wieder vor. Ich probierte ihn an, um Kay zu zeigen, daß er haargenau passe, und legte ihn dann auf die Mahagonikommode in meinem Schlafzimmer, während er in stummer Hauteur aus dem Raum stolzierte. Eine halbe Stunde später unterhielten wir uns noch, da kehrte Herr Katz mit einem Handschuh im Maul zurück. War er auf meine Kommode geklettert? Kay hob ihn auf und stieß einen Schrei aus.

«George! Es ist ein rechter Handschuh!»

Und so war's. Es war das Pendant. Da sie paßten, ließ ich sie reinigen und trug sie mehrere Jahre. Aber ich fürchte, dies war das einzige praktische Geschenk, das er mir jemals machte, obwohl ich ihn auf zerknitterte Fünfdollarscheine abzurichten versuchte.

Durch diese Erkundungen und (wie ich hoffe) harmlosen Diebereien wurde Herr Katz berühmt. An einem Winterabend kam Lillian Gish nach einer Premiere mit mir in die Wohnung und plauderte mit Herrn Katz, während ich meine Rezension tippte. «Ich möchte seine Trophäen sehen.»

Ich ging zum Schrank und holte den Korb mit all jenen Beutestücken, die mir nicht von Freunden zurückentwendet worden waren. Ich warf sie zu Lillians Füßen auf den Boden. Herr Katz schnurrte und sah mit offensichtlichem Wohlgefallen zu.

Schließlich beugte sich Lillian vor, sah ihn direkt an und sagte: «Herr Katz, ich habe deinen Herrn und Meister stets für einen aufrichtigen Mann gehalten, aber dies ist zuviel. Er muß dir diese Dinge geschenkt haben.»

Herr Katz erwiderte ihren Blick und verließ stumm den Raum. Während wir uns weiter über das Stück unterhielten, kam er zurück, ignorierte mich vollkommen und ging schnurstracks zu Lillians Füßen, wo er etwas fallen ließ. Sie hob es auf: es war eine kleine schwarze Samtschleife.

Sollten Sie Lillian Gish begegnen und sie trägt eine schwarze Samtschleife, dann fragen Sie sie, ob Herr Katz sie ihr gegeben habe.

Herr Katz und das Kleintierleben

Trotz meiner Bemühungen, dem Wachstum von Herrn Katz mit immer größeren Toiletten gerecht zu werden, zog er für seine Bedürfnisse weiterhin das große «Draußen» vor. Intensiv erforschte er den quadratischen Block, in dem wir wohnen, und ich berichtete bereits von seinen Abenteuern, die ihn durch die Fenster unserer Nachbarn und in die Werkstätten führten.

Eines Abends kehrte er mit einem sich windenden Mausebaby im Maul heim und legte es mir zu Füßen. Die Maus versuchte natürlich alsbald, das Weite zu suchen, doch Herr Katz verfolgte sie, fing sie und brachte sie mir zurück. Warum hebst du sie nicht auf, schien er zu sagen.

Dieses Spielchen wurde eine Weile fortgesetzt und machte ihm offensichtlich noch mehr Spaß als sein Zellophanbausch, dessen Knistern ihn immer noch aus einem tiefen Verdauungsschläfchen zu wecken vermag. Die Maus war ein Spielzeug, das von selber lief! Zum Leidwesen von Herrn Katz sah ich hierin nichts Spaßiges, und ich holte ein Glas und fing die rasende Maus ein. Zimperlich trug ich sie ins Badezimmer und spülte sie in die Toilette. Herr Katz sah äußerst mißbilligend zu.

Ich kehrte zu meinem Sofa und meinem Buch zurück. Innerhalb von zwanzig Minuten kam Herr Katz mit einem zweiten sich sträubenden Mäuschen wieder, bereit, das Spiel von neuem zu beginnen. Ich war ihm gewachsen.

Dann kam die dritte Maus und endlich die vierte. Es war ein Uhr nachts durch, als Herr Katz mit seiner fünften Maus auftauchte (wo, oh, wo war die wandernde Mutter dieser Brut?). Ich hatte genug. Ich packte Herrn Katz und marschierte mit ihm ins Bad.

«Dieses Mal wirst du sehn, wie das ist», drohte ich, aber natürlich ließ ich mich erweichen, ehe ich ihn seinen verflossenen Spielkameraden nachsandte.

Ein paar Monate später machte Herr Katz seinen denkwürdigsten Fang. Er kam am frühen Abend herein, während im Wohnzimmer noch die Lichter brannten, damit ich seine Geschicklichkeit um so besser bewundern könne. In seinem Maul ruhte ein kleines dunkles Objekt, etwas größer als eine Maus. Als er es auf den Rücken legte, entpuppte es sich als eine kleine ungeziefrige und giftige Fledermaus mit flatternden Flügeln. (Ein Fledermausliebhaber meiner Bekanntschaft hat mich informiert, daß Fledermäuse kein Ungeziefer sind, doch damals kamen sie mir gewiß so vor.) Sie quiekte, und ich quiekte ebenfalls und eilte in die Küche, um mich zu bewaffnen. Ich packte das Biest mit einem Papierhandtuch und trat meinen mittlerweile schon gewohnten Marsch ins Badezimmer an. Herr Katz folgte mir entrüstet nach.

In die Toilette, mit Papier und allem, wanderte die Fledermaus, und ich spülte mit einem Gebet. Würde sie runtergehen oder nicht? Ich hielt den Atem an. Ich konnte schon den Hauswirt anrufen hören: «Verzeihung, aber ich muß Ihnen mitteilen, daß der Abfluß verstopft ist. Ich hab grad eine Fledermaus gespült.»

«Was haben Sie gespielt?»

«Ich, Sir, spiele nicht. Eine Fledermaus ist soeben in meine Wohnung gekommen.»

Natürlich durfte kein Hinweis darauf fallen, daß Herr Katz es war, der sie dorthin gebracht hatte.

Am nächsten Morgen war die Fledermaus zum Glück weg, und die Beschwerde von der Hausverwaltung blieb aus.

Herr Katz verschwindet

Eines Junimorgens war Herr Katz zum erstenmal nicht am Fuß meines Bettes, als ich erwachte, noch irgendwo in Rufweite. Nie zuvor hatte er sich diese ersten fünf Minuten des Streichelns oder Balgens entgehen lassen, die mein Aufstehen begleiteten.

Ich lehnte mich zum Fenster hinaus und rief die Feuerleiter hinab, aber es kam kein antwortendes Trompeten. Ich ließ einen Zellophanball knistern, bis meine Hand lahm wurde. Dieses Geräusch hatte er noch immer gehört, einerlei, wo er sich auch verstecken mochte. Keine Antwort, kein Herr Katz.

Ich zog mich an und richtete mein Frühstück und seins und lehnte mich aus den Erkerfenstern des Wohnzimmers und ließ Zellophan knistern. Umsonst. Schließlich ging ich schweren Herzens zur Arbeit. Mittags kam ich auf einen Sprung nach Hause, aber die Wohnung war immer noch katzenlos und das Frühstück unberührt. Auch am Abend kehrte er nicht heim. Und ein Tag folgte elend dem andern, ohne sein vertrautes Schnurren und seinen lieben Anblick.

Am dritten Tag gab ich eine Anzeige in zwei Morgenzeitungen auf und rief die verschiedenen Tierheime an, doch war keine Katze eingeliefert worden, auf die seine Beschreibung zutraf. Er hatte weder Halsband noch Geschirr, noch Erkennungsmarke, weil ich so sicher gewesen war, daß er nicht allein auf die Straße gelangen könne. An diesem Abend schlief ich nur schwer ein. Etliche Male träumte mir, ich hätte ihn gehört. Der nächste Tag verging ohne seine Rückkehr; viele Tage vergingen…

Da ich tagsüber wenig unternehmen konnte, erbot sich eine alte Bekannte von mir und ehemalige Kollegin an der New York Public Library, eine intensive Suchaktion in die Wege zu leiten. Sie interviewte Polizisten, Portiers, Fensterputzer und Hausmeister und blieb mit dem Tierheim in Verbindung. Schließlich stückelten wir so etwas wie eine fortlaufende Geschichte zusammen: Ein Polizist erinnerte sich, am Morgen von Herrn Katz' Verschwinden auf den Stufen eines Wohnhauses zwei Gebäude westlich des unsrigen eine Katze gesehen zu haben.

Damit konnte man nun nicht allzuviel anfangen, doch war der Polizist zum Glück selber ein Katzenliebhaber und hatte beobachtet, daß diese Katze zur Fifth Avenue eilte und sich dort gen Norden wandte. Mit weiterer Tierheimunterstützung und mit Hilfe von freundlichen Polizeidetektiven wurde zwei Wochen nach

Herrn Katz' Abgang die ganze traurige und teilweise selbstsüchtige Geschichte rekonstruiert. Wenn wir vielleicht auch kein vollständiges Bild zusammenbrachten, so hatten wir doch genügend Einzelheiten, um uns vorzustellen, was wahrscheinlich geschehen war.

Nachdem Herr Katz sich auf der Fifth Avenue nach Norden gewandt hatte, suchte er Zuflucht unter dem Schaukasten eines berühmten Handschuhgeschäfts. Als der Laden am Morgen geöffnet wurde, entdeckte der Geschäftsführer eine an die Tür geschmiegte verängstigte Katze. Sie versteckte sich sogleich im Innern des Ladens, konnte jedoch nach einiger Zeit zum Hervorkommen überredet werden und betrat langsam die freundliche Atmosphäre.

Als Herrn Katz' Angst sich gelegt hatte, wurde ihm klar, daß er in eine wahre Goldgrube von Spielsachen gestolpert war: die Handschuhe und Handtaschen waren unwiderstehlich. Nachdem aber die Verkäuferinnen ihre Waren etliche Male zurückerobert hatten, erlahmte ihre Begeisterung. Sie hatten immer noch keinen Anhaltspunkt für seine Identität und waren nicht willens, ihn in das Tohuwabohu der Fifth Avenue zu entlassen. Während man schließlich auf einen Abgesandten des Tierheims wartete, trug der Geschäftsführer einem Fahrstuhlstarter-Assistenten auf, Herrn Katz zu bewachen.

Doch als der Wagen kam – keine Katze!

«Ich weiß nich'», sagte der Starter. «Er is' weggelaufen, schätz ich.»

Und jedermann kehrte zu seinen Pflichten zurück.

Meine Ex-Bibliotheks-Sonderuntersuchungsbeamtin war mit dieser Geschichte ebensowenig zufrieden wie ich, aber ich wurde dringend geschäftlich nach Philadelphia gerufen. Nachdem sie den Hergang so weit rekonstruiert hatte, erregte etwas ihren Verdacht. Sie untersuchte die Kammer, aus der die Katze dem Vernehmen nach entkommen war. Sie nahm den Starter mit der Geschicklichkeit eines Staatsanwalts ins Kreuzverhör, bis er zusammenbrach: Nein, Herr Katz war nicht entkommen. Einer der Fahrstuhlführer hatte eine Tochter, die Tocher hatte keine Katze, die Katze hatte keinen Besitzer, der Starter hatte kein Gewissen.

Als ich, erhitzt und niedergeschlagen, aus Philadelphia zurückkam, hatte ich noch keinen Schimmer, daß die Affäre auf ihrem
Höhepunkt angelangt war. Müde stieg ich unter die Brause, da
hörte ich, wie die Wohnungstür aufgemacht wurde. Ich rief eine
Warnung, aber in diesem Augenblick knarrte ein Korb. Fröhlich
miauend kam der Herr ins Bad gelaufen und legte seine Pfoten und
sein strahlendes Gesicht auf den Rand der Wanne – ungeachtet des
abscheulichen Wassers. Er war wieder daheim!

Herr Katz gibt einen Ball

Obwohl Herr Katz sich im Alter von sechs Monaten einen Eingriff
gefallen lassen mußte, hat er nie seinen maskulinen Appeal verloren. Sowohl auf seinen nächtlichen Wanderungen wie auch während verschiedener Weekends und Ferien fand Herr Katz viele
Freundinnen. Seine größte Eroberung war unzweifelhaft eine kurz-
haarige bunte Tabby-Queen, die ihm überallhin folgte.
    Diese Dame spielte mit Herrn Katz auf dem flachen Nach-
bardach bis zum dritten Sommer seines Lebens, als ein neues Element eingeführt wurde. Eine geflüchtete französische Baronin zog
in unser Haus – mit fünf weißen langhaarigen Siamesen. (Jawohl,
ich sagte langhaarig, denn Madames Streben ging dahin, eine neue
Rasse einzuführen.)
    An späten Nachmittagen und warmen Abenden brachte sie ihre
Familie von fünf aufs Dach, damit sie sich auslaufen und Luft
schnappen sollten. Herr Katz saß regungslos auf seinem Fenstersims und beobachtete diesen Vorgang ohne Kommentar, doch seine
Tabby-Freundin bekam's mit der Angst und nahm Reißaus, sooft
die Gesellschaft auftauchte.
    Die Siamesen hießen Bubu und Basil (die Mama und der Papa),
während die drei halbstarken Kätzchen auf die Namen Bebé, Bijou
und Baronne hörten. Sie vergnügten sich, wobei Herr Katz gedankenvoll zusah; er machte keine Anstalten, sich ihnen beizugesellen,
obwohl es nur eines kurzen Sprunges bedurft hätte. Zwei der

Siamesen, Bebé und Bijou, hatten es deutlich und zärtlich auf Herrn Katz abgesehen, und schließlich fragte die Baronin, ob sie in Herrn Katz' Haus herüberkommen und mit ihm spielen dürften.

Dies war nun wirklich ein Experiment, aber ich beschloß, das Risiko einzugehen Sie reichte sie einzeln herüber, wozu der Herr beifällig schnurrte. Ganz plötzlich schlug er Bijou einen Ball zu, und sie überkugelten sich bei dem Versuch, ihn zu fangen. Der Startschuß war gefallen, das Spiel lief!

Bijou fing den Ball, und Bebé jagte ihn unermüdlich. Ungefähr eine halbe Stunde währte das Vergnügen, dann wurden sie seiner überdrüssig, und die Baronin versammelte ihre Mannschaft. Dies war das erste vieler solcher Spiele in unserm Wohnzimmer oder draußen auf dem Dach.

Für eine Weile beaufsichtigte die Baronin das Unternehmen äußerst besorgt; sie war so vorsichtig wie eine Königinwitwe, die über ihr Geschlecht wacht. Dann aber kam es zu einer ausgedehnten, hysterischen Konversation über das Thema «Sex» – hier, leider, nicht wiederzugeben –, und hinfort hatte sie keine Befürchtungen mehr, daß persisches Blut in die reinen siamesischen Adern eindringen könnte. Schließlich fand die ganze Familie den Weg in unser Haus, und Herr Katz sah diesen Zusammenkünften erwartungsvoll entgegen. Das bedeutete das zeitweilige Ende seiner Freundschaft mit der Bunten, aber so ist's nun mal mit der Wankelmütigkeit der Katzen. Durchaus menschlich.

Eines Sonntagabends, als ich vom Strand heimkam, läutete beharrlich mein Telefon. Herr Katz hatte zu mir aufgeschaut, als ich hereinkam, machte indes keine Anstalten, mich wie gewöhnlich zu begrüßen oder mir zum Telefon zu folgen, wie er's ansonsten liebend gern tat. Statt dessen schien er meinen mit einem Überzug versehenen Sessel fest im Auge zu behalten.

Die Baronin war am Telefon. – «Ist Bijou da? Sie ist verschwunden.»

Ich antwortete verneinend, doch plötzlich schoß mir ein Gedanke durch den Kopf, und ich bat sie, am Apparat zu bleiben. Tatsächlich: als ich den herabhängenden Überzug hob, entdeckte ich eine niedergekauerte Bijou, die sich nicht herauszukommen traute. Herrn Katz war offensichtlich an ihrem Bleiben gelegen gewesen, und er hatte seine Wünsche unmißverständlich zum Ausdruck gebracht.

Wohlwissend, welche Ängste ein Katzenbesitzer ausstehen kann, verlor ich keine Zeit, zum Telefon zurückzukehren. Die beruhigte Baronin begab sich sogleich aufs Dach, um ihr katzenentführtes Kätzchen in Empfang zu nehmen. Herr Katz sah mich äußerst tadelnd an, als ich die zarte Bijou durchs Fenster reichte und in die wartenden Arme ihrer Herrin legte.

«*Mon Dieu*», rief die erleichterte Dame aus, «ich bin froh, daß *Monsieur Chat* sein eine Neutrum.»

Als ich die langen Haare meiner Katze zauste, mußte ich daran denken, daß eine schöne Französin es gewesen war, die ihn zum erstenmal bei seinem Namen genannt hatte.

Hiernach wurden die Siamesen sorgfältiger im Auge behalten, und Herrn Katz' Freundin, die Bunte, trat wieder in seinen Gesichtskreis. Sie folgte ihrem Idol so getreulich wie immer, bis eines Tages «etwas» geschah und sie eine neue Art von Liebe entdeckte, die Herr Katz ihr nicht geben konnte. Auch sie entschwand dann größtenteils aus seinem Leben.

Ehe dies jedoch geschah, gab Herr Katz einen Ball.

Eines Nachts lag ich im Bett und las, da hörte ich das unverkennbare Dröhnen einer Katze, die vom Fensterbrett herabspringt. Ich blickte auf und sah den Herrn ins Wohnzimmer spazieren. Da hierbei nichts Ungewöhnliches war, widmete ich meine Aufmerksamkeit wieder meinem Buch. Einen Augenblick später aber hörte ich einen zweiten Plumps und blickte erstaunt auf. Es war die hübsche Bijou persönlich, die mit gerecktem Schwanz majestätisch hereingesegelt kam.

Dann ertönte ein drittes Plumpsen, und als ich diesmal aufschaute, war es Herrn Katz' alte Flamme Tabby, die den Gang hinunterschlitterte, um die andern einzuholen. Meine Neugier war geweckt, doch ich beschloß abzuwarten, ehe ich den Dingen nachging.

Da brach auch schon die Hölle los! Ich hörte Geräusche von schlagenden und laufenden und stolpernden Körpern. Ganz leise stand ich auf und ging zur Tür, ohne daß sie mich sahen. Jede Katze hatte ein anderes Spielzeug aus Herrn Katz' Korb. Bälle wurden über den Fußboden geschoben (es war Sommer, und der Boden war teppichlos und herrlich glatt), und die drei schienen bei ihrer Jagd einem meisterhaften Choreographen zu gehorchen. Herr Katz ging zu seinem Korb zurück und wählte seinen ganz speziellen Lieblingszellophanball und quetschte ihn, um ihm seinen Wohlklang zu entlocken. Wie ein zufriedener und erfolgreicher Gastgeber beobachtete er seine Gäste.

Fast war es, als könnte ich ihn sagen hören: «Hab ich's euch denn nicht gesagt? *Er* schläft, und wir können mal 'n ordentlichen Zauber veranstalten.»

Leise schlich ich mich ins Bett zurück und machte das Licht aus. Eine halbe Stunde später etwa stahlen sich drei müde Katzen an meinem Bett vorüber. Zwei sprangen aufs Fensterbrett und auf die Feuerleiter, die dritte war mit einem Satz am Fußende meines Bettes und rollte sich zusammen und schlief prompt ein.

Herr Katz fährt mit der Vorortbahn – oder bleibt zu Hause

Im ersten Sommer, der auf seine Ankunft in der 55. Straße folgte, überlegte ich, daß es interessant sein müsse zu erfahren, ob Herr Katz sich nicht über ein bißchen frische Luft und grünes Gras freuen würde – in einer Gegend, die die New Yorker «auf dem Lande» nennen. Ich besaß damals im oberen Westchester, nicht weit von der Putnam-County-Linie, ein weitläufiges weißes Fachwerkhaus mit zwei Morgen Wiese und einem kleinen Gehölz.

Der erste Schritt war, einen Tragekorb für Herrn Katz zu kaufen. Ich hatte ihn einmal ohne Korb transportiert, als ich ihn mit sechs Monaten zum Tierarzt brachte, und diese Erfahrung werden wir beide nicht so bald vergessen. Er kreischte wie ein Affe und krallte sich in seiner Angst an mich. Der Gedanke, diese Tortur noch einmal durchstehen zu müssen (und auf der New York Central!), hatte nichts Verlockendes. Jedesmal, wenn ich eine Katze sehe, die gesittet an der Leine geht oder in stummer Würde neben ihrem Besitzer hockt, packt mich der Neid. Herr Katz hatte eine Abneigung gegen Leinen. Er schaltete den Rückwärtsgang ein und sträubte sich nach Kräften, so daß jeder Zuschauer mich für den grausamsten Herrn auf Erden halten mußte. Ich ließ jeden Gedanken an eine Leine fahren und hielt sie nur für den Notfall parat.

Anfangs fügte Herr Katz sich sanft und ohne Protest in sein Tragekorbschicksal. Im Taxi jaulte er leise. Auf dem Weg durch Grand Central Station zum unteren Bahnsteig und zu unserem Zug erhob er seine Stimme ein wenig. Zuerst lächelten die Zuhörer mitfühlend, mit zunehmend lauter werdenden Protesten jedoch hoben sich langsam die Augenbrauen, während ich die ganze Zeit versuchte, Würde zu bewahren.

Ich dachte, er werde sich vielleicht besser benehmen, wenn er sich umschauen könne, also hob ich den Deckel, und er steckte seinen Kopf heraus, um seine Umgebung zu mustern. Er vergewisserte sich sorgfältig, wo er war, inspizierte seine Mitreisenden, wobei er die Fingerschnalzer seiner Gewohnheit nach ignorierte, und dann: Mord und Totschlag! Ein gellender Schrei fuhr durch den Bahnhof. Eine Sekunde später tauchte er in den Tiefen seines Tragekorbs unter, und von da an protestierte er nur noch leise murmelnd vor sich hin.

Als wir in Westchester ankamen, erkundete Herr Katz eingehend das Haus, ehe er sich zur Gazetür vorwagte und um größere Ausblicke bat. Aus Sicherheitsgründen legte ich ihm an diesem Punkt seine Leine um, da ich auf dieser vielbefahrenen Straße seine Vorgängerin verloren hatte, deren Wagemut zu weit gegangen war. Dann spürte Herr Katz zum erstenmal richtigen Rasen unter sich. Es gefiel ihm nicht. Es gefiel ihm ganz und gar nicht. Er hob seine Pfoten, als würde er gezwungen, eine Pfütze zu durchwaten. Wo das Gras ein bißchen höher war, kitzelte es sein Bäuchlein, so daß er sich duckte und auf Känguruhart fortbewegte. Ich folgte diesem linkischen Gehopse, so gut ich konnte, bis wir die Terrasse erreichten, wo auf mich, gottlob, Cocktails warteten und auf ihn eine Portion Fisch.

Zur Essenszeit wurde die Rückkehr zum Haus in ziemlich der gleichen Weise bewältigt. Als er sich wieder sicher auf einem zivilisierten Hartholzfußboden befand, sank er dankbar nieder, und bis zur Rückfahrt in die Stadt weigerte er sich, auch nur einen Schritt aus dem Haus zu tun. Nein, das Land war entschieden nichts für ihn. Hoffnungsvoll wiederholte ich diesen Versuch noch ein- oder zweimal, aber das Ergebnis blieb das gleiche. Er wünschte entschlossen, eine Stadtkatze zu bleiben.

Da es nun klar war, daß Weekends auf dem Lande für Herrn Katz kein Vergnügen bedeuteten, blieb mir nur die Wahl, entweder selber darauf zu verzichten oder aber einen Weg zu finden, der es mir ermöglichte, ihn in guter Obhut in der Stadt zu lassen. Ihn in eine Katzenpension zu geben kam, was mich betraf, einer Zuchthausstrafe gleich. Die Freunde, die am ehesten Katzen verstanden, besaßen unglücklicherweise selber eine, so daß es unmöglich war, ihn zu «verleihen».

Ich hielt nach jemandem Umschau, der zweimal täglich kommen könnte, um ihn zu füttern, um sich mit ihm zu unterhalten und mit ihm zu spielen. Die meisten meiner Freunde jedoch waren während des Sommers selber Weekenders. Gäbe es doch nur noch eine Katze wie Herrn Katz, dachte ich, die das Land genauso haßt wie er, dann könnte ich mich mit deren Herrn abwechseln.

Als ich mich ungefähr damit abgefunden hatte, einen langen Urlaub in der Stadt verbringen zu müssen, rief plötzlich eine Freundin von Herrn Katz aus seinen Kätzchentagen an und stellte sich freudig als Katzensitter zur Verfügung. Ich war entzückt, und so wurde diese Dame, ein ehemaliges Mitglied meines Bibliotheksstabs, Anstandsdame Nummer eins.

Miss Hill verwöhnte Herrn Katz natürlich erbarmungslos. Als ich zurückkam und versuchte, ihn wieder auf normale Kost zu setzen, brachte er unmißverständlich zum Ausdruck, daß er mein spartanisches Regiment ganz und gar nicht schätze. Ich verstünde wohl nicht, sagte er, daß er so oft gefüttert zu werden habe, wie er es wünsche, und bitte: nicht diese Leberwurst-Sandwiches! (Es war Krieg, und für sie brauchte ich keine Fleischmarken.) Wo waren, wollte er wissen, die köstlichen Nieren- und Lebermahlzeiten, die es bei Miss Hill gegeben hatte?

Als ich in den Ferien nach Westchester fuhr, um meine Eltern zu besuchen, schickte Herr Katz sich darein, mich zu begleiten. Wir gingen zu Fuß zum Laden und zur Post, um kostbares Benzin zu sparen, und schließlich fand Herr Katz sich einigermaßen mit dem Gras ab, das ihn wie eine Schlange kitzelte. Das Innere des Hauses aber zog er entschieden vor, und am allerliebsten war er daheim in der Stadt, wo er nach Lust und Laune über Dächer wandern und an Feuerleitern klettern konnte.

Herrn Katz' Opfer

In diesem Augenblick scheint es wie Jahrzehnte, aber es war erst vor gut fünf Jahren, als Herr Katz zum zweitenmal verschwand. An einem Junimorgen erwachte ich früh, und er lag nicht neben meinem Bett. Als ich mich anzog und das Haus verließ, war ich mehr verärgert denn besorgt.

«Er wird auf dem Dach eingeschlafen sein», murmelte ich vor mich hin. «Oder er hat sich mal wieder in jemandes Wohnung einschließen lassen.» Das war tatsächlich einmal passiert, und er hatte zwei Tage warten müssen, ehe sie von ihrem Weekend zurückkamen.

In den letzten Nächten war er so oft über die Feuerleiter hinausgegangen und hereingekommen, daß ich sicher war, noch vor dem Verlassen des Gebäudes seinen Trompetenruf zu hören. Und natürlich trug er jetzt ein Geschirr mit einer Erkennungsmarke, so daß er nicht verlorengehen konnte.

Mittags rief ich den Hauswart an. Er sah in der Wohnung nach und berichtete, sie sei leer. Als er abends noch nicht heimgekehrt und sein Fressen noch unangetastet war, wuchs meine Besorgnis, aber ich machte mir klar, daß ich nichts andres tun konnte als warten und hoffen. Kurz nach dem Essen ging ich zu Bett, doch jedes Geräusch in dem alten Haus weckte mich in der eitlen Hoffnung, daß der verlorene Sohn zurückgekehrt sei.

Endlich mußte ich dem Unvermeidlichen ins Auge schauen. Ich rief das Tierheim an und gab wieder Anzeigen in den Zeitungen auf. Keine Perserkatze war abgegeben worden, und keine Antwort kam auf die Annoncen – abgesehen von Freunden und Nachbarn, die sich erkundigten.

Eine Dame rief an und sagte, sie sei überzeugt, eine Perserkatze unter einem Auto in Beekman Place gesehen zu haben, fast eine Meile von seinem Zuhause. Sie habe versucht, sie hervorzulocken, als sie merkte, daß sie jemandem gehörte, aber sie sei weggelaufen. Ich dankte ihr, obwohl ich bezweifelte, daß es Herr Katz war.

Mit Hilfe eines Freundes verteilte ich eine hektographierte Beschreibung des Verlorenen, komplett mit Abgangszeit und -datum, Adresse und Privat- und Bürotelefonnummer. Wir steckten sie in alle Briefkästen der Nachbarschaft und des Beekman-Place-Gebiets. Wir gaben sie sogar in den Geschäften und Bürohäusern der Fifth Avenue und Madison Avenue ab – eingedenk seiner letzten Erfahrung.

Die örtliche Polizei wurde alarmiert, bis sie meiner Stimme überdrüssig gewesen sein müssen. Unser Hauswart setzte seine sämtlichen *confrères* auf Herrn Katz' Fährte an. Sie trafen sich in ihrem «Klub», einer Bar auf der Lexington Avenue. (Wie sich herausstellte, gehörte ein Hauswart unglücklicherweise nicht ihrem Klub an.) Sie gingen jedem Gerücht nach, ob es sich nun um einen Perser oder einen Malteser handelte, um grau oder weiß oder was sonst.

Und aus Tagen wurden Wochen, bis ein Punkt erreicht war, wo jede freundliche Nachfrage Pein verursachte. Wenn ich jetzt angerufen wurde, war es bestimmt irgendein Freund, der sich erkundigte, ob es etwas Neues gebe. Meine Antworten wurden weniger höflich, allerdings auch resignierter. Wo war Herr Katz?

Als es in die fünfte Woche ging, konnte ich nicht mehr glauben, daß ich ihn jemals wiedersehen werde. Ich konnte nicht glauben, daß er je einwilligen würde, ein neues Zuhause zu akzeptieren. Ich hielt mich an die Hoffnung, daß er wieder gekidnappt worden war und eines Tages freikommen werde und seinen Weg zu mir zurück fand.

Gegen Ende der fünften Woche klingelte das Telefon. Eine fremde Stimme fragte: «Sind Sie Mr. Freedley? Haben Sie eine Katze verloren?»

Meine Stimme zitterte, als ich beides bejahte. «Haben Sie – haben Sie ihn gefunden?»

«Ich hab seinen Gurt gefunden», entgegnete die Stimme, «mit seinem Namen und Ihrem, da hab ich Sie angerufen. Ich bin der Hauswart hier, 16 East 56th, das Fiberglass-Haus. Wir legen Airconditioning rein, und das Loch im Boden im Zimmer der Sekretärin war mit einem Brett abgedeckt. Morgen legen wir neuen Fußboden, da hab ich das Brett weggenommen und in das Loch reingeguckt, und da hab ich den Gurt gefunden.»

«Glauben Sie...?» fragte ich.

«Machen Sie sich keine Hoffnung», sagte der Hauswart. «Ich hab in das Loch reingerufen, und ich hab nichts gehört. Sie sagen, es ist beinahe sechs Wochen her, und dann diese Backofenhitze. Vielleicht war er da und ist abgehauen. Vielleicht ist er da, aber...»

Ich verstand nicht, wieso er die hektographierte Anzeige nicht bekommen hatte, die wir in jedem Gebäude, seines inbegriffen, abgegeben hatten, aber dafür war jetzt keine Zeit. Das Büro schloß um fünf, und ich wollte dann hinfahren.

Nie ist mir ein Nachmittag länger geworden. Ich versuchte, vernünftig zu sein. Sechs Wochen! Und der heißeste Juli seit Jahren. Der gesunde Menschenverstand sagte mir, daß er nach sechs Wochen ohne Nahrung und Wasser nicht mehr am Leben sein konnte. Wenn er da war – würden seine fragenden Augen noch immer leuchten und bereit sein, mich zu begrüßen?

Ich zog mir meine ältesten Sachen an, um unter Fußböden herumkriechen zu können, und holte seinen alten Tragekorb hervor und einige seiner Spielsachen. Ihr Anblick ließ meine Augen feucht werden. Kalte Vernunft gab mir ein, auch ein Tuch zum Bändigen mitzunehmen. Man weiß von Katzen, die toll geworden sind...

Eine einsame Sekretärin saß an ihrem Schreibtisch, als ich mit dem Hauswart dort ankam. Zuerst riefen wir das Tierheim an.

«Stimmt es», fragte ich, «daß Sie Katzen zwischen Gebäuden retten und unter Fußböden hervorholen?»

Sie versicherten mir, so nur die geringste Hoffnung vorhanden sei, würden sie kommen und den ganzen Boden aufreißen.

Ich nahm das Brett ab und rief seinen Namen.

«Herr Katz», rief ich, «Herr Katz.»

Schweigen. Dann, von ganz weit her, ein schwaches Miauen.

Sechs Wochen!

Ich zitterte vor Erregung, als ich weiter in das Loch hineinrief und mit ihm sprach. Das Gesicht des Hauswarts war ein Bild, als er mir seine Taschenlampe gab. Die Sekretärin riß den Mund auf.

Ich kniete nieder und steckte meine Hand ins Loch. Eine kleine Pfote klapste an meine Hand.

Mehr wollte ich nicht tun, damit er sich in seiner Angst nicht ganz zurückzog. Ich schlenkerte sein Lieblingsspielzeug, den Zellophanball, und sah ihn langsam erscheinen. Langsam zog ich den Ball zu mir, und langsam kam er ihm nach. Welche Erinnerungen mögen ihm durch den Kopf gegangen sein, als er diesen schlichten Zellophanball sah und hörte, der einst einem lieblichen Kätzchen solche Quelle unschuldigen Vergnügens gewesen war? Er zitterte, und sein ganzer Körper wurde sichtbar. Ich ließ die Schnur fallen und packte ihn, sanft, aber fest, und zog ihn herauf.

Und vor Verblüffung hätte ich ihn beinah fallen lassen! Er hatte fast fünfzehn Pfund gewogen, als ich ihn verlor; jetzt wog er nur noch etwas über ein Pfund. Sein langes Fell hatte diese Abzehrung verhüllt, bis ich ihn in meine Arme nahm. Nur seine Augen schienen größer und glänzender, aber das war natürlich im Vergleich zum übrigen.

Dann sprach er ganz deutlich mit mir. «Na, das war ja wohl Zeit, daß du herkamst. Wo, um Himmels willen, hast du bloß gesteckt?»

«Sechs Wochen», sagte der Hauswart verwundert.

Wir riefen das Tierheim an und machten unser Hilfegesuch rückgängig, aber der Wagen war schon unterwegs; also bat ich einen Freund, herüberzukommen und ihnen zu erklären, was geschehen war.

Behutsam legte ich Herrn Katz in den Tragekorb, wobei ich das Tuch zum Bändigen als Kissen benutzte. Dem Himmel sei Dank, ich hatte es nicht gebraucht!

Was die Vorübergehenden auf der Madison Avenue in jener frühen Augustdämmerung dachten, als sie einen Mann mit einem Tierkorb und einer Handvoll Spielzeug und tränenüberströmtem Gesicht vorübereilen sahen, werde ich nie erfahren. Noch soll's mich kümmern. Herr Katz war wieder da.

Als ich ihn zu Hause hatte, hob ich ihn aus dem Tragekorb und stellte ihn auf die Beine. Er versuchte, mir in die Küche zu folgen, aber er sackte vor Schwäche zusammen. Ich hielt ihn in den Armen, während ich ein bißchen Milch warm machte, und setzte ihn neben die Untertasse. Er roch an der Milch, ging aber nicht dran. Er hatte vergessen, wie man trank.

Endlich tauchte ich meinen Finger in die Milch und hielt ihn an seine Lippen. Er leckte ihn wie ein frisch entwöhntes Kätzchen. Ich wiederholte das, bis er sich allmählich daran gewöhnte, selber die Milch aufzulecken. Auf diese Weise fütterte ich ihn zwei Stunden lang alle zehn Minuten, bis wir beide vor Müdigkeit umfielen.

Der Freund, der den Wagen vom Tierheim abgewartet hatte, kam am nächsten Morgen vorbei. Er erzählte mir, der Mann habe sich die bewegende Geschichte ungerührten Gesichts angehört und habe in sein Buch die lakonische Notiz eingetragen:

«Hat Katze selber rausgeholt.»

Johannes V. Jensen

Katzenkinder

Auf der Schwelle zur Pantry saß eine schwarze Katze mit gelben Augen und betrachtete jeden, der vorbeikam, aufmerksam und nicht ohne Furcht. Man schaute hinein zum Obersteward und fand hinter der Tür eine Kiste mit Lappen drin und zwei kleinen schwarzen, schlafenden, noch hilflosen Katzenkindern. Die Mutter kuschelte sich zu ihnen und sah auf mit diesen gelben Augen, voller Muttersorgen. Es war im Hamburger Hafen, mit Frost und Eisgang draußen, die Spille auf Deck dauernd in Bewegung, und pausenloses Getrampel, raus und rein, von ungeduldigen Leuten, wie immer, bevor ein Schiff losmacht. Aber hier in der Ecke war ein warmes kleines Nest, wo das Leben im kleinen entstand, was sich auch sonst immer draußen abspielen mochte.

Ja, jetzt bleibt sie hier drinnen, sagte der Obersteward, nun hat sie ja Junge. Das ist der vierte Wurf hier an Bord. Wenn sie groß sind und verschenkt werden, geht sie an Land und verlobt sich wieder, und dann bekommen wir sie wieder hier in die Kiste.

Ungefähr eine Woche später, als wir in der Spanischen See liegen, hört man am Morgen laute Ausgelassenheit von der Pantry her, rauhe Stimmen, Schiffsjungen und rohe Gesellen, die beim Steward aus und ein gehen. Und beim genaueren Hinsehen stellt sich heraus, daß der Steward einen Korken mit einer Schnur an die Türklinke gebunden hatte. Noch ein wenig unsicher auf den Beinen, steht eins der Jungen aufrecht an der Tür und gibt dem Korken kleine Ohrfeigen mit den Pfötchen, zur allgemeinen Heiterkeit dieser rauhen Brüder, die sich vor Lachen schütteln und schuldbewußt dreinschauen, als sie entdeckt werden. Dick in der Nase, murmelt der Steward etwas wie: Sie wollen ja gern spielen, womit er die Jungen meint. So groß sind sie also schon in der kurzen Zeit geworden.

In den folgenden Tagen, als die Luft milder geworden ist, sieht man sie sich über die Schwelle hinaus auf den Gang wagen und manchmal sogar ganz hinaus aufs Deck, in die große weite Welt. Doch von hier schleppt die Mutter sie zurück, sooft sie auch hinauskrabbeln, und legt sie wieder in die Kiste. Mannschaft und Offiziere, die vorbeikommen, bemerken nach und nach die kleine Familie, und so wird sie populär.

Wiederum eine Woche später, im Mittelmeer, wird die Kiste hinaus aufs Deck gestellt, und die Jungen begeben sich auf Entdeckungsreisen in die vielen Löcher und Rinnen unter den Spillen, zum größten Kummer der Mutter, die sie einfach nicht mehr zusammenhalten kann. Sie sind nun vollkommen selbständig und können sogar schon aus einer Untertasse schlappen. An der Matte legen sie sich ganz flach auf die Lauer und überfallen sich gegenseitig, tanzen mit krummen Rücken in der Luft und spielen mit irgendeinem Ding, das sich bewegt, ganz nach Katzenkinderweise. Nur selten hat die Mutter sie noch bei sich in der Kiste, dann werden sie geleckt, und mit den gelben, seltsam mütterlichen Augen schaut sie dann auf.

Eines Morgens sind die Jungen fort. Die Kiste ist leer, und auf die Nachfrage beim Steward erfährt man, daß sie nun groß genug seien, um von der Mutter genommen zu werden. Das eine sei oben beim Koch und das andere bei einem gewissen Andersen. Die Mutter schleicht umher in den Schlupflöchern unter den Spillen und miaut jämmerlich, betrachtet jeden, der kommt, und man kann nicht übersehen, daß sie fragt, sie schaut und fragt: Wo sind meine Kinder? – Aber natürlich, sie müssen sich ja doch einmal trennen.

Als wir beim Frühstück sitzen, hören wir das klägliche Miauen vom Gang.

Was ist das für ein Miauen? brüllt der Kapitän barsch in Richtung Pantry. Und sich wieder seinem Tee zuwendend fügt er aufgebracht hinzu: Ich kann dieses Katzenmiauen einfach nicht aushalten.

Der Steward kommt heraus, wegen des Seegangs unmöglich

schräg, mit feierlichen Augen, dick in der Nase. Und da er gefragt wird, muß er die Sache ja erklären. Ja, der Obersteward wollte die Jungen jetzt nicht mehr hier haben, wo es so warm wird. Sie stinken, sagt er, und darum sind sie nun zum Koch und zu Andersen gekommen.

Das ist doch, zum Kuckuck, zu früh, sagt der Erste Meister und kann nicht seine Anteilnahme verbergen – obgleich es natürlich nur eine Bagatelle ist. Das ist eine Woche zu früh. Sie können ja überhaupt noch nicht für sich selber sorgen.

Jawohl, sagt der Steward höflich, mit seinen weit auseinanderliegenden Augen undurchschaubar. Schließlich steht er ja hier zwischen zwei Feuern, dem Obersteward und den Offizieren. Er soll die Wahrheit sagen und gleichzeitig seine eigene Meinung zurückhalten.

Ja, und wenn sie auch schon ein wenig allein trinken können, ließ sich der Meister wieder ärgerlich vernehmen, so könnte man ihnen doch, zum Kuckuck noch mal, einen Kasten mit Sand hinstellen, wenn es das ist, was stinkt. Das bißchen, was solche kleinen Dinger machen. Es ist doch ihre Natur, aus eigenem Antrieb gehen sie in den Kasten und verscharren es hinter sich – wie Katzen es tun. Das ist doch bloß Überempfindlichkeit von dem Obersteward.

Mir ist es Wurscht, wo die Katzen hinkommen, brüllt der Kapitän, aber ich will das Miauen nicht haben.

Bedrückte Pause; der Steward steht schräg, stumm, gehorsam wie ein Schaf, und Haarsträhnen fallen ihm ins Gesicht.

Sie verstehen eben keine Katzen, bemerkt der Meister mit irritiert-leidendem Ton obenhin. Es ist viel zu früh, ihr die Jungen wegzunehmen. Wenn sie größer werden, geht's ganz von selber, aber jetzt sind sie noch zu klein. Ich kenne sie nämlich, sie ist praktisch meine Katze. Wir bekamen sie in Australien, und ich brachte sie selber mit an Bord, nicht größer, als daß sie hier in meiner Jackentasche liegen konnte. Vier Jahre ist sie nun hier an Bord. Und obgleich sie an Land geht, weiß sie doch genau, wo sie hingehört. Ich habe die Katze in Antwerpen sogar auf dem Kathedralsplatz getroffen, und dieser ist ein ordentliches Stück vom Schiff entfernt.

Aber als wir am nächsten Morgen losmachten, war sie an Bord. Nicht so, als ob sie überall an Land ginge. Achtet mal drauf, wenn wir nach Java kommen, da setzt sie keinen Fuß an Land, nein, sie bedankt sich. In Australien oder Kopenhagen – da geht sie an Land und macht Bekanntschaften in Lagerhäusern und auf Dächern – das ist der zärtlich-wehmütige Gesang, den wir so gut kennen. Aber wenn wir fahren, ist sie immer zur Stelle. Doch nun haben wir einen neuen Obersteward, schließt der Meister bitter, und der neue hat kein Verständnis.

Da muß ich doch mit dem Obersteward halten, daß er die Katzen nicht im Proviantraum haben will, wirft der Kapitän ein, da haben sie nichts zu suchen. Im übrigen ist es mir egal.

Der Erste Steuermann, ein großer blonder Jütländer, sieht mit frommen, gutmütigen Augen von einem zum andern. Das Gespräch kommt auf Katzen und Tiere an Bord im allgemeinen. Der Meister hat viel erlebt, und er kann so gut erzählen. Er erinnert sie an Sidse, ein Schwein, das sie als lebenden Proviant mithatten. Sidse war zwei Jahre auf dem Schiff und stand jedesmal an der Salontür, wenn sie aßen; sie grunzte und bettelte, aber niemals ging sie über die Schwelle, denn sie wußte, daß sie das nicht durfte. Damals im Roten Meer verlor sie ihren Verstand. Sie sprang über Bord, die Hitze war ihr in den Kopf gestiegen. Erst galoppierte sie dreimal um die Luke herum und dann hinein in den Bach. Aber dann schwamm sie buchstäblich um ihr Leben. Ein Hai war nämlich in ihrem Kielwasser, und sie schrie fürchterlich. Lieber Gott, wie sie schrie. Ein Rettungsboot wurde ins Wasser gelassen, das Schiff lief volle Kraft rückwärts, und von der Brücke schoß der Kapitän auf den Hai. Sidse kam wieder an Bord, für diesmal von ihren Selbstmordgedanken kuriert. Später mußte sie geschlachtet werden, als wir nach England kamen, dort war nämlich für Tiere Quarantäne. Aber keiner wollte sie abstechen. Schließlich hat der Steuermann sie mit seinem Armeerevolver erschossen. Und das soll auch gesagt werden, daß die Mannschaft mit feuchten Augen später am Tisch saß und lustlos die Blutwurst auf den Tellern anstarrte. Das war Sidse. – Ein anderes Mal hatten wir vier Schweine an Bord, von denen eines plötzlich anfing, Junge zu kriegen. Niemand hatte geahnt, daß es trächtig war. Man hatte sich wohl gewundert, daß es so dick wurde, und hatte mehr aus Spaß ab und zu seine Seite befühlt. Aber eines Tages, als der Meister gerade neben ihm beim Waschen war, begannen die Jungen auf einmal zu kommen. Wie er selbst sagte, verlor er vollständig die Fassung und stürmte zum Kapitän um Hilfe. Aber niemand wußte Bescheid. Schließlich stöberte man einen alten, verheirateten Matrosen auf. Dieser machte einen Knoten in die Nabelschnur eines jeden Ferkels, sobald es zum Vorschein kam, und schnitt die Schnur dann durch. Man sollte gesehen haben, wie sich das Baby sofort dann auf alle viere stellte und davonstiefelte, den Knoten hinter sich herschleppend.

Aber nun Katzen... Und hier verlor sich der Meister wieder in unendliche Beispiele für die Klugheit der schwarzen Katze und dafür, wie falsch man ihren Charakter verstand. Das weckte nun die Streitlust des Kapitäns, und obgleich man wohl den Eindruck hatte, daß er Katzenhasser war, hielt er eine Lobrede auf eine Katze namens Sophus, die sie einmal an Bord gehabt hatten. Pünktlich auf die Minute erschien sie jeden Morgen, den Schwanz senkrecht in der Luft, wenn sie wußte, daß der Kapitän frühstückte, weil sie dann immer einen Leckerbissen bekam. Nun sollen Sie mal sehen, sagte der Obersteward dann oft, wenn die Katze ganz hinten im Schiff war, und gab dem Messer ein paar Striche auf dem Schleifstein. Augenblicklich war Sophus zur Stelle und legte beide Pfoten auf die Tischkante, denn er wußte, daß der Obersteward dann Wurst schneiden würde. Aber es wirkte gar nicht, wenn ein anderer das Messer wetzte, er kannte genau den Rhythmus, so und so, wie es eben der Obersteward machte. Sophus war etwas Besonderes. Und er war so tüchtig zum Mäuse- und Rattenfangen. Katzen müssen auch was arbeiten, sonst sind sie nicht mehr wert als ein Sandsack und dann über Bord.

Ha – jetzt sollte man eine Katze wohl nur danach beurteilen, welchen Nutzen sie bringt, fiel der Meister ein, mit Spott und Protest in der Stimme, doch nicht ohne Humor. Ob der Kapitän sich erinnere, wie sie einmal zahme Mäuse im Salon gehabt hätten, zwei, die der Steuermann gezähmt hatte, die zu den Mahlzeiten kamen und Krümel bekamen? Da war der Kapitän wohl Mäusehasser gewesen? Sollte man übrigens Pussi danach beurteilen, so gibt's wohl keine bessere Mäusekatze auf der Welt als sie. Und da und da, wo sie gelöscht hatten, fing sie an einem Vormittag vierundfünfzig Mäuse und legte sie alle auf einen Haufen. Sie nahm drei auf einmal, eine mit dem Maul und eine mit jeder Vorderpfote, in einem Satz. Oder als sie einmal im Sturm eine Ratte jagte, die auf Deck gekommen war, die sie durch eine grüne See hindurch verfolgte – Katzen, die sonst so wasserscheu sind. Ja, die Ratte schwamm durch fußhohes Wasser, das über Deck gespült wurde, und die Katze hinterher, mit verbissenen Schwimmbewegungen, bis sowohl See als auch Ratte über Bord gingen – und Pussi blieb mit allen vier Pfoten in den Wanten hängen. Katzen fallen immer auf die Füße. Wenn es auf Nützlichkeit ankommt – gibt's dann wirklich Gründe, ihr die paar kümmerlichen Schwarten, die zu ihrem Unterhalt gingen, zu mißgönnen, ha? – Das war jedenfalls die Meinung des Meisters. Die Katze ließ sich wieder draußen auf dem Gang hören, ein herzzerreißendes Miauen, als ob etwas in ihrer Brust in Stücke gegangen wäre.

Ich kann dieses Jaulen nicht aushalten, sagte der Kapitän wieder vor sich hin. Dieser Andersen, ist das der Kannibale mit den schwarzen Haaren? Was soll der mit dem Jungen?

Nach dem Frühstück ging der Kapitän kurz entschlossen hin, holte die Jungen und legte sie eigenhändig wieder zurück in die Kiste. Die Mutter schmiegte sich glücklich an sie und brachte jene eigentümlichen Laute hervor, mit denen Katzen ihre Freude ausdrücken; so war also die Familie wieder vollständig, offenbar auch zur großen Erleichterung des Stewards, der auch auf der Seite der Katzen gewesen war, aber nichts zu sagen gewagt hatte. Im übrigen war es den Jungen keineswegs schlecht ergangen, solange sie fort gewesen sind, ganz im Gegenteil. Das eine kehrte mit einem gelben Zigarrenkistenbändchen zurück, das zu einer zierlichen Schleife um seinen Hals gebunden war. Es war der Kannibale Andersen, der das Junge auf diese besondere Weise ausgezeichnet hatte.

Am nächsten und übernächsten Tag wurde bei den Mahlzeiten viel über Katzen geredet, ausführliche Erzählungen. Der Kapitän ergänzte seine Legende über den einzigartigen Sophus mit einem Bericht darüber, wie Sophus, der ja ein Kater gewesen war, in jedem Hafen an Land ging und oft zurückkam mit Beulen, einmal mit einem aufgeplatzten Augenlid – ganz wie Seeleute, wenn sie an Land gewesen waren und Schlägereien gehabt hatten. Die Matrosen hatten viel Sympathie für ihn, und aus Spaß banden sie ihm einen Groschen um den Hals, daß er sich auch was leisten könnte, wenn das Schiff im Hafen lag. Und Sophus hatte es so eilig, an Land zu kommen, daß sie ihn festhalten mußten, bis die Landungsbrücke heruntergelassen war. Und dann, wenn sie ihn losließen, stürmte Sophus wie aus der Pistole geschossen davon. Und immer kam er schleichend zurück, nicht mitten über die Treppen, nein, ganz an die eine Seite gedrückt, um nicht gesehen zu werden. Ja, Sophus war ein Mensch.

Als ob die Ausgaben, die man mit dem Kater gehabt hatte, schon der Rede wert gewesen wären, prahlte der Meister. Pussi kommt jedesmal, wenn sie zum «Trippeln» war, mit einem Taler nach Hause. (Allgemeine Heiterkeit, Beifall, besonders von seiten des Ersten Steuermanns, der Steward reserviert, ernst wie ein Grab.)

Als wir am Abend beim Bridge sitzen, miaut die Katze wieder draußen auf dem Gang. Warum jault sie denn nun schon wieder, sie hat doch ihre Jungen wiederbekommen? donnerte der Kapitän.

Sie sagt gute Nacht, sagt der Maschinenmeister sanft, können Sie das nicht hören? Sie haben auch überhaupt kein Verständnis. Aber er geht trotzdem hinaus, um nachzusehen. Und richtig, Pussi ist ausgesperrt, der Obersteward ist schon zu Bett. Da packt der Meister einfach die Katze, geht mit ihr außen herum und steckt sie zum Bullauge hinein, abwartend, bis er von drinnen das zufriedene Schnurren hören kann.

In den folgenden Tagen beginnen die Seeleute, nur leicht bekleidet auf den Luken zu sitzen, die Mützen tief in die Augen gezogen, mit nackten tätowierten Armen. Es ist Sonnenwende; nun weiß man, wie es daheim ist, dunkel den ganzen Tag, Licht in den Ge-

schäften und Weihnachtsdekorationen auf «Strøget», schwarze
Ströme von Menschen und wahrscheinlich auch schwarzer, zertre-
tener Schnee in den Straßen. Nun feiern sie Weihnachten. An Bord
sprechen sie oft darüber, obgleich sie Weihnachten nicht zu Hause
feiern können. Runde Plätzchen mit Zucker und Zimt gibt es zum
Tee – der Obersteward hat gebacken. Natürlich sollen sie auch an
Bord Weihnachten haben, und ein Weihnachtsbaum ist eigens dafür
mitgenommen worden. Aber die Berechnungen ergeben, daß man
am Heiligen Abend gerade in Port Said liegt und löschen muß. Es
wird daher beschlossen, den Heiligen Abend um vierundzwanzig
Stunden zu verschieben und ihn im Kanal oder im Roten Meer zu
feiern. Einige von den Offizieren haben noch kein Weihnachten
zusammen mit ihren Familien erlebt. Sie sprechen davon wie von
einem hohen, heiligen Sakrament, an dem sie vielleicht einmal
durch die eine oder andere gute Fügung teilhaben werden.

Seeleute sind ja praktisch niemals zu Hause; nach einer halb-
jährigen Reise vielleicht zwei, drei Tage, manchmal nur Stunden,
am Morgen im Hafen, am Abend wieder in See, wieder auf einer
Halbjahresreise. Und es kommt auch vor, daß sie überhaupt nicht
nach Hause kommen. Man erhält die Order draußen und muß dann
ein weiteres halbes Jahr unterwegs bleiben, bevor man Fracht in die
Heimat hat. Es gibt verheiratete Leute, die ihre Kinder nur ein
paarmal gesehen haben, und die Kinder erkennen sie überhaupt
nicht, wenn sie heimkommen. Die Mutter dressiert sie darauf, daß
sie dem Vater entgegenlaufen und sagen sollen: Guten Tag, Vater.
Doch auf dem Weg können sie dann plötzlich nicht mehr, und der
Vater kann es auch nicht.

So leben und sterben sie schließlich auf dem Schiff. In ihren kleinen Kammern hängen Fotografien von der Geliebten, zusammen
mit anderen Schönheiten, von denen sie träumen, Filmstars – wie
auf See zu erwarten, von rotweiß gemalten Rettungsringen einge-
rahmt. Angenagelte Postkarten mit kleinen Bildern vom Land, eine
sommerliche Landstraße, ein Pferd mit einem Fohlen berichten
ihnen von einer Welt, von der der Seemann vollkommen ausgeschlossen ist.

Als Ausgleich sollte wohl das Leben auf See eine Romantik bewahrt haben. Aber nein. Sie sehen nicht einmal mehr die Welt. In den Häfen, wo sie anlegen, bleibt ihnen keine Zeit, um an Land zu gehen. Löschen und andere schwere Arbeit, und dann wieder weiter, um keine Zeit zu verlieren. Wie die Wölfe fahren sie in die Maschinen, wenn sie stilliegen, um zu reparieren und nachzusehen; Maschinenmeister und Assistenten kommen Tag und Nacht nicht einmal an Deck, solange die Maschine nicht läuft, geschweige denn an Land. Und die übrige Zeit laufen und laufen die Maschinen Monate und Monate in einem fort.

Es ist ja schließlich ein Motorschiff. Neue Zeit – neue Methoden. Einen Kessel braucht man nicht mehr, und der Heizer ist in die Geschichte eingegangen; er lebe wohl. Keine Kohlen, keinen Bunker, man nimmt flüssigen Brennstoff mit einem Schlauch an Bord, und – von den Kohlestationen unabhängig – läuft man viel weitere Strecken. Der Dieselmotor setzt den Brennstoff direkt um, der Zylinder ist Kessel und Antrieb zugleich. Die Erfahrungen mit Benzinmotoren ziehen auch hier ein und verdrängen den Dampf. Die zwei großen Achtzylindermotoren – jeder Zylinder so groß, daß ein Mann darin stehen kann – arbeiten genau wie ein Automobil, achtern beim Mast kann man vom Auspuff den bekannten heiseren Takt hören, wie das Hecheln eines Jagdhundes in der Hitze. Das ist der Puls der Zeit, nun auch auf See. Doch sendet man den alten, schönen Dampfmaschinen einen wehmütigen Gedanken, den tanzenden, öltriefenden Pleuelstangen und dem Dampfgeruch im Maschinenraum. Dieselmotoren riechen wie eine Großstadtstraße nach Auspuffgas, und der Maschinenraum ist voller Rauch, als ob eine Lampe geblaffert hätte. Die Zeit wird schneller, explosiver und verbrennt mehr. Das kann man auch den Maschinenleuten ansehen, sie haben einen ungesunden, wachsartigen Teint. Warum bleiben sie eigentlich nicht auf Land? Dort warten mindestens zwanzig auf jeden einzelnen Platz draußen auf See; aber nein – sie bleiben, wo sie sind.

Und dann läuft das Schiff aus mit seinen gut dreißig Mann Besatzung an Bord, nicht eine Frau an Bord, bis zu den Luken beladen mit Waren aus aller Welt. Oben von der Bottnischen Bucht und von Oslo, von Hamburg, mit schwerem Maschinengut auf Deck, Teile für Zementfabriken, die auf Sumatra aufgebaut werden sollen, Waren für Java, Australien. Täglicher Verkehr – aber riesige Dimensionen – auch Stoff für die Phantasie. Der moderne Austausch bringt schwere Güter von arktischen Regionen hinunter in die Tropen, andere Waren wieder zurück, damit die einfachsten täglichen Bedürfnisse überall erfüllt werden können. Aber der Seemann ist, was das Heim betrifft, betrogen. Alle Achtung seiner Treue und Resignation. Solch ein Schiff faßt 10 000 Tonnen Last, zusammen mit der Last ist es viele Millionen wert. Daß es von Kontinent zu Kontinent fährt, bedeutet Arbeit und Brot für viel mehr Menschen als nur die direkt damit beschäftigten, viele wissen überhaupt nichts davon. Respekt vor den großen Dimensionen und den Köpfen, die so umfassende Riesenunternehmen in Gang halten.

Eine Reise mit einem Dampfer, obendrein in nahem Fahrwasser wie von Hamburg nach Port Said, bietet nichts Neues. Wie gesagt, es fehlt jede Seeromantik. Man ist nicht einmal isoliert, jedes Schiff hat Radio, wir bekommen Zeitungen mit dem gewohnten Geschrei – alle Seereisen sind fast gleich, wie auch das moderne Leben immer gleich ist. Ganz geisttötend ist die Reise aber auch nicht, es ist kein Passagierschiff wie die riesigen schwimmenden Hotels, die die Meere durchfahren. Es fehlen zwar hier die Damen an Bord; das ist ein Mangel; man entbehrt sie. Aber die See bewahrt doch ihre alte Anziehungskraft, das alte Element hat seine Melancholie und die Sehnsucht behalten, macht den Blick weit, trotz seiner Grenzen – jetzt wie immer schon. Gleichbleibend und ewig ist die See. Bilder kommen und Bilder vergehen. Ein ursprünglicher Instinkt muß die Ursache sein, daß dieser kleine Kreis von Menschen seinerzeit die See wählte, und nun läßt sie sie nicht mehr los, wie sie selber sagen.

Ein sehr tief begrabenes Gefühl und die Sehnsucht nach Häuslichkeit kommen nun in der Aufmerksamkeit zum Vorschein, die der kleinen Katzenfamilie zuteil wird. Menschen im Lande machen sich überhaupt keine Vorstellung davon, wie stark dieses Sehnen ist. Die Leute sitzen auf der Luke und nähen, mit wehmütiger

Erinnerung an die abwesenden Frauensleute, halten einen langen Faden in der Nadel den Katzenkindern hin, daß sie danach springen, machen allerlei Spaß mit ihnen und lachen wie große, plumpe Kinder über die Bocksprünge der Jungen. Manchmal wird es direkt heftig und wild, lautes Brüllen, wenn der eine meint, daß ein anderer zu rauh mit den kleinen Geschöpfen umgeht – das soll er noch einmal wagen. Im Wesen der Seeleute sind große Gegensätze vereinigt. Der Kapitän droht dem Steward mit dem Leben, weil er die Pantrytür hinter sich offen und im Seegang hin- und herschlagen läßt. Ärgerlich wendet er sich dem Tisch wieder zu und brummt vor sich hin: Wenn eins von den Jungen auf die Schwelle springt und die Tür im selben Moment zuschlägt, ist es hin.

Dort auf der Luke ist ein wirkliches kleines Paradies. Die zwei Jungen spielen in der Sonne, ein wenig tolpatschig noch, doch schon mit der eleganten Grazie der Katzen. Sie kugeln umher, wenn sie nach etwas schlagen, und will man sie streicheln, bekommt man von der klitzekleinen Pfote einen Schlag wie von einer Daune. Und die Mutter schaut mit diesen schwefelgelben Augen zu, in denen die Pupillen senkrechte Spalten sind, Krokodilsaugen, in denen die stumme Machtlosigkeit steht. Es sieht aber so aus, als ob Welt und Menschen sie und ihre Kinder schonen wollten. Sich selbst läßt Miss aber nicht streicheln, sie weicht leicht aus, wie ein Schatten. Sie ist Australierin und wünscht nicht, berührt zu werden.

Das Raubtier ist auch bei den kleinen Biestern zur Stelle. Der Steuermann kommt vorbei und legt geschabtes Fleisch für die Abgötter auf die Luke. Und die Jungen, so klein sie noch sind, bemerken sofort den Blutgeruch. Sie hauen ihre spitzen Zähne ins Fleisch und ziehen sich knurrend mit ihrem Raub zurück. Und als der Steuermann – der Spender der Gaben – dieses Geschöpf Gottes streicheln will, haut es ihm fünf nadelfeine Krallen in den Zeigefinger, so daß er es erst hoch in die Luft halten muß, bevor es seinen Finger freigibt. Jubel auf der Luke – und auch der Steuermann ist ganz entzückt und begeistert über die Tüchtigkeit des kleinen Tigers. Die letzten paar Tagereisen vor Port Said ist das Mittelmeer endlich blau geworden, stahlblau, wie der Bottich mit Waschblau, in dem die Wäsche gespült wird. Bis kurz vor Tunis war das Wetter noch rauh, doch nun erstrahlt der Himmel in klarem Licht. Feuerstrahlen blitzen von der See auf, die wie in einem weiten blauen Ring daliegt, eine endlose See, nicht ein einziges Schiff ist zu sehen. Das ist nun etwas anderes als das Packeis und der dunkle Nebel in dem eisbedeckten Hamburger Hafen. Am Abend leuchtet die Venus in königlicher Pracht wie ein großer Diamant am Himmel, so hell, daß sie einen Lichtschimmer aufs Meer wirft. Die Mondsichel sieht mittlerweile ganz türkisch aus, und im Norden ist der Große Bär zum Horizont hinuntergeglitten.

Zu diesem Abend hätte Musik gehört, dankbar hätte man den bekannten, traurigen Harmonikaklängen aus den Mannschaftsräumen gelauscht, die eigentlich nicht von einem Schiff zu trennen sind. Die Harmonika, das Instrument des Seemanns, ausdehnbar wie die Seele des Matrosen, zeitweise auch leck, mit einer Menge Luft darin, wie Wind und Wetter; und zeitweise bedrückt wie die Brust des Seemanns, sehnsuchtsvoll, eine Stimme der Einsamkeit auf einem Ozean von Heimweh – doch auf diesem Schiff erklingt keine Harmonika, es ist arm auch in bezug auf Musik. Es gibt zwar ein Grammophon, doch das ist vernagelt.

Diese kleine Gruppe von Menschen lebt hier auf ihrer Insel gesittet und ordentlich, ohne sich jemals Luft machen zu können, nicht einmal mit einer Harmonika. Und es wird sie doch drücken, jetzt, wo es auf Weihnachten zugeht. In der Mannschaftsmesse mit den rohen Bänken und den nackten Wänden sitzt noch spätabends ein Kerl mit einer wollenen, ölverschmierten Unterjacke, Ruß in den Haaren, kaut am Federhalter und versucht zu schreiben. Den hat's wohl schlimm gepackt.

Walter de la Mare

Besenstiele

Miss Chaunceys Kater, Sam, war schon viele Jahre bei ihr, ehe ihr in seinem Benehmen etwas Ungewöhnliches, etwas *Störendes* auffiel. Wie die meisten Katzen, die nur mit einem Menschen oder zweien unter dem gleichen Dach leben, war er klüger als Katzen eines gewöhnlichen Haushalts. Er hatte etwas von Miss Chaunceys Lebensart angenommen, das heißt, er benahm sich so menschenähnlich, wie man das von einem in ein Haarfell verpackten sterblichen Wesen, das eine Katze war, nur erwarten konnte. Er war, was man eine «intelligente» Katze nennt.

Aber obwohl Sam viel von Miss Chauncey gelernt hatte, muß ich sagen, daß Miss Chancey von Sam sehr wenig gelernt hatte. Sie war zwar eine gütige, nachsichtige Herrin; sie konnte nähen, kochen, häkeln und betten, lesen und schreiben und auch ein bißchen rechnen. Und als Kind sang sie oft «Kathleen Mavourneen» mit Klavierbegleitung. Das alles konnte Sam selbstverständlich nicht.

Dafür hätte es Miss Chauncey ebensowenig vermocht, mit bloßer Hand eine Maus oder Amsel zu fangen und zu töten, wie sie in Rom hätte Papst werden können. Sie wäre auch nicht eine nahezu zwei Meter hohe Backsteinmauer hinaufgekommen und hätte nicht, ohne einen Ziergegenstand umzuwerfen oder auch nur die Kristallgarnitur zum Klingen gebracht zu haben, in einem Satz von der Kaminvorlage im Wohnzimmer aufs Kaminsims springen können. Anders als Sam fand sie sich im Dunkeln nicht zurecht, auf ihren Geruchssinn konnte sie sich nicht verlassen, und ihre Verdauung ließ sich einfach nicht regeln, indem sie im Garten ein bißchen Gras knabberte. Hätte man sie gar als kleines Mädchen einen Meter über dem Boden an Händen und Füßen gehalten und dann losgelassen, so wäre sie einfach auf den Rücken geplumpst, wogegen sich schon der drei Monate alte Sam in der Luft hätte zusammenrollen und sicher, wie ein Tisch auf seinen vier Beinen, hätte landen können.

Während Sam also sehr viel von Miss Chauncey gelernt hatte, lernte sie von ihm rein nichts. Und selbst wenn sie das gewollt hätte, bleibt es fraglich, ob sie eine gelehrige Schülerin abgegeben hätte. Denn man darf nicht vergessen, daß sie weit weniger über Sam wußte als er über seine Herrin – mindestens bis zu dem Nachmittag, da sie sich vor dem Spiegel frisierte. Und auch da wollte sie ihren Augen nicht trauen. Es war der Augenblick, da sich ihr Bild von Sam mit einem Schlag änderte – nach diesem Vorfall war nichts mehr ganz beim alten.

Sam war immer eine schöne, beeindruckende Erscheinung gewesen mit seinem kohlschwarzen seidigen Fell, den Augen, die auch im Sonnenschein grün funkelten und nachts wie grüne Topase glühten. Er war nun volle sieben Jahre alt und besaß ein besonders kräftiges, volles Miau. Da er allein mit Miss Chauncey in Post Houses wohnte, ergab es sich von selbst, daß er zu ihrem ständigen Begleiter wurde. Denn Post Houses war ein außergewöhnlich einsames Haus, fast genau in der Mitte vom Haggurdsdon-Moor, gerade an der Gabelung zweier abgeschiedener Wege, die wie die halboffenen Messer einer Schere daliegen.

Bis zum nächsten Nachbarn, dem Fuhrmann Cullings, waren es anderthalb Meilen und nochmals eine Meile bis zum Dorf Haggurdsdon. Die Straßen waren uralt. Lange bevor die Römer nach England kamen und von Küste zu Küste *ihre* Straßen anlegten, hatte es dort nur Schafpfade gegeben. Aber seit vielen Jahren kamen nur noch wenig Reisende, Fuhrwerke oder Schäfer mit ihren Herden bei Miss Chauncey vorbei. Selbst an einem Sommertag hätte man bei ihr stundenlang aus dem Fenster schauen können, ohne auch nur einen Kesselflickerkarren oder Zigeunerwagen zu sehen.

Post Houses war überhaupt ein denkbar häßliches Haus. Es war mit seinen vier Ecken wie ein Bauklötzchenhaus ins Moor gestellt worden. An klaren Tagen schweifte der Blick von seinem Dach aus meilenweit über das Moor in die Runde; sogar das Haus von Mr. Cullings lag verborgen in einer Mulde. Schon seit Generationen war es in Miss Chaunceys Familie, ja bei vielen Leute in Haggurdsdon hieß es einfach Chaunceys Haus. Und obwohl es in ihm bei starkem Wind fast wie in einer Orgel brauste, obwohl es im Winter ein kalter Schuppen war und obwohl ein Zweig der Familie schon in den siebziger Jahren nach der Isle of Wight gezogen war, blieb Miss Chauncey seinen vier Wänden treu. Ja, ihr Herz hing an dem abscheulichen Haus, denn sie hatte darin gewohnt, seit sie das kleine Mädchen mit blaßblauen Schulterschleifen gewesen war, bei dem die Pumphosen unter den Röcken hervorlugten.

Allein schon dieser Umstand machte Sams Benehmen um so tadelnswerter, denn eine gütigere Herrin ließ sich für eine Katze nicht denken. Miss Chauncey war jetzt sechzig Jahre alt, also dreiundfünfzig Jahre älter als Sam. Sie war ein Meter neunundsiebzig groß. Werktags trug sie schwarze Alpakawolle und am Sonntag Moiréseide. Auf ihrer starken Nase balancierte eine große runde Stahlbrille, was den Eindruck von Scharfsinnigkeit und Kälte erweckte. Aber in Wirklichkeit war sie ganz anders. Selbst ein so dummer Mann wie Mr. Cullings konnte sie beim Fuhrmannslohn für ein Paket übers Ohr hauen; er mußte nur recht müde dreinblicken oder seufzend einen Blick auf seinen struppigen Klappergaul werfen. Und unter ihrem steifen Mieder schlug das wärmste aller Herzen.

Da sie so weit draußen wohnte, war es natürlich mit Milch und Rahm etwas schwierig. Aber Miss Chauncey konnte Sam nichts Fügliches abschlagen. Sie zahlte einem kleinen Mädchen namens Susan Ard ganze Sixpence jede Woche, damit sie diese Leckereien vom nächsten Bauernhof herbeischaffte. Leckereien waren das gewiß, denn obwohl das Gras im Haggurdsdon-Moor dunkelgrün und sauer war, gaben die dort weidenden Kühe eine ganz besonders reichhaltige Milch, und Sam gedieh prächtig. Einmal in der Woche kam Mr. Cullings vorbei mit einer regelmäßigen Lieferung einiger Sprotten oder frischer Heringe oder anderer schmackhafter Fische, für die gerade Fangzeit war. Und wenn nichts Billigeres zu bekommen war, scheute Miss Chauncey selbst die Auslage für teuren

Weißfisch nicht. Wenn Mr. Cullings dann Sam um seinen Wagen streichen und begehrlich zu seinen Leckerbissen hinaufäugen sah, sagte er: «Bist ein wunderliches Tier; bist wirklich ein ganz wunderliches Tier, du!»

Was Miss Chauncey selber angeht, so war sie sparsam im Essen; nur an ihrem Tee lag ihr viel. An Samstagen fuhr ein Metzgerbursche in seiner gestreiften Schürze vor. Im übrigen verstand sie sich wunderbar aufs Haushalten. Ihre Schränke waren gefüllt mit selbstgemachten Konfitüren, eingekochten Früchten und getrockneten Kräutern aller Art, denn hinter dem Haus, im Schutze einer hohen, alten gelben Backsteinmauer, erstreckte sich ein hübscher langer Garten.

Schon ganz früh im Leben hatte Sam natürlich auch gelernt, sich an bestimmte Essenszeiten zu halten – wie er sich allerdings mit der Uhr zurechtfand, wußte nur er, denn die große Standuhr im Treppenhaus würdigte er nie eines Blickes. Er war pünktlich, besonders auch mit seiner Toilette, und ein ausgiebiger Schläfer. Er hatte gelernt, den Riegel an der Hintertüre hinunterzuziehen, wenn er in den Monaten, da kein Fenster offenstand, ins Freie wollte. Ja, zuletzt war ihm der Riegel sogar lieber. Er schlief nie auf Miss Chaunceys Flickenbettdecke, bevor seine eigene nicht darübergelegt worden wäre. In seinen Gewohnheiten war er pedantisch bis zum Zimperlichen, und er hätte nie etwas gestohlen. Ein Miau einer bestimmten Tonhöhe zeigte an, daß er etwas zu essen wollte; war das Miau ein oder zwei Halbtöne höher, wollte er trinken (nämlich kaltes Wasser, für das er eine große Vorliebe hatte); und mit einem weiteren Miau – sanft und langgezogen – tat er seiner Herrin sozusagen seine Gesprächsbereitschaft kund.

Nicht daß das Tier etwa Englisch gesprochen hätte, aber er saß doch gern auf einem Stuhl beim Feuer, besonders in der Küche – denn er war nicht die geborene Wohnstubenkatze –, blickte zu Miss Chaunceys spiegelnden Brillengläsern hinauf und dann wieder eine Weile in die Feuerflammen hinunter (wobei er die Krallen hervorstellte und wieder einzog und schnurrte), fast wie wenn er eine Predigt halten oder ein Gedicht aufsagen wollte.

Aber das war in der glücklichen Zeit, als alles noch in Ordnung war. Das war zur Zeit, als Miss ChAUNceys argloses Herz noch keinen Zweifel und Verdacht kannte. Wie auch andere seiner Artgenossen tat Sam nichts lieber, als am Fenster zu liegen und in Ruhe den Vögeln auf dem Apfelbaum zuzuschauen, den Meisen, den Buchfinken und dem Wendehals, oder stundenlang vor einem Mauseloch zu lauern. So vergnügte er sich (denn nie hätte er seine Maus gefressen), während Miss Chauncey, das Haar unter der Haube, mit Besen, Staubwedel und Scheuerlappen ihren Haushalt besorgte. Aber er achtete auch auf Dinge, für die Katzen sonst keine Augen haben. So gab er Miss Chauncey eines Nachmittags klipp und klar zu verstehen, daß es da im Wohnstubenteppich bald ein Loch gäbe. Denn er spazierte mit hocherhobenem Schwanz darum herum, bis sie auf ihn aufmerksam wurde. So warnte er sie auch ganz eindeutig mit einem Schrei wie ein Amazonas-Affe, als eine glühende Kohle ihre Küchenmatte in Brand gesetzt hatte.

Vor der Mittagszeit saß oder lag er mit nach Norden gestelltem Schnurrbart da, nachher richtete er ihn gen Süden. Im allgemeinen waren seine Manieren tadellos. Aber manchmal, wenn sie ihn rief, verzog er seine Miene zu einem Stirnrunzeln, wie wenn er Miss Chauncey zurechtweisen wollte: «Warum müssen Sie mich auch immer unterbrechen, wenn meine Gedanken anderweitig beschäftigt sind?» Ja, sie bildete sich manchmal ein, er könnte heimlich seine eigenen Wege gehen und sich unbemerkt im Haus ein und aus stehlen.

So ertappte ihn Miss Chauncey manchmal auch dabei, wie er von Zimmer zu Zimmer schlich, als ob es ein Kontrollgang wäre. An seinem fünften Geburtstag hatte er eine Riesenmaus heimgebracht und ihr, als sie am Feuer strickte, neben die Lacklederkappe ihre Stiefels gelegt. Sie nickte ihm wie immer lächelnd und aufmunternd zu, aber diesmal schaute er sie nur scharf an und schüttelte den Kopf mit Bedacht. Seither ließen ihn Maus und Mausloch, die ganze Mauserei überhaupt, völlig kalt, und Miss Chauncey mußte sich eine Käsemausefalle anschaffen, wenn sie nicht von Mäusen überrannt werden wollte.

Das alles ist bei einer Hauskatze noch nichts Ungewöhnliches, und es betraf ja auch allein Sams häusliche Seite... Schließlich teilte er das Haus mit Miss Chauncey und fühlte sich verpflichtet, wie immer, wenn zwei zusammenleben, den Schein zu wahren. Er kam ihr halbwegs entgegen, wie man so schön sagt. Wenn er aber «für sich» war, dann war er nicht mehr Miss Chaunceys Sam, er war auch nicht einfach die Katze in Post Houses, sondern nur noch er selber. Das heißt, er fand zu seinem freien, unabhängigen Eigenleben zurück, zu seinen privaten Liebhabereien.

Dann wurde das Moor, das er durchstreunte, zu seinem Reich, und die Menschen und ihre Behausungen darin bedeuteten ihm in seiner heimlichen Ungebundenheit nicht mehr als uns Maulwurfshügel, Dachsbaue oder Kaninchenlöcher. Über diese Seite seines Lebens wußte Miss Chauncey so gut wie nichts. Sie zog es gar nicht in Betracht. Sie glaubte, Sam benehme sich wie andere Katzen, obwohl es sich zeitweilig nicht übersehen ließ, daß sich Sam recht weit fort wagte, denn manchmal brachte er ein Kotschinchina-Küken nach Hause, und der nächste Hühnerhof mit dieser Rasse lag vier Meilen weit im Pfarrhaus. Gelegentlich, wenn Miss Chauncey am Abend selbst noch ein wenig spazierenging, sah sie ihn weit draußen auf der Straße – nur als vorbeiflitzenden schwarzen Fleck – nach Hause rennen. Und dabei lag in seinem Lauf und in seiner ganzen Erscheinung mehr Zielstrebigkeit, als sie je bei Mr. Cullings zu finden gewesen wäre.

Es war übrigens hübsch zu sehen, wie sich sein Benehmen änderte, sobald er in Miauweite war. Schlagartig verwandelte sich die Wildkatze in eine Hauskatze. Er war mit einem Mal nicht mehr der kätzische Abenteurer, der nächtliche Plünderer und Jäger im Haggurdsdon-Moor (Miss Chauncey selbst hätte das natürlich nie so ausgedrückt), sondern nur noch Miss Chaunceys verhätscheltes Haustier Sam. Sie liebte ihn heiß. Aber wie das auch bei Menschen so geht, wenn sie ans Zusammenleben gewöhnt sind, machte sie sich nicht viele *Gedanken* über ihn. Drum mußte es für sie dann an jenem Spätnachmittag ein Schlag aus heiterem Himmel sein, als sie entdeckte, daß Sam sie geflissentlich hinterging.

Sie bürstete eben vor dem Spiegel ihr schütteres braunes Stirnhaar. Es hing ihr in dem Moment wie ein feiner, loser Schleier über die Stirn. Und da sie beim Haarbürsten ihre Gedanken stets anderswo hatte, war sie gleichsam geistesabwesend. Als sie dann plötzlich hinter dieser Haarsträhne aufblickte, bemerkte sie nicht nur Sams Spiegelbild, sondern etwas Unerklärliches, das vor sich ging. Sam machte das Männchen, als ob er betteln wollte. Das war nichts Besonderes. Er konnte dieses Kunststück, seit er sechs Monate alt war. Aber worum mochte er betteln, wenn niemand da war?

Nun stand allerdings das obere Fenster rechts von ihrem chintzbehangenen Frisiertisch offen. Draußen war es am Eindunkeln. Das ganze Moor dämmerte der Nacht entgegen. Und abgesehen davon, daß Sam bettelte, wo es nichts zu betteln gab, er schien auch mit den Pfoten sozusagen zu gestikulieren. Es war nämlich, als ob er Zeichen gäbe, gerade wie wenn jemand oder etwas beim Fenster aus der Luft auf ihn schaue – was ganz ausgeschlossen war. Zudem war auf seinem Gesicht ein Ausdruck, den Miss Chauncey nun bestimmt noch nie gesehen hatte.

Einen Augenblick hielt sie mit hochgehaltener Haarbürste inne, ihren langen, dünnen Arm vom Kopf gewinkelt. Als Sam das sah, ließ er sofort von seinen Faxen ab. Er stand wieder auf allen vieren und schickte sich offensichtlich zu einem Nickerchen an. Nein, auch das war ein Täuschungsmanöver, denn sie sah, daß er sich gleich unruhig umdrehte, bis sein Schnurrbart wieder nach Süden zeigte. Mit dem Rücken zum Fenster starrte er nun vor sich hin, und sein Gesicht war alles andere als freundlich. Alles andere als freundlich für ein Wesen, das – man bedenke – bei einem gewohnt hat, seit es in frühesten Kätzchentagen die Augen aufschlug.

Als hätte er ihre Gedanken lesen können, hob Sam in dem Moment den Kopf, um seine Herrin anzuschauen; sie konnte sich gerade noch ihrem eigenen Abbild im Spiegel zuwenden, und als sie mit ihrer Toilette fertig war, saß er da – so gelassen im Gehaben, so kätzchenhaft, so normal wiederum, daß Miss Chauncey kaum zu glauben vermochte, etwas hätte nicht in Ordnung sein können.

Hatten ihre Augen sie getäuscht – war es der Spiegel? Rührten die merkwürdigen Bewegungen, die Sam mit den Vorderpfoten vollführt hatte (fast als ob er stricke), und sein weit aufgerissener, wilder Blick daher, daß er eine für sie unsichtbare Fliege fangen wollte?

Nachdem Miss Chauncey nun ihre eigenen «Vorhänge», nämlich die beiden glatten Haarteile, mit denen sie ihre hohe Stirn umrahmte, ordentlich aufgesteckt hatte, warf sie noch einen Blick durchs Fenster. Dort war nichts als die Stille des Moors; nichts als das schwache Gefunkel eines Sterns im herabsinkenden Abend.

Sams Rahm erwartete ihn wie gewöhnlich um fünf Uhr auf dem Kaminvorleger im Wohnzimmer. Die Lampe brannte. Die roten Vorhänge waren gezogen. Das Feuer knisterte im Kamin. Da saßen sie nun, die beiden; über ihnen türmten sich die Mauern des Hauses am Kreuzweg, das sich im weiten dunklen Moor unter dem unermeßlichen Sternenhimmel wie eine rechteckige Riesenschachtel ausnahm.

Und während sie so dasaß – bei Sam, der anscheinend tief schlief –, geriet Miss Chauncey ins Denken. Der Vorfall im Schlafzimmer am heutigen Abend erinnerte sie an andere merkwürdige Vorkommnisse von früher. Kleinigkeiten, die sie damals kaum bemerkt hatte, kamen ihr nun deutlich wieder in den Sinn. Wie oft schon in der Vergangenheit war Sam zum Beispiel dagesessen, anscheinend in tiefem Schlaf (wie jetzt), die Pfoten manierlich untergeschlagen, fast wie ein fetter Ratsherr nach einem üppigen Mahl. Und dann war er ganz unerwartet plötzlich aufgesprungen, als ob ihn aus der Ferne eine Stimme gerufen hätte, und stracks aus dem Zimmer gerannt. Irgendwo im Haus, bei einer angelehnten Tür oder einem Fensterspalt, hatte er einen Ausschlupf gefunden und war auf und davon, in die Nacht. Das war schon öfter vorgekommen.

Einmal hatte ihn Miss Chauncey auch in einer kleinen Kammer überrascht, die überhaupt nie mehr benutzt wurde, seit ihr hübsches Bäschen Milly in Post Houses zu Besuch weilte; Miss Chauncey war damals acht Jahre alt. Dort saß er, aufs Fenstersims hingeduckt, und bei seinem Anblick rief sie: «Dummer Sam, du! Willst du gefälligst hereinkommen! Purzelst ja am Ende noch aus dem

Fenster.» Und sie erinnerte sich, als ob es gestern gewesen wäre, daß er sofort behutsam von seinem luftigen Ausguck herunterturnte, sie aber dabei nicht anschaute. Ohne sie eines Blickes zu würdigen, ging er an ihr vorbei.

Ja, eigentlich wußte man auch in Mondnächten nie recht, wo er war. Man wußte nie recht, von welchen Streifzügen er *zurück*kam. Wußte sie überhaupt von *irgend*einer Nacht, wo er war? Je länger sie darüber nachdachte, desto stärker wurden ihre Zweifel und Bedenken. Auf alle Fälle wollte Miss Chauncey heute nacht Wache halten. Aber ihr war dabei nicht wohl. Alle Spioniererei war ihr zuwider. Sie waren doch alte Kameraden, Sam und sie; und ohne ihn würde sie sich hier in der Einöde traurig verlassen vorkommen. Sie liebte Sam heiß. Trotzdem ließ ihr das Erlebnis des heutigen Nachmittags keine Ruhe; es wäre wohl besser, der Sache auf den Grund zu gehen, schon allein um Sams willen.

Nun schlief Miss Chauncey stets bei angelehnter Schlafzimmertüre. So hatte sie seit frühester Kindheit geschlafen. Als eher ängstliches Kind war sie in jenen längst entschwundenen Zeiten froh, wenn sie unten die Stimmen der Erwachsenen und das Klirren der Löffel und Gabeln hören konnte. Was Sam betrifft, so schlief er immer in seinem Korb neben dem Kamin. Dort fand sie ihn jeden Morgen, doch kam es auch vor, daß sich Miss Chaunceys erster Blick, wenn sie die Augen aufschlug, tief in seine blaßgrünen senkte, weil er schon mit den Vorderpfoten auf ihr Bett gestützt auf den Hinterbeinen stand und zu ihr aufblickte. «Ist es schon Zeit für deine Milch, Sam?» flüsterte dann seine Herrin, und Sams Miauen kam ihr wie aus weiter Ferne, fast wie ein Möwenschrei aus der Höhe vor.

Heute jedoch tat Miss Chauncey nur, als ob sie schliefe. Zwar war es gar nicht leicht, wach zu bleiben, und sie wäre fast eingeschlummert, als sie die Türangel knarren hörte und merkte, daß Sam hinausgegangen war. Sie wartete einen Augenblick und zündete dann ein Streichholz an. Ja, sein Korb stand leer im dunklen, stillen Zimmer, und gleich schlug es in der Ferne – vom Kirchturm im Dorf Haggurdsdon – Mitternacht.

Miss Chauncey legte das abgebrannte Streichholz in den Ständer ihrer Kerze. Im gleichen Augenblick glaubte sie am Fenster ein leises Whssch zu hören, wie von einem plötzlichen Windstoß oder dem Flügelschlag eines hinschießenden Vogels – von einer Wildgans vielleicht. Es erinnerte Miss Chauncey sogar an das Feuerwerk längst verflossener Guy-Fawkes-Tage, an den Ton des Raketenstabs, wenn er durch die Luft herunterschwirrt, während die grünen und rubinroten Lichter oben in der Weite des Himmels verglimmen. Miss Chauncey schälte ihre langen Beine aus den Betttüchern, zog sich den Morgenrock über, der immer am Bettpfosten hing, hob den Vorhang einen Spalt weit und spähte durchs Fenster.

Die Nacht war sternenklar, und ein hellerer Himmelsglanz über dem Dach zeigte an, daß der Mond über dem rückwärtigen Teil des Hauses stehen mußte. Während sie so schaute, flitzte eben von einem sichtförmigen Haufen größerer Sterne ein blasser Silberstreif vom Himmelsraum herab. Es war ein Meteorit, und im gleichen Augenblick glaubte Miss Chauncey ein immer schwächer werdendes Whssch in der Luft zu vernehmen. War das auch ein Meteorit? Hatte sie sich wohl getäuscht? Täuschte sie sich denn in allem? Sie zog sich zurück.

Da ertönte von weitem, gleichsam als trotzige Herausforderung, wohl vom äußersten Ende ihres langen Gartens her, wo die Schlehen ineinanderwuchsen, ein langgezogenes, unterdrücktes Miauen; ganz leise nur – in Altlage sozusagen – Mirau-rau-rau-rau-rau.

Gott bewahre! War das Sams Stimme? Das Miauen hörte auf. Dennoch überlief es Miss Chauncey kalt. Sams Stimme war ihr wohl vertraut. Aber das denn doch nicht! Nein, so etwas!

Obwohl sie es selbst als befremdlich und ungehörig empfand, zu hören, wie sie da in ihrer Abgeschlossenheit in die Stille der Nacht hinausschrie, öffnete sie unverzüglich das Fenster und rief Sam beim Namen. Keine Antwort. Kein Baum und kein Busch regten sich im Garten; ihre schwachen Schatten am Boden zeigten, wie jung der Mond am Himmel noch war und wie nahe schon am Untergehen. Die unbestimmten Wellen des Moors verloren sich in der

Ferne. Nirgends ein Licht, außer am Firmament. Nochmals und wiederum rief Miss Chauncey: «Sam, Sam! Komm schnurstracks zurück! Willst du wohl kommen, du Schlimmer, du!» Kein Ton. Kein Blatt noch Grashalm rührte sich.

Als auf eine so gestörte Nacht hin Miss Chauncey ein bißchen später als sonst erwachte und sich im Bett aufsetzte, gewahrte sie zuerst Sam – wie gewöhnlich zusammengerollt in seinem Korb. Es war ein Rätsel, aber kein erfreuliches. Nachdem er seine morgendliche Schüssel ausgeleckt hatte, schlief er ohne Unterbruch bis zum Mittag. Zufällig war es gerade der Wochentag, an dem Miss Chauncey Brot buk. Während sie mit knochigen Händen den Teig knetete, blickte sie immer wieder zu dem regungslosen Tier hinüber. Mit Fingern, an denen noch Teigreste aus der irdenen Schüssel klebten, stellte sie sich endlich über ihn, um sich ihn genau anzusehen.

Zusammengerollt lag er da, das Gesicht mit dem Schnurrbart zur Seite dem Feuer zugewandt. Da glaubte Miss Chauncey zum erstenmal im Leben den Anflug eines eigentümlichen Grinsens in seinem Gesicht zu entdecken. «Sam!» rief sie scharf. Er öffnete sofort ein Auge, stechend grün, als ob eine Maus gequietscht hätte. Einen Moment lang starrte er sie an, dann verengte sich der Lidspalt. Sein Blick schweifte ein wenig zur Seite, aber Sam begann zu schnurren.

In Tag und Wahrheit war Miss Chauncey über all das tief unglücklich.

Am Nachmittag kam Mr. Cullings mit einem Korb hübscher junger Sprotten vorbei. «Die werden Ihrer Königlichen Hoheit schon Beine machen», sagte er. «Sind ja frisch wie Morgentau. Mein Gott, Fräulein, das Tier ist ein richtiger Nero!»

«Katzen sind eigene Wesen, Mr. Cullings», erwiderte Miss Chauncey bedeutsam, aber durchaus zustimmend, denn sie konnte sich unter dem Namen nichts vorstellen, und sie glaubte, Mr. Cullings habe etwas Schmeichelhaftes sagen wollen. Und Sam rieb sich freundlich, wie zur Bekräftigung, hocherhobenen Schwanzes den Kopf an ihrem Stiefel.

Mr. Cullings musterte sie genau. «Ja, das möcht ich meinen», sagte er. «Wenn Sie mich fragen, bei denen gilt: Aus den Augen, aus dem Sinn. Nicht mehr Dank und Anhänglichkeit in einer Katze als in einer Pumpe. Nur ist es bei der Pumpe so, daß wir *ihr* dankbar sein müssen. Hab einmal eine Katzenfamilie gekannt, die ihre Herrin glatt von Haus und Hof vertrieb.»

«Aber man möchte eine Katze auch nicht nur als Schoßtier», bemerkte Miss Chauncey verzagend und wollte sich lieber nach weiteren Einzelheiten des eigenartigen Vorfalls erkundigen.

«Gewiß nicht», sagte der Fuhrmann, «sie müssen sein, wie der Herr sie geschaffen hat. Aber glauben Sie mir, die könnten kuriose Geschichten erzählen, wenn sie Menschenzungen hätten.»

Sam strich seiner Herrin nicht länger um die Beine, sondern blickte unverwandt auf Mr. Cullings, wobei sich sein Fell an Nakken und Schultern ein wenig sträubte. Der Fuhrmann schaute ihn auch an.

«Nein, Fräulein. Wir würden sie nicht behalten», sagte er endlich. «Auch wenn sie viermal so groß wären nicht. Mindestens nicht lange.»

Erst als der rumpelnde Fuhrmannswagen in der Ferne verschwand, kehrte Miss Chauncey ins Haus zurück; sie war mehr denn je im Innersten aufgewühlt. Das besserte sich auch nicht, als Sam an seinen Sprotten nicht einmal schnupperte. Statt dessen verkroch er sich unter einen niederen Tisch hinter einer alten Seemannskiste in der Küche, in der Miss Chauncey ihr Reisig aufbewahrte. Dort glaubte sie ihn zu hören, wie er seine Krallen am Holze wetzte; einmal schien er auch seinen Gefühlen durch das Luft zu machen, was unfeine Leute ohne Verständnis für Tiere «Fauchen» nennen.

Auf alle Fälle waren alle ihre schmeichelnden Sam-Rufe vergeblich. Seine einzige Antwort war eine Art Niesen, das fast einem Ausspeien gleichkam. Miss Chauncey war heute schon einmal gekränkt worden. Jetzt aber litt sie innerlich. Was der Fuhrmann gesagt hatte, die Art, wie er es sagte, der merkwürdige Ausdruck, den sie auf seinem Gesicht bemerkt hatte, als er Sams Blick unter der

Haustür erwiderte, verfolgten sie. Sie war nicht mehr jung; wurde sie am Ende wunderlich? Oder mußte sie wirklich schließen, daß Sam sie seit Wochen hinterging oder doch mindestens seine Streifzüge und Liebhabereien vor ihr verheimlichte? Ach, Unsinn! Schlimmer noch: war sie nun so leichtgläubig, zu meinen, Sam habe tatsächlich – und erst noch geheim und hinter ihrem Rücken – einem Verbündeten Zeichen gegeben, der entweder am Himmel oder auf dem Mond sein mußte?

Wie dem auch sei, Miss Chauncey beschloß, ein wachsames Auge auf ihn zu haben, schon nur um seinetwillen. Mindestens wollte sie sicher sein, daß er heute nacht nicht aus dem Hause ging. Aber warum eigentlich nicht, begann sie sich zu fragen. Warum sollte sich das Tier nicht je nach der Jahreszeit an seine eigenen Zeiten halten dürfen? Katzen sehen wie Eulen am besten im Dunkeln, gehen am liebsten im Dunkeln auf Mäusefang und erledigen so ihre privaten, gesellschaftlichen und öffentlichen Angelegenheiten wohl auch am liebsten in der Dunkelheit. Schließlich war Post Houses nur etwas über zwei Meilen vom Dorf Haggurdsdon entfernt, und dort gab es viele Katzen. Der arme Bursche, es mußte ihm doch oft langweilig werden mit ihr als einzigem menschlichen Umgang! So gingen ihre Gedanken hin und her, als Sam, wie wenn er sie beruhigen wollte, jetzt vergnügt ins Zimmer kam und auf den leeren Stuhl neben ihrem Teetisch sprang. Als weiteren Beweis, daß sein Groll verflogen, und um ihr zu verstehen zu geben, daß zwischen ihm und Mr. Cullings weiter nichts Schlimmes vorgefallen sei, leckte er an seinem Schnurrbart, und der Fischgeruch, den er in die Stube brachte, konnte eindeutig nur von seinem Tellerchen stammen.

«Hast du dich also eines Besseren besonnen, kleiner Bursche», dachte Miss Chauncey, denn laut hätte sie es nicht gesagt. Als sie jedoch seinen unbeweglichen Katzenblick erwiderte, merkte sie, wie schwer man lesen konnte, was hinter diesen Augen vorging. Man könnte nun meinen, daß Sam schließlich nur eine Katze war und seine Augen gar nichts sagen wollten. Aber Miss Chauncey wußte, sie hätte das nie gesagt, wenn solche Augen sie aus einem *Menschen*gesicht angeschaut hätten. Sie wäre zutiefst erschrocken.

Unglücklicherweise, fast wie wenn Sam die Mutmaßungen seiner Herrin über mögliche Katzenbekanntschaften im Dorf mit angehört hätte, ertönte in dem Augenblick ein leise gurrendes Miau unter dem offenen Fenster. Wie der Blitz sprang Sam vom Stuhl und übers Fensterbrett, und als Miss Chauncey aufstand, sah sie ihn nur noch in wilden Sätzen hinter einer zierlichen, schlanken gelbbraunen Schildpattkatze herrennen, die, offensichtlich in der Hoffnung auf einen freundlicheren Empfang, nach Post Houses herübergekommen war und nun um ihr Leben rannte.

Hochgemut kam Sam von seiner Verfolgungsjagd zurück, und zu ihrem Entsetzen entdeckte Miss Chauncey zwischen den Krallen seiner rechten Pfote ein Büschel gelbbraunen Pelzes, das er, als er sich beim Feuer niedergelassen hatte, unverzüglich wegschleckte.

Als Miss Chauncey ihren gewohnten Abendspaziergang im Garten machte, waren ihre Gedanken immer noch mit diesen beunruhigenden Vorfällen beschäftigt. Schleifenblumen und Goldlack blühten den Gartenweg entlang, der mit Muscheln eingefaßt war, und an der hohen Backsteinmauer, die ihren schmalen Landstreifen gegen das weite Moor abgrenzte, waren schon die Rosen am Aufgehen. Als sie zum Ende des Weges kam, stieß Miss Chauncey noch ein bißchen weiter vor, dahin, wo das Gras üppiger wucherte und wo das Unkraut ungehindert unter ihren paar wenigen flechtigen Apfelbäumchen emporschoß. Noch weiter unten – denn sie hatte einen langen, wenn auch schmalen Garten – wuchsen verwilderte Schlehenbüsche und stacheliger Weißdorn. Die hatten im Moor schon in frostigen Frühlingen geblüht, lange bevor Post Houses seine Schornsteine in den Himmel streckte. Hier stand auch die Taubnessel büschelweise und erfüllte die Luft mit ihrem säuerlichen Duft. An dieser abgelegenen Stelle war es, daß Miss Chauncey – wie einstmals Robinson Crusoe – plötzlich stehenblieb. Was sie am Boden sah, konnte nichts anderes sein als eine fremde Fußstapfe. Neben dem Abdruck fand sie zudem noch eine Vertiefung wie von einem Spazierstock oder möglicherweise von etwas Dickerem, Schwerem – von einer Krücke. Konnte sie sich wiederum täuschen? Zwar war der Fußabdruck anders als die meisten menschlichen Fußspuren, die Ferse tief eingesunken und der Zehenteil viereckig. War das ein Zufall? *War* es ein Fußabdruck?

Miss Chauncey blickte über die Büsche zum Haus hinüber. Finster und bedrohlich stand es im dämmrigen Moor. Und sie glaubte, obwohl sie das Abendlicht da täuschen mochte, am Küchenfenster Sams hingeduckten Schatten zu erspähen, wie er zu ihr hinüberäugte. Wurde sie beobachtet – wurde sie selber bespitzelt und beobachtet?

Aber im Grunde genommen beobachtete Sam sie ja immer. Was war schon dran? Woher sonst sollten denn seine Sprotten, sein Rahm, sein Tellerchen mit Milch, seine Schüssel frischen Brunnenwassers kommen? Und trotzdem kehrte Miss Chauncey höchst beunruhigt in ihre Wohnstube zurück.

Es war ein außergewöhnlich stiller Abend, und als sie von Zimmer zu Zimmer ging, um die Fenster zu schließen, sah sie, daß der Mond schon am Himmel stand. Sie sah es voll Argwohn und Unbehagen. Als es endlich Zeit wurde, zu Bett zu gehen, und Sam sich wie sonst immer nach einem bißchen Lecken in seinem Korb niedergelassen hatte, schloß Miss Chauncey ihre Schlafzimmertür mit Bedacht und so, daß es Sam sehen mußte, mit dem Schlüssel ab.

Als sie am nächsten Morgen erwachte, schlief Sam wie gewöhnlich in seinem Korb, und auch tagsüber hielt er sich hauptsächlich ans Haus. Am Mittwoch und am Donnerstag ebenfalls. Erst am Freitag, als Miss Chauncey in eines der oberen Schlafzimmer, das keinen Kamin hatte, gehen mußte und Sam ihr wie gewohnt folgte, merkte sie, daß es im Zimmer leicht beißend nach Ruß roch. Kein Kamin und Rußgeruch! Sie wandte sich scharf zu ihrem Begleiter um, aber der war schon verschwunden.

Als sie gar am Nachmittag auf ihrer eigenen Flickenbettdecke einen Rußfleck bemerkte, sah sie ein, daß ihr Verdacht nicht nur begründet gewesen war, sondern daß sich Sam auch zum erstenmal in seinem Leben vorsätzlich in ihrer Abwesenheit dort niedergelassen hatte. Über diese bare Trotzhandlung war Miss Chauncey nicht mehr nur gekränkt, sondern erbost. Es gab nun keinen Zweifel mehr. Sam leistete offenen Widerstand. Unter diesen Umständen war an ein Zusammenleben im gleichen Haus nicht mehr zu denken. Sie mußte ihn Mores lehren. Als sie an dem Abend ihre Schlafzimmertür abgeschlossen hatte, stopfte sie, unübersehbar für das Biest, ein Stück Matratzendrillich in den Schornstein hinauf und zog die Klappe herunter. Sam verfolgte die ganze Prozedur aufmerksam, erhob sich von seinem Korb und sprang dann behende auf den Frisiertisch. Hinter dem Fenster lag das Moor fast hell wie am Tage. Das Biest saß da, ohne auf Miss Chauncey zu achten, und starrte regungslos in das leere Stück Himmel, das von seinem Sitzplatz aus sichtbar war.

Miss Chauncey schickte sich an, sich für die Nacht zu richten, und gab sich vergebens alle Mühe, so zu tun, als ob Sams Treiben sie gar nichts anginge. Leise Laute – nicht gerade ein Miauen oder Knurren, eher eine Art kaum hörbaren tief innern Miauzens – drangen aus seiner Kehle. Aber was immer diese Töne bedeuten mochten, als Zuhörer kam nur Sam in Frage. Kein Laut, keine Regung am Fenster oder draußen. Miss Chauncey zog energisch den Vorhang. Da erhob Sam sofort die Pfote, wie wenn er Einspruch erheben wollte, dann überlegte er es sich aber anscheinend anders und tat, als ob die Bewegung nur der Auftakt zu seiner abendlichen Wäsche gewesen wäre.

Die Kerze war schon lange ausgeblasen, als Miss Chauncey immer noch dalag und horchte. In der Stille der Nacht konnte ihr nicht der leiseste Ton entgehen. Zuerst kam ein verstohlenes Schleichen, ein Tappen an der Luftklappe des Kamins – Miss Chauncey mußte gar nichts sehen, um zu wissen, daß Sam jetzt auf der Kaminplatte stand, sich auf die Hinterbeine stellte und vergeblich versuchte, das Hindernis wegzuschieben.

Weil ihm das nicht gelang, kam er offenbar wieder auf alle viere. Es gab eine Pause. Hatte er sein Vorhaben aufgegeben? Nein, jetzt war er bei der Tür, pfötelte und kratzte daran. Er versuchte es mit einem Sprung gegen die Türfalle, aber nur einmal – die Tür war abgeschlossen. Er ließ von der Tür ab und sprang flugs wieder auf den Frisiertisch. Was hatte er wohl jetzt vor? Wenn Miss Chauncey behutsam den Kopf aus dem Kissen hob, konnte sie sehen, wie er die Pfote ausstreckte und behutsam den Vorhang von der mondüberfluteten Fensterscheibe wegschob. Und während sie horchte und ihn nicht aus den Augen ließ, hörte sie wieder – und noch einmal – das leise Whssch, wie wenn ein wilder Schwan die Luft durchschneiden würde; dann folgte, was ein Vogelschrei hätte sein können, in ihren Ohren aber eher einem schrillen Gelächter gleichkam. Darauf wandte sich Sam hastig vom Fenster ab und sprang mir nichts, dir nichts vom Frisiertisch auf das Fußende ihres Bettes.

Ein derart unmanierliches Betragen war nicht länger mehr zu dulden. Die arme Miss Chauncey setzte sich im Bett auf, zog sich die Nachthaube ein bißchen tiefer über die Ohren, langte nach dem Stuhl, der neben dem Bett stand, rieb ein Streichholz und zündete die Kerze wieder an. Sie mußte sich richtig überwinden, jetzt den Kopf zu drehen und ihrem nächtlichen Gefährten zu begegnen. An seinem Körper sträubten sich die Haare, als ob er einen elektrischen Schlag erhalten hätte. Sein Schnurrbart war in einem scharfen Winkel von seinen Kinnbacken abgespreizt. Er sah mindestens doppelt so groß aus wie normal, und die Augen glühten aus seinem Gesicht, als er ihrem Blick auswich und ein leises, langgezogenes Miauriaurau-rau ausstieß.

«Und du wirst es bleibenlassen!» schrie Miss Chauncey das Tier an. Auf diese Worte hin drehte sich der Kater langsam um und stellte sich ihr. Ihr kam es vor, als hätte sie Sams Gesicht bisher noch nie so gesehen, wie es in Wirklichkeit war. Dabei schreckte sie weniger das tigerhafte Grinsen als der Ausdruck grimmiger Entschlossenheit, das zu bekommen, was er wollte. An Schlafen war jetzt nicht mehr zu denken. Auch Miss Chauncey hatte einen Kopf, den sie durchsetzen konnte. Dem Einfluß, den das Tier offenbar auf seine ganze Umgebung ausübte, konnte auch sie sich nicht entziehen. Sie stieg aus dem Bett, schlüpfte in die Pantoffeln und ging zum Fenster. Nochmals ertönte vom Fußende des Bettes her dieser sonderbare innere Schrei. Sie hob den Vorhang, und das Mondlicht flutete vom Moor in die Kammer. Und als sie sich umwandte, ihren Sam wegen seiner Undankbarkeit, wegen dieser ganzen Unbotmäßigkeit und Verschlagenheit zu schelten, war etwas derart Drohendes, Erbarmungsloses in seiner Miene, daß Miss Chauncey nicht länger zögerte.

«Nun denn», rief sie mit zitternder Stimme, «durch die Tür kommst du mir nicht. Aber wenn du gern Ruß hast, bitte sehr!» Dabei stieß sie mit dem Schürhaken die Luftklappe zurück und angelte das Drillichbündel mit der Feuerzange herunter. Ehe ihr Hustenanfall, als Folge der dicken Staubwolke, vorüber war, sprang der geschmeidige schwarze Schatten schon vom Bett, kletterte auf die Feuerstelle, über den Rost, den Schornstein hinauf, und weg war er.

Von Kopf bis Fuß zitternd, setzte sich Miss Chauncey in den Schaukelstuhl aus Peddigrohr in der Nähe und überlegte sich, was sie nun tun müsse. Whssch! Whssch! Wieder kam vom Fenster her dieses unheimliche Rauschen, aber jetzt war es eher ein Sausen, wie wenn eine Rakete mit ihrem feurigen Funkenregen in den Himmel schießt, als der Ton ihres herabfallenden Stabs. Und in der Stille, die folgte, ertönte wiederum, wie eine Stimme vom Ende des Gartens her – ein durch Mark und Bein gehendes Miauen, welches die schlafenden Hähne in Haggurdsdon und in den Hühnerhöfen meilenweit herum aufweckte. Schrill drang aus der Ferne ihr Kikeriki durch die Nacht, und einen Augenblick später hinkte der Mitternachtsschlag vom Kirchturm hinterher. Dann war wieder alles still, totenstill. Miss Chauncey kehrte ins Bett zurück, aber schlafen konnte sie diese Nacht nicht mehr.

In ihrem Kopf jagten sich unglückliche Gedanken. Ihr Vertrauen in Sam war zerstört. Schlimmer noch, sie traute nicht einmal mehr ihren eigenen Gefühlen für ihn. Welche Verschwendung! Alle Sprotten, aller Weißfisch im weiten Meer waren rein nichts dagegen. Daß Sam ihrer Gesellschaft überdrüssig war, stand endlich fest. Es beschämte sie, sich einzugestehen, was dies für sie bedeutete – nur ein Tier! Aber sie wußte, was sie verloren hatte; wußte, wie lustlos und öde ihr Tagesverlauf ihr in Zukunft vorkommen würde – das Aufstehen, die Hausarbeit, die Mahlzeiten, ein sauberer Leinenkragen – der träg sich dahinschleppende Nachmittag, verlassen und ohne Gefährten! Der einsame Tee, ihre Kerze, Abendgebet und zu Bett – und das immer so weiter. In welch wilder Gesellschaft sich ihr Sam jetzt wohl herumtrieb? Als sie sich weigerte, sich mit dieser gräßlichen Frage näher zu befassen, war ihr, als ob sie das dumpfe Zufallen eines gewaltigen Eisentors gehört hätte.

Am nächsten Morgen – sie sann immer noch den merkwürdigen Ereignissen nach und war zutiefst bekümmert über den Bruch zwischen sich und dem, der jahrelang ihr treuer Gefährte gewesen war; auch beschämte es sie, daß Sam seinen Kopf durchgesetzt hatte, wo sie doch entschlossen gewesen war, ihm das Ausgehen des Nachts nicht zu erlauben –, am nächsten Morgen also ging Miss Chauncey nochmals zum äußersten Ende ihres Gartens hinunter, schon nur um sich ein bißchen Bewegung zu verschaffen. Schließlich hatte ein schwacher, verwischter Abdruck, wie sie ihn am vorigen Abend in der schwarzen Erde gesehen hatte und der eine Fußstapfe sein *könnte,* noch nicht viel zu bedeuten.

Aber nun fanden sich – in dem abgelegenen Winkel hinter dem Weißdorn und dem Dornengestrüpp – eindeutig viele Spuren. Und von Katzenpfoten rührten diese sicher nicht her. Was sollte auch eine Katze mit einer Krücke oder einem Stock anfangen? Ein Stock oder eine Krücke, die – nach dem Abdruck zu schließen – mindestens so dick wie ein Besenstiel sein mußte.

Dieses neue Rätsel steigerte Miss Chaunceys Angst und Besorgnis noch. Sie drehte sich zum Haus um und blickte zu seinen Schornsteinen empor, die sich deutlich vom östlichen Himmel abhoben. Da merkte sie erst, in welch fürchterlicher Gefahr selbst ein so schwindelfreies Wesen wie Sam geschwebt hatte, als er in seinem wilden Drang nach Nachtleben den Schornstein hinaufgeschossen war. Als er es erstaunlicherweise bis zum Rand des Schornsteinaufsatzes geschafft hatte – über sich den Sternenhimmel und unter sich ringsum das leere Moor –, galt es erst noch, von der Schornsteinspitze auf einem schmalen, keine zehn Zentimeter breiten Mauervorsprung hinüberzusetzen, von da zum Dachfirst und dann eine schlüpfrige Schieferschräge hinunter bis zur bleiernen Dachrinne.

Wie aber weiter? Das dichte Efeugeranke, das sich um die Mauern zog, reichte kaum bis zur halben Höhe. War Sam wirklich von der Dachrinne bis ins Efeugeflecht gesprungen? Der bare Gedanke einer solchen Gefahr erfüllte Miss Chauncey mit Angst und trieb sie ins Haus zurück; sie mußte sich sofort vergewissern, daß Sam noch unter den Lebenden weilte.

Doch was war das? Sie war erst halbwegs durch den Garten, da zerriß ein wütendes Schreien und Miauen vom Moor her die Luft. Schnell schob sie einen Blumentopf gegen die Mauer, stellte sich auf die Zehenspitzen und spähte hinüber. Und gerade an der gegenüberliegenden Halde im Moor war eindeutig Sam, aber diesmal jagte nicht er hinter einer blöden, vertrauensseligen Besucherin her, sondern offenbar war ihm der gesamte Pöbel der Katzen aus Haggurdsdon auf den Fersen. Obwohl er übel zugerichtet sein mußte, behielt er seinen Vorsprung. Nur ein paar magere Tigerkater und was wohl eine gelblichgraue Manx-Katze war (wenn es nicht einfach eine gewöhnliche Katze war, der man den Schwanz gestutzt hatte), rannten dicht hinter ihm her.

«Sam, Sam!» schrie Miss Chauncey und noch einmal. «Sam!», aber vor lauter Aufregung verlor sie auf dem Blumentopf den Halt und die Katzenjagd aus den Augen. Als sie sich wieder aufgerappelt hatte, ergriff sie einen langen Gartenbesen, der an der Mauer lehnte, und eilte zur Stelle hinunter, an der Sam am ehesten in den Garten gelangen würde. Sie hatte gut geraten und kam gerade noch rechtzeitig. Mit einem Satz war er über die Mauer, und in drei Sekunden war ihm der blindwütige Pöbel gefolgt.

An das, was nachher geschah, konnte sich Miss Chauncey nie richtig erinnern. Sie wußte nur so viel, daß sie wie wild mit ihrem Besen in dem Katzenhaufen herumfuchtelte, während sich Sam, nun nicht mehr auf der Flucht, gegen seine Feinde wandte und sich Katze um Katze einzeln vornahm. Es war trotzdem kein leichter Sieg. Und hätte nicht der verfettete Köter aus dem Metzgerladen in Haggurdsdon eingegriffen, der diese Versammlung seiner Erzfeinde längst verfolgt und endlich eingeholt hatte, wer weiß, ob der Kampf nicht tragisch ausgegangen wäre. Aber als sie sein Gebell hörten und sahen, wie er beim Versuch, die Gartenmauer zu überklettern, gegen sie die Zähne fletschte, kehrten Sams Feinde um und stoben in alle Richtungen auseinander. Erschöpft und keuchend konnte Miss Chauncey endlich ihren Besen loslassen und sich an einem Baumstamm ein bißchen ausruhen.

Endlich schlug sie die Augen wieder auf. «Ja, Sam», brachte sie schließlich heraus, «denen hätten wir es gezeigt!»

Aber zu ihrer Verwunderung sprach sie diese freundlichen Worte ins Leere. Das Tier war nirgends zu sehen. Sein Rahm verschwand zwar im Laufe des Tages, und ein gelegentliches Kratzgeräusch hinter der Brennholzkiste verriet Miss Chauncey, daß er in seinem dunklen Loch Zuflucht gesucht hatte. Und dort wollte sie ihn nicht stören. Erst zur Teezeit am folgenden Tag machte Sam wieder seine Aufwartung. Und auch dann nur – nachdem er seine Wunden geleckt hatte –, um träge, mit dem Gesicht zum Feuer, stumm und verdrossen wie ein Hund dazusitzen. Es lag nicht an ihr, den Anfang zu suchen, fand Miss Chauncey. Außer daß sie ihm die wunden Stellen mit Wildschweinschmalz einrieb, schenkte sie dem Kerl keine Beachtung. Aber es freute sie, daß er sich die nächsten Tage streng ans Haus hielt, und war bestürzt, als sie in der dritten Nacht ein womöglich noch ärgeres Wimmern und Jaulen von den Schlehenbüschen her vernahm, während Sam regungslos am Feuer saß. Seine Ohren zuckten, sein Haar schien sich zu sträuben; er nieste und spuckte, sonst gab er kein Zeichen.

Als Mr. Cullings wieder vorbeikam, versteckte sich Sam sofort im Kohlenkeller, aber in seinem Benehmen Miss Chauncey gegenüber wurde er bald wieder so artig wie zuvor. Und in den zwei Wochen nach dem Vollmond hatten sie fast ganz zu ihrem gewohnten freundschaftlichen Verkehr zurückgefunden. Er war geheilt, seidig-glatt, zutraulich und pünktlich. Die aufdringlichen Artgenossen aus Haggurdsdon hatten sich nicht mehr gemeldet. Die Nächte blieben ruhig; von außen betrachtet wirkte Post Houses – abgesehen von seiner wunderlichen Häßlichkeit selbstverständlich – so friedlich und ruhig wie nur irgendein abgelegenes Haus im Vereinigten Königreich.

Aber ach! Beim ersten Anzeichen eines wachsenden Monds schlug bei Sam die Stimmung wieder um, und er änderte seine Gewohnheiten. Er schlich herum mit einem verschlagenen, heimtückischen Blick. Und wenn er ihr mit Schnurren und Pföteln flattierte, sah man ihm seine Tücke schon von weitem an. Wenn Miss Chauncey zufällig leise ins Zimmer trat, sprang er sofort von seinem Fensterplatz herunter, wie wenn er beweisen wollte, daß er *nicht* hinausgeschaut habe. Einmal gegen Abend *mußte* Miss Chauncey einfach vor der Stubentür stehenbleiben; obwohl sie ungern spionierte, hatte sie durch den Spalt der angelehnten Tür geguckt. Und da auf der harten, eckigen Lehne eines alten Betstuhls, der ihrer frommen Großtante Jemima gehört hatte, saß Sam und machte das Männchen. Und mit den Vorderpfoten – das war nun sonnenklar – gab er einem Beobachter draußen deutliche Zeichen. Miss Chauncey wandte sich ab, ins Herz getroffen.

Von Stund an behandelte Sam seine Herrin mehr und mehr wie Luft; er brüskierte sie, wo er nur konnte, war ausgesprochen dreist und unverfroren. Mit Mr. Cullings' Rat konnte sie auch nicht viel anfangen. «Wenn ich eine Katze hätte, die sich so aufführt, Fräulein, nach allem, was Sie für Sam tun, mit so frischem Fisch und sonst was alle Wochen und Rahm und nicht etwa nur Abgeschäumtes, ich würde ihn weggeben.»

«Wem?» fragte Miss Chauncey schroff.

«Ja», sagte der Fuhrmann, «das wär mir dann ziemlich gleich; einfach an einen Platz.»

«Er scheint im Dorf keine Freunde zu haben», sagte Miss Chauncey so obenhin, wie sie nur konnte.

«Bei diesen Schwarzen mit Augen wie Untertassen weiß man das nie», sagte Mr. Cullings. «Hat doch die alte Schlampe in Hogges Bottom eine Katze, die Sams Zwilling sein könnte.»

«Wie können Sie auch! Die ist ja räudig», sagte Miss Chauncey, denn sie hielt auch jetzt noch zu ihrem Sam. Der Fuhrmann zuckte die Achseln, stieg in seinen Wagen und rumpelte übers Moor davon. Und Miss Chauncey ging ins Haus zurück, stellte den Teller mit den silbernen Sprotten auf den Tisch und brach in Tränen aus.

Daher war es ein großes Glück, daß schon am nächsten Morgen – das heißt drei ganze Tage vor dem nächsten Vollmond – ein Brief von ihrer Schwägerin aus Shanklin auf der Isle of Wight eintraf, der sie zu einem längeren Besuch einlud.

«Meine liebe Emma, Du mußt Dich sicher oft sehr einsam fühlen» (lautete er), «so ganz allein in dem großen Haus ohne Nachbarn. Wir denken oft an Dich, besonders in den letzten Tagen. Es ist nett, daß Du diesen Sam als Gesellschaft hast, aber ein Tier ist eben nur ein Tier, wie George sagt. Wir alle finden, es wäre höchste Zeit, daß Du einmal ein bißchen zu uns in die Ferien kämst. Gerade schaue ich zum Fenster hinaus. Das Meer ist ruhig wie ein Mühleteich und herrlich blau. Die Fischerboote kehren heim mit ihren braunen Segeln. Bei uns ist das die günstigste Jahreszeit, denn da die Ferien noch nicht angefangen haben, trifft man erst wenige von diesen gräßlichen Touristen, noch nicht ganze Scharen. George findet, Du *müßtest* kommen. Er läßt herzlich grüßen, wie auch Maria, wenn sie nicht gerade einkaufen gegangen wäre, und er wird Dich bei Deiner Ankunft mit dem Einspänner abholen. Emmies Keuchhusten ist nun auch fast vorbei, sie hustet nur noch ganz selten und nie mit Erbrechen. Wir alle freuen uns darauf, Dich in ein paar Tagen zu sehen.»

Bei so viel Herzlichkeit und mit allen ihren Sorgen wurde Miss Chauncey schwach. Als nach einer Stunde der Metzger mit seinem Wagen vorbeifuhr, gab sie ihm ein Telegramm ins Dorf mit, und am Montag war ihre Kiste gepackt, und es galt nur noch, Sam in seinem Reisekorb zu verstauen. Dazu brauchte es allerdings mehr als die Überredungskünste seiner alten Herrin. Mr. Cullings konnte ihn wahrhaftig nur mit Handschuhen anfassen, und das nicht gerade sanft, während Miss Chauncey den Deckel zupreßte und die Verriegelung zuschob.

«So, das hätten wir!» sagte der Fuhrmann und rieb sich ein bißchen frische Erde in seine Kratzer. «Wenn wir ihn nur los wären, das will ich Ihnen gesagt haben!»

Miss Chauncey entnahm ihrem großen Lederbeutel einen Shilling, gab aber keine Antwort.

Die ganze Mühe sollte sich am Ende wirklich als vergeblich erwiesen haben. Drei Meilen nach Haggurdsdon mußte Miss Chauncey in Blackmoor Junction umsteigen. Sie stellte ihre Kiste samt Sams Korb auf den Bahnsteig neben einem halben Dutzend leeren Milchkannen und einem Käfig mit Geflügel ab und ging zum Bahnhofsvorstand, um sich nach dem richtigen Bahnsteig zu erkundigen.

Auf das wilde, angstvolle Gegacker des Federviehs hin lief sie eiligst zu ihrem Gepäck zurück, nur um festzustellen, daß es Sam irgendwie gelungen war, den Schieber aus seiner Rohrschlinge zu entfernen. Der Weidendeckel stand sperrangelweit offen – der Korb war leer. Nur eine arme aufgeschlitzte Henne, die ihr flatterndes Leben aushauchte, zeugte nicht allein von Sams Husarenstück, sondern auch von seiner gemeinen Grausamkeit.

Ein paar Tage später, als Miss Chauncey in ebendem Zimmer saß, das ihre Schwägerin im Brief erwähnt hatte, mit Blick auf die ruhige Fläche des Ärmelkanals im milden Sonnenschein, kam ein Brief von Mr. Cullings. Er war mit Bleistift auf die Rückseite einer Bäckertüte geschrieben:

«Sehr verehrtes Fräulein, ich erlaube mir Ihnen zu schreiben in bezug auf das Tier, das ich Ihnen geholfen habe in seinen Korb zu tun. Der ist leer mit der Bahn wieder zurückgekommen, als ich gerade am Sonntag spät in der Nacht Hopfenstangen von Haggurdsdon fahren mußte. Ich hab ihn am Wohnstubenfenster sitzen sehen und wie er grinste, daß mir das Blut stockte, und in den oberen Fenstern war Licht und ein Heulen und Kreischen, wie ich es an einem christlichen Ort nicht mehr hören möchte. Die alte Frau aus Hogges Bottom ist unter der Tür gesessen, wobei ich der Ansicht bin, es ist an dem Ort nicht geheuer und das Tier ist verhext. Mr. Flint, der Fischhändler, findet auch, daß man jetzt etwas unternehmen muß, und wie wie ich schon vorher gesagt habe, würde ich das Haus schon übernehmen, wenn die Miete so niedrig und bescheiden ist, in Anbetracht des schlechten Rufs, den das Haus in der Gegend von Haggurdsdon hat. Ich verbleibe, sehr verehrtes Fräulein, und erwarte Ihre Anweisungen mit vorzüglicher Hochachtung, William Cullings.»

Vom Aussehen her hätte man Miss Chauncey für eine Frau gehalten, die weiß, was sie will. Man hätte auch gedacht, daß diese taktlose Anspielung auf den schlechten Ruf, in dem das Haus ihrer Vorfahren stand, sie im Innersten hätte treffen müssen. Wie dem auch sei, weder zeigte sie vorerst den Brief ihrer Schwägerin, noch beantwortete sie ihn vorläufig überhaupt. Sie saß auf der Esplanade, schaute aufs Meer hinaus und sann in der warmen, salzigen und doch balsamischen Luft vor sich hin. Es war ein schmerzliches Problem. Aber: «Nein, er muß seine eigenen Wege gehen», sagte sie sich schließlich seufzend, «ich habe für ihn getan, was ich konnte.»

Und noch mehr: Miss Chauncey kehrte nie nach Post Houses zurück. Sie verkaufte es schließlich, Haus und Garten, für eine erbärmliche Summe an Mr. Cullings, den Fuhrmann. Sam war mittlerweile verschwunden und ward nie mehr gesehen.

Nicht daß ihm Miss Chauncey in ihrem Gedächtnis nicht die Treue gehalten hätte. Jedesmal, wenn sie über ihrem Kopf den leise rauschenden Flügelschlag einer Möwe in der Luft vernahm oder wenn bei den Lustbarkeiten für die Feriengäste das Zischen einer aufsteigenden Rakete die Stille des Meereshimmels unterbrach, ja sogar wenn sie auf das Rascheln ihres sonntäglichen Moirékleides achtete, bevor sie in der netten kleinen Villa, die sie an der Shanklin Esplanade gemietet hatte, zum Kirchgang aufbrach – alle diese Dinge versetzten sie im Geist sofort in ihr Schlafzimmer in Post Houses zurück, wo sie wieder dieses wunderliche, verblendete Tier sah, das einmal ihr Sam gewesen war, wie er auf ihrer Flickenbettdecke hockte und sich aufrichtete, wie wenn er mit den Vorderpfoten stricken wollte.

Agatha Christie

Der seltsame Fall des Sir Arthur Carmichael

Was mich zuerst mit dieser Angelegenheit in Kontakt brachte, war ein Telegramm meines Freundes Dr. Settle. Bis auf die Nennung des Namens Carmichael war das Telegramm keineswegs deutlich, aber seiner Aufforderung entsprechend, nahm ich den Zug, der um 12.20 von Paddington nach Wolden in der Grafschaft Herfordshire abging.

Der Name Carmichael war mir nicht unbekannt. Obgleich ich den verstorbenen Sir William Carmichael of Wolden in den letzten elf Jahren nicht mehr gesehen hatte, waren wir doch flüchtig miteinander bekannt gewesen. Er hatte, wie ich wußte, einen Sohn, den gegenwärtigen Baronet, der inzwischen ein junger Mann von dreiundzwanzig Jahren sein mußte. Dunkel erinnerte ich mich ferner der Gerüchte über Sir Williams zweite Ehe; bis auf einen undeutlichen Eindruck, der für die zweite Lady Carmichael nachteilig war, fielen mir jedoch keine Einzelheiten ein.

Settle erwartete mich am Bahnhof.

«Nett von dir, daß du gekommen bist», sagte er.

«Das ist doch selbstverständlich. Soviel ich begriffen habe, scheint es sich um einen Fall zu handeln, der in mein Gebiet fällt?»

«Haargenau!»

«Also ein Fall von Geisteskrankheit?» fragte ich. «Hat er irgendwelche besonderen Kennzeichen?»

Wir hatten inzwischen mein Gepäck abgeholt, saßen in einem Dogcart und fuhren vom Bahnhof in Richtung «Wolden», das etwa drei Meilen entfernt war. Settle beantwortete meine Frage zuerst nicht. Dann brach es plötzlich aus ihm heraus.

«Die ganze Geschichte ist vollkommen unbegreiflich! Da ist ein junger Mann, dreiundzwanzig Jahre alt und in jeder Hinsicht durchaus normal. Ein netter, liebenswerter Junge mit nicht mehr als der ihm zustehenden Portion Blasiertheit, vielleicht kein brillanter Intellektueller, aber ein typisches Exemplar des jungen Engländers aus der normalen Oberschicht. Geht eines Abends, gesund und munter wie üblich, zu Bett, und am nächsten Morgen wird er im Dorf aufgegriffen, wo er in halbidiotischem Zustand umherwandert und nicht einmal seine nächsten und liebsten Mitmenschen erkennt.»

«Aha!» sagte ich interessiert. Dieser Fall versprach tatsächlich äußerst interessant zu werden. «Vollständiger Verlust des Gedächtnisses? Und das passierte…?»

«Gestern vormittag. Am neunten August.»

«Und vorausgegangen ist nichts – kein Schock, soweit dir bekannt ist –, keine Erklärung für diesen Zustand?»

«Nichts.»

Plötzlich wurde ich mißtrauisch.

«Verschweigst du mir irgend etwas?»

«N-nein.»

Sein Zögern bestärkte mein Mißtrauen.

«Ich muß alles wissen.»

«Mit Arthur hat es nichts zu tun. Es hängt mit – mit dem Haus zusammen.»

«Mit dem Haus», wiederholte ich erstaunt.

«Du hast dich doch häufig mit derartigen Dingen zu beschäftigen, nicht wahr, Carstairs? Du hast doch selbst sogenannte Spukhäuser untersucht. Was hältst du von solchen Erscheinungen?»

«In neun von zehn Fällen sind sie reiner Schwindel», erwiderte ich. «Der zehnte Fall allerdings – nun ja, ich bin dabei auf Phänomene gestoßen, die vom gewöhnlichen materialistischen Standpunkt aus absolut unerklärbar sind. Ich bin überzeugt, daß es gewisse *occulta* gibt.»

Settle nickte. Wir waren gerade in den Park eingebogen. Mit der Peitsche deutete er auf ein flaches weißes Herrenhaus am Abhang des Hügels.

«Das ist das Haus», sagte er. «Und – irgend etwas steckt in diesem Haus, irgend etwas Unheimliches, Entsetzliches. Wir alle spüren es… Und ich bin wirklich kein abergläubischer Mensch…»

«In welcher Art äußert es sich?» fragte ich.

Er starrte vor sich hin. «Mir wäre es lieber, wenn du es vorher nicht weißt. Verstehst du: Wenn du – unvoreingenommen – hierherkommst – nichts Genaues weißt – und es dann auch siehst – vielleicht…»

«Gut», sagte ich, «sicher ist es besser so. Ich wäre allerdings froh, wenn du mir ein bißchen mehr über die Familie erzähltest.»

«Sir William», sagte Settle, «war zweimal verheiratet. Arthur ist das Kind aus erster Ehe. Vor neun Jahren heiratete er noch einmal, und die gegenwärtige Lady Carmichael ist so etwas wie ein Geheimnis. Sie ist Halbengländerin, und im übrigen nehme ich beinahe an, daß asiatisches Blut in ihren Adern fließt.»

Er verstummte.

«Settle», sagte ich, «du magst Lady Carmichael nicht.»

Er gab es offen zu. «Das stimmt. Auf mich macht sie immer den Eindruck, als läge irgend etwas Unheilvolles über ihr. Um aber weiterzuberichten: Von seiner zweiten Frau hatte Sir William ebenfalls ein Kind, auch einen Jungen, der jetzt acht Jahre alt ist. Sir William starb vor drei Jahren, und Arthur erbte Titel und Besitz. Seine Stiefmutter und sein Halbbruder wohnen weiterhin bei ihm in ‹Wolden›. Der Besitz ist, was du auch wissen mußt, ziemlich heruntergewirtschaftet. Fast die gesamten Einnahmen Sir Arthurs gehen für die Erhaltung drauf. Mehr als ein paar hundert Pfund konnte Sir William seiner Frau nicht vermachen, aber glücklicherweise ist Arthur mit seiner Stiefmutter immer glänzend ausgekommen, und so war er äußerst froh, daß sie weiterhin bei ihm wohnt. Dann…»

«Ja?»

«Vor zwei Monaten verlobte Arthur sich mit Miss Phyllis Patterson, einem bezaubernden Mädchen.» Mit gedämpfter Stimme, in der ein Anflug von Mitgefühl anklang, fügte er noch hinzu: «Nächsten Monat wollten sie heiraten. Sie ist jetzt hier. Ihren Kummer kannst du dir vorstellen…»

Wortlos nickte ich.

Wir fuhren jetzt auf das Haus zu. Zu unserer Rechten fiel der grüne Rasen sanft ab. Und plötzlich erblickte ich ein äußerst reizvolles Bild. Ein junges Mädchen kam langsam über den Rasen zum Haus. Sie trug keinen Hut, und die Sonne steigerte den Glanz ihres wundervollen goldfarbenen Haares. In der Hand trug sie einen großen Korb mit Rosen, und eine wunderschöne Perserkatze strich liebevoll um ihre Füße.

Fragend sah ich Settle an.

«Das ist Miss Patterson», sagte er.

«Armes Mädchen», sagte ich, «armes Mädchen. Welch ein Bild: sie mit den Rosen und der grauen Katze.»

Ich hörte einen leisen Laut und blickte meinen Freund erstaunt an. Die Zügel waren ihm aus den Fingern geglitten, und sein Gesicht war totenblaß.

«Was ist los?» rief ich.

Mühsam faßte er sich.

«Nichts», sagte er, «nichts...»

Wenige Augenblicke später hielten wir vor dem Haus. Ich folgte ihm in das grüne Wohnzimmer, wo der Teetisch gedeckt war.

Eine immer noch schöne Frau mittleren Alters erhob sich bei unserem Eintritt und kam uns mit ausgestreckter Hand entgegen.

«Lady Carmichael, das ist mein Freund Dr. Carstairs.»

Ich kann die instinktive Welle der Abneigung nicht beschreiben, die mich überschwemmte, als ich die mir dargebotene Hand dieser bezaubernden und stattlichen Frau ergriff, die sich mit jener dunklen und sinnlichen Anmut bewegte, aus der Settle auf orientalisches Blut geschlossen hatte.

«Es ist reizend von Ihnen, Dr. Carstairs, daß Sie gekommen sind», sagte sie mit leiser klangvoller Stimme, «und daß Sie versuchen wollen, uns in unserer großen Schwierigkeit zu helfen.»

Ich gab irgendeine triviale Antwort, und sie reichte mir meine Teetasse.

Wenige Minuten später betrat das Mädchen, das ich draußen auf dem Rasen gesehen hatte, ebenfalls das Zimmer. Die Katze war nicht mitgekommen, aber den Korb mit den Rosen hielt sie immer noch in der Hand.

Settle stellte mich vor, und das Mädchen sagte impulsiv: «Oh, Dr. Carstairs! Dr. Settle hat uns schon so viel von Ihnen erzählt. Und ich habe das sichere Gefühl, daß Sie etwas für den armen Arthur tun können.»

Miss Patterson war wirklich ein überaus reizendes Mädchen, obgleich ihre Wangen blaß und ihre Augen von tiefen Schatten umgeben waren.

«Meine liebe junge Dame», sagte ich tröstend, «Sie dürfen jetzt nicht verzweifeln. Diese Fälle von Gedächtnisschwund oder Persönlichkeitsspaltung sind häufig von sehr kurzer Dauer. In jedem Augenblick kann der Patient die volle Gewalt über sich selbst zurückerlangen.»

Sie schüttelte den Kopf. «Ich kann mir nicht vorstellen, daß es sich um Persönlichkeitsspaltung handelt», sagte sie. «Dieser Mensch ist etwas ganz anderes als Arthur. Diese Persönlichkeit hat mit ihm überhaupt nichts zu tun. Das ist nicht Arthur. Ich...»

Und irgend etwas an dem Ausdruck jener Augen, die auf dem Mädchen ruhten, verriet mir, daß Lady Carmichael für ihre zukünftige Schwiegertochter nicht allzuviel übrig hatte.

Miss Patterson lehnte die Tasse Tee ab, und um die Unterhaltung auf ein unverfängliches Thema zu bringen, sagte ich: «Bekommt Ihr Kätzchen jetzt seine Schale Milch?»

Verwundert blickte sie mich an.

«Das – das Kätzchen?»

«Ja – das Kätzchen, das vor wenigen Augenblicken im Garten bei Ihnen war...»

Ein schepperndes Klirren unterbrach mich. Lady Carmichael hatte eine Teekanne umgestoßen, und das heiße Wasser ergoß sich auf den Fußboden. Ich behob den Schaden, und Miss Patterson sah Settle fragend an. Settle erhob sich.

«Vielleicht willst du dir den Patienten mal anschauen, Carstairs?»

Ich folgte ihm sofort. Miss Patterson begleitete uns. Wir gingen die Treppe hoch, und Settle holte einen Schlüssel aus der Tasche.

«Manchmal geht er auf und davon», erklärte er. «Deshalb schließe ich die Tür gewöhnlich ab, wenn ich das Haus verlasse.»

Er steckte den Schlüssel in das Schloß, und wir traten ein.

Ein junger Mann saß am Fenster, durch das die letzten Strahlen der untergehenden Sonne breit und gelblich hereinfielen. Er saß merkwürdig ruhig, beinahe zusammengekauert, und jeder Muskel seines Körpers schien entspannt zu sein. Zuerst glaubte ich, unsere Gegenwart wäre ihm gar nicht bewußt, bis ich plötzlich sah, daß er uns gespannt beobachtete, obgleich seine Augenlider sich überhaupt nicht bewegten. Seine Augen blickten zu Boden, als ich ihn ansah, und er blinzelte. Aber er rührte sich nicht.

«Steh auf, Arthur», sagte Settle aufmunternd. «Miss Patterson und ein Freund von mir wollen dich besuchen.»

Aber der junge Mann am Fenster blinzelte nur. Dennoch merkte ich wenig später, daß er uns wieder beobachtete – heimlich und verstohlen.

«Möchtest du eine Tasse Tee?» fragte Settle immer noch laut und aufmunternd, als spräche er mit einem Kind.

Er stellte eine Tasse Milch auf den Tisch. Überrascht zog ich die Augenbrauen hoch, und Settle lächelte.

«Eine merkwürdige Sache», sagte er, «aber er rührt nur noch Milch an.»

Im nächsten Augenblick rollte Sir Arthur sich, ohne sich ungebührlich zu beeilen, auseinander, Glied für Glied, und ging langsam zum Tisch hinüber. Ich merkte plötzlich, daß seine Bewegungen vollkommen lautlos waren und seine Füße beim Gehen kein noch so leises Geräusch verursachten. Und als er den Tisch erreicht hatte, streckte er sich gewaltig, indem er das eine Bein weit nach vorne stellte und das andere nach hinten reckte. Diese Stellung trieb er bis zur äußersten Grenze, und dann gähnte er. Noch nie hatte ich ein derartiges Gähnen erlebt! Es schien sein ganzes Gesicht zu verschlucken.

Dann wandte er seine Aufmerksamkeit der Milch zu und beugte den Kopf zum Tisch hinunter, bis seine Lippen die Flüssigkeit berührten.

Settle beantwortete meinen fragenden Blick.

«Die Hände benutzt er überhaupt nicht mehr. Ist anscheinend in ein primitives Stadium zurückverfallen. Merkwürdig, was?»

Die Milch war schließlich ausgetrunken, und noch einmal reckte Arthur Carmichael sich, um dann mit den gleichen geräuschlosen Schritten zum Fenster zurückzukehren, wo er sich zusammengekauert wieder hinsetzte und uns anblinzelte.

Miss Patterson zog uns in den Korridor hinaus. Sie zitterte am ganzen Körper. «Oh, Dr. Carstairs!» rief sie. «Das ist nicht Arthur – das da drinnen ist nicht Arthur! Ich würde es spüren – ich würde es wissen...»

Betrübt schüttelte ich den Kopf. «Der Verstand kann einem manchmal seltsame Streiche spielen, Miss Patterson», sagte ich.

Ich gestehe, daß der Fall mich irritierte. Er besaß einige ungewöhnliche Züge. Obgleich ich den jungen Carmichael bisher noch nie gesehen hatte, erinnerten mich seine merkwürdige Art des Gehens und die Art, wie er blinzelte, an irgend etwas, das ich nirgends richtig einordnen konnte.

Das Abendessen an jenem Abend war eine schweigsame Angelegenheit, und die Hauptlast der Unterhaltung lag auf Lady Carmichael und mir. Als die Damen sich zurückzogen, fragte mich Settle, was für einen Eindruck unsere Gastgeberin auf mich machte.

«Ich muß gestehen», sagte ich, «daß ich ohne Grund und Veranlassung eine starke Abneigung gegen sie empfinde. Du hattest völlig recht damit, daß sie östliches Blut hat, und ich möchte fast sagen, daß sie deutliche okkulte Kräfte besitzt. Sie ist eine Frau von fast magischer Anziehungskraft.»

Settle schien etwas sagen zu wollen, beherrschte sich dann jedoch und bemerkte lediglich nach kurzer Pause: «Ihrem kleinen Sohn ist sie restlos ergeben.»

Nach dem Abendessen saßen wir wieder im grünen Wohnzimmer. Wir hatten gerade den Kaffee getrunken und unterhielten uns ziemlich förmlich über die Themen des Tages, als die Katze anfing, vor der Tür jämmerlich zu miauen. Niemand nahm davon Notiz, und da ich Tiere sehr gern habe, erhob ich mich kurz darauf.

«Darf ich das arme Tier hereinlassen?» fragte ich Lady Carmichael.

Ihr Gesicht wirkte sehr blaß, wie mir schien, aber mit dem Kopf machte sie eine leichte Bewegung, die ich als Zustimmung deutete, so daß ich zur Tür ging und öffnete. Draußen im Korridor war jedoch nichts zu sehen.

«Seltsam», sagte ich. «Ich hätte schwören können, eine Katze gehört zu haben.»

Als ich zu meinem Sessel zurückging, fiel mir auf, daß alle mich gespannt beobachteten. Irgendwie fühlte ich mich dadurch etwas unbehaglich.

Wir gingen zeitig zu Bett. Settle begleitete mich in mein Zimmer. «Hast du alles, was du brauchst?» fragte er und sah sich um.

«Ja – danke.»

Immer noch stand er mißmutig in meinem Zimmer herum, als wollte er etwas sagen, könnte sich jedoch nicht dazu entschließen.

«Übrigens», bemerkte ich, «hast du gesagt, daß an diesem Haus etwas Unheimliches wäre. Bis jetzt macht es jedoch einen äußerst normalen Eindruck.»

«Bezeichnest du es etwa als ein fröhliches Haus?»

«Unter den gegebenen Umständen wohl kaum. Offensichtlich ist es von großem Kummer überschattet. Aber hinsichtlich irgendwelcher anormalen Einflüsse würde ich ihm jederzeit ein Unbedenklichkeitsattest ausstellen.»

«Gute Nacht», sagte Settle unvermittelt. «Und angenehme Träume.»

Träumen tat ich allerdings. Miss Pattersons graue Katze schien selbst auf meine Seele einen tiefen Eindruck gemacht zu haben. Zumindest hatte ich das Gefühl, die ganze Nacht nur von diesem elenden Tier geträumt zu haben.

Mit einem Ruck aus dem Schlaf hochfahrend, wurde mir plötzlich klar, was diese Katze zwangsweise in meine Gedanken einschaltete: Das Geschöpf saß vor meiner Tür und miaute beharrlich. Unmöglich zu schlafen, solange dieser Lärm andauerte. Ich zündete also meine Kerze an und ging zur Tür. Aber im Korridor vor meinem Zimmer war niemand, obgleich das Miauen weiterging. Ein neuer Gedanke kam mir. Das unglückliche Tier war vielleicht irgendwo eingeschlossen und konnte nicht wieder heraus. Links von meiner Tür war der Korridor zu Ende, und dort lag Lady Carmichaels Zimmer. Ich wandte mich daher nach rechts und hatte gerade erst ein paar Schritte gemacht, als der Lärm plötzlich hinter mir losging. Ich fuhr herum, und dann hörte ich es wieder – diesmal ganz deutlich rechts von mir.

Irgend etwas – wahrscheinlich die kalte Zugluft auf dem Korridor – ließ mich erschauern, und ich kehrte direkt in mein Zimmer zurück. Alles war jetzt still, und bald darauf war ich wieder eingeschlafen – um am Morgen eines strahlenden Sommertages aufzuwachen.

Während ich mich ankleidete, sah ich von meinem Fenster aus den Störenfried meiner Nachtruhe. Die graue Katze schlich langsam und heimlich über den Rasen. Ihr Angriffsziel war meiner Ansicht nach ein kleiner Vogelschwarm, der ganz in der Nähe damit beschäftigt war, laut zu schilpen und sich zu putzen.

Und dann passierte etwas sehr Merkwürdiges. Die Katze kam heran und ging mitten zwischen den Vögeln hindurch, wobei ihr Fell die Vögel beinahe berührte – und sie flogen nicht auf. Ich konnte es nicht begreifen; die Geschichte schien mir unfaßlich.

Sie beeindruckte mich so sehr, daß ich beim Frühstück nicht umhin konnte, sie zu erwähnen.

«Wissen Sie eigentlich», sagte ich zu Lady Carmichael, «daß Sie eine sehr ungewöhnliche Katze besitzen?»

Ich hörte das Klirren einer Tasse auf einer Untertasse und bemerkte, daß Miss Patterson mich – den Mund leicht geöffnet und schnell atmend – erwartungsvoll anstarrte.

Es folgte eine minutenlange Stille, und dann sagte Lady Carmichael in einer deutlich mißbilligenden Weise: «Ich glaube, Sie haben sich geirrt. In diesem Haus gibt es keine Katze. Noch nie habe ich eine Katze besessen.»

Es war klar, daß es mir gelungen war, mitten in ein Fettnäpfchen zu treten, und so wechselte ich schnell das Thema.

Aber die Angelegenheit irritierte mich. Warum hatte Lady Carmichael erklärt, in ihrem Hause gäbe es keine Katze? Gehörte sie vielleicht Miss Patterson, und wurde ihre Anwesenheit der Hausherrin gegenüber verheimlicht? Vielleicht hatte Lady Carmichael eine dieser seltsamen Antipathien gegen Katzen, die man heutzutage so oft antrifft.

Diese Erklärung war zwar nicht gerade plausibel, aber es blieb mir im Augenblick nichts anderes übrig, als mich mit ihr zufriedenzugeben.

Unser Patient befand sich noch im gleichen Zustand. Dieses Mal untersuchte ich ihn gründlich und konnte ihn genauer beobachten als am Abend zuvor. Auf meinen Vorschlag hin wurde das Notwendige veranlaßt, daß er möglichst oft mit der Familie zusammensein konnte. Ich hoffte nicht nur, so eine bessere Gelegenheit zu bekommen, ihn zu beobachten, da er weniger auf der Hut sein würde, sondern auch, daß der übliche Tagesablauf irgendeinen Funken von Intelligenz erwecken würde. Sein Verhalten blieb jedoch unverändert. Er war ruhig und fügsam, wirkte beinahe gedankenlos, war jedoch in Wirklichkeit von gespannter und fast unheimlicher Wachsamkeit. Zumindest eines bedeutete allerdings eine Überraschung für mich: seine innige Zuneigung zur Stiefmutter. Miss Patterson übersah er völlig; aber immer gelang es ihm, so dicht wie möglich neben Lady Carmichael zu sitzen, und einmal sah ich, wie er – ein einfältiger Ausdruck der Liebe – seinen Kopf an ihrer Schulter rieb.

Der Fall machte mir Sorgen. Immer wieder hatte ich jedoch das Gefühl, daß es irgendeinen Hinweis auf die ganze Angelegenheit geben müßte, der mir bisher entgangen war.

«Ein äußerst seltsamer Fall», sagte ich zu Settle.

«Ja», sagte er, «und sehr – sehr suggestiv.»

Er blickte mich an, meiner Ansicht nach ziemlich unsicher.

«Sag mal – erinnert Arthur dich vielleicht an irgend etwas?»

Seine Worte waren mir unangenehm, da sie mich an meinen Eindruck vom Vortag erinnerten.

«An was soll er mich erinnern?» fragte ich.

Er schüttelte den Kopf.

«Vielleicht ist es auch nur Einbildung», murmelte er, «nichts als Einbildung.»

Und mehr wollte er zu der Angelegenheit nicht sagen.

Alles in allem steckte in dem Fall irgendein Geheimnis. Ich war immer noch ganz besessen von dem verwirrenden Gefühl, jenen Hinweis übersehen zu haben, der den Schlüssel zu allem bildete. Und in einem weniger wichtigen Punkte steckte ebenfalls ein Geheimnis. Ich meine die belanglose Sache mit der grauen Katze. Aus irgendeinem Grund ging die Geschichte mir auf die Nerven. Ich träumte von Katzen, und ständig bildete ich mir ein, ihr Miauen zu hören. Hin und wieder sah ich das bildschöne Tier flüchtig von weitem. Und die Tatsache, daß mit ihm irgendein Geheimnis verbunden war, ärgerte mich maßlos. Einem plötzlichen Impuls folgend, wandte ich mich eines Nachmittags an den Diener, um von ihm etwas zu erfahren.

«Können Sie», sagte ich, «mir vielleicht etwas über die Katze verraten, die ich hier gesehen habe?»

«Über die Katze, Sir?» Er machte einen höflich erstaunten Eindruck.

«Gab es hier – gibt es hier – keine Katze?»

«Ihre Ladyship besaßen einmal eine Katze, Sir. Ein sehr hübsches Tier. Sie mußte jedoch beseitigt werden. Ein Jammer, denn das Tier war wirklich bildschön.»

«War es eine graue Katze?» fragte ich langsam.

«Ja, Sir. Eine Perserkatze.»

«Und sie wurde getötet?»

«Ja, Sir.»

«Sind Sie ganz sicher, daß sie getötet wurde?»

«Vollkommen sicher, Sir. Ihre Ladyship wollten den Tierarzt nicht kommen lassen – sondern taten es selbst. Vor knapp einer Woche. Das Tier wurde dann unter der Rotbuche begraben, Sir.»

Nach diesen Worten verließ er das Zimmer und überließ mich meinen Gedanken.

Warum hatte Lady Carmichael so entschieden behauptet, sie hätte nie eine Katze besessen?

Intuitiv hatte ich das Gefühl, diese an sich belanglose Angelegenheit mit der Katze sei in gewisser Weise bedeutungsvoll. Ich fand Settle und nahm ihn beiseite.

«Settle», sagte ich, «ich möchte dich etwas fragen. Hast du in diesem Haus bisher eine Katze sowohl gesehen als auch gehört – oder nicht?»

Meine Frage schien ihn keineswegs zu überraschen; er schien sie direkt erwartet zu haben.

«Gehört habe ich sie», sagte er, «aber gesehen noch nicht.»

«Aber damals bei meiner Ankunft!» rief ich. «Auf dem Rasen, zusammen mit Miss Patterson!»

Er sah mich fest an.

«Ich sah Miss Patterson über den Rasen gehen. Sonst nichts.»

Ich begann zu begreifen. «Dann», sagte ich, «ist die Katze…»

Er nickte.

«Ich wollte feststellen, ob du… unvoreingenommen – hören würdest, was wir alle hören…»

«Ihr anderen hört es also auch?»

Wieder nickte er.

«Es ist seltsam», murmelte ich nachdenklich. «Bisher habe ich keinen Fall gekannt, in dem eine Katze in einem Haus spukt.»

Ich erzählte ihm, was ich von dem Diener erfahren hatte, und er sagte überrascht: «Das ist mir völlig neu! Das habe ich bisher nicht gewußt.»

«Aber was hat es zu bedeuten?» fragte ich einigermaßen hilflos.

Er schüttelte den Kopf. «Das weiß der Himmel! Aber eines will ich dir sagen, Carstairs – ich habe Angst. Die – die Stimme hat einen drohenden Klang.»

«Drohend?» wiederholte ich scharf. «Für wen?»

Er breitete ratlos die Hände aus. «Das kann ich nicht sagen.»

Erst abends, nach dem Essen, erkannte ich die Bedeutung seiner Worte. Wir saßen im grünen Wohnzimmer, wie schon am Abend meiner Ankunft, als es erklang – das laute beharrliche Miauen einer Katze vor der Tür. Aber diesmal klang es unmißverständlich verärgert – ein wütendes Katzenheulen, langgezogen und drohend. Und dann, als es verstummte, klapperte draußen der messingne Ring, als spielte eine Katze mit ihm.

Settle fuhr zusammen.

«Ich schwöre, daß es keine Einbildung ist», rief er.

Er lief zur Tür und riß sie auf.

Draußen war nichts zu sehen.

Als er zurückkam, wischte er sich die Stirn ab. Phyllis war blaß und zitterte, Lady Carmichael hingegen war totenblaß. Nur Arthur, der – zufrieden wie ein Kind – auf dem Fußboden hockte und seinen Kopf gegen die Knie seiner Stiefmutter gelehnt hatte, war ruhig und unbeeindruckt.

Miss Patterson legte ihre Hand auf meinen Arm, und wir gingen nach oben.

«Oh, Dr. Carstairs», sagte sie verzweifelt. «Was soll das? Was hat es zu bedeuten?»

«Das wissen wir auch noch nicht, meine liebe junge Dame», sagte ich. «Aber ich bin fest entschlossen, es herauszufinden. Sie dürfen jedoch keine Angst haben. Ich bin überzeugt, daß Sie persönlich vollkommen ungefährdet sind.»

Zweifelnd blickte sie mich an. «Das glauben Sie?»

«Ich bin davon überzeugt», erwiderte ich fest. Ich erinnerte mich der liebevollen Art, wie die Katze um ihre Füße gestrichen war, und hegte nicht die geringsten Befürchtungen. Die Drohung galt nicht ihr.

Eine Zeitlang döste ich vor mich hin, aber schließlich fiel ich in einen unruhigen Schlaf, aus dem ich mit einem Gefühl des Entsetzens aufschrak. Ich hörte ein kratzendes, lärmendes Geräusch, als würde Stoff gewaltsam zerrissen oder zerfetzt. Ich sprang aus dem Bett und lief auf den Korridor; im gleichen Augenblick stürzte Settle aus seinem gegenüberliegenden Zimmer. Das Geräusch kam von links.

«Hast du es auch gehört, Carstairs?» rief er. «Hast du es auch gehört?»

Mit wenigen Schritten waren wir an Lady Carmichaels Tür. Nichts war uns entgegengekommen; das Geräusch war jedoch verstummt. Unsere Kerzen spiegelten sich in der glänzenden Tür von Lady Carmichaels Zimmer. Wir sahen uns an.

«Weißt du, was das war?» flüsterte er beinahe.

Ich nickte. «Eine Katze hat mit ihren Krallen irgend etwas zerfetzt.» Ein Schauder überlief mich. Plötzlich schrie ich leise auf und hielt die Kerze, die ich in der Hand hatte, tiefer. «Sieh dir das an, Settle!»

«Das» war ein Sessel, der an der Wand stand – und sein Sitz war in lange Streifen gerissen und zerfetzt...

Wir betrachteten ihn aufmerksam. Settle sah mich an, und ich nickte.

«Katzenkrallen», sagte er und holte tief Luft. «Unmißverständlich.» Sein Blick wanderte vom Sessel zur verschlossenen Tür. «Die Drohung gilt ihr – Lady Carmichael!»

In dieser Nacht konnte ich nicht mehr schlafen. Die Dinge hatten sich bis zu einem Punkt entwickelt, an dem irgend etwas geschehen mußte. Soweit ich die Angelegenheit übersah, gab es nur einen einzigen Menschen, der den Schlüssel zu allem in der Hand hielt. Ich hatte den Verdacht, daß Lady Carmichael mehr wußte, als sie sagen wollte. Sie war totenblaß, als sie am nächsten Morgen herunterkam, und stocherte lustlos auf ihrem Teller herum. Ich war überzeugt, daß nur eiserne Entschlossenheit sie vor einem Zusammenbruch bewahrte. Nach dem Frühstück bat ich sie um eine kurze Unterredung. Ich kam sofort zum Thema.

«Lady Carmichael», sagte ich, «ich habe allen Grund zur Annahme, daß Sie sich in einer sehr ernsten Gefahr befinden.»

«Wirklich?» Herausfordernd und wunderbar unbeteiligt stellte sie diese Frage.

«In diesem Haus», fuhr ich fort, «befindet sich irgend etwas – ist irgend etwas vorhanden –, das Ihnen sichtlich feindlich gesinnt ist.»

«So ein Unsinn», murmelte sie erbost. «Als glaubte ich an derartiges Zeug!»

«Der Sessel vor Ihrer Tür», bemerkte ich trocken, «wurde in der letzten Nacht zerfetzt.»

«Wirklich?» Mit hochgezogenen Augenbrauen spielte sie die

Überraschte, aber ich sah, daß das, was ich erzählt hatte, ihr nicht neu war. «Wahrscheinlich irgendein dummer Spaß.»

«Das glaube ich nicht», erwiderte ich voller Mitgefühl. «Und ich möchte, daß Sie mir jetzt – um Ihretwillen…» Ich verstummte.

«Was soll ich?» fragte sie.

«Mir alles erzählen, was in dieser Angelegenheit von Bedeutung sein könnte», sagte ich ernst.

Sie lachte.

«Ich weiß nichts», sagte sie, «absolut nichts!»

Und kein Hinweis auf die drohende Gefahr konnte sie veranlassen, ihre starre Haltung aufzugeben. Dennoch war ich überzeugt, daß sie in Wirklichkeit sehr viel mehr wußte als wir anderen, daß sie irgendeinen Hinweis besaß, von dem wir nicht das geringste ahnten. Ich sah jedoch auch, daß es unmöglich war, sie zum Sprechen zu bringen.

Ich beschloß indes, jede nur mögliche Vorsichtsmaßnahme zu ergreifen, da ich überzeugt war, daß sie von einer sehr realen und nahe bevorstehenden Gefahr bedroht war. Bevor sie am folgenden Abend auf ihr Zimmer ging, wurde der ganze Raum von Settle und mir gründlich durchsucht. Außerdem hatten wir abgemacht, daß er und ich abwechselnd im Korridor Wache halten würden.

Ich übernahm die erste Wache, die ohne Zwischenfall vorüberging, und um drei Uhr löste Settle mich ab. Nach der schlaflosen Nacht war ich müde und schlief sofort ein. Und dabei hatte ich einen höchst seltsamen Traum.

Ich träumte, die graue Katze säße am Fußendes meines Bettes und ihre Augen wären merkwürdig flehend auf mich gerichtet. Mit der Sicherheit des Träumenden wußte ich auf einmal, daß das Tier mich aufforderte, ihm zu folgen. Das tat ich, und es führte mich die große Treppe hinunter und dann nach rechts, in den gegenüberliegenden Flügel des Hauses und in einen Raum, der offenbar die Bibliothek war. Dort blieb das Tier an der einen Wand stehen und hob dann seine Vorderpfoten hoch und stützte sie auf eines der unteren Bücherregale; dabei blickte es mich wieder mit diesem rührenden bittenden Ausdruck an.

Auf einmal verschwanden Katze und Bibliothek; ich erwachte und stellte fest, daß es bereits Morgen war.

Auch Settles Wache war ohne Zwischenfall verlaufen; dafür interessierte er sich brennend für meinen Traum. Auf mein Verlangen hin führte er mich in die Bibliothek, die in jeder Einzelheit mit meinem Traumbild übereinstimmte. Ich konnte sogar genau auf die Stelle deuten, von der aus das Tier mir den letzten traurigen Blick zugeworfen hatte. Schweigend und verwirrt standen wir beide da. Plötzlich kam mir eine Idee, und ich bückte mich, um die Titel jener Bücher zu lesen, die an dieser einen Stelle standen. Dabei fiel mir auf, daß sich in der Reihe eine Lücke befand.

«Irgendein Buch ist herausgenommen worden», sagte ich zu Settle.

Er beugte sich ebenfalls zu dem Regal hinunter.

«Nanu», sagte er. «Hier hinten steckt ein Nagel, an dem ein Stück vom Umschlag des fehlenden Buches hängt.»

Sorgfältig löste er den kleinen Papierfetzen ab; das Stück war zwar nicht größer als knappe drei Zentimeter im Quadrat – aber zwei bedeutungsvolle Wörter standen darauf: «Die Katze...»

Wir sahen uns an.

«Jetzt läuft es mir doch kalt über den Rücken», sagte Settle.

«Das ist verdammt unheimlich.»

«Ich würde alles darum geben», sagte ich, «wenn ich wüßte, welches Buch hier fehlt. Glaubst du, es besteht eine Möglichkeit, es irgendwie herauszubekommen?»

«Vielleicht existiert irgendwo ein Katalog. Vielleicht weiß Lady Carmichael...»

Ich schüttelte den Kopf.

«Von Lady Carmichael werden wir nicht das geringste erfahren.»

«Glaubst du?»

«Davon bin ich überzeugt. Während wir im dunkeln tappen und uns herumtasten, weiß Lady Carmichael genau Bescheid. Und aus Gründen, die nur sie allein kennt, sagt sie nicht ein einziges Wort. Lieber geht sie das entsetzliche Risiko ein, als ihr Schweigen aufzugeben.»

Der Tag verstrich so ereignislos, daß es mich an die Stille vor dem Sturm erinnerte. Und ich hatte das seltsame Gefühl, die Lösung des Problems stehe dicht bevor. Noch tastete ich völlig im dunkeln, aber bald würde ich alles erkennen. Die Tatsachen lagen vor aller Augen, klar und deutlich; es bedurfte nur eines kleinen erhellenden Hinweises, der sie zusammenschweißen und ihre Bedeutung zeigen würde.

Und genau das geschah. In der seltsamsten Weise.

Es geschah, als wir – wie gewöhnlich – nach dem Abendessen im grünen Wohnzimmer zusammensaßen. Wir waren sehr schweigsam gewesen – so still, daß eine kleine Maus quer durch das Zimmer rannte. Und im gleichen Augenblick passierte es.

Mit einem einzigen Satz sprang Arthur Carmichael von seinem Sessel. Sein zitternder Körper war pfeilschnell hinter der Maus her. Die Maus war hinter der Wandtäfelung verschwunden; er hockte jedoch geduckt davor, vor Eifer am ganzen Körper bebend, und wartete.

Es war entsetzlich! Noch nie hatte ich dieses lähmende Gefühl verspürt. Jetzt brauchte ich nicht mehr zu grübeln, an was Arthur Carmichael mich mit seinem lautlosen Gang und den wachsamen Augen erinnerte. Wie ein Blitz kam mir plötzlich die Erklärung – wild, unglaubhaft und unfaßlich. Ich wies sie als unmöglich zurück, als undenkbar. Aber ich konnte sie nicht aus meinen Überlegungen vertreiben.

Ich kann mich kaum erinnern, was dann noch geschah. Die ganze Situation wirkte verschwommen und unwirklich. Ich weiß nur, daß wir irgendwie nach oben gingen und uns gegenseitig kurz eine gute Nacht wünschten – beinahe so, als fürchteten wir den Blick des anderen, um in ihm nicht die Bestätigung unserer eigenen Befürchtungen zu entdecken.

Settle machte es sich vor Lady Carmichaels Tür bequem, um die erste Wache zu übernehmen, während ich ihn um drei Uhr ablösen sollte. Besondere Befürchtungen für Lady Carmichael hegte ich eigentlich nicht; ich war zu sehr mit meiner phantastischen, unmöglichen Theorie beschäftigt. Ich sagte mir zwar, daß es unmöglich sei – aber fasziniert kehrten meine Gedanken immer wieder zu diesem Punkt zurück.

Und dann zerplatzte plötzlich die Stille der Nacht. Settles Stimme steigerte sich zu einem Schreien; er rief nach mir. Ich stürzte in den Korridor hinaus. Er hämmerte und trommelte mit aller Kraft an Lady Carmichaels Tür. «Zum Teufel mit dieser Frau!» schrie er. «Sie hat tatsächlich abgeschlossen!»

«Aber…»

«Sie ist drinnen, Menschenskind! Bei ihr drinnen! Hörst du sie denn nicht?»

Durch die verschlossene Tür drang das langgezogene wütende Jaulen einer Katze. Es folgte ein entsetzlicher Schrei – und noch einer… Ich erkannte Lady Carmichaels Stimme.

«Die Tür!» schrie ich. «Wir müssen sie aufbrechen – sonst ist es zu spät!»

Wir warfen uns mit der Schulter gegen die Tür und versuchten mit aller Kraft, sie einzudrücken. Krachend gab sie nach – und wir fielen beinahe in das Zimmer.

Blutüberströmt lag Lady Carmichael auf ihrem Bett. Selten habe ich einen fürchterlicheren Anblick erlebt. Ihr Herz schlug noch, aber ihre Verletzungen waren entsetzlich, denn an ihrer Kehle war die Haut zerrissen und zerfetzt… Am ganzen Körper zitternd flüsterte ich: «Die Krallen…» Ein Schauder abergläubischen Entsetzens überlief mich.

Sorgfältig säuberte und verband ich die Verletzungen, und dann schlug ich Settle vor, die Art der Verletzungen lieber für uns zu behalten – insbesondere gegenüber Miss Patterson. Schließlich bestellte ich telegrafisch eine Krankenschwester; das Telegramm sollte aufgegeben werden, sobald das Postamt öffnete. Langsam drang die Morgendämmerung durch das Fenster. Ich blickte auf den Rasen hinunter.

«Zieh dich an und komm mit», sagte ich unvermittelt zu Settle. «Lady Carmichael ist im Moment gut aufgehoben.»

Wenig später war er bereit, und gemeinsam gingen wir in den Garten hinaus.

«Was hast du vor?»

«Ich will den Kadaver der Katze ausgraben», sagte ich kurz. «Ich muß es genau wissen…»

In einem Geräteschuppen fand ich einen Spaten, und dann machten wir uns unter der großen Blutbuche an die Arbeit. Nach einiger Zeit wurde unsere Mühe belohnt. Erfreulich war es nicht; das Tier war immerhin seit einer Woche tot. Aber ich sah, was ich sehen wollte.

«Das ist die Katze», sagte ich. «Dieselbe Katze, die ich hier am Tage meiner Ankunft sah.»

Settle schnupperte. Ein Geruch nach bitteren Mandeln war immer noch wahrnehmbar.

«Blausäure», sagte er.

Ich nickte.

«Was glaubst du?» fragte ich neugierig.

«Dasselbe wie du!»

Meine Vermutung war für ihn nicht neu – in seinen Gedanken war sie, wie ich merkte, auch schon aufgetaucht.

«Das ist unmöglich», murmelte er. «Einfach unmöglich! Es spricht gegen jegliche Wissenschaft – gegen die Natur…» Seine Stimme wurde immer unsicherer und verstummte. «Diese Maus gestern abend», sagte er. «Aber – mein Gott, das kann doch nicht wahr sein!»

«Lady Carmichael», sagte ich, «ist eine sehr seltsame Frau. Sie besitzt okkulte Kräfte. Ihre Vorfahren stammten tatsächlich aus dem Osten. Wissen wir, welchen Gebrauch sie gegenüber einem schwachen, liebenswerten Wesen wie Arthur Carmichael davon macht? Und vergiß eines nicht, Settle: Wenn Arthur Carmichael hoffnungslos geistesgestört und ihr ergeben bleibt, gehört der ganze Besitz praktisch ihr und ihrem Sohn – du hast selbst gesagt, sie vergöttere ihn. Und außerdem wollte Arthur heiraten!»

«Aber was machen wir jetzt, Carstairs?»

«Im Augenblick nichts», sagte ich. «Wir können nur versuchen, Lady Carmichael vor der Rache zu schützen.»

Lady Carmichael erholte sich langsam. Ihre Verletzungen heilten von allein so gut, wie man es nur erwarten konnte – wenngleich sie die Narben von diesem Angriff wahrscheinlich bis an ihr Lebensende nicht verlieren würde.

Ich kam mir so hilflos vor wie noch nie. Die Macht, die uns besiegt hatte, war immer noch ungebrochen, unbesiegt, und obgleich sie sich im Augenblick ruhig verhielt, war doch anzunehmen, daß sie nur ihre Zeit abwartete. In einem Punkt war ich fest entschlossen. Sobald Lady Carmichael sich so weit erholt hatte, daß sie transportfähig war, mußte sie «Wolden» verlassen. Immerhin bestand die Möglichkeit, daß diese entsetzliche Erscheinung nicht in der Lage war, ihr dann zu folgen. Und so vergingen die Tage.

Den 18. September hatte ich als den Tag festgesetzt, an dem Lady Carmichael weggebracht werden sollte. Am Morgen des 14. September kam es jedoch überraschend zur Krise.

Ich war gerade in der Bibliothek und besprach mit Settle die Einzelheiten von Lady Carmichaels Abreise, als ein aufgeregtes Dienstmädchen in den Raum stürzte.

«O Sir!» rief sie. «Schnell! Mr. Arthur – er ist in den Teich gefallen! Er stieg in das Boot, und das Boot trieb mit ihm ab, und dabei hat er das Gleichgewicht verloren und ist ins Wasser gefallen! Ich habe es vom Fenster aus gesehen.»

Ich zögerte keinen Augenblick, sondern lief sofort aus dem Zimmer, gefolgt von Settle. Phyllis stand draußen und hatte den Bericht des Mädchens selbst gehört. Sie lief mit uns hinaus.

«Aber Sie brauchen keine Angst zu haben», rief sie. «Arthur ist ein ausgezeichneter Schwimmer.»

Ich befürchtete jedoch das Schlimmste und beschleunigte mein Tempo. Die Wasseroberfläche des Teiches war spiegelglatt. Das leere Boot trieb langsam dahin – aber von Arthur war nichts zu sehen.

Settle riß sich das Jackett herunter und zog seine Schuhe aus.

«Ich gehe in den Teich», sagte er. «Nimm du den Bootshaken und suche vom zweiten Boot aus. Das Wasser ist nicht tief.»

Die Zeit schien stillzustehen, während wir suchten. Minute folgte auf Minute. Und dann, als wir gerade verzweifelten, fanden wir ihn und brachten den anscheinend leblosen Arthur Carmichael ans Ufer.

Bis an mein Lebensende werde ich den hoffnungslosen, gequälten Ausdruck auf Phyllis' Gesicht nicht vergessen.

«Nicht – nicht...» Ihre Lippen weigerten sich, das entsetzliche Wort zu bilden.

«Nein, nein, meine Liebe», rief ich. «Wir bringen ihn schon wieder zu sich – keine Angst.» Innerlich hatte ich jedoch kaum noch Hoffnung. Eine halbe Stunde war er unter Wasser gewesen. Ich schickte Settle ins Haus, um vorgewärmte Decken und andere notwendige Dinge zu besorgen, und begann dann mit Wiederbelebungsversuchen.

Angestrengt arbeiteten wir länger als eine Stunde, aber nichts deutete darauf hin, daß noch Leben in Arthur Carmichael war. Mit einer Kopfbewegung bedeutete ich Settle, mich wieder abzulösen, und näherte mich Phyllis.

«Ich fürchte», sagte ich behutsam, «daß es keinen Sinn hat. Wir können Arthur nicht mehr helfen.»

Sie blieb einen Augenblick stumm, ohne sich zu rühren; und dann warf sie sich plötzlich über den leblosen Körper. «Arthur!» rief sie verzweifelt. «Arthur! Komm zu mir zurück! Arthur – komm zurück – komm zurück!»

Ihre Stimme verhallte langsam. Plötzlich berührte ich Settles Arm. «Da!» sagte ich.

Das Gesicht des Ertrunkenen bekam auf einmal eine Spur von Farbe. Ich fühlte seinen Puls.

«Weiter mit der künstlichen Beatmung!» rief ich. «Er kommt wieder zu sich!»

Die Augenblicke schienen jetzt vorüberzufliegen. Nach wunderbar kurzer Zeit öffneten sich seine Augen.

Und dann entdeckte ich plötzlich auch einen Unterschied: *Das hier waren intelligente Augen, menschliche Augen...*

Ihr Blick ruhte auf Phyllis.

«Tag, Phyllis», sagte er mit schwacher Stimme. «Bist du da? Ich dachte, du kämst erst morgen?»

Irgend etwas zu sagen, traute sie sich noch nicht zu; statt dessen lächelte sie ihn nur an. Zunehmend verwirrt sah er sich um.

«Ja – aber wo bin ich denn? Und – richtig miserabel fühle ich mich. Was ist denn mit mir los? Tag, Dr. Settle!»

«Sie wären beinahe ertrunken – das ist los», erwiderte Settle grimmig.

Sir Arthur schnitt eine Grimasse. «Ich habe früher schon gehört, daß einem hinterher ganz übel ist, wenn man zurückkommt! Aber wie ist es denn passiert? Bin ich etwa im Schlaf gewandelt?«

Settle schüttelte den Kopf.

«Wir müssen ihn ins Haus bringen», sagte ich und trat einen Schritt näher.

Er starrte mich an, und Phyllis stellte mich vor: «Dr. Carstairs, der augenblicklich hier ist.»

Wir nahmen ihn zwischen uns und machten uns auf den Weg zum Haus. Plötzlich blickte er auf, als wäre ihm irgend etwas eingefallen.

«Sagen Sie, Doktor – bis zum Zwölften bin ich doch wieder in Ordnung, nicht wahr?»

«Bis zum Zwölften?» sagte ich langsam. «Meinen Sie vielleicht den 12. August?»

«Ja – nächsten Freitag.»

«Heute ist der 14. September», sagte Settle unvermittelt.

Seine Verwirrung war nicht zu übersehen.

«Aber – aber ich dachte, heute wäre der 8. August? Dann muß ich also krank gewesen sein?»

Er zog die Stirne kraus. «Das verstehe ich nicht. Als ich gestern abend zu Bett ging, war ich noch kerngesund – das heißt natürlich, wenn es tatsächlich gestern abend war. Und jetzt fällt mir auch ein, daß ich geträumt habe, geträumt ...» Seine Stirnfalten wurden noch tiefer, während er sich bemühte, sich zu erinnern. «Irgend etwas – was war es denn nur? Irgend etwas Schreckliches – irgend jemand hat es mir angetan – und ich war wütend – verzweifelt ... Und dann träumte ich, ich wäre eine Katze – ja, eine Katze! Komisch, nicht? Aber der Traum selbst war gar nicht komisch. Er war – fürchterlich

war er! Aber ich kann mich nicht mehr genau erinnern. Wenn ich
nachdenke, verfliegt alles.»

Ich legte ihm die Hand auf die Schulter. «Versuchen Sie jetzt
nicht erst nachzudenken, Sir Arthur», sagte ich ernst. «Seien Sie zufrieden – daß Sie es vergessen.»

Irritiert sah er mich an und nickte. Ich hörte, wie Phyllis erleichtert aufatmete. Mittlerweile hatten wir das Haus erreicht.

«Übrigens», sagte Arthur plötzlich, «wo ist eigentlich Mutter?»

«Sie ist – sie ist krank gewesen», sagte Phyllis nach kurzem Überlegen.

«Ach! Die arme Mutter!» Seine Stimme verriet ehrliche Besorgnis. «Wo ist sie denn? In ihrem Zimmer?»

«Ja», sagte sie, «aber vielleicht ist es besser, wenn Sie sie jetzt
nicht stören…»

Das Wort erstarb mir auf den Lippen. Die Tür des Wohnzimmers öffnete sich, und in ihren Morgenmantel gehüllt, trat Lady
Carmichael in die Diele.

Ihre Augen waren starr auf Arthur gerichtet, und wenn ich jemals den Ausdruck vollkommenen, von Schuld beladenen Entsetzens gesehen habe, dann in diesem Augenblick. Vor wahnwitzigem
Entsetzen war ihr Gesicht kaum mehr menschlich. Mit der Hand
griff sie sich an die Kehle.

In kindlicher Zuneigung machte Arthur einen Schritt auf sie zu.
«Guten Tag, Mutter! Dich hat es also auch erwischt, was? Das
tut mir aber wirklich leid.»

Sie schrak vor ihm zurück; ihre Augen waren weit aufgerissen.
Und plötzlich, mit dem Aufschrei einer verfluchten Seele, stürzte
sie rücklings durch die offenstehende Tür.

Ich war sofort bei ihr, beugte mich über sie und nickte Settle zu.
«Los», sagte ich. «Bring ihn vorsichtig nach oben, und komm
dann wieder herunter. Lady Carmichael ist tot.»

Nach wenigen Minuten war er wieder da.

«Was ist los?» fragte er. «Wodurch?»

«Durch einen Schock», sagte ich verbissen. «Durch den Schock,
Arthur Carmichael, den wirklichen Carmichael, dem Leben wie-

361

dergegeben vor sich zu sehen! Oder, wie ich lieber sagen würde: durch ein Gottesurteil!»

«Du meinst...» Er zögerte.

Ich blickte ihm in die Augen, so daß er verstand.

«Leben um Leben», sagte ich betont.

«Aber...»

«O nein! Ich weiß, daß ein seltsamer und unvorhergesehener Zufall es der Seele Arthur Carmichaels ermöglichte, in seinen Körper zurückzukehren. Aber trotzdem ist Arthur Carmichael vorher ermordet worden.»

Fast ängstlich blickte er mich an. «Mit Blausäure?» fragte er leise.

«Ja», erwiderte ich. «Mit Blausäure.»

Über das, was wir glaubten, haben Settle und ich nie gesprochen. Aller Wahrscheinlichkeit nach ist es auch unglaubhaft. Entsprechend den orthodoxen Ansichten litt Arthur Carmichael lediglich an Gedächtnisschwund, zerfleischte Lady Carmichael sich den Hals in einem vorübergehenden Anfall von Wahnsinn, und das Auftreten der grauen Katze beruhte auf bloßer Einbildung.

Es existieren jedoch zwei Tatsachen, die meiner Ansicht nach unmißverständlich sind. Da ist einmal der zerfetzte Sessel im Korridor. Der zweite Punkt ist noch bedeutsamer. Tatsächlich wurde der Bibliothekskatalog gefunden, und nach gründlicher Suche zeigte sich, daß es sich bei dem fehlenden Buch um ein altes und seltsames Werk über die Möglichkeiten handelte, menschliche Geschöpfe in Tiere zu verwandeln!

Und schließlich noch etwas. Dankbar kann ich heute sagen, daß Arthur nichts davon weiß. Phyllis hat das Geheimnis dieser Wochen in ihr Herz eingeschlossen, und ich bin überzeugt, daß sie es ihrem Mann nie verraten wird, den sie aufrichtig liebt und der beim Erklingen ihrer Stimme über die Grenze des Grabes wieder zurückkehrte.

Colette

Saha

An einem Juliabend, als sie beide die Rückkehr Alains erwarteten, ruhten Camille und die Katze auf dem gleichen Geländer, die Katze hockend, Camille auf ihre verschränkten Arme gestützt. Camille liebte diese Balkonterrasse nicht, die der Katze reserviert war, von zwei Scheidewänden begrenzt, die sie vor dem Wind und vor aller Verbindung mit der Terrasse der Vorderseite schützten.

Sie wechselten einen forschenden Blick. Camille sprach Saha nicht an. Auf die Ellbogen gestützt, neigte sie sich vor, als wollte sie die Stockwerke der orangefarbenen Jalousien zählen, die von oben nach unten an der schwindelnden Fassade hinunterschossen, und streifte an die Katze an, die sich erhob, um ihr Platz zu machen, und sich etwas weiter weg wieder hinsetzte.

Sobald Camille allein war, ähnelte sie stark dem kleinen Mädchen, das nicht guten Tag sagen wollte; ihr Gesicht wurde wieder kindlich durch den Ausdruck unmenschlicher Naivität und Härte, der Kindergesichter veredelt. Sie ließ ihren Blick über Paris schweifen, über den Himmel, von dem sich das Licht täglich früher zurückzog; es war ein unparteiisch strenger Blick, der nichts tadelte, nichts lobte. Sie gähnte nervös, richtete sich auf und machte einige zerstreute Schritte, beugte sich wieder vor und zwang die Katze herunterzuspringen. Saha entfernte sich mit Würde und wollte lieber ins Zimmer zurückgehen. Aber die Tür der Langseite war geschlossen. Saha setzte sich geduldig hin. Einen Augenblick später mußte sie Camille den Weg freigeben, die begann, von einer Wand zur anderen zu gehen, mit heftigen, langen Schritten. Die Katze sprang wieder auf das Geländer. Wie im Spiel vertrieb Camille sie, als sie sich wieder aufstützte. Saha rettete sich wieder zur geschlossenen Tür.

Den Blick in die Ferne gerichtet, unbeweglich, wandte Camille ihr den Rücken zu. Die Katze schaute Camilles Rücken an, und ihr Atem ging schneller. Sie erhob sich, drehte sich zwei- oder dreimal um sich selbst, schaute fragend die geschlossene Tür an. Camille hatte sich nicht gerührt. Saha blähte die Nüstern, zeigte eine Angst, die einem würgenden Ekel nahekam; ein untröstliches, verzweifeltes Miauen, die verzweifelte Antwort auf einen drohenden und stummen Plan, entschlüpfte ihr, und Camille drehte sich um.

Sie war ein bißchen blaß, das heißt, ihre Schminke zeichnete sich in zwei ovalen Monden auf den Wangen ab. Sie mimte einen zerstreuten Ausdruck, wie sie es unter einem menschlichen Blick getan hätte. Sie begann sogar mit geschlossenen Lippen zu summen und nahm ihren Spaziergang von einer Wand zur anderen wieder auf, im Rhythmus ihres Liedes, aber die Stimme versagte ihr. Sie zwang die Katze, die ihr Fuß getreten hätte, mit einem Sprung auf ihren engen Beobachtungsposten zurück, dann wieder, sich gegen die Tür zu pressen.

Saha hatte sich gefaßt und wäre eher gestorben, als einen zweiten Schrei zu tun. Die Katze hetzend, ohne sie anscheinend überhaupt zu sehen, ging und kam Camille in völliger Stille. Saha sprang auf die Brüstung nur, wenn die Schritte Camilles auf sie zukamen, und sie sprang auf den Boden des Balkons nur, um den ausgestreckten Arm zu vermeiden, der sie vom neunten Stockwerk hinuntergeworfen hätte.

Sie floh mit Methode, sprang sorgfältig, hielt ihre Augen auf die Gegnerin geheftet und ließ sich weder zu Wut noch zu Flehen herbei. Die äußerste Erregung, die Todesfurcht, netzte die feinfühlige Sohle der Pfote mit Schweiß, der auf dem Stuckbalkon blumenartige Spuren zurückließ.

Camille schien als erste zu erlahmen und ihre Kraft zum Verbrechen zu verlieren. Sie beging den Fehler zu bemerken, daß die Sonne erlosch, blickte auf ihre Armbanduhr, wandte das Ohr nach einem Klirren von Kristall in der Wohnung. Einige Augenblicke noch, und ihr Entschluß würde sie verlassen, wie der Schlaf den Schlafwandler verläßt, würde sie unschuldig und erschöpft zurücklassen… Saha fühlte die Festigkeit ihrer Feindin wanken, zögerte auf der Brüstung, und Camille stieß sie mit beiden Armen ins Leere.

Sie hörte noch das Kratzen der Krallen auf dem Anwurf der Mauer, sah noch den blauen Körper Sahas S-förmig verdreht sich an die Luft anklammern, die sie gierig wegriß, mit der Kraft einer Forelle, die stromaufwärts schnellt; dann taumelte Camille zurück und lehnte sich an die Wand.

Es kam sie nicht die Versuchung an, in den kleinen, von neuen Bruchsteinen eingefaßten Gemüsegarten hinunterzuschauen. Als sie im Zimmer zurück war, legte sie die Hände über die Ohren, zog sie zurück, schüttelte den Kopf, als hörte sie das Sirren einer Mücke, setzte sich und wäre fast eingeschlafen; aber weil die Nacht hereinbrach, setzte sie sich auf und verjagte die Dämmerung, indem sie Glaskacheln anzündete, leuchtende Streifen, blendende Pilze und auch das lange Chromlid, das einen opalisierenden Blick über das Bett warf.

Sie bewegte sich beschwingt, behandelte die Dinge mit leichten, geschickten, verträumten Händen.

«Ich bin wie gewichtslos…», sagte sie laut.

Sie zog sich um und kleidete sich in Weiß.

«Meine Fliege in der Milch», sagte sie, die Stimme Alains nach-äffend. Die Farbe kehrte bei der vorüberhuschenden sinnlichen Er-innerung in ihre Wangen zurück, die sie in die Wirklichkeit zurück-brachte; und sie erwartete die Ankunft Alains.

Sie neigte den Kopf gegen den brummenden Lift, erzitterte bei allen Geräuschen, dem dumpfen Pochen, dem metallischen Klat-schen und Kreischen, der gurgelnden vieltönigen Musik, die das disharmonische Leben in einem neuen Haus hervorbringt. Aber sie war nicht erstaunt, daß das hohe Schellen der Türklingel im Vor-zimmer statt des Tastens eines Schlüssels im Schloß erklang. Sie lief und machte selbst auf.

«Schließ die Tür hinter mir», befahl Alain, «damit ich vor allem sehe, ob sie nicht verletzt ist. Komm, du wirst mir leuchten.»

Er trug die lebende Saha in seinen Armen. Er ging geradewegs ins Zimmer, stieß die Sachen auf dem «unsichtbaren» Toilettentisch zur Seite, legte die Katze sanft auf das Glasbrett. Sie hielt sich aufrecht und sicher auf den Pfoten, aber ließ den Blick ihrer Augen tief gehetzt um sich irren, wie sie es in einem fremden Raum getan hätte. – «Saha!» rief Alain halblaut. «Wenn sie sich nichts getan hat, ist es ein Wunder. Saha!»

Sie hob den Kopf, wie um ihren Freund zu beruhigen, und schmiegte ihre Wange an seine Hand.

«Geh ein bißchen, Saha… Sie geht! Oh – sechs Stockwerke tief fallen… Die Jalousie von dem Kerl im zweiten Stock hat sie aufgefangen… Von dort sprang sie auf den kleinen Rasen des Hausmeisters. Er hat sie durch die Luft vorbeifliegen gesehen. Er sagte mir: ‹Ich habe geglaubt, es ist ein Schirm, der herunterfiel…› Was hat sie da am Ohr… Nein, es ist nur weiß von der Mauer. Wart einmal, ich horche ihr das Herz ab…»

Er legte die Katze auf die Seite und befragte die fliegenden Flanken, das winzige, wirre Räderwerk.

Als er mit geschlossenen Augen horchte und die blonden Haare auseinanderfielen, schien er auf der Flanke Sahas zu schlafen, mit einem Seufzer zu erwachen und nun erst Camille zu sehen, die aufrecht und schweigend die beiden betrachtete.

«Stell dir vor!… Sie hat nichts – wenigstens kann ich nichts an ihr entdecken als ein schrecklich erregtes Herz, doch das Herz einer Katze ist auch normalerweise bewegt. Aber wie hat das nur geschehen könen? Ich frage dich, als könntest du es wissen, meine arme Kleine. Sie ist von dieser Seite aus hinuntergefallen –», sagte er und sah die offene Fenstertür an… «Spring auf die Erde, Saha, wenn du kannst.»

Sie sprang nach einem kleinen Zögern, legte sich jedoch sofort auf den Teppich hin. Sie atmete schnell und fuhr fort, das Zimmer mit einem unsicheren Blick zu betrachten.

«Ich möchte am liebsten Chéron anrufen… Aber schau, sie wäscht sich ja! Sie würde sich nicht waschen, wenn sie eine innere Verletzung hätte! Ach, lieber Gott!»

Er streckte sich, warf seine Weste aufs Bett, kam zu Camille.

«Welch ein Schrecken!... Du siehst hübsch aus, so ganz in Weiß... Küß mich, meine Fliege in der Milch!»

Sie überließ sich den Armen, die sich endlich ihrer erinnerten, und konnte ein trockenes Schluchzen nicht unterdrücken.

«Aber nein! Du weinst?!»

Nun überkam ihn das Bangen, und er verbarg seine Stirn in den weichen, schwarzen Haaren.

«Ich – ich wußte nicht, daß du so gut bist, stell dir vor...»

Sie brachte den Mut auf, sich bei diesen Worten nicht abzuwenden. Alain kehrte überdies schnell zu Saha zurück, die er wegen der Hitze auf die Terrasse führen wollte. Aber die Katze sträubte sich, gab sich zufrieden, neben der Schwelle zu liegen, dem Abend zugewandt, der blau war wie sie. Von Zeit zu Zeit erzitterte sie kurz und überblickte wachsam die Tiefe des dreieckigen Zimmers hinter sich.

«Es ist die Erregung», erklärte Alain. «Ich wollte sie draußen unterbringen...»

«Laß sie da», sagte Camille schwach. «Wenn sie doch nicht will!»

«Ihre Launen sind Befehle. Noch dazu heute! Was gibt es wohl so spät noch Eßbares? Halb zehn!»

Mère Buque rollte den Tisch auf die Terrasse. Beim Essen hatten sie das östliche Paris vor sich, aus dem die meisten Lichter strahlten. Alain sprach viel, trank Rotwein mit Wasser verdünnt, zieh Saha der Ungeschicklichkeit, der Unvorsichtigkeit, der «Katzenirrtümer».

«Katzenirrtümer, das sind so eine Art Sportfehler, Schwächen der Zivilisierung und Domestizierung... Sie haben nichts gemein mit Ungeschicklichkeiten und den fast gewollten Heftigkeiten.»

Aber Camille fragte ihn nicht mehr: «Wieso weißt du das?»

Nach dem Essen trug er Saha ins das Wohnzimmer, wo sie sich herabließ, die Milch zu trinken, die sie abgelehnt hatte. Während sie trank, zitterte sie am ganzen Körper, wie Katzen, denen man zu kalte Getränke vorsetzt.

«Die Erregung», wiederholte Alain. «Ich werde Chéron auf alle Fälle bitten, morgen früh vorbeizukommen und sie zu untersuchen. Oh, ich vergesse alles!» rief er fröhlich. «Telefonier doch dem Hausmeister. Ich habe die Rolle in der Portierloge gelassen, die Massart, unser verflixter Innenarchitekt, hinterlegt hat.»

Camille gehorchte, während Alain müde, entspannt in einen der herumstehenden Fauteuils sank und die Augen schloß.

«Hallo!» telefonierte Camille. «Ja… Sie muß dort sein… eine große Rolle… Danke schön.»

Mit geschlossenen Augen lachte er.

Sie war zu ihm zurückgekommen und sah ihn lachen.

«Dieses feine Stimmchen, das du machen kannst! Was bedeutet dieses neue Stimmchen? ‹Eine große Rolle… danke schön›», sagte er geziert. «Reservierst du ein so zartes Stimmchen für die Hausmeisterin? Komm, zu zweit werden wir die letzten Schöpfungen Massarts gerade noch ertragen können.»

Er entrollte auf dem Ebenholztisch ein großes Zeichenblatt. Sofort sprang Saha, verliebt in alles Papierene, auf die Tuschezeichnung.

«Wie reizend sie ist!» rief Alain aus. «Sie will mir zeigen, daß ihr nichts weh tut. O meine Wiedergewonnene! Hat sie denn da nicht eine Beule am Kopf? Camille, taste einmal ihren Kopf ab… Nein, sie hat keine Beule. Taste sie trotzdem ab, Camille…»

Eine arme, kleine, gehorsame Mörderin versuchte der Verbannung zu entkommen, die sie sich selbst auferlegt hatte, streckte die Hand aus und berührte sanft, in demütigem Haß, den Schädel der Katze…

Ein grelles Fauchen, ein Schrei, ein hektischer Sprung antwortete der Geste. Camille schrie leise auf, als hätte sie sich verbrannt. Die Katze stand starr auf der ausgebreiteten Zeichnung, eine einzige flammende Anklage gegen die junge Frau, sträubte das Fell, entblößte die Zähne und das trockene Rot ihres Rachens…

Alain war aufgesprungen, um die eine gegen die andere zu schützen, Saha und Camille.

«Vorsicht! Sie ist… sie ist vielleicht toll… Saha…»

Sie blickte ihn heftig, aber so klar an, daß jeder Zweifel an ihrer Vernunft ausgeschlossen war.

«Was war los? Wo hast du sie berührt?»

«Ich habe sie nicht berührt...»

Sie sprachen leise, bewegten nur die Lippen.

«Also so etwas...», sagte Alain. «Ich verstehe das nicht. Streck die Hand noch einmal aus.»

«Nein! Ich will nicht!» protestierte Camille. «Sie hat vielleicht die Tollwut...», fügte sie hinzu.

Alain riskierte es, Saha zu streicheln, die ihr gesträubtes Fell glättete, sich an die vertraute Hand schmiegte, aber das Licht ihrer Augen auf Camille zurückwandte.

«Also so etwas...», wiederholte Alain langsam. «Halt, da hat sie ja einen Kratzer auf der Nase, ich habe das vorher nicht gesehen. Es ist trockenes Blut. Saha, brav...», sagte er, als er die Wut in den gelben Augen wieder anwachsen sah.

Mit geblähten Wangen, in erstarrter Kampfstellung, die gesträubten Barthaare nach vorn gerichtet, schien die wütende Katze zu lachen. Die Kampfeslust verzog die gelblichen Winkel des Mauls und spannte die Muskeln des Kinns; das ganze Katzengesicht schien um eine Universalsprache zu ringen, um ein Wort, das die Menschen vergessen haben...

«Was ist denn das hier?» sagte Alain brüsk.

«Was denn?»

Unter dem Blick der Katze gewann Camille wieder Mut und den Instinkt der Verteidigung zurück. Über die Zeichnung gebeugt, versuchte Alain feuchte Abdrücke zu deuten, vier kleine Flecken um einen unregelmäßigen zentrale Fleck gruppiert.

«Ihre Pfoten – naß?» murmelte Alain.

«Sie wird ins Wasser getreten sein», sagte Camille. «Du machst um nichts ein Theater!»

Alain hob den Kopf gegen die trockene blaue Nacht. «In Wasser, in was für Wasser...?»

Er wandte sich seiner Frau zu; er war plötzlich eigentümlich häßlich, als er sie aus großen runden Augen anstarrte.

«Du weißt nicht, was diese Spuren da bedeuten?» sagte er rauh. «Nein, du weißt nichts. Es ist die Angst. Verstehst du? Angst!

Angstschweiß. Der einzige Schweiß der Katzen. Sie hat also Angst gehabt…»

Sehr zart hob er eine Vorderpfote Sahas auf und wischte mit dem Finger über die fleischige Sohle. Dann schob er die weiße lebendige Hülle zurück, in der die beweglichen Nägel gebettet sind: «Sie hat alle Krallen gebrochen…», sagte er mehr zu sich. «Sie hat sich angehalten… angeklammert… sie hat den Stein zerkratzt, als sie sich anhielt… Sie…»

Er unterbrach sich, nahm ohne ein weiteres Wort die Katze unter den Arm und trug sie in das Badezimmer.

Allein, unbeweglich, horchte Camilla. Sie hielt ihre Hände unverschlungen und frei und schien doch mit Fesseln beladen.

«Mère Buque», sagte Alains Stimme, «haben Sie Milch?»

«Ja, gnädiger Herr, im Eiskasten.»

«Da ist sie also eisig?»

«Aber ich kann sie ja auf der Kochplatte wärmen… Das ist so schnell getan wie gesagt, schauen Sie… Für die Katze? Sie ist doch nicht krank?»

«Nein, sie ist…»

Alains Stimme hielt inne und änderte sich:

«…sie ist ein bißchen angewidert vom Fleisch bei dieser Hitze… Danke, Mère Buque… Ja, Sie können gehen. Auf Wiedersehen morgen früh.»

Camille hörte ihren Gatten gehen und kommen, einen Hahn öffnen, wußte, daß er die Katze mit frischem Wasser versorgte.

Ein wandernder Schatten der Metalljalousie huschte über ihr Gesicht, in dem sich nur ihre großen Pupillen langsam bewegten.

Alain kam zurück, zog nachlässig seinen Ledergürtel fester und setzte sich an den Ebenholztisch. Aber er rief Camille nicht neben sich, und sie mußte als erste sprechen.

«Du hast Mère Buque weggeschickt?»

«Ja. Hätte ich nicht sollen?»

Er zündete eine Zigarette an und schielte auf die Flamme des Feuerzeugs.

«Ich wollte, daß sie morgen früh… Oh, es ist nicht wichtig, entschuldige dich nicht…»

«Aber ich entschuldige mich ja nicht. Eigentlich hätte ich es sollen.»

Er ging bis zum offenen Türrahmen, von der Bläue der Nacht angezogen. Er empfand einen Schauer in sich, der nicht von der eben erlebten Erregung kam, einen Schauer, der vielmehr dem Tremolo eines Orchesters glich, dumpf, voll Ankündigung. Von der Folie-Saint-Jammes stieg eine Rakete auf, zerbarst in leuchtende Blätter, die im Fallen nacheinander verblichen, und wieder war das nächtliche Blau Frieden, bestäubte Tiefe. Im Park der Folie leuchteten weißglühend eine Muschelgrotte, eine Säulenreihe, ein Wasserfall auf, und Camille trat zu ihm.

«Geben sie ein Fest? Warten wir auf das Feuerwerk… Hörst du die Gitarren?»

Er antwortete nicht, ganz mit dem seltsamen Schauer beschäftigt. Die Gelenke und die Hände kribbelten, die Lenden waren müde, von tausend Stichen gequält. Sein Zustand erinnerte ihn an die äußerste Ermattung, die Ermüdung ehemaliger Wettkämpfe in der Sporthalle – Laufen, Rudern –, von denen er feindselig, mit Herzklopfen und todmüde zurückkam. Nur eine einzige Stelle in ihm war friedlich, jene, wo er sich nicht mehr um Saha sorgte. Seit langem, oder auch seit kurzem – seit der Entdeckung von Sahas gebrochenen Krallen, seit der wütenden Angst Sahas, hatte er die Zeit nicht mehr genau gemessen.

«Das ist kein Feuerwerk», sagte er. «Eher Tanz…»

An der Bewegung, die Camille neben ihm im Dunkel machte, verstand er, daß sie keine Antwort mehr erwartet hatte. Aber sie ermannte sich und näherte sich wieder. Er fühlte sie ohne Bedrückung kommen, sah den Schimmer des weißen Kleides, einen nackten Arm, ein halbes Gesicht im Gelb der Lampen im Zimmer, ein halbes Gesicht, blau, von der klaren Nacht verschluckt, zwei Hälften eines Gesichtes, von der kleinen regelmäßigen Nase geteilt, jede mit einem großen Auge versehen, das nur selten blinzelte.

«Ja, Tanz», stimmte sie zu. «Es sind Mandolinen, nicht Gitar-

ren… Horch… *Les donneurs… de sérénades, et les belles écou-
teu –…*»

Auf dem höchsten Ton stolperte ihre Stimme, und sie hüstelte,
um ihr Versagen zu kaschieren.

Was für ein dünnes Stimmchen…, staunte Alain. Was hat sie
bloß mit ihrer Stimme gemacht, die so schallend ist wie ihre Augen
groß und aufgerissen? Sie singt mit der Stimme eines kleinen
Mädchens und wird heiser…

Die Mandolinen schwiegen, der Lufthauch trug schwache
menschliche Geräusche von Unterhaltung und Beifall herbei. Kurz
danach stieg eine Rakete hoch, zersprang in einen Schirm von gelblichen Strahlen, an denen Tränen aus lebhaftem Rot hingen.

«Oh!» rief Camille.

Sie waren beide wie zwei Statuen aus dem Schatten aufgetaucht,
Camille aus lila Marmor, Alain weißer, die Haare grünlich und die
Augensterne fahl. Als die Rakete erlosch, seufzte Camille.

«Es ist immer zu kurz», sagte sie weinerlich.

Die Musik in der Ferne begann wieder. Aber eine Laune des
Windes wandelte den Klang der Instrumente in spitze Resonanzen,
und die starken Schläge einer Paukenbegleitung auf zwei Tönen
stiegen schwerfällig bis zu ihnen herauf.

«Schade», sagte Camille. «Sie haben zweifellos den besten Jazz.
Sie spielen *Love in the night*…»

Sie summte die Melodie mit einer unbegreiflich zitternden und
hohen Stimme, wie sie dem Weinen folgt. Diese neue fürchterliche
Stimme verdoppelte das Unbehagen Alains, entzündete in ihm ein
Bedürfnis nach Enthüllung, die Lust, endlich zu zerbrechen, was –
seit langer Zeit oder sehr kurzer Zeit? – sich zwischen Camille und
ihm erhoben hatte, was noch keinen Namen besaß, aber schnell
wuchs, was ihn hinderte, Camille beim Hals zu packen wie einen
Knaben, etwas, das ihn unbeweglich an die Wand gedrückt hielt,
die noch lau von der Hitze des Tages war, etwas, was ihn wach und
aufmerksam hielt… Er wurde ungeduldig und sagte:

«Sing weiter…»

Ein langdauernder, dreifarbiger Regen, der wie das Geäst der

Trauerweiden niedersank, malte Streifen auf den Himmel über dem Park und zeigte Alain eine erstaunte, leicht mißtrauische Camille: «Was denn singen?»

«*Love in the night* oder irgend etwas…» Sie zögerte, lehnte ab.

«Laß, damit man den Jazz hören kann… sogar hier oben hört man, daß er weich klingt…»

Er bestand nicht darauf, zügelte seine Ungeduld, bezähmte den Schauer, der durch seinen ganzen Körper rann.

Ein Schwarm fröhlicher kleiner Sonnen, die leicht durch die Nacht kreisten, nahm Form an. Alain verglich sie heimlich mit den Sternbildern seiner Lieblingsträume. Die hier kann man sich merken… ich werde versuchen, sie mit hinüberzunehmen, nahm er sich ernst vor. Ich habe meine Träume zu sehr vernachlässigt…

Zum Schluß ging in dem Himmel über der Folie eine Art vagabundierender Morgenröte auf, blähte sich, wurde gelb und rosa, zerplatzte in Emailmedaillen, in knallende Farnkräuter, in Bänder aus blendendem Metall…

Kindergeschrei auf den unteren Terrassen grüßte das Lichtwunder, in dem Alain Camille zerstreut, beschäftigt von einem anderen Leuchten in sich gerufen, betrachtete…

Er zögerte nicht mehr, als sich die Nacht wieder um sie geschlossen hatte, und ließ seinen nackten Arm unter den Arm Camilles gleiten. Als er sie berührte, schien er zugleich den Arm zu sehen, von einem Weiß, das vom Sommer kaum getönt war, eingehüllt in einen Flaum feiner Härchen, die auf der Haut lagen, goldkäferfarben auf dem Vorderarm, blässer zur Schulter hinauf…

«Dir ist kalt», murmelte er. «Bist du krank?»

Sie weinte ganz leise, so prompt, daß Alain sie im Verdacht hatte, ihre Tränen bereitgehalten zu haben.

«Nein. Du bist schuld… Du… du liebst mich nicht.»

Er lehnte sich mit dem Rücken an die Mauer, drückte Camille an seine Hüfte. Er spürte, daß sie zitterte und kalt war von der Schulter bis zu den Knien, die nackt über den niedergerollten Strümpfen waren. Sie schmiegte sich eng an ihn und hielt ihr Gewicht nicht zurück.

«So, so. Ich liebe dich nicht. Gut. Wieder eine Eifersuchtsszene wegen Saha?»

Er spürte, wie eine Welle durch alle Muskeln des Körpers, den er stützte, lief, eine Wiederaufnahme der Verteidigung und Energie; begünstigt durch die Stunde und Gelegenheit, fuhr er hartnäckig fort:

«Anstatt dieses charmante Tier anzunehmen wie ich... Sind wir denn das einzige junge Paar, das eine Katze, einen Hund aufzieht? Willst du einen Papagei, einen Seidenaffen, ein Paar Tauben, einen Hund, damit ich meinerseits recht eifersüchtig werde?»

Sie schüttelte die Schultern und protestierte mit geschlossenen Lippen und einem bekümmerten Laut. Mit hocherhobenem Kopf überwachte Alain seine eigene Stimme und feuerte sich an: Vorwärts, vorwärts... noch zwei oder drei Kindereien, etwas Füllwerk, und wir werden zu etwas kommen... Sie ist wie ein Krug, den ich umkehren muß, um sie ganz zu leeren... Weiter, weiter...

«Willst du einen kleinen Löwen, ein Krokodilbaby, nicht ganz fünfzig Jahre alt? Nein?... Dann mußt du also lieber doch Saha adoptieren... Wenn du dir etwas Mühe gibst, wirst du sehen, daß...»

Camille riß sich so derb aus seinen Armen, daß er schwankte.

«Nein!» schrie sie. «Das niemals! Hörst du? Niemals!»

Sie seufzte wütend auf und wiederholte leiser: «O nein! Niemals!»

Jetzt sind wir soweit, sagte sich Alain genußvoll.

Er drängte Camille ins Zimmer, ließ den äußeren Vorhang fallen, zündete das Viereck im Plafond an und schloß das Fenster. Mit einer tierhaften Bewegung näherte sich Camille dem Ausgang, den Alain wieder öffnete: «Unter der Bedingung, daß du nicht schreist», sagte er.

Er rollte Camille den einzigen Lehnsessel hin, setzte sich rittlings auf den einzigen Stuhl am Fußende des frisch überzogenen Bettes. Im Widerschein der Chintzvorhänge, die schon für die Nacht zu-

gezogen waren, erschien die Blässe Camilles und ihr weißes, ver-
drücktes Kleid grün.

«Also?» begann Alain. «Nicht einzurenken? Gräßliche Sache –
entweder sie oder du?»

Sie nickte kurz. Alain sah, daß er den tändelnden Ton fallenlas-
sen mußte.

«Was soll ich dir also sagen?» fing er nach einer Stille wieder an.
«Das einzige, was ich dir nicht sagen will? Du weißt sehr gut, daß
ich auf diese Katze nicht verzichten werde. Ich würde mich schämen. Schämen vor mir und vor ihr...»

«Ich weiß», sagte Camille.

«...und vor dir», beendete Alain.

«Oh, ich...!» sagte Camille und hob die Hand.

«Du zählst auch», sagte Alain hart. «Im ganzen genommen bist
du auf mich allein bös. Du hast Saha nichts vorzuwerfen als die
Liebe, die sie für mich empfindet.»

Sie antwortete nur mit einem bekümmerten und zögernden
Blick, und er war gereizt, daß er noch weiter in sie dringen mußte.
Er hatte gedacht, daß eine heftige und kurze Szene alle Themen for-
cieren würde, und hatte sich auf diese Leichtigkeit verlassen. Aber
nach dem ersten Schrei hatte sich Camille wieder gesammelt und
lieferte keinerlei Scheite für die Glut. Er wandte Geduld an: «Sag
mir, Kleines – was denn? Darf ich dich nicht ‹mein Kleines› nennen? –, sag mir, wenn es sich um eine andere Katze als Saha handelte, wärst du weniger intolerant?»

«Natürlich ja», antwortete sie sehr schnell. «Du würdest sie nicht
so lieben wie diese.»

«Das stimmt», sagte Alain mit berechnender Loyalität.

«Selbst eine Frau», ereiferte sich Camille, «selbst eine Frau würdest du zweifellos nicht so sehr lieben.»

«Auch das stimmt», sagte Alain.

«Du bist nicht wie die Leute, die Tiere lieben, du nicht... Patrick
liebt auch Tiere. Er nimmt die großen Hunde um den Hals, er balgt
sich mit ihnen, er ahmt die Katzen nach, um zu sehen, wie sie dabei
dreinschauen, er pfeift den Vögeln...»

«Ja. Schließlich ist er kein schwieriger Fall», sagte Alain.

«Aber du – das ist etwas anderes; du liebst Saha...»

«Das habe ich dir niemals verborgen, aber ich habe dich auch nicht angelogen, als ich dir sagte: Saha ist nicht deine Rivalin...»

Er unterbrach sich und schlug die Lider über seinem Geheimnis nieder, das ein Geheimnis der Reinheit war.

«Es gibt Rivalinnen und Rivalinnen», sagte Camille sarkastisch. Sie wurde plötzlich rot, entzündete sich an einer plötzlichen Berauschung, ging auf Alain zu.

«Ich habe euch gesehen!» schrie sie. «Am Morgen, wenn du die Nacht auf deinem kleinen Diwan verbringst... Bevor der Tag anbricht, habe ich euch gesehen, euch beide...»

Sie streckte einen zitternden Arm gegen die Terrasse.

«Dort habe ich euch sitzen sehen, alle beide... ihr habt mich nicht einmal gehört! Ihr seid Wange an Wange dagesessen...»

Sie ging bis zum Fenster, holte Atem und kam wieder auf Alain zu.

«Es liegt an dir, aufrichtig zu sagen, wenn ich unrecht habe, diese Katze nicht zu mögen, wenn ich unrecht habe, darunter zu leiden.»

Er wahrte die Stille so lange, daß sie von neuem gereizt wurde.

«Also sprich doch schon! Sag etwas! An dem Punkt, an dem wir angelangt sind... Worauf wartest du?»

«Auf die Fortsetzung», sagte Alain. «Den Rest.»

Er erhob sich sachte, beugte sich über seine Frau und senkte die Stimme, während er auf die Fenstertür wies:

«Das warst du, nicht wahr? Du hast sie hinuntergeworfen...?»

Mit einer prompten Bewegung brachte sie das Bett zwischen sich und ihn, aber leugnete nicht. Er lächelte etwas, als er sie flüchten sah:

«Du hast sie hinuntergeworfen», sagte er versonnen. «Ich habe wohl gefühlt, daß du alles zwischen uns verändert hast... Sie hat sich die Krallen gebrochen, als sie sich an die Mauer anzuklammern versuchte...»

Er senkte den Kopf, stellte sich das Attentat vor.

«Aber wie hast du sie hinuntergeworfen? Hast du sie bei der Nackenhaut gehalten? Hast du ihren Schlaf auf der Brüstung dazu ausgenützt? Hast du deinen Anschlag lange vorbereitet? Habt ihr nicht miteinander gekämpft – vorher?»

Er hob die Stirn, betrachtete die Hände und Arme Camilles.

«Nein, du hast keine Spuren. Sie hat dich gut angeklagt, nicht wahr, als ich dich gezwungen habe, sie zu berühren… Sie ist großartig…»

Sein Blick glitt von Camille ab und umfaßte die Nacht, den Sternenstaub, die Wipfel der drei Pappeln, die im Licht des Zimmers schimmerten.

«Also», sagte er einfach, «ich gehe.»

«Oh! Höre… hör…», flehte Camille wild, ganz leise.

Dennoch ließ sie ihn aus dem Zimmer gehen. Er öffnete die Wandschränke, sprach mit der Katze im Badezimmer. Das Geräusch seiner Schritte sagte Camille, daß er Straßenschuhe angezogen hatte, und mechanisch schaute sie auf die Uhr. Er kam zurück und trug Saha in einem bauchigen Korb, den Mère Buque benützte, wenn sie auf den Markt ging. Hastig angezogen, die Haare schlecht frisiert, sein Seidentuch lose um den Hals geschlungen, sah er aus wie in der Unordnung der Liebe, und die Lider Camilles schwollen. Aber sie hörte Saha sich im Korb rühren und preßte die Lippen zusammen.

«Also ich gehe», wiederholte Alain.

Er senkte die Augen, hob den Korb etwas und korrigierte mit berechnender Grausamkeit: «Wir gehen.»

Er befestigte den Deckel des Weidenkorbes und erklärte:

«Ich habe nur das hier in der Küche gefunden.»

«Du gehst nach Hause?» fragte Camille, indem sie sich zwang, die Ruhe Alains nachzuahmen.

«Aber natürlich.»

«Wirst du denn… kann ich rechnen, dich dieser Tage einmal zu sehen?»

«Aber gewiß.»

Vor Überraschung wurde sie noch einmal weich und hätte fast gebeten, geweint, sich angestrengt verteidigt.

«Und du», sagte Alain, «bleibst du heute nacht allein hier?

Fürchtest du dich nicht? Wenn du darauf bestehst, würde ich bleiben, aber ...»

Er drehte den Kopf zur Terrasse.

«Aber, offen gesagt, liegt mir nichts daran ... Was gedenkst du denn bei dir zu Hause zu sagen?»

Verletzt, daß er sie ausdrücklich den Ihren zurückschickte, richtete sich Camille auf.

«Ich habe ihnen nichts zu sagen. Das sind Dinge, die nur mich allein angehen, glaube ich ... Ich habe durchaus keine Lust auf Familienrat.»

«Ich gebe dir vollkommen recht – vorderhand.»

«Außerdem können wir ja von morgen an entscheiden ...»

Er hob seine freie Hand, um diese Bedrohung der Zukunft abzuwehren. «Nein, nicht morgen. Das Heute hat kein Morgen.»

Auf der Schwelle des Zimmers wandte er sich um.

«Im Badezimmer habe ich meinen Schlüssel gelassen und das Geld, das wir hier haben ...»

Sie unterbrach ihn ironisch:

«Warum nicht eine Kiste Konserven und einen Kompaß?»

Sie spielte die Tapfere und maß ihn mit den Augen, eine Hand in der Hüfte, den Kopf aufrecht auf ihrem schönen Hals. Sie genießt meinen Abgang, dachte Alain. Er wollte mit einem analogen Theater der letzten Stunde antworten, seine Haare in die Stirn werfen, den zwischen Wimpern schmachtenden Blick einschalten und Verächtlichkeit posieren; aber er verzichtete auf eine Mimik, die sich mit dem Einkaufskorb schlecht vertrug, und benügte sich mit einem vagen Gruß in Richtung Camilles.

Sie wahrte ihre Haltung, ihre theatralische Pose.

Bevor er hinausging, sah er aus der Entfernung die Ringe um ihre Augen deutlicher und die Nässe, die ihre Schläfen und ihren faltenlosen Hals bedeckte.

Deric Longden

Rätsel um Cindy

Eines Morgens stellte meine Mutter zu ihrer Überraschung fest, daß ihre Katze Cindy neben der Milchflasche saß und geduldig darauf wartete, hereingelassen zu werden.

Sie war überrascht, weil sie trotz ihrer leichten Verrücktheit durchaus ihre fünf Sinne beisammen hatte und daher genau wußte, daß eine Katze, die am letzten Augusttag überfahren worden war, nur schwerlich am 19. November auf ihrer Schwelle darauf warten konnte, ins Haus gelassen zu werden. Aber dennoch...

Sie hatte fast dieselben Merkmale wie Cindy, und die kamen einem nicht alle Tage unter.

Cindy war eine merkwürdig aussehende Katze, schmutziggelb mit dazu passenden Augen, und sie hatte einen kleinen Ziegenbart, der ein wenig zu weit links saß. Das rechte Auge schaute immer ein bißchen panisch drein, als hätte es die ganze Zeit Angst, etwas zu versäumen, was das linke schon gesehen hatte.

Während meine Mutter auf dem Boden lag, Auge in Auge dieser Katze gegenüber, und sich fragte, ob Cindy vielleicht wirklich wie ein Engel mit kleinen Flügeln an den Schultern zurückgekehrt war, reckte sich die Katze gewaltig, um den Winterfrost vom Hinterteil loszuwerden, und stakste nonchalant über ihre rechte Schulter in den Flur.

Als sie in die Küche kam, blieb sie stehen und starrte in die Tiefen des Kühlschranks, der gerade abgetaut wurde. Aber da meine Mutter darin nie mehr als ein Paket Butter, ein Paket Schmalz, ein halbes Dutzend Fischstäbchen und eine Packung Aspirintabletten aufbewahrte, verlor sie rasch das Interesse und schlenderte durch die Katzenklappe hinaus in den Garten.

Als meine Mutter das Küchenfenster erreicht hatte, war die Katze bereits verschwunden, und sie fragte sich, ob sie sich die ganze Episode nur eingebildet hatte.

Sie beschrieb sie mir sofort in allen Einzelheiten, als ich sie am Nachmittag besuchte.

«Natürlich ist sie es nicht gewesen, aber sie war ihr wirklich wie aus dem Gesicht geschnitten.»

«War sie ein bißchen dünner als Cindy?» erkundigte ich mich.

«Ich glaube schon», bestätigte sie.

«Und nicht so gepflegt.»

«Jetzt wo du's sagst. Aber woher wußtest du das?»

«Sie starrt uns gerade durch die Verandatür an», erwiderte ich, und da war sie tatsächlich.

Meine Mutter beschloß, die Katze anzulocken, um sie genauer inspizieren zu können. Zwar war ihre Cindy nicht mehr unter uns, aber sie fütterte immer noch jede Mieze, die zufällig vorbeikam. Eine, ein hübsches kleines Kätzchen, das zu dem großen Haus an der Ecke zum Vincent Crescent gehörte, schaute jeden Morgen zum Frühstück vorbei und verputzte meist auch noch ein reichliches Mittagessen. Meine Mutter hatte deshalb immer einen großen Vorrat an Katzenfutter auf dem obersten Regal in ihrer Speisekammer.

Sie nahm eine Dose, öffnete sie und stellte den Inhalt auf einer Untertasse direkt hinter der Katzenklappe auf den Küchenboden.

«Das wird sie bald riechen und kommen, um es zu untersuchen», versicherte sie mir, und ich machte mich auf eine lange Wartezeit gefaßt.

«Vielleicht hat sie kein Interesse.»

«Es wird nicht lange dauern – glaub mir. Ich kenne mich aus mit Katzen.»

Ich glaubte ihr – sie war schließlich meine Mutter, und das war das mindeste, was ich tun konnte –, aber der Katze schien nicht aufzugehen, daß meine Mutter sich mit ihresgleichen auskannte. Sie hockte einfach da auf der Veranda und inspizierte den losen Kitt an den Fenstern.

«Sie hat sich noch überhaupt nicht gerührt.»

Sie konnte es nicht verstehen.

Ich machte einen Vorschlag. «Vielleicht mag sie keinen Ambrosia-Rahmreis.»

Meine Mutter setzte ihre Lesebrille auf, ging zur Untertasse und hob sie hoch.

«Warum hast du mir das nicht gleich gesagt?» beschwerte sie sich, stellte den Teller beiseite und öffnete eine andere Dose: Whiskas mit Lamm und Nieren.

Kaum hatte sie die neue Untertasse abgestellt, kam die Katze durch die Klappe hereinmarschiert.

«Siehst du», sagte meine Mutter. Aber die Katze ging stracks an dem Teller vorbei hinaus in den Flur und wartete an der Haustür, um hinausgelassen zu werden.

«Ist dir schon der Gedanke gekommen, daß sie diesen Weg hier einfach als Abkürzung zu den neuen Häusern benutzt?» fragte ich sie, als sie die Sicherheitskette zurückschob.

«Ihr Hinterteil ist nicht so schön wie das von Cindy», murmelte sie wehmütig, während sie zusah, wie die Katze die Einfahrt entlangtrippelte.

Dazu fiel mir nichts ein. Ich konnte mich nicht erinnern, jemals einen genauen Blick auf Cindys Hinterteil geworfen zu haben.

Im Laufe der nächsten Woche entwickelte die Katze so etwas wie eine Routine. Jeden Morgen kam sie mit der Milch an der Haustür an, und dann verdrückte sie sich, ohne weitere Umstände zu machen, durch die Katzenklappe in der Küchentür, um durch den Garten zu der neuen Wohnsiedlung zu kommen. Nachmittags zwischen halb fünf und fünf tauchte sie dann hinten an der Hecke wieder auf, um den Rückweg durchs Haus anzutreten.

Meine Mutter war ziemlich erschüttert. Sie hatte stets schnell herzliche und dauerhafte Beziehungen zu Mensch und Tier aufgenommen, und jetzt war sie offensichtlich zum erstenmal – wenn man von den rund dreißig Jahren mit meinem Vater absah – glatt gescheitert.

«Sie will nicht das geringste mit mir zu tun haben», klagte sie. «Ich kriege kein vernünftiges Wort aus ihr heraus.»

Meine Mutter hatte inzwischen eine zweite Theorie entwickelt, nachdem die Sache mit der Geistererscheinung sich durch den Blick auf das unansehnliche Hinterteil erledigt hatte.

«Meinst du, es könnte sich um Cindys Bruder handeln, der nach ihr sucht?» fragte sie.

Ich sagte ihr, daß ich das nicht für sehr wahrscheinlich hielte, und in diesem Moment erschien die Katze auf dem Sims des Küchenfensters und fing an, eine juckende Zitze mit ihrer rauhen kleinen Zunge zu lecken.

«Wie auch immer – wenn sie verwandt sind, wäre es Cindys Schwester.»

Sie bedachte mich mit einem ihrer Blicke.

«Sei nicht blöd», sagte sie. «Cindy war ein Junge.»

Kurz nach Weihnachten mußte meine Mutter für eine Weile ins Krankenhaus, und ich hatte in dieser Zeit ein Auge aufs Haus.

Als ich eines Tages vorbeikam, um kurz nach dem Rechten zu sehen, entdeckte ich eine Katze, die sich auf einer Schwelle vier Türen weiter niedergelassen hatte. Es war Cindys Double, und sie saß wartend neben den Milchflaschen. Ich ging hinüber, um mich ein wenig mit ihr zu unterhalten, und da ging die Tür auf, und die Katze trat ein. Die Besitzerin des Hauses sah mich an der Pforte stehen und lächelte.

«Warten Sie eine Minute. Ich lasse sie nur schnell zur Hintertür hinaus – dauert nicht lange.»

Ich wartete, und nachdem ich sie über das Befinden meiner Mutter auf den neuesten Stand gebracht hatte, erkundigte ich mich nach der Katze.

«Das ist ein komisches Vieh. Sie kommt aus einem zerrütteten Heim, wissen Sie.»

«Wirklich?»

«Allerdings. Die Leute haben früher in der Heaton Street gewohnt, und als sie sich scheiden ließen, blieb der Mann mit seiner

Geliebten dort unten. Seine Frau zog hier in eins der neuen Häuser, und daher kommt die Katze jeden Morgen, um den Tag mit ihr zu verbringen, und dann um fünf Uhr nachmittags läuft sie den ganzen Weg zurück, so daß sie da ist, wenn er zum Tee nach Hause kommt.»

«Das hätte ich nie gedacht.»

«Es ist ziemlich traurig, finden Sie nicht?»

«Doch, ja.»

«Und stellen Sie sich vor – bevor ich das herausgefunden habe, mußte sie den ganzen Weg über die Old Road und dann die St. Thomas Street machen. Die Abkürzung durch mein Haus erspart ihr anderthalb Kilometer, vom Verkehr ganz zu schweigen.»

Die Frau redete weiter.

«Vor kurzem mußte ich sie zwei Wochen sich selbst überlassen. Ich war vierzehn Tage bei meinem Sohn, weil meine Schwiegertochter ein Baby bekam. Ich habe keine Ahnung, was das arme Tier in der Zeit gemacht hat.»

Ich wußte es und erzählte es ihr. Sie war hoch erfreut.

Quellenverzeichnis

Ingvar Ambjörnsen, «Der soll Pfeffer heißen», aus: *Blutsbrüder,* © 1997 Scherz Verlag, Bern, München, Wien, für den Fretz & Wasmuth Verlag.

Cleveland Amory, «Astrologie für die Katz», aus: *Die Katze namens Eisbär,* © 1991 Scherz Verlag, Bern, München, Wien.

Warren Chetham-Strode, «Das große Abenteuer». aus: *Katzen ganz privat,* © Südwest Verlag GmbH, München.

Agatha Christie, «Der seltsame Fall des Sir Arthur Carmichael», aus: *Mördergarn,* © Scherz Verlag, Bern, München, Wien.

Colette, «Saha», aus: *Eifersucht,* © 1986 Paul Zsolnay Verlag Gesellschaft m.b.H., Wien.

Eva Demski, «Das Märchen vom Kater mit der goldenen Pfote», aus: *Von Katzen und Menschen,* hrsg. v. Julia Bachstein, © 1990 Frankfurter Verlagsanstalt GmbH, Frankfurt am Main.

Trude Egger, «Katzenfüttern verboten», aus: *«Ach, wär ich doch daheim geblieben!»,* © 1994 Scherz Verlag, Bern, München, Wien.

George Freedley, «Herr Katz», © Bookman AS, Kopenhagen.

Bernhard Grzimek, «Die Katze mit den zwei Heimaten», aus: *Unsere Brüder mit den Krallen. Erlebnisse mit Tieren,* © Bernhard Grzimek, Frankfurt.

Elfriede Hammerl, «Krisenzeiten», aus: *Schuldgefühle sind schön,* © 1992 Langen Müller Verlag in der F. A. Herbig Verlagsbuchhandlung GmbH, München.

Elke Heidenreich, «Nero Corleone», aus: *Nero Corleone,* © 1995 Carl Hanser Verlag, München, Wien.

Johannes V. Jensen, «Katzenkinder», © Gyldendal, Kopenhagen.

Doris Lessing, «Die Prinzessin», aus: *Doris Lessings Katzenbuch,* © 1967 by Doris Lessing Productions Ltd., Klett-Cotta, Stuttgart 1981, 6. Auflage 1991. Aus dem Englischen von Ursula von Wiese.

Deric Longden, «Rätsel um Cindy», aus: *Ein Kätzchen kommt selten allein,* © 1998 Scherz Verlag, Bern, München, Wien.

Walter de la Mare, «Besenstiele», aus: *Katzen,* © 1982 Manesse Verlag, Zürich.

Sharyn McCrumb, «Neun Leben» (Nine Lives to Live), aus: *Cat Crimes II,* hrsg. von Martin H. Greenberg und Ed Gorman, © 1992 by Sharyn McCrumb. (Veröffentlicht mit der Genehmigung der Dominick Abel Literary Agency, Inc. und der Agentur Thomas Schlück, Garbsen).

Hanni Paul, «Kleine schwarze Hexe», aus: *Liebe auf vier Beinen,* © 1989 Franz Schneekluth Verlag, München.

Margret Rettich, «Die Rabenschwarze», aus: *Die Rabenschwarze,* © 1993 Verlag Carl Überreuter, Wien.

Felix Salten, «Mieze aus dem See», © Dr. Veit Wyler, Zürich.

Dorothy L. Sayers, «Maher-shalal-hashbaz», aus: *Der Mann, der Bescheid wußte,* © Scherz Verlag, Bern, München, Wien.

Jill Steinberg, «Miss Lucie als rettender Engel», aus: *Die unverbesserliche Miss Lucie,* © 1984 Gustav Lübbe Verlag GmbH, Bergisch Gladbach.

Doreen Tovey, «Erste Begegnungen», aus: *Meine freche Katze Saphra,* © 1997 Scherz Verlag, Bern, München, Wien.

Era Zistel, «Einer Katze Lebenslauf», aus: *Aus Liebe zu Katzen,* © Müller Rüschlikon Verlags AG, Zug.

Wir danken den genannten Rechtsinhabern für die Genehmigung zum Abdruck der Auszüge aus den obengenannten Werken. In jenen Fällen, in denen es nicht möglich war, den Rechtsinhaber resp. Rechtsnachfolger zu eruieren, konnte ausnahmsweise keine Nachdruckerlaubnis eingeholt werden. Honoraransprüche der Autoren oder ihrer Erben bleiben gewahrt.